업무와 일상을 정리하는
새로운 방법 **노션**

Notion

개정3판

지은이 전시진 🏠 sireal.co

스마트워크와 생산성 도구를 취미처럼 즐기다 관련 업계에 취업까지 하게 된 IT/Tech 덕후입니다. 협업 툴 컨설팅 회사 '시리얼'을 운영하며 조직의 업무 효율 향상을 위한 강의, 컨설팅, 콘텐츠를 제작하고 있습니다. 노션, 구글 워크스페이스, 슬랙 등 협업 도구 사용법을 다룬 《실무에 바로 쓰는 일잘러의 협업 도구 컨설팅》과 《20가지 템플릿으로 배우는 노션 Notion》을 출간했습니다.

▶ **시리얼 유튜브**
https://www.youtube.com/@sirealco

▶ **노션 공식 한국 사용자 모임**
https://www.facebook.com/groups/notion.so

업무와 일상을 정리하는 새로운 방법
노션(개정3판)

ⓒ 2025. 전시진 All rights reserved.

3판 1쇄 발행 2025년 6월 2일
3판 2쇄 발행 2025년 8월 9일

지은이 전시진
펴낸이 장성두
펴낸곳 주식회사 제이펍

출판신고 2009년 11월 10일 제406-2009-000087호
주소 경기도 파주시 회동길 159 3층 / **전화** 070-8201-9010 / **팩스** 02-6280-0405
홈페이지 www.jpub.kr / **투고** submit@jpub.kr / **독자문의** help@jpub.kr / **교재문의** textbook@jpub.kr

소통기획부 김정준, 이상복, 안수정, 박재인, 박새미, 송영화, 김은미, 나준섭, 권유라
소통지원부 민지환, 이승환, 김정미, 박예은 / **디자인부** 이민숙, 최병찬

진행 및 교정·교열 안수정 / **내지 및 표지 디자인** 책돼지 / **내지 편집** 이민숙
용지 신승지류유통 / **인쇄** 해외정판사 / **제본** 일진제책사

ISBN 979-11-94587-33-0 (13000)
책값은 뒤표지에 있습니다.

※ 이 책은 저작권법에 따라 보호를 받는 저작물이므로 무단 전재와 무단 복제를 금지하며,
　이 책 내용의 전부 또는 일부를 이용하려면 반드시 저작권자와 제이펍의 서면 동의를 받아야 합니다.
※ 잘못된 책은 구입하신 서점에서 바꾸어드립니다.

제이펍은 여러분의 아이디어와 원고를 기다리고 있습니다. 책으로 펴내고자 하는 아이디어나 원고가 있는 분께서는
책의 간단한 개요와 차례, 구성과 지은이/옮긴이 약력 등을 메일(submit@jpub.kr)로 보내주세요.

업무와 일상을 정리하는
새로운 방법 **노션**

Notion

개정3판

생각 정리부터 업무 생산성, 협업 관리 도구를
노션 하나로!

일상 & 문서 정리

개인 블로그로 활용

프로젝트 관리

데이터베이스 관리

노션 공식 컨설턴트
전시진 지음

이 책의 구성 Notion Certified Consultant가 추천하는 최고의 생산성 도구

저자는 생산성과 효율성으로 고민하는 여러분에게 최적의 도구로 Notion을 추천합니다.
이 책은 Notion을 처음 접하는 사용자를 위해 기본기부터 익히고, Notion의 다양한 기능을 제대로
사용할 수 있도록 체계적으로 구성했습니다.

기존 도구의 데이터를 Notion으로 옮겨올 수 있습니다!

Notion만 있으면 다른 생산성 도구를 사용할 일이 거의 없어집니다.
Notion이 무엇인지, 어떤 장점이 있는지 알아본 후
Notion 기본기부터 사용 중인 다른 도구에서
Notion으로 자료를 가져오는 방법까지
자세하게 설명합니다.

→ **Chapter 01, Chapter 02**

Notion의 꽃, 데이터베이스를 완전 정복할 수 있습니다!

Notion은 단순 메모 도구가 아닙니다. 최고의 협업 도구이자 업무 도구이기도 합니다. 그중
에서 단연 최고의 기능은 데이터베이스라고 할 수 있습니다. 클릭 한 번으로 형태 변형은 물
론이고, 엑셀 못지않게 다양한 함수를 사용하여 원하는 결괏값을 얻을 수 있습니다.

→ **Chapter 03, Chapter 04**

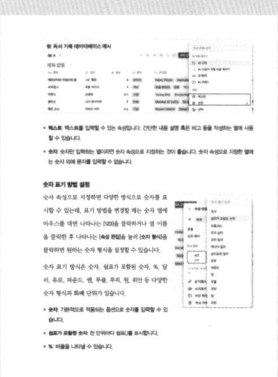
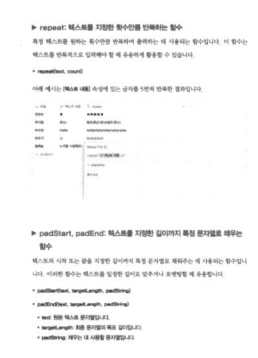

실습을 위한 예제 파일 다운로드

Chapter 03에 소개된 예시 데이터베이스는 저자가 제공하는 실습 페이지(https://bit.ly/notion_3rd_ex)에 접속하면 Notion으로 확인할 수 있습니다.

Notion을 Notion답게, 생산성 향상 팁과 협업 노하우를 배울 수 있습니다!

Notion이 생산성 향상 도구가 될 수 있는 것은 다양하고 활용도 높은 기능들을 포함하고 있기 때문입니다. 이 책은 Notion의 킬러 기능을 빠짐 없이 깔끔하게 정리해줍니다. 무엇보다 Notion을 Notion답게 활용할 수 있도록 다른 사용자와 협업 방법을 자세하게 알 수 있습니다.

→ Chapter 05, Chapter 06

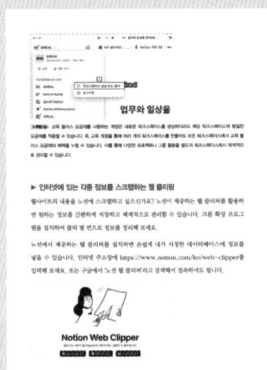
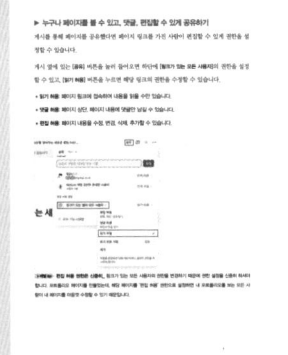

드리는 말씀

- 이 책에 기재된 내용을 기반으로 한 운용 결과에 대해 지은이, 소프트웨어 개발자 및 제공자, 제이펍 출판사는 일체의 책임을 지지 않으므로 양해 바랍니다.

- 이 책에 등장하는 각 회사명, 제품명은 일반적으로 각 회사의 등록 상표 또는 상표입니다. 본문 중에는 ™, ⓒ, ® 마크 등이 표시되어 있지 않습니다.

- 이 책에서 사용하고 있는 Notion은 2025년 5월 10일 기준으로, 데이터베이스 등 최신 버전을 반영했습니다. 독자의 학습 시점이나 환경에 따라 책의 내용과 다를 수 있습니다.

- 출간 이후 업데이트 내용은 019쪽의 [업데이트 안내]를 참고하세요.

- 책 내용과 관련된 문의사항은 지은이나 출판사로 연락해 주시기 바랍니다.
  지은이: milk@sireal.co
  출판사: help@jpub.kr

차례

이 책의 구성 004

머리말 015

Notion 기본 구조와 레이아웃 016

Notion 템플릿 갤러리 018

Notion 업데이트 안내 019

독자 지원 020

Chapter 01 업무 효율성을 높여줄 Notion 시작하기 021

Notion 01 분산된 도구를 하나로 모아주는 Notion 023
개인 노트부터 기업의 협업 툴까지 023
Notion의 주요 특징 024

Notion 02 편리한 사용을 위한 Notion 프로그램 설치하기 026
PC용 설치 파일 다운로드 027
스마트폰에 설치하기 028

Notion 03 Notion 계정 생성하기 029
구글 계정으로 생성하기 029
다른 이메일 계정으로 생성하기 032
애플 계정으로 가입하기 033
프로필 설정 및 계정 생성 이후 기본 절차 둘러보기 035
프로필 변경하기 040

Notion 04 Notion 요금제 및 유료 결제하기 042
요금제 살펴보기 043
유료 요금제로 결제하기 044
무료로 교육 요금제 이용하기 046
스타트업 인증으로 $1,000 크레딧 받기 048
비영리 인증으로 할인 받기 048

Chapter 02 다양한 도구의 통합을 위한 탄탄한 기본기 다지기 049

Notion 01 Notion의 기본 구조 이해하기 051
하나의 워크스페이스에서 영역을 구분하는 섹션 052
활용도 200%의 자율성을 가진 페이지 053
레고 블록 같은 Notion 블록 055

Notion 02 생산성 도구를 하나로 모아줄 페이지 생성 및 관리하기 056
새 페이지 만들고, 하위 페이지 만들기 056
스마트폰 Notion 애플리케이션에서 새 페이지 작성하기 059
디렉터리 구조의 페이지 구성하기 060
페이지 스타일로 보기 좋게 꾸미기 062
필요 없는 페이지 삭제하기 067
블록 내 페이지, 인라인 하위 페이지 070
텍스트 관련 블록으로 빠르게 페이지 만들기 071

Notion 03 텍스트 관련 기본 블록으로 기본기 다지기 072
클릭 한 번으로 블록 추가하기 072
다양한 텍스트 관련 블록 살펴보기 074
텍스트에 스타일 적용해서 꾸미기 083
블록 종류 자유롭게 변경하기 086
블록 재사용으로 빠르게 편집하기 088
필요 없는 블록 삭제하거나 이동하기 089
블록 이동으로 단 나누기 090

Notion 04 실전! 대시보드 페이지 만들기 091

Notion 05 이미지부터 영상까지 삽입하는 미디어 블록 096
이미지, 동영상, 오디오, 파일 블록 096
즐겨찾기 웹사이트를 관리하는 북마크 블록 099
북마크가 너무 커서 보기 좋지 않다면? 멘션 100
프로그래밍도 Notion에서, 코드 블록 101

Notion 06 이런 것까지 가능해? 고급 블록 102

    자동으로 목차를 생성해 주는 목차 블록 102
    수학 기호를 쓰려면 수학 공식 블록 103
    반복되는 업무를 자동화시켜주는 버튼 블록 105
    페이지 내비게이터 역할을 하는 이동 경로 블록 106
    한번에 연결된 내용을 바꿔주는 동기화 블록 106
    제목 블록 속에 내용을 넣을 수 있는 제목 토글 블록 108
    n개의 열 109
    Mermaid 코드 110
    AI 블록 111

Notion 07 인라인 블록 113

    사용자 멘션하기 113
    페이지 멘션하기 114
    날짜 또는 리마인더 114
    이모지 116
    인라인 수학 공식 119

Notion 08 거의 모든 서비스를 삽입하는 임베드 블록 120

    풍성한 Notion을 책임질 임베드 블록 활용하기 121
    여행 계획에 효과적인 Google Maps 블록 122
    Google 스프레드시트 가져오기 126
    Notion에서 PDF 파일 내용 바로 확인하기 127

Notion 09 다른 도구에서 데이터 가져오기 129

    가져오기 기능 사용하기 129
    Evernote에서 가져오기 130
    트렐로에서 가져오기 133
    아사나에서 가져오기 135
    Google 문서 가져오기 138
    그 밖의 다양한 파일 가져오기 139

Notion 10 Notion Marketplace(템플릿) 141
　　　　노션 마켓플레이스 둘러보기 142
　　　　템플릿 복사하기 143
　　　　다른 사용자가 만든 페이지 복제하기 144
　　　　내가 만든 템플릿을 판매하기 145

Chapter 03 데이터베이스를 알아야 진정한 Notion 사용자 147

Notion 01 Notion의 꽃, 데이터베이스 알고 가기 149
　　　　페이지 위치에 따른 데이터베이스 블록의 구분 150
　　　　여러 보기를 동시에 배치하여 관리하기 163

Notion 02 데이터베이스 각 열의 속성 지정하기 168
　　　　Notion 데이터베이스와 스프레드시트의 차이점 168
　　　　각 열마다 지정할 수 있는 데이터 속성 170

Notion 03 기본 속성의 종류 및 쓰임 살펴보기 174
　　　　문자 또는 숫자만 입력하기 174
　　　　태그를 선택하여 값 입력하기 177
　　　　진행 상태 입력하기 180
　　　　날짜 형식 입력하기 185
　　　　협업 중인 사용자 입력하기 188
　　　　파일 첨부하고 이미지, 동영상 추가하기 189
　　　　체크박스 & URL & 이메일 & 전화번호 190
　　　　엑셀 함수와는 다른 수식 속성 192
　　　　상이한 데이터베이스를 연결하는 관계형 속성 192
　　　　관계형의 단짝, 열 정보를 가져오는 롤업 속성 193
　　　　생성 일시와 생성자 속성 194
　　　　최종 편집 일시와 최종 편집자 속성 195
　　　　버튼 속성 196
　　　　문서 번호를 생성해 주는 ID 197
　　　　구글 드라이브와 연결 197
　　　　데이터베이스를 요약해 주는 계산 200

Notion 04 데이터베이스 활용하기 203

데이터베이스 내 같은 페이지를 생성해 주는 데이터베이스 템플릿 203
필요한 정보만 빠르게 확인하는 데이터베이스 필터 206
내가 원하는 순서대로 데이터를 보는 정렬하기 213
데이터베이스 복합 정렬하기 214
데이터베이스 속성을 내 마음대로 바꾸는 레이아웃 216
데이터베이스를 바탕으로 설문하는 양식 기능 223
데이터베이스로 활용도를 높이는 사용자 지정 229
특정 값을 한 번에 바꾸는 데이터베이스 일괄 변경 237

Chapter 04 수식, 관계형 데이터베이스 그리고 롤업 239

Notion 01 수식 작성의 기본, 열 선택 또는 빌트인 241

속성: 데이터베이스의 열 241
빌트인 242

Notion 02 사칙연산 및 결과를 비교하는 연산자 243

if, ifs: 조건의 참, 거짓을 구분하는 함수 244
and, or: 두 조건 모두 충족하거나, 하나만 충족하거나 245
not: 결과의 반대를 도출하는 함수 248
test, empty: 지정한 텍스트 혹은 빈칸을 찾는 함수 248
contains: 텍스트나 리스트에 특정 값의 포함 여부를 확인하는 함수 249
equal, unequal: 두 값의 동등 및 비동등 여부를 확인하는 함수 250

Notion 03 텍스트 251

length: 텍스트나 리스트의 길이를 출력하는 함수 252
substring: 텍스트의 특정 부분을 추출하는 함수 253
replace, replaceAll: 텍스트에서 특정 패턴을 대체하는 함수 254
lower, upper: 텍스트의 대소문자를 변환하는 함수 256
repeat: 텍스트를 지정한 횟수만큼 반복하는 함수 257
padStart, padEnd: 텍스트를 지정한 길이까지 특정 문자열로 채우는 함수 257
link: 텍스트에 하이퍼링크를 추가하는 함수 259

style, unstyle: 텍스트에 서식을 추가하거나 제거하는 함수 259
format, toNumber: 값의 형식을 변환하는 함수 261
name: 사람(Person) 속성에서 이름을 추출하는 함수 263
email: 사람(Person) 속성에서 이메일 주소를 추출하는 함수 264

Notion 04 숫자 265

add: 숫자나 텍스트를 더하거나 연결하는 함수 265
subtract: 두 숫자 간의 차를 계산하는 함수 266
multiply, divide: 숫자 간의 곱셈과 나눗셈을 수행하는 함수 267
pow, mod: 거듭제곱과 나머지를 계산하는 함수 268
abs: 숫자의 절댓값을 출력하는 함수 269
ceil, floor, round: 숫자를 올림, 내림, 반올림하는 함수 269
sqrt: 숫자의 제곱근을 계산하는 함수 271
cbrt: 숫자의 세제곱근을 출력하는 함수 271
exp: 자연 상수 e의 거듭제곱을 계산하는 함수 272
ln, log10, log2: 로그 함수를 사용하여 숫자의 로그값을 계산하는 함수 272
sign: 양수, 음수 여부를 판단하는 함수 274
pi, e: 수학 상수 π와 e를 출력하는 함수 274

Notion 05 날짜 276

minute, hour, day, date, month, year: 날짜 및 시간 구성 요소를 추출하는 함수 276
now, today: 현재 날짜와 시간을 출력하는 함수 278
formatDate: 날짜를 지정한 형식의 텍스트로 변환하는 함수 279
dateAdd, dateSubtract: 날짜에 특정 시간 단위를 더하거나 빼는 함수 280
dateBetween: 두 날짜 사이의 차이를 계산하는 함수 282
dateRange: 기간 속성의 시작일과 종료일을 출력하는 함수 283
dateStart, dateEnd: 기간 속성의 시작일과 종료일을 추출하는 함수 284
parseDate: 텍스트를 날짜 객체로 변환하는 함수 285
timestamp, fromTimestamp: 유닉스 타임스탬프와 날짜 간의 변환 함수 285

Notion 06 배열 287

at: 리스트에서 특정 위치의 요소를 출력하는 함수 288
max, min: 여러 값 중 최댓값과 최솟값을 출력하는 함수 288
sum: 숫잣값들의 합계를 계산하는 함수 290

median: 주어진 숫잣값들의 중앙값을 출력하는 함수 290
mean: 주어진 숫잣값들의 산술 평균을 계산하는 함수 291
first, last: 리스트의 첫 번째 및 마지막 요소를 출력하는 함수 292
includes: 리스트에 특정 값이 포함되어 있는지 확인하는 함수 294
find, findIndex: 리스트에서 조건에 맞는 요소나 그 위치를 찾는 함수 295
filter: 리스트에서 조건을 만족하는 요소들을 추출하는 함수 296
some, every: 리스트의 요소들이 조건을 만족하는지 확인하는 함수 298
match: 정규 표현식과 일치하는 모든 문자열을 리스트로 출력하는 함수 299
slice: 리스트의 일부 요소를 추출하는 함수 300
concat: 여러 리스트를 하나로 결합하는 함수 301
join: 여러 텍스트를 결합하는 함수 302
sort, reverse: 리스트 정렬 및 순서 반전 함수 303
split: 문자열을 구분자를 기준으로 분할하여 리스트로 출력하는 함수 304
unique: 리스트에서 중복을 제거하는 함수 305
map: 리스트의 각 요소에 함수를 적용하는 함수 305
flat: 중첩된 리스트를 단일 리스트로 변환하는 함수 307
id: 페이지 ID 출력하는 함수 308
let, lets: 변수 선언 및 활용 함수 309

Notion 07 고급 같은 기본 기능, 관계형 데이터베이스와 롤업 312

서로 다른 데이터베이스 연결해 보기 312
관계형 데이터에 다른 속성 추가하기 319
열 데이터를 구체적으로 확인하는 롤업 기능 319
롤업 속성으로 가져온 데이터에 함수 적용해 보기 321
상태 속성, 롤업에서 활용하기 323

Chapter 05 Notion으로 생산성 올리기 325

Notion 01 Notion의 제어판, 왼쪽 사이드바 활용하기 327

자료를 빠르게 찾는 빠른 검색 기능 328
대시보드 역할을 하는 나의 노션 첫 화면, 홈 331

　　　　　수신함, Notion의 모든 변경 사항을 빠르게 확인하는 알림 설정하기 336
　　　　　섹션 338
　　　　　템플릿(마켓플레이스) 340
　　　　　휴지통 342

Notion 02　나에게 맞는 Notion 설정하기 343
　　　　　기본 설정 변경하기 343
　　　　　언어 변경하기 346
　　　　　사이트 주소 변경하기 347
　　　　　URL 맞춤 설정 350

Notion 03　사용자 맞춤으로 스마트한 활용 Notion AI 351
　　　　　Notion AI 요금제 352
　　　　　다양한 방법으로 Notion AI 시작하기 352
　　　　　페이지 내에서 Notion AI 활용하기 357
　　　　　아이콘으로 Notion AI 활용하기 364
　　　　　데이터베이스에서 Notion AI 활용하기 370

Notion 04　Notion 사용을 윤택하게 해 줄 꿀팁 모음 376
　　　　　여러 탭에서 사용하기 376
　　　　　업데이트와 페이지 애널리틱스 380
　　　　　실수를 되돌리는 페이지 복구하기 382
　　　　　새로운 프로젝트를 위한 새 워크스페이스 활용하기 383
　　　　　인터넷에 있는 각종 정보를 스크랩하는 웹 클리핑 384
　　　　　이메일과 비밀번호 변경하기 386

Notion 05　생산성을 높이는 일정 관리 Notion 캘린더 388
　　　　　Notion 캘린더 설치하기 388
　　　　　계정 연동하기 389
　　　　　Notion 데이터베이스 추가하기 394
　　　　　일정 생성하기 397
　　　　　가능 여부 공유 398
　　　　　포커스/부재중 시간 400

Chapter 06 협업 툴로 Notion 활용하기 403

Notion 01 외부 사용자와 협업을 위해 페이지 공유하기 405
누구나 페이지를 볼 수 있게 공유하기 405
Notion 사이트 407
누구나 페이지를 볼 수 있고, 댓글, 편집할 수 있게 공유하기 414
보여주고 싶은 외부 사용자만 초대하기 415

Notion 02 내부 사용자와 협업하기 417
게스트를 멤버로 초대하기 417
링크를 통해 멤버 초대하기 418
팀원 중 특정 사용자만 공유하기(그룹) 419
데이터베이스에서 협업하기(사람 속성) 421

Notion 03 효과적인 협업을 위한 댓글, 멘션 사용하기 422
광범위한 의견을 제시할 때 사용하는 상단 댓글 422
텍스트와 블록을 활용한 페이지 내부 댓글 424
데이터베이스 속성 댓글 426
문서 협업을 돕는 편집 제안 427

Notion 04 팀스페이스로 팀별 페이지 관리하기 428
팀스페이스 추가 및 관리자 지정 429
팀스페이스 설정 변경하기 430
생성 중인 팀스페이스 확인 및 참가하기 431

Notion 05 자동화 433
반복적인 업무를 줄여주는 버튼 기능 434
조건 기반으로 고도화된 데이터베이스 자동화 438

찾아보기 445

머리말

2018년 어린이날, 처음 Notion을 접했을 때만 해도 제 인생이 이렇게 달라질 줄은 몰랐습니다. 단순히 새로운 도구를 경험해 보자는 호기심에서 시작했지만, 어느새 Notion은 저의 삶을 바꾸는 원동력이 되었습니다. 사용자 모임을 만들고, Notion HQ와의 협업을 이어가며, Pro, Partner, Ambassador를 거쳐 지금은 공식 인증을 받은 Notion Certified Consultant로 활동하게 되었습니다.

Notion 덕분에 작가, 강사, 커뮤니티 운영자, 기업 대표라는 여러 역할을 경험할 수 있었고, 오랫동안 머물던 지방을 떠나 서울에 새로운 터전을 만들 수 있었습니다. Notion이 걸어온 발전의 시간 속에서 저 또한 함께 성장할 수 있었습니다. 수많은 업데이트가 있었고, 그 모든 기능은 매번 의미 있는 변화였습니다. 그리고 이번 개정 3판은 그 여정 위에 만들어졌습니다.

우리는 점점 더 복잡해지는 세상 속에서 살고 있습니다. 하루에도 수십 개의 할 일과 메모, 일정, 아이디어가 머릿속을 스쳐 지나가고, 그 모든 것을 한눈에 정리하고 유지하는 건 쉽지 않습니다. 개인의 입장에서는 일상을 흐트러지지 않게 정리하는 것이 중요하고, 기업의 입장에서는 흩어진 정보를 잘 관리하고, 팀원들과 유기적으로 협업하는 것이 성과와 직결됩니다. 그 중심에 바로 Notion이 있습니다.

《업무와 일상을 정리하는 새로운 방법 노션(개정3판)》은 Notion이라는 도구가 개인에게는 일상의 질서를 만들어주고, 기업에게는 협업과 정보관리의 체계를 제공하는 과정에 함께하기 위해 쓰였습니다. 이번 판에서는 Notion의 최신 업데이트를 모두 반영해, 처음 시작하는 사람도 기초부터 차근차근 익혀갈 수 있도록 구성했습니다. 단순히 기능을 나열하는 데 그치지 않고 왜 이 기능을 써야 하는지 풀어냈습니다.

이번 개정판에서는 Notion AI에 대한 설명도 함께 담았습니다. Notion AI는 최근 몇 년 사이에 눈부신 발전을 이루었고, 이제는 Notion에서 빠질 수 없는 핵심 기능으로 자리잡았습니다. 특히 자동 회의록 작성 기능인 AI Meeting Note, 최신 LLM을 기반으로 한 자연어 생성, 문서 요약, 번역, 문장 개선 등은 사용자의 업무 흐름을 한층 더 빠르고 스마트하게 만들어 줍니다.

이 책은 실무 사례나 멋진 템플릿보다는, 단단한 기초와 정확한 기능 설명에 집중합니다. 따라만 해도 기본기를 다질 수 있도록 구조화했고, 실제로 손을 움직이며 익히는 학습을 통해 여러분이 자신만의 방식으로 Notion을 구성할 수 있도록 돕고자 합니다.

처음 시작하는 개인 사용자든, Notion을 도입하려는 조직의 관리자든, 이 책이 여러분의 일과 삶을 더 정돈된 방향으로 이끄는 데 실질적인 도움이 되기를 바랍니다. 단순한 툴이 아니라 '방식'을 바꾸는 Notion. 그 첫걸음을 함께 시작해 봅시다.

2025년 5월 **전시진** 드림.

Notion 기본 구조와 레이아웃

처음 노션에 가입하고 접속한 사용자들은 노션의 레이아웃이 다소 낯설게 느껴질 수 있습니다. 하지만 노션이 어떻게 구성되어 있는지 이해하면 보다 쉽게 적응할 수 있으며, 활용도 또한 높아집니다. 기본적인 구조와 기능을 익히면 노션을 더욱 편리하게 사용할 수 있습니다.

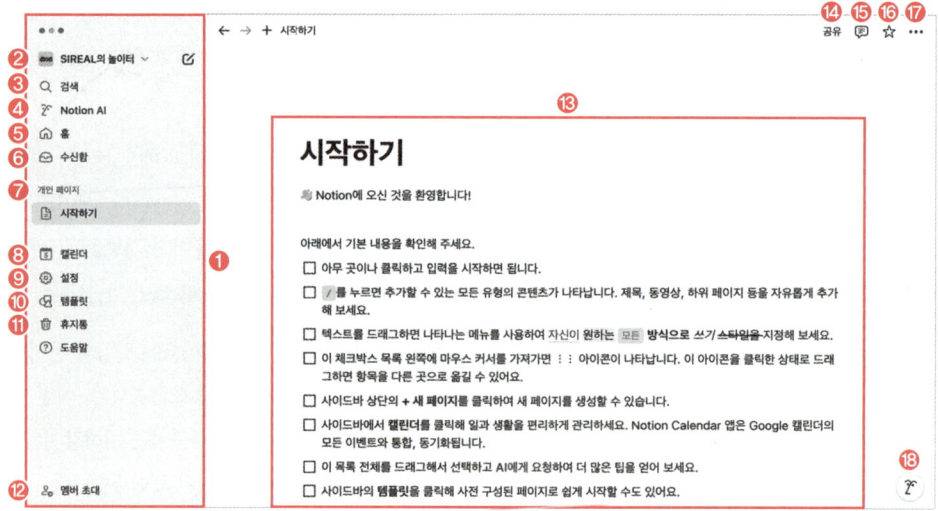

❶ **왼쪽 사이드바**: 콘텐츠 영역이 변경되더라도 고정되어 있는 영역으로 Ctrl + W를 눌러 접었다 폈다 할 수 있습니다.

❷ **워크스페이스 목록**: 현재 접속한 이메일 계정으로 접근할 수 있는 워크스페이스 목록입니다. 초대 상태에 따라 1개의 워크스페이스만 있을 수도, 여러 워크스페이스가 있을 수도 있으며, 다른 계정을 추가해 여러 워크스페이스 목록을 볼 수도 있습니다.

❸ **검색**: 워크스페이스 내에서 원하는 자료를 검색할 때 사용합니다. 단축키는 Ctrl + K 입니다.

❹ **Notion AI**: Notion AI를 사용할 수 있습니다. 워크스페이스에 저장되어 있는 지식을 기반으로 AI 검색 및 생성할 수 있습니다.

❺ **홈**: Notion에서 제공하는 기본 첫 화면입니다. 꾸미기에 따라 내가 가진 정보를 모아 볼 수 있습니다.

❻ **수신함**: Notion에서 일어나는 알림들을 수신할 수 있는 곳입니다.

❼ **섹션**: 페이지의 영역을 구분해 주는 공간입니다. 크게 즐겨찾기, 팀스페이스, 공유된 페이지, 개인 페이지로 구분할 수 있습니다.

❽ **캘린더**: 버튼을 누르면 노션 캘린더 앱을 설치할 수 있습니다.

❾ **설정**: 노션의 설정으로 이동할 수 있습니다.

❿ **템플릿**: 노션과 노션 크리에이터들이 제공하는 템플릿을 모아둔 마켓플레이스로 이동합니다.

⓫ **휴지통**: 삭제한 페이지를 모아두는 공간입니다. 30일이 지난 페이지들은 완전히 삭제됩니다.

⓬ **멤버 초대**: 워크스페이스에 멤버를 초대할 때 사용하는 버튼입니다. 초대한 멤버당 과금이 되니 유의하세요.

⓭ **콘텐츠 영역**: 노션에서 사용되는 모든 콘텐츠를 볼 수 있는 영역입니다.

⓮ **공유**: 노션 페이지를 외부 사용자에게 전달하거나, 내부 사용자로 초대하는 버튼입니다.

⓯ **댓글**: 이 페이지에 작성된 댓글 목록을 볼 수 있습니다. 필터에 따라 해결된 댓글도 함께 볼 수 있습니다.

⓰ **즐겨찾기**: 해당 페이지를 자주 찾을 때 아이콘을 누르면 왼쪽 사이드바에 즐겨찾기 섹션이 추가되면 해당 페이지에 빠르게 접근할 수 있습니다.

⓱ **페이지 설정**: 해당 페이지의 설정을 변경할 수 있습니다. 글꼴, 크기, 너비, 잠금 등을 지정할 수 있습니다.

⓲ **Notion AI 아이콘**: Notion AI에 빠르게 접근할 때 사용하는 버튼입니다. 왼쪽 사이드바의 Notion AI처럼 전체 화면을 이용하지 않고 작은 팝업으로 AI 기능을 이용할 수 있습니다.

Notion 템플릿 갤러리

Notion에서 공식적으로 운영하는 템플릿 갤러리를 소개합니다. Notion 공식 홈페이지에서 [프로덕트] – [템플릿 갤러리] 메뉴에서 확인할 수 있으며, 다음과 같은 주소로 접속할 수도 있습니다.

템플릿 페이지 바로가기: https://www.notion.com/ko/templates

원하는 템플릿을 선택하고 [템플릿 보기] 후 [복제]를 클릭하면 내가 로그인한 Notion 워크스페이스로 해당 템플릿을 손쉽게 복사할 수 있습니다. 또한 상세 페이지에서 해당 Notion 템플릿을 제작한 제작자와 직접 소통할 수 있는 SNS 계정도 공유합니다.

이 페이지는 수많은 Notion 사용자들이 만든 다양한 템플릿으로 풍성하게 채워져 있으며, 직접 만든 템플릿을 [템플릿 제출] 버튼을 통해 추가할 수도 있습니다. 해당 페이지는 매달 업데이트되니 종종 방문해서 유용한 템플릿을 얻어가세요.

비공식으로 운영되는 Notion 템플릿 공유 서비스에 올라오는 무료 및 유료 템플릿도 있으니 참고하세요.

시리얼의 Notion 템플릿: https://sijin.gumroad.com

Notion 업데이트 안내

Notion은 사용자의 요구에 따라 자주 기능을 업데이트하는 툴입니다. 다음 Notion 홈페이지의 새로운 기능 페이지에서 지난 버전과 새 버전의 업데이트 변동 사항을 확인할 수 있습니다.

새로운 기능 바로 가기: https://www.notion.com/ko/releases

또한 X(구 Twitter) @NotionHQ 계정을 팔로우하면 신속하게 Notion 업데이트 상황을 파악할 수 있습니다.

 **독자 여러분의 궁금증을 해결해 드립니다**

저자의 유튜브 동영상 강의

저자가 직접 운영하는 유튜브 채널 [시리얼]에서 다양한 업무 생산성 향상 도구 소개 및 Notion 사용 방법을 동영상 강의로 확인할 수 있습니다.

→ https://www.youtube.com/sirealco

저자가 운영하고, Notion 사용자와 교류할 수 있는 커뮤니티

이 책의 저자가 사용자 편의를 위해 운영하는 네이버 카페로, 국내 최대 Notion 사용자 모임입니다. Notion 사용자들과 자유롭게 교류하며 Notion 활용 팁을 배우거나 서로 공유하는 템플릿 정보도 얻을 수 있습니다. 편리하게 관련 정보를 찾아보세요.

→ https://cafe.naver.com/notionkr

Chapter 01

업무 효율성을 높여줄
Notion 시작하기

Notion을 본격적으로 사용하기에 앞서 주요 특징부터 설치 및 가입 방법까지
가장 기초적인 부분을 알아봅니다.
이어서 다른 도구를 사용하던 사람들도 기존 데이터를 편리하게 활용할 수 있도록
Notion으로 데이터를 가져오는 방법도 살펴보겠습니다.

Notion 01 분산된 도구를 하나로 모아주는 Notion

Notion 02 편리한 사용을 위한 Notion 프로그램 설치하기

Notion 03 Notion 계정 생성하기

Notion 04 Notion 요금제 및 유료 결제하기

Notion 01 분산된 도구를 하나로 모아주는 Notion

Notion은 단순한 기능들을 조합해서 다양하게 활용할 수 있는 협업 도구입니다. 기본적으로 협업 도구에 초점이 맞춰져 있지만, 사용자에 따라 일상을 기록하는 개인 메모 도구로 쓰거나, 업무 효율성을 높여주는 생산성 향상 도구로 쓰기도 합니다. Notion이 어떤 프로그램인지 자세히 알아보겠습니다.

▶ 개인 노트부터 기업의 협업 툴까지

Notion에 이르기까지 업무 환경의 변화를 한참 과거로 거슬러 올라가 살펴봅니다. 사람들이 대규모 공장에서 일하던 산업 혁명 시대부터 사무실의 풍경이 바뀌기 시작했습니다. 알아보기 힘든 글자들은 타자기로 입력하여 깔끔한 서식으로 대체되고, 사람의 기억에만 의존하던 업무 관련 내용은 문서와 파일 캐비닛으로 대체되었죠. 이런 아날로그 업무 환경은 1950년대 컴퓨터의 등장으로 조금씩 변하게 됩니다. 하지만 이때 컴퓨터는 겨우 숫자를 계산해 주는 큰 기계에 불과했습니다. 1970년대에 이르러서 개인용 컴퓨터(PC)가 등장하면서 문서 작성, 데이터 관리, 멀티미디어 등 무한한 활용성을 발견하게 되었죠. 그리고 스티브 잡스와 빌 게이츠에 의해 컴퓨터가 진화하여 거의 모든 사람들이 컴퓨터를 업무에 활용하는 오늘날에 이르게 된 것입니다. 이후 구글 문서는 타자기를 멀티플레이어로 만들었고, 드롭박스(Dropbox)는 파일 캐비닛을 실물이 아닌 클라우드로 옮겼습니다. 과장을 조금 보태자면 Notion은 바로 그다음 진화에 해당합니다. Notion을 이용하면 기존의 구글 드라이브, 드롭박스, 이미지, 영상 등 거의 모든 데이터를 하나의 작업공간에서 볼 수 있습니다.

Notion의 초창기 슬로건이었던 "All in one Workspace"라는 문구에 맞게 Notion은 모든 작업공간(워크스페이스)을 하나로 통합합니다. 노션을 이용하면 제품 로드맵, 디자인 저장소, CRM(Customer Relationship Management) 등 모든 것을 하나의 공간에서 볼 수 있습니다. 이제 상상력을 마음껏 발휘해 수십 개의 업무 요소를 조합해 나만의 작업공간을 만들어보세요.

▶ Notion의 주요 특징

레고와 같은 블록(Block)으로 이루어져 있습니다_ 텍스트 블록, 번호 매기기 목록 블록, 글머리 기호 목록 블록, 페이지 블록, 이미지 블록, 표 블록 등 개체 하나하나가 모두 블록입니다.

이런 블록들을 왼쪽 또는 오른쪽에 갖다 놓고 블록 속에 다른 블록을 넣기도 하는 등 자유자재로 배치할 수 있습니다. 블록의 종류는 문서 편집을 위한 (1)기본 블록, AI 사용을 위한 (2)Notion AI 블록, 사진·동영상·음성 파일 등을 넣는 (3)미디어 블록, 데이터를 정리하는 (4)데이터베이스, 목차, 수학 공식 등 다양한 기능을 사용할 수 있는 (5)고급 블록, 페이지 내에 날짜, 페이지, 이모지를 삽입할 수 있는 (6)인라인 블록, 다른 서비스의 데이터를 보여주는 (7)임베드 블록, 다른 서비스의 데이터베이스와 실시간으로 정보를 주고 받는 (8)동기화된 데이터베이스 블록, 다른 서비스의 데이터를 노션으로 가져오는 (9)가가져오기 블록까지 크게 아홉 가지입니다.

클라우드 기술을 이용하여 iOS, Android, Windows, macOS 등 모든 운영체제를 지원합니다_ 거의 모든 기기에서 사용할 수 있고 모바일에서 작성하고 있는 내용은 실시간으로 동기화되어 데스크톱에서도 바로 확인할 수 있습니다.

다양한 문서 편집을 지원합니다_ 기본적인 문서 편집 도구로 제목 글자 크기, 번호 매기기 목록, 인용문뿐만 아니라 (1)표, (2)캘린더, (3)보드, (4)리스트, (5)갤러리, (6)타임라인, (7)차트의 데이터베이스 블록 및 보기를 제공합니다. 표(Table) 보기로 된 하나의 데이터베이스에 정보를 입력해 두면 캘린더(Calendar), 보드(Board) 보기로 모양을 바꿔가며 볼 수 있습니다. 또한 이미지(Image), 북마크(Web Bookmark), 동영상(Video), 오디오(Audio), 코드(Code), 파일(File) 블록을 지원합니다.

임베드 기능을 제공합니다_ 임베드(Embed)란 외부에 있는 파일이나 웹사이트를 다운로드하지 않아도 Notion에 삽입(Embed)하여 직접 내용을 확인할 수 있는 기능입니다. 가령 PDF 파일을 Notion에 넣으면 PDF 파일을 다운로드하지 않아도 Notion 자체에서 문서 내용을 모두 확인할 수 있죠. 임베드 기능을 통해 Google Drive, X(구 Twitter), GitHub Gist, Google Maps, Framer, InVision, Figma, Loom, Typeform, CodePen 등의 내용을 바로 확인할 수 있습니다.

Notion 02 편리한 사용을 위한 Notion 프로그램 설치하기

Notion은 웹(www.notion.com)에서 바로 사용할 수 있습니다. 하지만 좀 더 편리하게 사용하려면 Notion 데스크톱 앱을 설치하는 것이 좋습니다. Notion에 처음 로그인할 때 설치 프로그램을 다운로드하는 과정이 있지만 아직 로그인 전이기 때문에 먼저 다운로드하고 설치해 보겠습니다.

Notion 웹사이트(https://www.notion.com/ko/download)에 방문하면 데스크톱용 설치 파일을 다운로드할 수 있습니다. 필요한 파일을 다운로드한 후 설치 파일을 더블 클릭해서 실행하면 별도의 과정 없이 바로 설치가 완료됩니다.

▶ PC용 설치 파일 다운로드

데스크톱 앱 설치 파일 다운로드 화면에 접속합니다. 윈도우 운영체제라면 [Windows용 다운로드], Mac 운영체제라면 [macOS용 다운로드] 버튼이 나타나므로 해당 버튼을 누르면 됩니다.

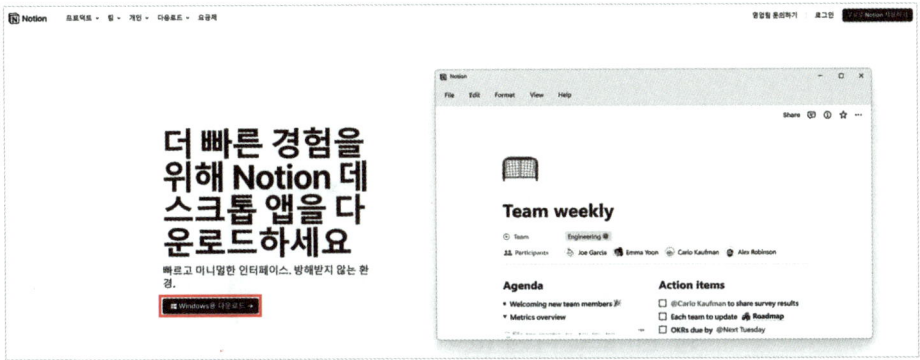

▲ 다운로드 페이지

자신의 운영체제와 다른 버전을 다운로드받고 싶다면 스크롤을 내려 화면 하단에 보면 다운받을 수 있습니다.

설치가 완료되면 Notion이 실행되며 로그인 화면이 열립니다. 로그인 방법은 029쪽의 '03. Notion 계정 생성하기'에서 자세하게 다루겠습니다.

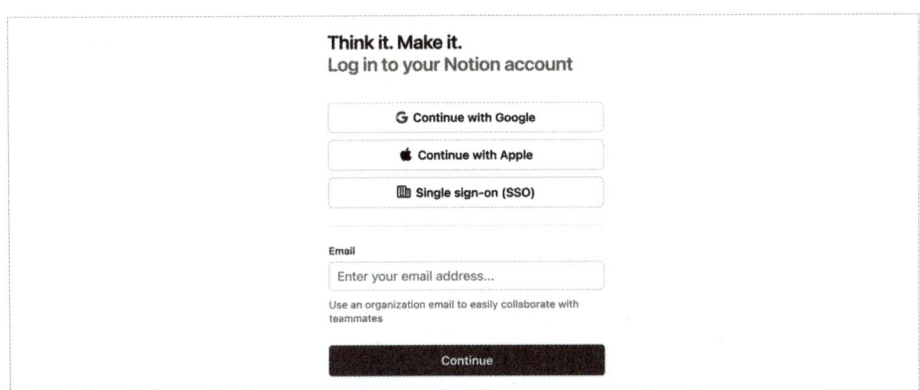

▲ 설치 후 로그인 화면

▶ 스마트폰에 설치하기

스마트폰은 Android와 iOS를 지원합니다. 스마트폰에 설치할 때도 마찬가지로 Notion 웹사이트(https://www.notion.com/ko/mobile)에 접속합니다. 자신의 모바일 운영체제에 맞게 iOS라면 [App Store]를, 안드로이드라면 [Play Store]를 클릭합니다. 웹페이지에서는 바로 모바일 앱을 설치할 수 없기 때문에 본인의 스마트폰에서 앱스토어 또는 구글 플레이 스토어에 들어가 검색 후 설치하기를 추천합니다.

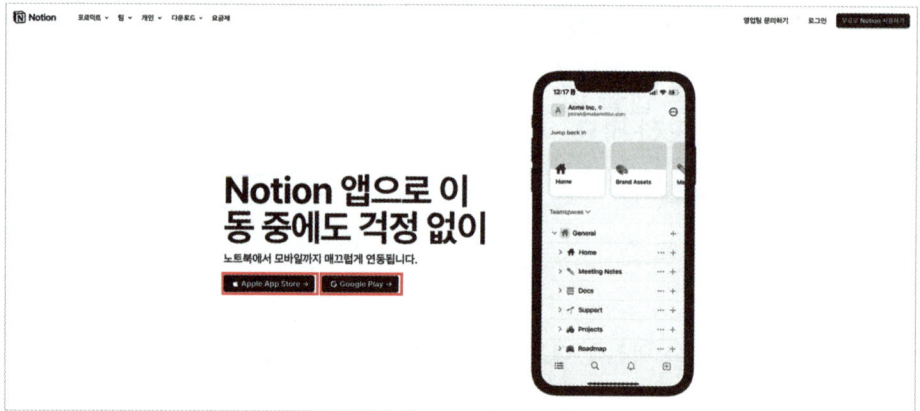

홈페이지 상단에는 다운로드 버튼이 없기 때문에, 하단으로 스크롤을 내려 푸터(Footer)에 가면 다운로드 섹션에 iOS & Android 버튼이 있습니다.

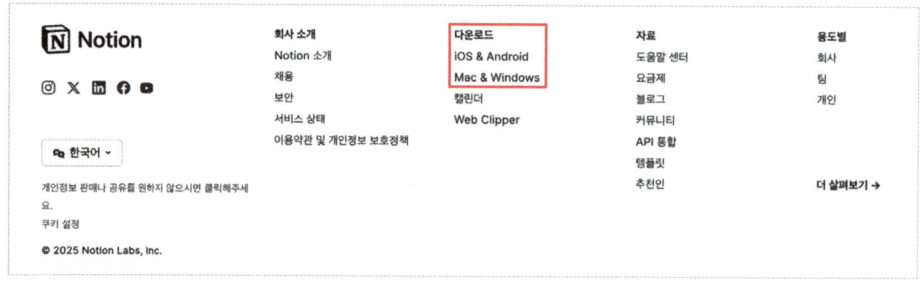

Notion 03 Notion 계정 생성하기

Notion을 사용하려면 먼저 계정을 생성해야 합니다. 구글, 애플, MS 계정과 패스키, SSO 등의 방법을 이용할 수 있으며, 우리나라에서 자주 사용하는 naver.com나 hanmail.net 과 같이 다른 이메일 계정을 이용하는 방법이 있습니다. 일반적으로 구글, MS, 다른 이메일을 사용해 계정을 생성합니다.

❶ 애플 계정은 도메인이 privaterelay.appleid.com으로 구글 계정에 비해 길기 때문에 다른 사람들과 협업하기 위해 초대할 때에는 불편합니다. 본인도 자신의 메일 주소가 무엇인지 잘 모르기도 하고요. 따라서 가능한 구글 계정 또는 다른 이메일 계정으로 가입하시는 걸 추천드립니다.

▶ 구글 계정으로 생성하기

웹사이트, 클라이언트, 모바일의 노션 사이트에 접속하여 기존에 사용하고 있는 구글(Google) 계정으로 로그인하면 됩니다. 다시 말해 별도로 가입하는 것이 아니라 구글 계정(Gmail 주소)과 그 비밀번호를 이용해 그대로 로그인하는 것입니다. 단, 임시 로그인 코드, 업데이트, 알림 등은 계정으로 등록한 이메일로 수신되기 때문에 언제든 쉽게 확인할 수 있는 이메일 계정을 사용하는 것이 좋습니다.

Notion 계정을 생성하려면 먼저 Notion 웹사이트(www.notion.com)에 접속하여 오른쪽 위에 있는 [무료로 Notion 사용하기]를 클릭하거나 앞서 설치한 Notion을 실행합니다. 아래와 같이 로그인 화면이 나타나면 [Google 계정으로 계속하기]를 클릭합니다.

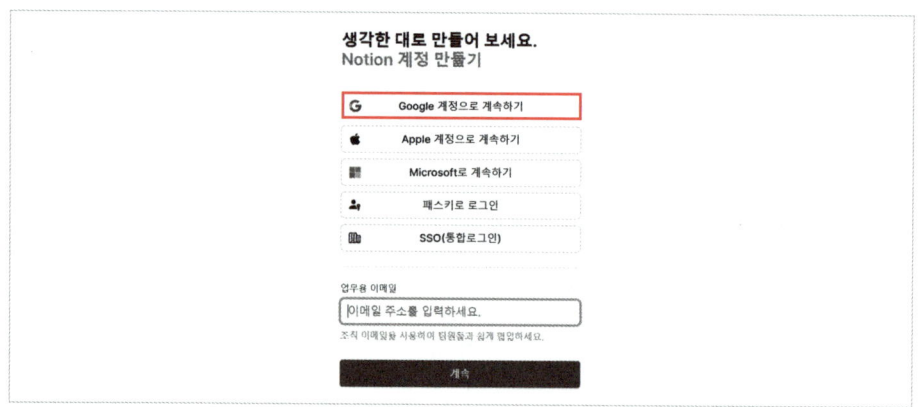

이어서 구글 계정 로그인 화면이 나타나면 Notion 계정으로 사용할 구글 계정과 해당 계정의 비밀번호를 입력하여 로그인합니다. 이로써 가장 기본적인 계정 생성이 끝납니다. 이후 과정은 035쪽의 '프로필 설정 및 계정 생성 이후 기본 절차 둘러보기'에서 자세히 다룹니다.

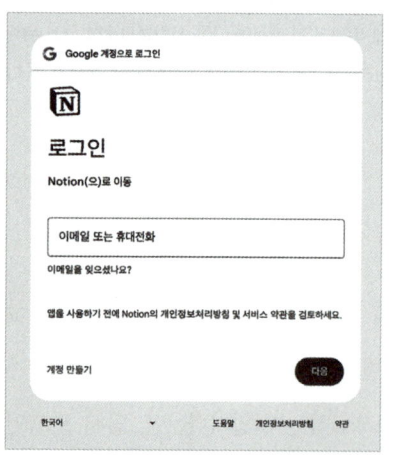

▶ 깨알 tip Notion은 클라이언트를 다운로드하지 않더라도 웹 브라우저에서 사용할 수 있습니다. 이 경우 크롬(Chrome)을 권장합니다. 마이크로소프트 Edge나 네이버 Whale에서는 노션의 오류가 종종 발생하기 때문에 크롬 브라우저를 권장하며, 브라우저에 너무 익숙해서 바꿀 수 없는 상황일 경우, 노션 데스크톱 앱을 설치해서 사용하시는 걸 추천드립니다.
인터넷 익스플로러(Internet Explorer) 환경에서는 Notion을 사용할 수 없습니다.

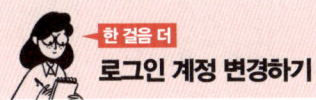
로그인 계정 변경하기

처음 생성한 Notion 계정은 추후 언제든지 다른 이메일 계정으로 변경할 수도 있습니다. 그러므로 어떤 이메일로 Notion 계정을 생성할지 너무 깊이 고민할 필요는 없습니다. 일단 임의의 계정으로 생성한 후 나중에 자주 사용하는 이메일 계정으로 변경하면 됩니다.

로그인 계정(이메일 주소)을 변경하려면 Notion에 로그인한 후 왼쪽 사이드바에서 [설정]을 클릭합니다. 설정 창이 나타나면 왼쪽에서 [계정]을 클릭하고 개인 정보 항목에서 [이메일 변경]을 클릭해서 변경할 이메일 주소를 입력합니다.

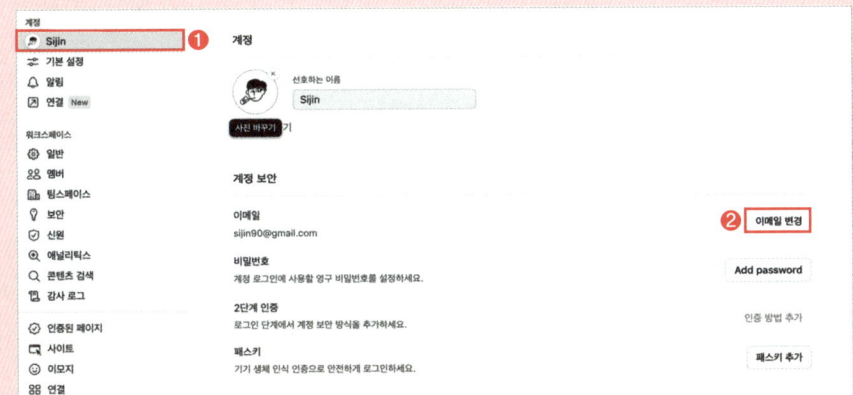

이메일 변경 창이 열리면 [인증 코드 전송]을 클릭합니다. 이때 현재 로그인한 메일 주소로 인증 코드가 발송되는데, 해당 인증 코드를 복사한 후 Notion 창에 붙여 넣고 [계속]을 누르세요. 그 후 새로운 이메일을 입력하고 인증 코드를 받습니다. 새로운 이메일에 수신한 인증 코드를 복사한 후 이전과 같이 붙여 넣으면 로그인 이메일을 변경할 수 있습니다.

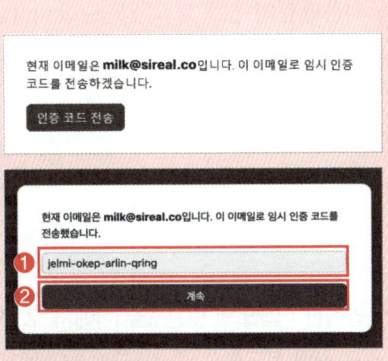

▶ 다른 이메일 계정으로 생성하기

구글 계정이 아닌 다른 이메일 주소를 사용해서 Notion 계정을 생성하려면 별도의 임시 로그인 코드를 받아서 가입해야 합니다. 구글 계정을 사용할 때에 비해 절차가 다소 까다롭습니다.

01 Notion 웹사이트(www.notion.com)에 접속하여 오른쪽 상단 [무료로 Notion 사용하기]를 클릭합니다. 이메일 입력란에 Notion 계정으로 사용할 이메일 주소를 입력한 다음 [계속]을 클릭합니다.

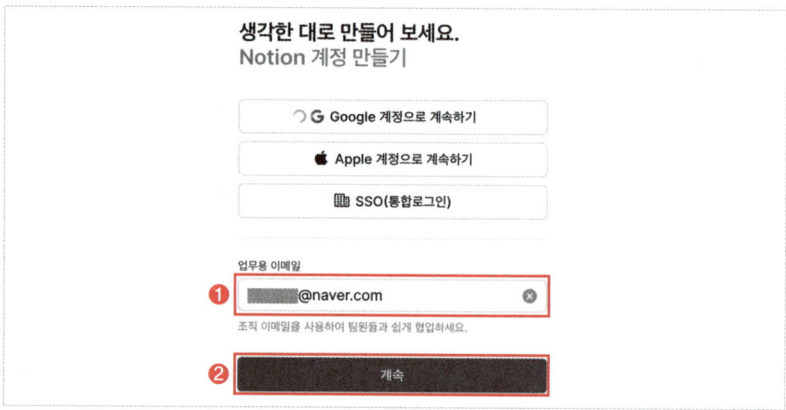

02 다음과 같이 [인증 코드] 입력란이 나타납니다.

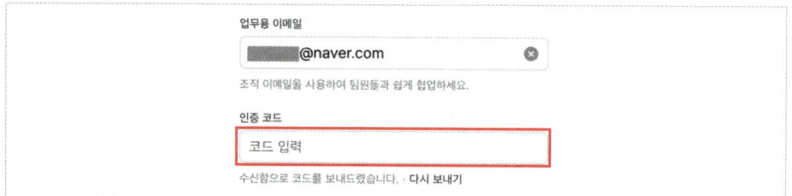

03 입력한 이메일의 받은 편지함에서 로그인 코드를 확인하고, 해당 코드를 [인증 코드]에 붙여 넣으세요. [계속]을 클릭하면 Notion 계정 생성이 완료됩니다. 또는 오른쪽 이미지처럼 [매직 링크로 로그인] 버튼을 누르셔도 됩니다.

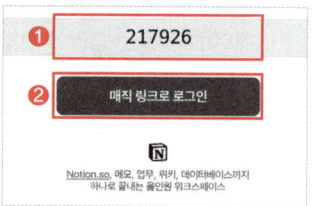

▶ 애플 계정으로 가입하기

맥, 아이폰, 아이패드 등 애플(Apple) 제품을 사용할 때 필요한 애플 계정으로 가입하고 Notion을 이용할 수 있습니다.

01 Notion 웹사이트(www.notion.so)에 접속하여 오른쪽 상단 **[회원가입]**을 클릭하고 **[Apple로 계속하기]**를 클릭합니다.

02 아이디와 암호를 입력하고 [→] 버튼을 클릭합니다.

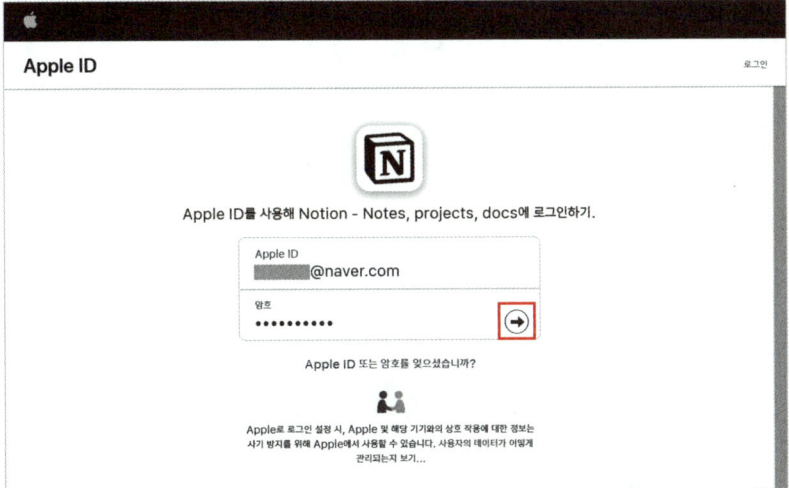

03 확인 코드를 입력합니다.

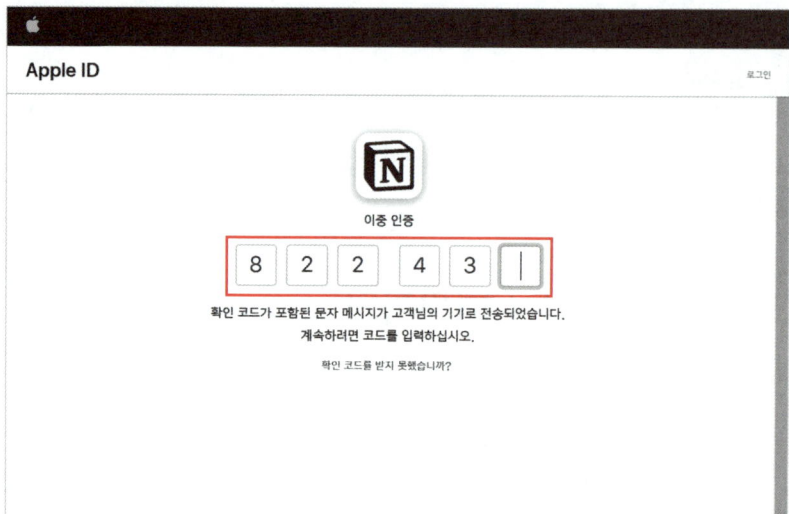

04 [나의 이메일 공유하기]를 선택하고 [계속] 버튼을 클릭합니다.

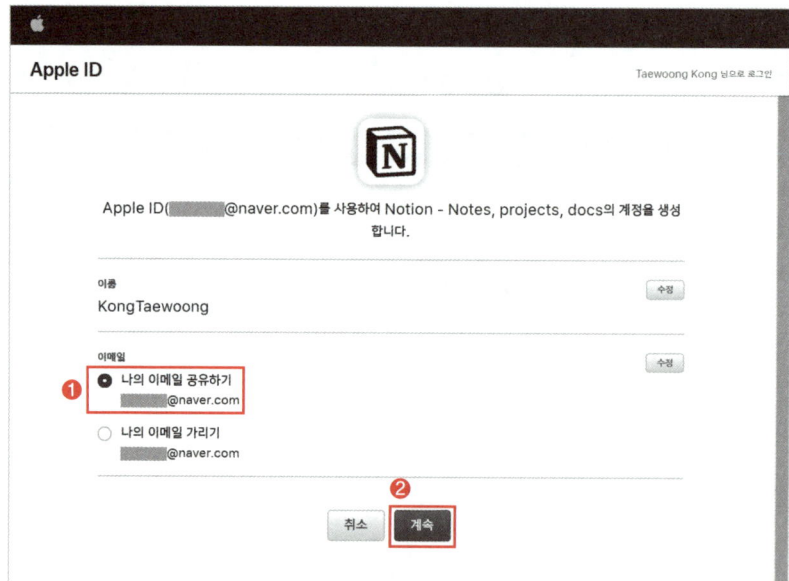

▶ 프로필 설정 및 계정 생성 이후 기본 절차 둘러보기

앞에서 진행한 계정 생성을 완료하면 곧바로 프로필 설정부터 클라이언트를 다운로드할 수 있는 절차가 진행됩니다.

프로필 설정_ Notion 계정 생성 후 이어지는 첫 번째 과정은 원활히 협업하기 위한 프로필 설정입니다. 본인의 이름과 로그인 시 사용할 비밀번호를 입력한 후 **[계속]**을 클릭합니다(구글 계정으로 등록한다면 이 과정은 생략됩니다).

❗ 비밀번호는 확인 과정 없이 한번 입력하면 그대로 사용됩니다. 오타가 난 것을 모른 채 본인 PC에서 로그인된 채로 사용하다가 나중에 다른 PC에서 접속하려고 하면 비밀번호가 잘못되었을 수 있으니 처음에 입력할 때 반드시 확인 후 **[계속]** 버튼을 누르세요. 물론, 이메일 주소를 통해 비밀번호 초기화도 가능합니다.

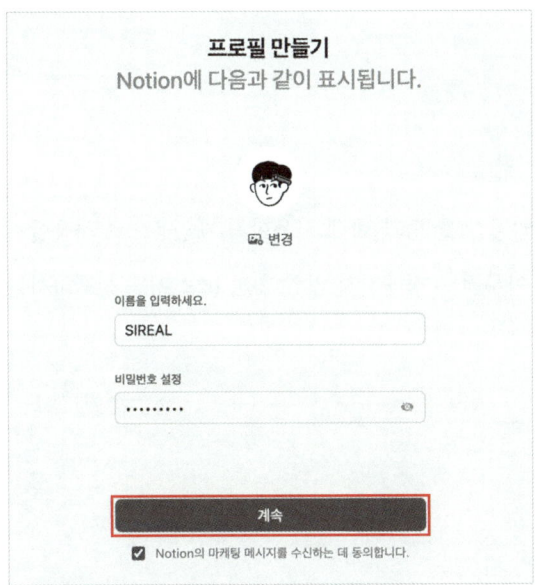

▶ 깨알 tip 이름은 노션에 들어온 후 왼쪽 사이드바에서 [설정]을 클릭하고 [계정]을 클릭하면 변경할 수 있습니다.

사용 목적_ 노션을 사용하는 용도에 맞게 업무, 개인용, 학교용을 누르세요. 이를 선택하는 목적은 노션의 설문용도이며, 업무를 선택하면 업무에 맞는 템플릿을, 개인용을 선택하면 개인용에 맞는 템플릿을 미리 생성해줍니다. 해당 템플릿은 노션에서 무료로 제공하며,

제공된 템플릿 이외에도 Notion Marketplace에 들어가면 수많은 템플릿을 무료로 받을 수 있으니, 현재는 고민할 필요 없이 아무거나 선택하셔도 좋습니다.

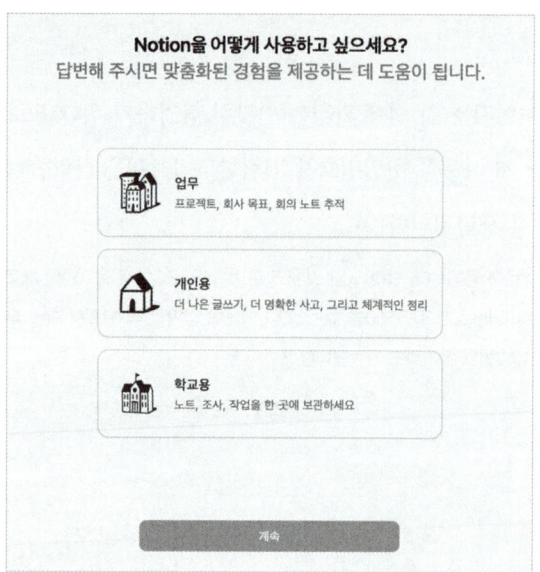

워크스페이스 설정_ 워크스페이스(작업공간)을 팀과 함께 사용할지 개인용으로 사용할지 선택한 후 [**계속**]을 클릭합니다. 아직 아무것도 정해지지 않았다면, [**스스로**]를 선택하시는 걸 추천드립니다.

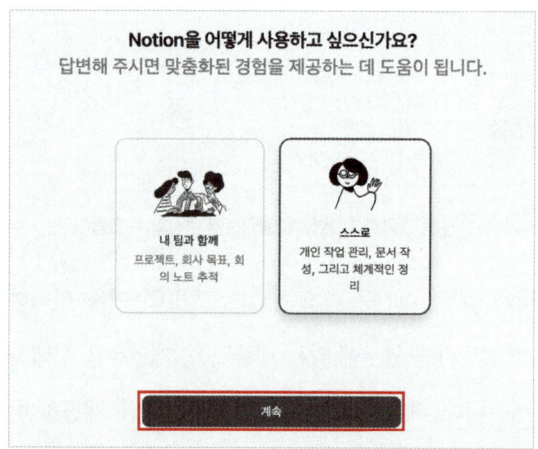

본인 소개_ 직무, 역할, 규모, 용도 등 여러분에게 적절한 선택지를 클릭한 후 **[계속하기]**를 눌러주세요. 하단에 **[건너뛰기]**를 선택하셔도 되지만 이전 메뉴에서 **[내 팀과 함께]**를 선택했다면 해당 설문은 건너뛸 수 없습니다.

워크스페이스 이름_ 사용할 워크스페이스의 이름을 지정해 주세요. 워크스페이스는 나만의 공간에 이름을 붙여 주는 것입니다. 회사라면 회사명을 입력하고, 개인이라면 개인이 원하는 공간의 이름을 자유롭게 입력해 주세요. 이후 **[계속]**을 눌러 진행해 주세요.

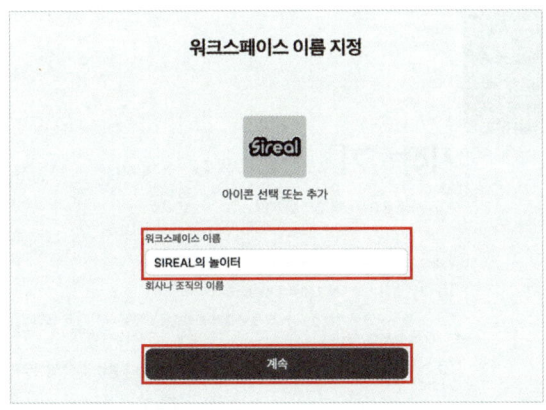

플러스 요금제 체험_ 무료로 14일간 플러스 요금제를 체험해 보라며 카드 등록 화면이 나타납니다. 앞으로도 플러스 요금제를 사용할 예정이라면 카드 등록을 하시면 됩니다. 그렇지 않다면 하단에 [아니요, 계속해서 무료 요금제를 이용하겠습니다.]를 눌러주세요.

개인용_ 개인용으로 선택한 경우 Notion의 첫 화면이 나타납니다. 노션의 기본 레이아웃을 설명해 주는 팝업이 나타나고, 해당 내용을 읽어보신 후 [다음]을 눌러 진행해 주세요.

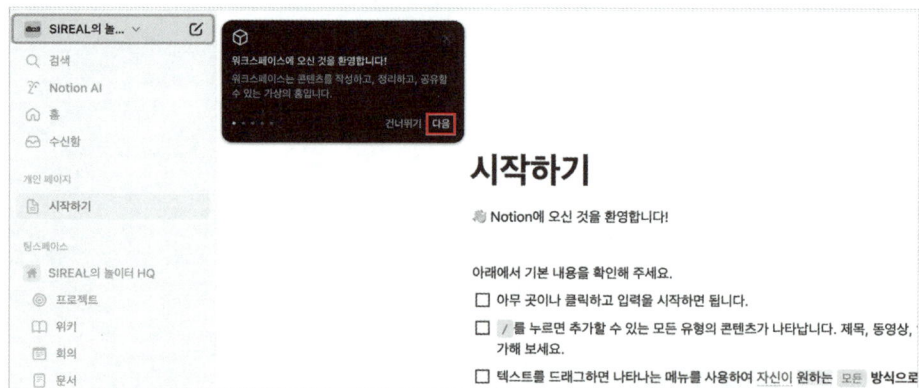

팀용_ 내 팀과 공동 작업을 선택한 경우 팀 워크스페이스를 생성하는 화면이 나타납니다. [아이콘 선택 또는 추가]를 클릭하면 컴퓨터에 저장된 사진 파일을 불러와 변경할 수 있습니다. [워크스페이스 이름]을 입력한 후 [계속]을 클릭합니다.

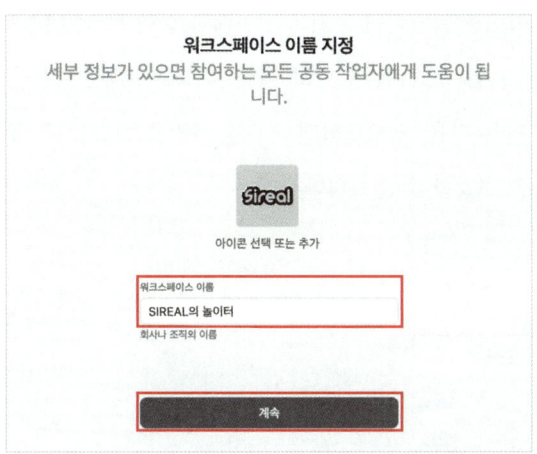

팀원 초대하기_ 팀원을 초대할 수 있는 페이지가 나타나고, [초대 링크 복사]를 클릭하여 동료에게 워크스페이스 링크를 복사하여 전달하세요. 팀원이 해당 링크를 클릭하면 자동으로 워크스페이스에 등록됩니다. 또는 동료의 이메일 주소를 입력하여 워크스페이스 초대장을 전송할 수도 있습니다. 동료를 모두 초대하고 [Notion에 접속하기]를 클릭하면 Notion의 첫 화면이 나타납니다.

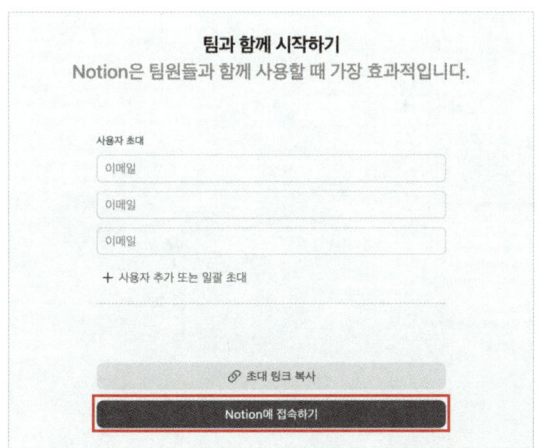

▶ 깨알 tip ◀ 동료 초대는 나중에 얼마든지 진행할 수 있습니다. 처음부터 동료를 초대하기 부담스럽다면 초대하지 않고 [Notion에 접속하기]를 클릭해 건너뛰어도 됩니다.

▶ 프로필 변경하기

Notion 안에서 동료들과 협업할 때 자신을 나타내는 아이콘(사진)과 이름은 계정을 생성할 때 설정한 프로필에 따라 표시되며, 프로필 생성 후에도 수정할 수 있습니다. 사이드바에서 [계정]을 눌러 계정 창 가장 위에 사진을 클릭하여 들어오면 아래와 같은 모습이 나타납니다. 사진을 클릭하여 원하는 사진을 업로드하거나, 바로 아래 [내 모습 만들기] 버튼을 눌러 노션 스타일의 프로필 이미지를 만든 다음, 업로드하면 프로필 사진을 변경할 수 있습니다. 또한 선호하는 이름으로 이름을 변경할 수 있습니다.

워크스페이스 아이콘 변경하기_ 사이드바 최상단에 있는 워크스페이스의 아이콘도 원하는 이미지로 변경할 수 있습니다. 사이드바의 [계정 - (워크스페이스) 일반]을 클릭한 다음 아이콘을 클릭해 보세요. 이모지, 컴퓨터에 저장된 이미지, 이미지 주소 등으로 워크스페이스 아이콘을 변경할 수 있습니다.

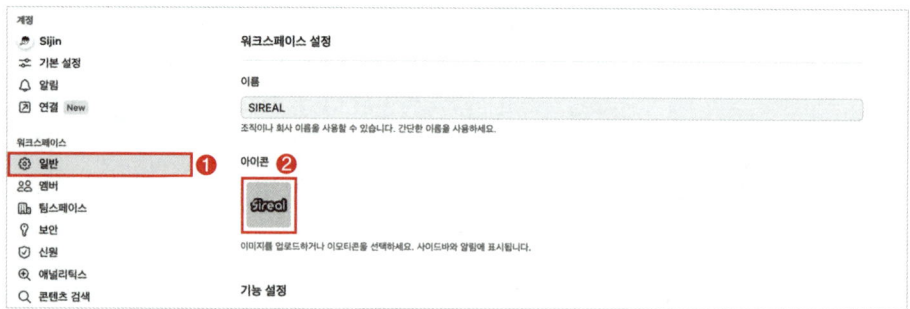

Notion 시작 화면_ 계정 생성 및 기본 설정 과정이 끝나면 아래와 같이 Notion의 첫 화면에 진입합니다.

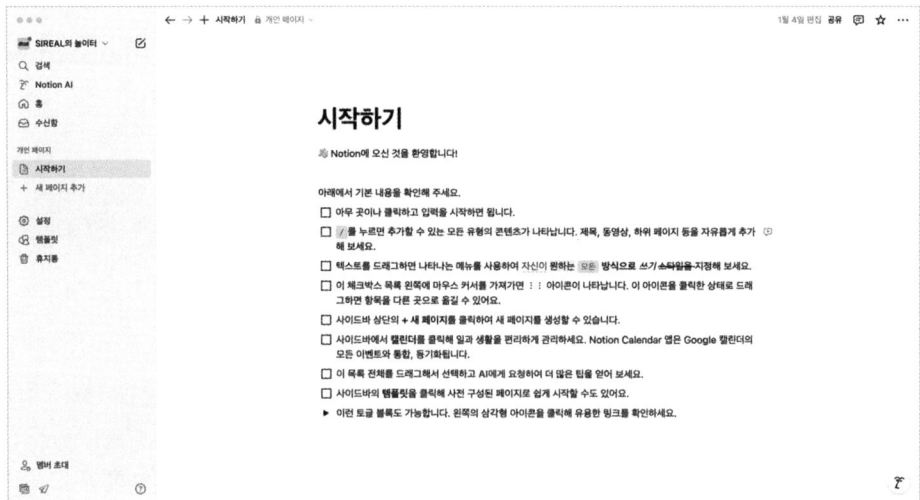

Notion 04 | Notion 요금제 및 유료 결제하기

우리가 흔히 사용하는 네이버 MYBOX, Google Drive와 같은 클라우드 서비스는 용량에 따라 비용 차이가 발생합니다. 하지만 Notion은 협업 도구이므로 사용하는 인원과 기능, 권한에 따라 무료, 플러스, 비즈니스, 엔터프라이즈의 4가지 요금제로 구분됩니다.

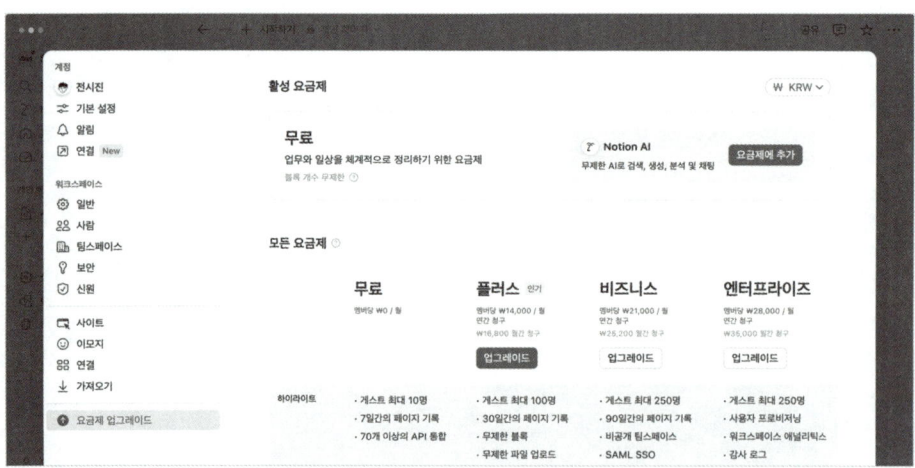

▶ 요금제 살펴보기

무료 요금제_ 블록 수 제한 없이 블록을 생성하여 Notion을 이용할 수 있으나, 블록당 5MB의 파일 용량 제한이 있어서 처음 사용하는 사람이 기능과 사용법을 익히기에 적합한 요금제입니다. 개인 요금제는 게스트를 10명까지만 초대할 수 있습니다.

무료 요금제에서 '전체 허용', '댓글 허용', '읽기 허용'의 권한만 사용할 수 있습니다. '전체 허용'은 Notion 계정을 가지고 있는 외부 사용자 누구나 편집 및 초대할 수 있는 권한, '댓글 허용'은 Notion 계정을 가지고 있는 누구나 댓글이나 멘션을 남길 수 있는 권한, '읽기 허용'은 페이지의 내용을 볼 수만 있는 권한을 말합니다.

플러스_ Notion을 본격적으로 사용할 수 있는 요금제입니다. 월별 결제 시 매월 16,800원, 1년 단위 결제 시 168,000원(매월 14,000원)입니다. 무료 요금제와 마찬가지로 블록 개수가 무제한입니다. 업로드 파일 용량도 무제한이며, 수정된 내역으로 되돌릴 수 있는 페이지 기록 기능은 7일에서 30일로 향상됩니다.

무료 요금제를 사용 중에 '멤버'를 초대하면 팀 요금제로 자동 변경됩니다. 실수로 멤버를 추가 했다면 초대된 멤버를 모두 내보낸 후 결제일 전에 사이드바에 있는 [청구]에 들어간 다음 [요금제 변경]에서 [무료] 〉 [계속]을 선택하여 요금제를 변경할 수 있습니다.

비즈니스 & 엔터프라이즈_ Notion의 협업용 요금제로 비즈니스와 엔터프라이즈가 있습니다. 비즈니스 요금제는 월별 결제 시 매월 25,200원이고 1년 단위 결제 시 252,000원(매월 21,000원)입니다. 한편 엔터프라이즈는 월별 결제 시 매월 35,000원이고 1년 단위 결제 시 420,000원(매월 28,000원)입니다. 두 요금제 모두 멤버를 초대하면 멤버별로 과금됩니다. 예를 들어 비즈니스 요금제에서 5명의 멤버를 초대해서 월별 결제(25,200원)로 사용하면 해당 워크스페이스의 관리자는 매달 126,000원의 요금을 지불해야 합니다. 플러스 요금제에서 페이지 기록은 30일까지만 되돌릴 수 있으나 비즈니스 요금제는 90일, 엔터프라이즈 요금제를 이용하면 기간 제한 없이 되돌릴 수 있습니다.

그 외에도 비즈니스는 비공개 팀스페이스 생성, 게스트 초대 250명, SAML SSO 등의 기능이 있으며, 엔터프라이즈는 SCIM, 워크스페이스 애널리틱스, 감사 로그 등 보안과 관리에 관한 기능을 추가로 사용할 수 있습니다.

▶ 유료 요금제로 결제하기

무료 요금제로 Notion을 사용하다 마음에 들면 언제든지 유료 요금제로 변경할 수 있습니다.

01 Notion을 실행한 후 왼쪽 사이드바에서 **[설정]**을 클릭하고 다음과 같은 팝업 창이 열리면 사이드바에서 **[요금제 업그레이드]**를 클릭합니다. 원하는 유료 요금제로 **[업그레이드]**를 클릭합니다.

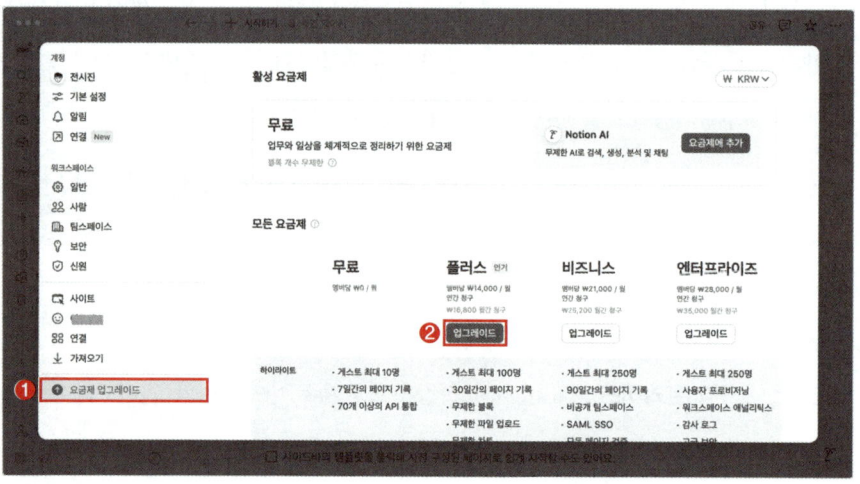

▶ **깨알 tip** 나중에 배우는 멤버 기능을 이용해 공유 중인 팀원이 있는 상태에서는 무료 요금제를 사용할 수 없습니다. 이럴 때는 플러스 요금제를 사용하거나 팀원을 모두 제거한 후 무료 요금제로 변경해야 사용할 수 있습니다.

02 다음과 같이 결제 방식을 선택하는 팝업 창이 나타납니다. 먼저 청구 옵션에서 **[월간 결제]**와 **[연간 결제]** 중 하나를 선택합니다. **[연간 결제]**를 선택할 경우 1년 치 요금을 한번에 지불하지만 월별 과금액이 할인됩니다. 청구 정보와 결제 정보를 입력하고 결제 내역을 확인한 후 **[플러스 요금제로 업그레이드]**를 클릭합니다.

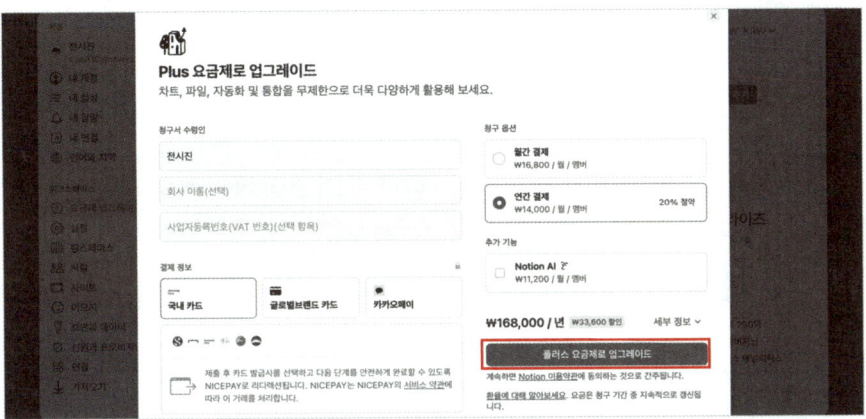

▶ 깨알 tip Notion은 국내, 해외 카드 및 카카오페이로 결제가 가능합니다.

03 정상적으로 결제가 완료되면 팝업 창 사이드바의 **[업그레이드]**가 **[요금제 살펴보기]**로 변경되며, 추가로 결제 정보를 확인할 수 있는 **[청구]**가 추가됩니다. 설정의 사이드바에서 **[청구] 〉 [요금제 변경]**에서 요금제를 변경할 수 있습니다.

▶ 깨알 tip 유료 요금제로 전환한 후 **[청구]**를 클릭하면 결제 방법, 결제 단위(월/연), 결제 내역 등을 확인하거나 변경할 수 있습니다. 처음 설정한 결제 방법으로 자신도 모르는 사이 결제되고 있을 수 있으니 꼼꼼하게 확인하기 바랍니다.

▶ 무료로 교육 요금제 이용하기

학생과 교사 등 교육업에 종사하는 사람은 교육 할인을 적용하여 플러스 요금제를 무료로 사용할 수 있습니다. 자신의 학교 이메일 도메인이 '.ac.kr', '.edu'라면 아래의 방법을 따라 해 보세요.

01 자신의 학교 이메일 계정으로 Notion에 회원가입합니다.

02 사이드바에서 [설정 - 요금제 업그레이드]를 클릭하고 스크롤을 아래로 내리면 아래와 같은 창이 나타납니다. 학생과 교직원에서 [교육 요금제 사용하기]를 클릭합니다.

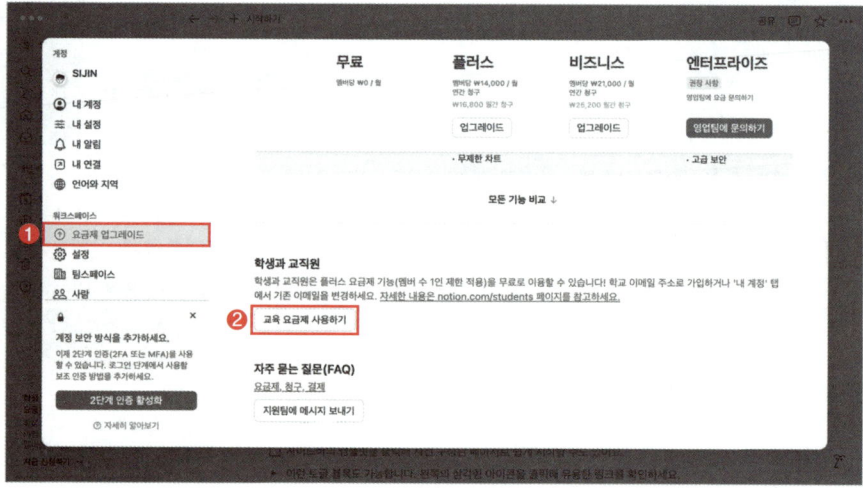

03 자격 확인 중이라는 창이 사라지면 'Notion의 무료 교육 요금제에 가입되었습니다.' 라는 팝업이 나타나며 무료로 교육 요금제를 이용할 수 있습니다.

▶ 깨알 tip 자신의 학교 이메일 계정이 Notion에 등록되어 있지 않다면 team@makenotion.com으로 문의 메일을 보내 해결할 수 있습니다.

▶ 깨알 tip [설정과 멤버 – 계정 – 계정 보안 – 비밀번호]에 와서 비밀번호를 변경해 보세요. 영구 비밀번호를 설정하면 학교 계정을 사용할 수 없게 되어도 Notion을 이용할 수 있습니다.

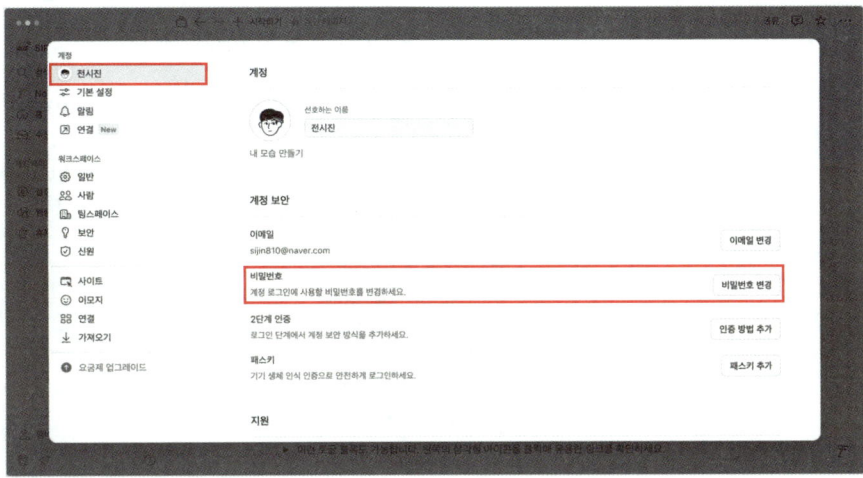

04 사이드바에서 [설정 – 요금제 살펴보기]에 들어오면 아래와 같이 교육 플러스 요금제를 사용하고 있음을 확인할 수 있습니다.

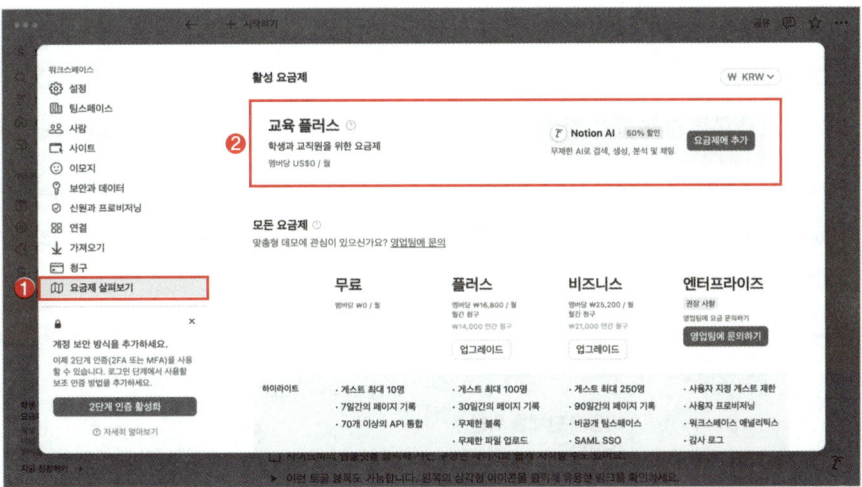

▶ 깨알 tip 교육용 계정을 갖고 있지만 다른 계정으로 가입했다면 [설정과 멤버 – 계정 – 이메일 변경]을 통해 이메일 주소를 학교 계정으로 변경해 보세요. 위와 같은 방법으로 교육 플러스 요금제를 사용할 수 있습니다.

▶ 스타트업 인증으로 $1,000 크레딧 받기

스타트업에서 Notion을 팀 요금제로 사용하고 싶은가요? Notion과 제휴된 엑셀러레이터나 VC에서 투자를 받은 스타트업이라면 스타트업을 위한 Notion 페이지(https://www.notion.com/ko/startups)에서 신청해 보세요. 최대 $6,000까지 절약할 수 있습니다.

▶ 비영리 인증으로 할인 받기

비영리 단체를 운영 중이신가요? 501(c)3 인증 단체는 노션의 지원을 받을 수 있습니다. 플러스 요금제를 50%까지 할인받을 수 있어요. 사이트(https://www.notion.com/ko/nonprofits)에 들어오셔서 [지금 신청하기] 버튼을 눌러 신청서를 작성하고 제출해 보세요.

▶ 깨알 tip 비영리기관의 면세 조건을 나열한 미국 연방 세법 501(c)(3)조를 말합니다(https://www.501c3.org/what-is-a-501c3/).

Chapter 02

다양한 도구의 통합을 위한 탄탄한 기본기 다지기

Notion을 본격적으로 사용해봅시다. Notion은 워크스페이스에 들어 있는 블록으로 이루어져 있지만, 조금 더 간편하게 구분하기 위해 섹션과 페이지라는 단위를 추가합니다.

블록을 담는 공간이 페이지, 페이지를 구분해 주는 공간을 섹션이라고 생각하시면 이해가 쉬워지죠.

이러한 기본 구조를 제대로 알면 이후 활용하기가 좀 더 수월해집니다.

Notion의 기본 구조를 어떻게 생성하며, 어떤 기능을 가지고 있는지 자세히 알아보겠습니다.

Notion 01 Notion의 기본 구조 이해하기

Notion 02 생산성 도구를 하나로 모아줄 페이지 생성 및 관리하기

Notion 03 텍스트 관련 기본 블록으로 기본기 다지기

Notion 04 실전! 대시보드 페이지 만들기

Notion 05 이미지부터 영상까지 삽입하는 미디어 블록

Notion 06 이런 것까지 가능해? 고급 블록

Notion 07 인라인 블록

Notion 08 거의 모든 서비스를 삽입하는 임베드 블록

Notion 09 다른 도구에서 데이터 가져오기

Notion 10 Notion Marketplace(템플릿)

Notion 01 Notion의 기본 구조 이해하기

Notion에서 처음 계정을 생성할 때 하나의 워크스페이스를 생성했습니다. Notion은 워크스페이스 속에 있는 블록으로 이루어져 있지만, 이렇게만 설명하면 쉽게 이해가 되지 않기 때문에 섹션과 페이지를 함께 추가합니다. 블록은 노션에서 생성할 수 있는 가장 작은 단위입니다. 이 블록을 담는 공간을 페이지(Page)라고 하며, 페이지가 너무 많이 만들어지면 자주 찾는 페이지도 쉽게 찾을 수 없는데, 이때 페이지를 쉽게 찾을 수 있게 구분해 둔 공간을 섹션(Section)이라고 부릅니다. 그리고 이 모든 것들이 워크스페이스(Workspace)에 들어 있죠.

하나의 워크스페이스를 다이어리에 비유한다면 섹션은 북마크나 책갈피 같은 역할을 합니다. 우리가 찾고 싶은 페이지를 조금 더 쉽게 찾을 수 있도록 영역을 구분해 주죠. 섹션은 Notion의 사용 구성에 따라 자동으로 생성되거나 사라지며, 사용자가 순서는 변경할 수 있지만 섹션의 이름을 임의로 변경하거나 지울 수 없습니다.

페이지는 빈 종이와 같습니다. 이 종이에는 블록을 마음껏 추가할 수 있죠. 종이에 글자를 쓰듯이 텍스트를 쓰거나, 그림을 그리듯이 사진을 넣을 수도 있습니다. 글과 사진뿐만 아니라 노션에서는 영상 파일을 넣어 재생시킬 수도 있고, Embed 블록을 이용해 유튜브 영상을 넣어 재생할 수도 있죠. 다이어리에 같은 규격의 종이를 새롭게 추가할 수 있듯이 새로운 페이지를 무한히 생성할 수 있습니다.

마지막으로 가장 작은 단위인 블록은 각 페이지에 포함된 텍스트, 이미지, 동영상, 데이터베이스 등 각각의 객체를 의미합니다. 섹션을 제외한 Notion을 이루는 모든 요소는 블록으로 이루어져 있으며, 자유롭게 용도를 변경할 수 있습니다.

▶ 하나의 워크스페이스에서 영역을 구분하는 섹션

섹션의 종류는 네 가지로, 즐겨찾기, 팀스페이스, 공유된 페이지, 개인 페이지가 있으며, 각 섹션은 즐겨찾기로 추가하거나 공유받은 페이지의 유무에 따라 표시되거나 사라집니다. 예를 들어 즐겨찾기로 추가한 페이지도 없고, 공유받은 페이지도 없다면 Notion 내 모든 페이지는 오로지 개인을 위한 데이터이므로, 개인 페이지 섹션만 존재합니다.

특정 페이지를 즐겨찾기로 추가한다면 그제서야 왼쪽 사이드바에 개인 페이지 섹션과 함께 즐겨찾기 섹션도 표시되며, 계속해서 팀스페이스를 생성한다면 팀스페이스 섹션이 표시됩니다. 만약 계정을 생성할 때 사용 용도를 묻는 질문에서 '내 팀과 함께' 옵션을 선택했다면 팀스페이스와 개인 페이지 섹션이 함께 표시됩니다.

여기서는 섹션의 역할만 소개합니다. 즐겨찾기 및 공유 방법은 Chapter 05에서 자세히 다루겠습니다.

각 섹션에는 여러 개의 페이지가 포함될 수 있으며, 왼쪽 사이드바에서 즐겨찾기, 팀스페이스, 공유된 페이지, 개인 페이지 각 섹션 이름을 클릭하면 목록을 펼치거나 닫을 수 있습니다.

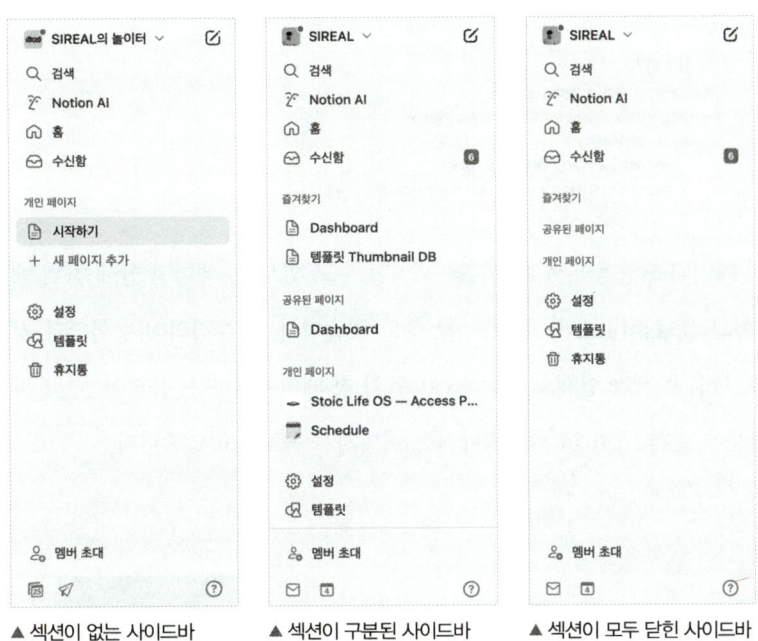

▲ 섹션이 없는 사이드바　　▲ 섹션이 구분된 사이드바　　▲ 섹션이 모두 닫힌 사이드바

▶ 활용도 200%의 자율성을 가진 페이지

앞에서 페이지를 Notion이라는 다이어리의 빈 종이에 비유했습니다. 사용자는 빈 페이지에 그림, 글, 영상, 음성 파일, 표 등 다양한 형태의 데이터를 원하는 대로 구성할 수 있습니다. 텍스트만 입력하여 워드 문서처럼 활용할 수 있고, 이미지를 넣어 사진첩 형태로 쓸 수도 있습니다. 동영상만으로 구성하여 나만의 재생 목록을 만들 수 있고, To-do 리스트를 관리할 수도 있습니다.

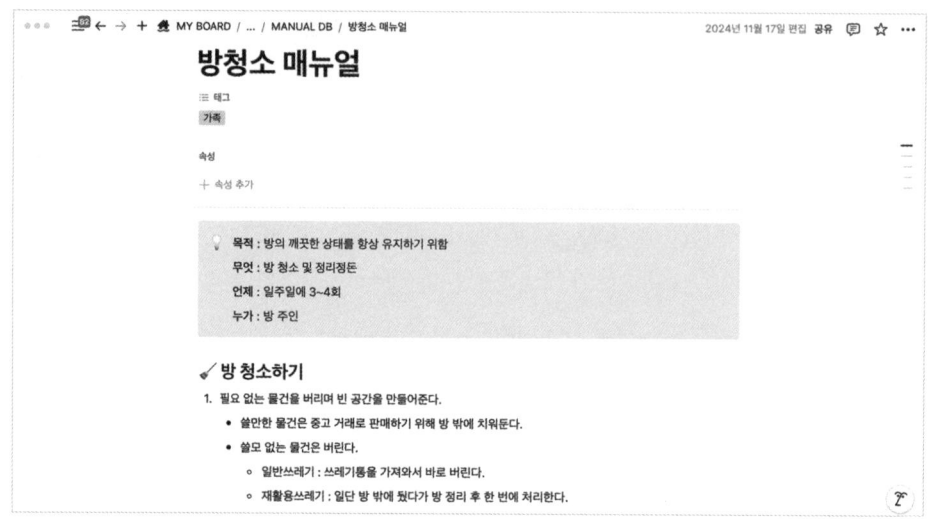

물론 여러 형태의 데이터를 혼용해서 페이지를 구성할 수도 있으며, 페이지 안에 하위 페이지를 넣어 대시보드(Dashboard) 형태로 쓸 수도 있습니다. 컴퓨터의 바탕화면과 같은 형태로 말이죠. 다음은 제가 실제로 쓰는 Notion의 첫 페이지입니다. 움직이는 gif 파일도 지원하기 때문에 실제 Notion 페이지에서는 이미지가 움직이고 있습니다.

이처럼 페이지는 여러분의 목적, 그리고 상상력에 따라 무궁무진하게 활용할 수 있습니다.

▶ 레고 블록 같은 Notion 블록

Notion의 가장 기본적인 단위는 블록입니다. 마치 레고 블록을 하나하나 모으고 조립해서 거대한 성이나 자동차를 만들듯 Notion에서도 블록을 모아 적절하게 구성하면 사용자의 업무 효율성을 높여줄 거대한 생산성 도구로 재탄생할 수 있습니다. 텍스트 블록, 페이지 블록, 할 일 목록 블록, 제목 블록, 동영상 블록, PDF 블록 등 여러 가지 블록을 조립할 수 있습니다.

Notion의 블록은 서로 변경할 수 있습니다. 즉, 텍스트 블록으로 만들었던 블록을 페이지 블록으로 바꿀 수도 있고, 할 일 목록 블록으로 만들었던 블록을 글머리 기호 목록 블록으로 변경할 수 있습니다. 여러 블록을 한 번에 변경할 수도 있어서 페이지를 구성하고 모양을 갖추는 작업을 빠른 시간 내에 처리할 수 있습니다.

각 블록에 대한 자세한 설명은 이어지는 [Notion 02]에서 하나씩 소개하겠습니다.

Notion 02 생산성 도구를 하나로 모아줄 페이지 생성 및 관리하기

Notion에서 페이지를 생성하는 것은 워드프로세서에서 새로운 문서를 시작하는 것처럼 기본적인 일입니다. Notion 계정을 생성한 후 처음 실행하면 **[시작하기]**라는 기본 페이지가 생성되어 있습니다. 이 페이지에 있는 내용들을 모두 지우고 여러분의 데이터를 채워 사용해도 됩니다만, 기본은 기본대로 두고 새 페이지를 만들어 활용하는 것이 좋겠죠?

▶ 새 페이지 만들고, 하위 페이지 만들기

왼쪽 사이드바를 이용해 새 페이지를 만들고, 이어서 새로 만든 페이지에 하위 페이지를 추가해 보겠습니다.

01 왼쪽 사이드바의 워크스페이스 이름 오른쪽에 있는 아이콘을 눌러 새 페이지를 만듭니다.

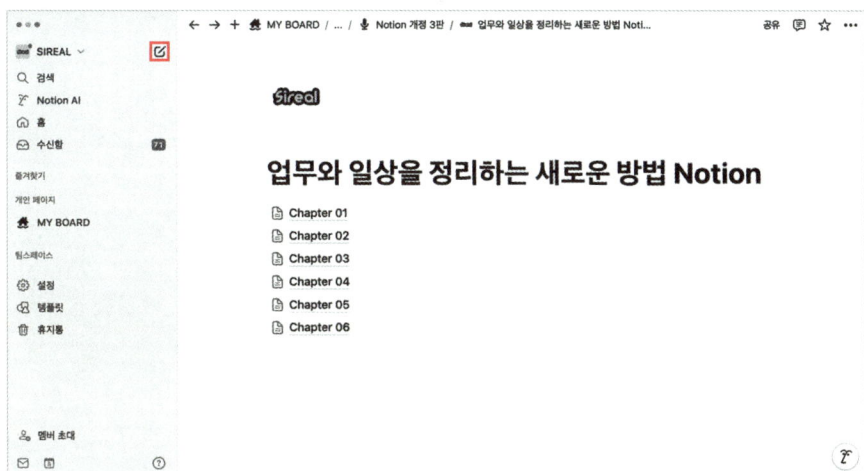

02 다음과 같이 새 페이지가 열리면 회색으로 '새 페이지'라고 적힌 글자가 나옵니다. 이 글자를 눌러 페이지 제목을 입력합니다.

03 페이지 하단에 있는 '시작하기' 섹션은 페이지를 처음 만들었을 때 손쉽게 페이지 내용을 채워주는 기능입니다.

- **AI에게 질문하기**: Notion AI(유료)를 사용한다면 페이지 아이데이션을 할 때 Notion AI의 도움을 받아 페이지 내용을 채울 수 있습니다.

- **표**: 페이지에 데이터베이스 – 표를 생성하여 데이터베이스 전체 페이지로 사용할 수 있습니다.

- **양식**: 노션에서 나온 설문지 기능으로 설문에 필요한 질문을 생성하고 응답을 노션의 데이터베이스로 받을 수 있습니다.

- **템플릿**: 노션 마켓플레이스에 등록된 30,000개 이상의 미리 만들어진 서식을 살펴보고 직접 내 템플릿으로 가져와서 사용할 수 있습니다.

- **…**: 그 외 데이터베이스 보기인 보드, 리스트, 타임라인, 캘린더, 갤러리를 생성할 수 있으며, 가져오기를 누르면 엑셀이나 PDF, 구글 독스 등 다른 서비스에 있는 데이터를 노션으로 가져올 수 있습니다.

▶ **스마트폰 Notion 애플리케이션에서 새 페이지 작성하기**

Notion의 장점 중 하나는 데스크톱에서 작성한 내용을 스마트폰이나 다른 운영체제에서 모두 실시간으로 확인할 수 있다는 점입니다. 데스크톱에서 작성한 내용을 스마트폰으로 확인하거나, 내용을 수정할 수 있죠. 스마트폰에서 새 페이지를 만드는 방법은 데스크톱과 유사합니다.

우선 Notion 애플리케이션을 실행한 후 오른쪽 하단 사각형에 펜을 그리는 아이콘을 터치합니다. 개인 페이지 섹션에 새로운 페이지가 생성되어 내용을 입력할 수 있습니다.

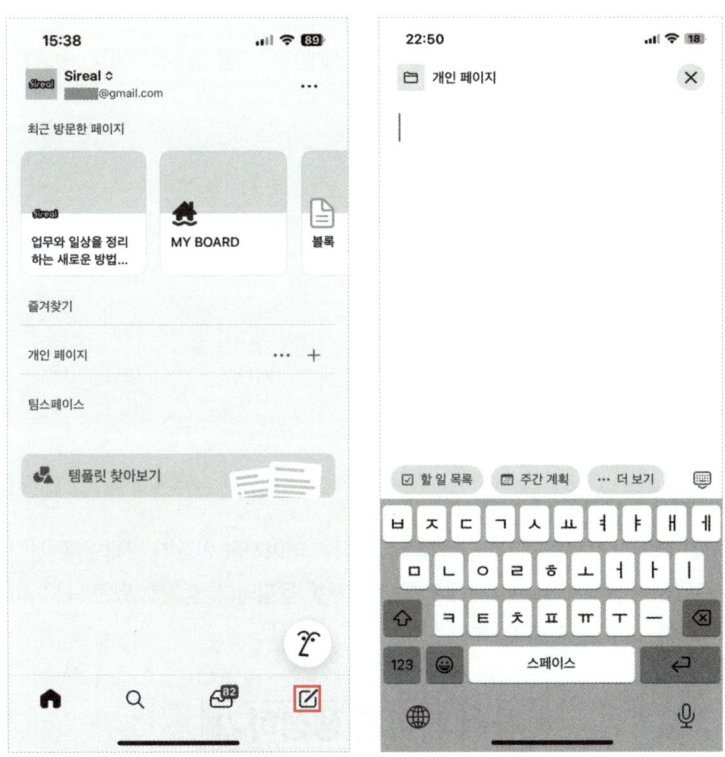

▶ 디렉터리 구조의 페이지 구성하기

Notion은 디렉터리 형태로 페이지를 구성할 수 있습니다. 컴퓨터 바탕화면에 여러 폴더가 있고 그 폴더 속에 하위 폴더나 파일이 있듯이, 임의의 페이지가 마치 바탕화면이나 윈도우 탐색기의 최상위 폴더 역할을 합니다.

Notion에서 디렉터리 구조의 페이지를 구성하려면 먼저 임의의 페이지를 하나 만들고, 그 안에 원하는 하위 페이지를 만들면 됩니다. 그러면 처음 만든 상위 페이지는 바탕화면 역할을 하고, 그 안에 만든 하위 페이지는 바탕화면에 나열된 폴더 역할을 합니다.

`01` 새로운 페이지를 생성하기 위해 왼쪽 사이드바에서 워크스페이스 이름 옆 [새 페이지 만들기] 아이콘을 클릭하여 새로운 페이지를 생성합니다.

`02` 페이지 제목에 '하위 페이지 생성하기'라고 입력합니다. 하위 페이지를 만들기 위해 왼쪽 사이드바에서 앞서 만든 [하위 페이지 생성하기]에 마우스 커서를 옮깁니다. 숨겨져 있던 [+] 아이콘(하위 페이지 추가)이 나타나면 클릭합니다.

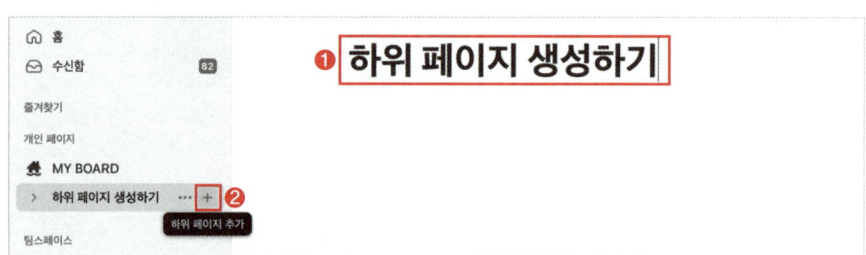

03 새 페이지 창이 열립니다. 페이지 이름을 입력하고 Enter 를 눌러 페이지 내용에서 원하는 내용을 입력합니다.

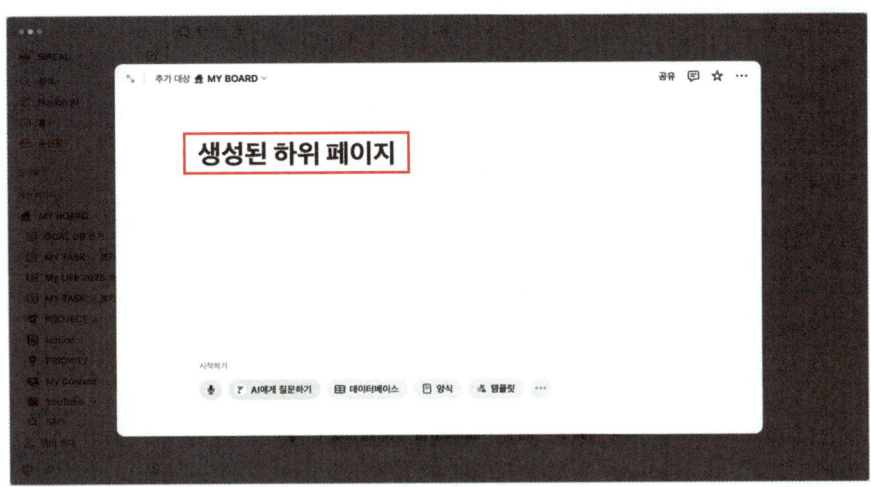

▶ 깨알 tip 새 페이지 생성하기 창 상단에 있는 [추가 대상]을 클릭한 후 현재 페이지를 생성할 위치(상위 페이지)를 지정할 수도 있습니다.

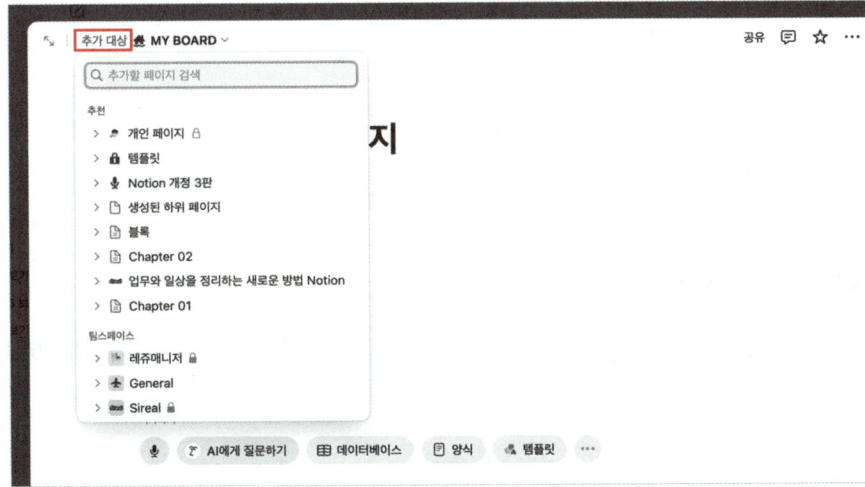

04 앞의 과정을 참고해 한두 개의 하위 페이지를 더 만들어봅니다. 그러면 처음 만든 [하위 페이지 생성하기] 페이지에 하위 페이지 목록이 표시되어 디렉터리 구조가 완성됩니다.

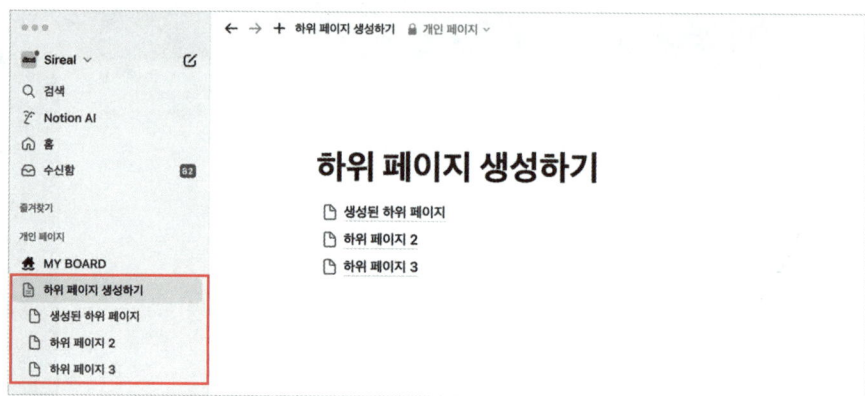

▶ 페이지 스타일로 보기 좋게 꾸미기

여러 페이지를 만들어 관리하다 보면 페이지 디자인이 비슷해서 보기에 지루하고 각 페이지를 구분하기도 어려울 수 있습니다. 이럴 때 Notion의 페이지 디자인을 보기 좋게 꾸밀 수 있습니다.

페이지에 아이콘 이미지를 배치하거나 커버를 추가하고, 텍스트 종류나 크기를 바꾸며, 페이지 영역을 조절하는 등 페이지 스타일과 관련된 기능을 알아보겠습니다.

아이콘 추가 및 변경

각 페이지의 제목 입력란에 마우스 커서를 가져가면 상단에 [아이콘 추가], [커버 추가], [댓글 추가] 버튼이 표시됩니다. 여기서 [아이콘 추가]를 클릭하면 곧바로 임의의 아이콘이 추가됩니다.

▲ 제목 입력란 위에 표시되는 세 가지 버튼

페이지에 아이콘을 추가하면 왼쪽 사이드바에도 아이콘 이미지가 반영됩니다. 그러므로 무작위로 생성된 아이콘은 해당 페이지를 대표할 만한 이미지로 변경하는 것이 좋습니다. 아이콘을 클릭하면 이미지를 변경할 수 있는 팝업 창이 나타나며 다음과 같이 세 개의 탭으로 구성되어 있습니다.

- **이모지**: Notion에서 기본으로 제공하는 이모지 중 선택할 수 있습니다. '필터' 창에 키워드를 입력하면 관련 이모지를 찾을 수 있습니다.

- **아이콘**: Notion에서 기본으로 제공하는 아이콘 중 선택할 수 있습니다. 아이콘을 클릭하면 10가지 색상 중 1개를 선택할 수 있으며, '필터' 창에 키워드를 입력하면 관련 아이콘을 찾을 수 있습니다.

- **업로드**: 업로드하고 싶은 웹 이미지 URL 주소를 복사하고 Ctrl + V 를 입력하면 해당 이미지를 아이콘으로 사용할 수 있습니다. 혹은 [이미지 업로드]를 클릭하고 사용자가 제작한 이미지를 업로드하여 아이콘으로 쓸 수도 있습니다. 가로세로 280×280픽셀 크기 이미지를 권장하며, 개인 요금제는 이미지 용량에 5MB 제한이 있습니다.

> ▶ 깨알 tip 이모지 팝업 창에서 [랜덤(🔀)] 아이콘을 클릭하면 무작위로 아이콘이 변경되며, [제거]를 클릭하면 추가한 아이콘을 제거할 수 있습니다. 랜덤 아이콘 옆 손바닥 모양을 클릭하면 사람의 피부가 나오는 이모지의 색깔을 변경할 수 있습니다.

커버 추가 및 변경

아이콘과 마찬가지로 페이지 커버 이미지를 추가하거나 변경할 수 있습니다. 페이지 제목에 마우스 커서를 가져갑니다. 이미 아이콘이 추가된 상태이므로 [아이콘 추가] 버튼은 표시되지 않습니다. 여기서 [커버 추가]를 클릭합니다.

하위 페이지 생성하기

페이지 상단에 무작위 이미지로 커버가 추가됩니다. 커버 위에 마우스 커서를 가져가면 오른쪽 상단에 [커버 변경]과 [위치 변경] 버튼이 표시됩니다. [커버 변경]을 클릭하면 아이콘 추가와 똑같이 팝업 창에서 커버 이미지를 선택하거나 사용자가 만든 이미지 또는 웹에 있는 이미지로 교체할 수 있습니다. [위치 변경] 버튼은 커버 이미지가 커버로 표시되는 면적보다 넓을 때, 이미지를 드래그해서 커버 영역에 보이는 부분을 바꿀 때 씁니다.

▶ 깨알 tip 커버 팝업 창에서 [Unsplash] 탭을 클릭하면 unsplash.com에서 제공하는 무료 이미지를 커버로 이용할 수 있습니다.

페이지 기본 텍스트 서식 변경하기

아이콘이나 커버 이외에 서체나 텍스트 크기, 여백 등을 조정하여 페이지만의 스타일을 지정할 수 있습니다. 단 페이지 안에서 서식을 자유롭게 변경할 수는 없고, 페이지마다 동일한 서체, 크기, 여백으로만 일괄 적용할 수 있습니다. 텍스트 스타일은 페이지 오른쪽 상단 더 보기(…) 아이콘을 클릭하면 나타나는 스타일 창에서 변경할 수 있습니다.

- **폰트**: Notion에서 쓸 수 있는 서체는 세 종류로 기본, 세리프, 모노입니다. 기본으로 적용되는 서체로 고딕(산세리프), 세리프는 명조, 모노는 프로그래밍용 서체입니다.

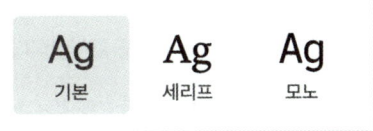

- **작은 텍스트**: 텍스트 크기는 기본 크기와 작은 텍스트 크기만 쓸 수 있습니다. [작은 텍스트] 스위치를 클릭하면 페이지 전체의 텍스트 크기를 줄일 수 있습니다. 제목부터 본문 내용까지 한 번에 축소됩니다. 스위치를 다시 클릭하면 기본 크기로 돌아옵니다.

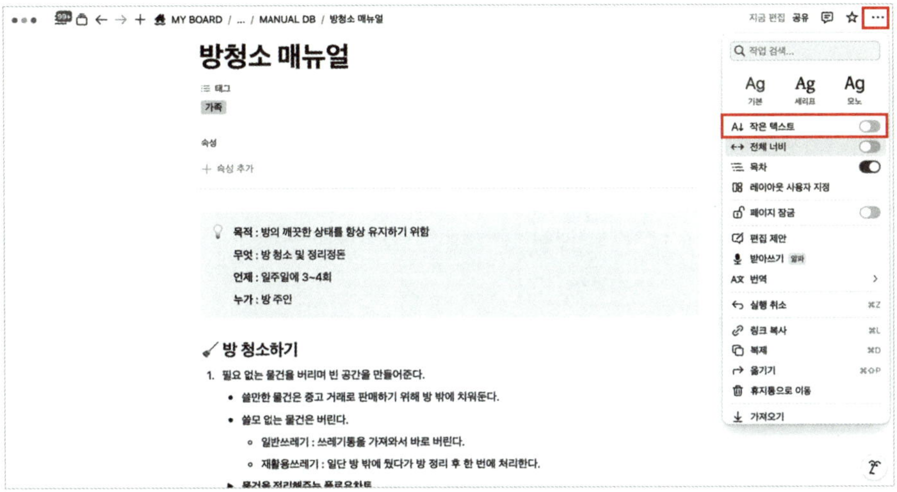

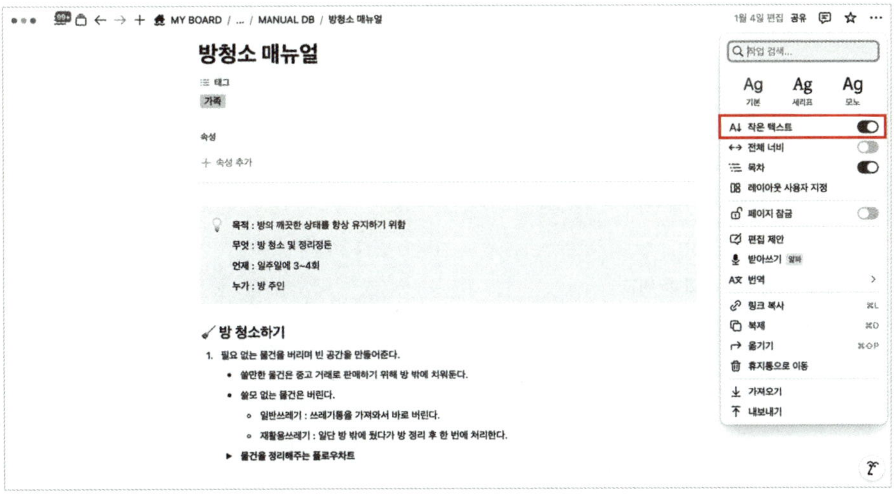

▲ [작은 텍스트] 적용 전과 후 비교

- **전체 너비**: 페이지 양 옆에는 일정한 여백이 적용되어 있습니다. 여백을 없애고 데이터로 가득 채우려면 [전체 너비] 스위치를 클릭합니다.

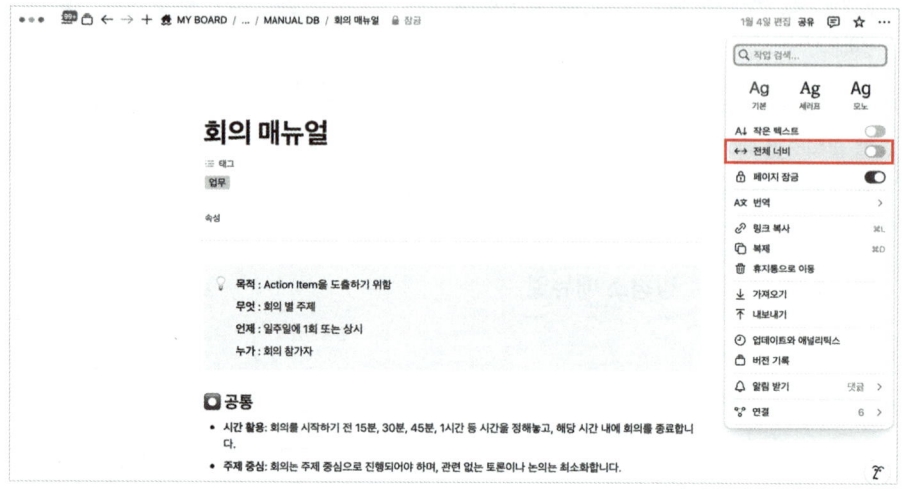

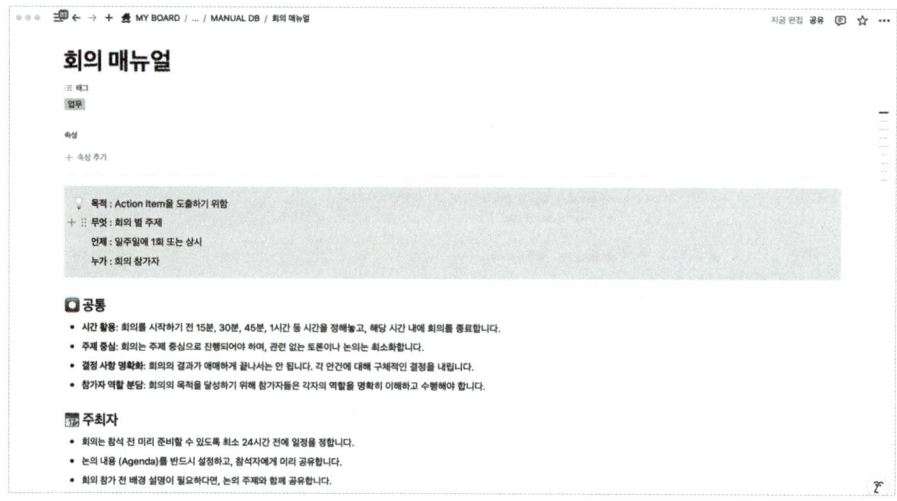

▲ [전체 너비] 적용 전과 후 비교

페이지 잠금

스타일 창에서는 해당 페이지를 잠글 수 있습니다. 실수로 데이터가 변경되는 것을 방지하는 기능으로, 잠금 설정한 페이지는 잠금 해제할 때까지 편집할 수 없습니다. [페이지 잠금]을 클릭하면 잠금 처리되고, 다시 클릭하면 잠금 해제됩니다. 잠금 설정된 페이지는 왼쪽 상단에 자물쇠 아이콘과 '잠금' 문구가 표시됩니다.

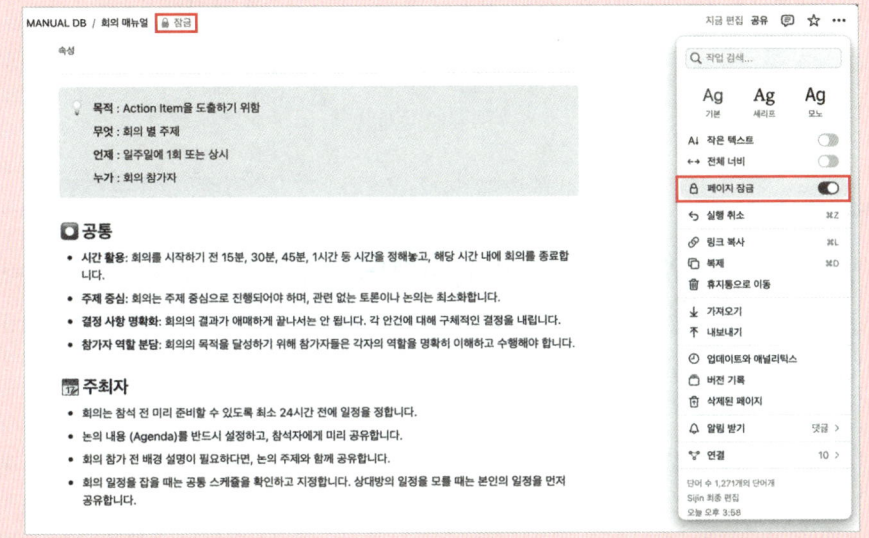

페이지에 표시된 '잠금' 문구를 클릭하면 다시 잠금으로 변경되며, 이 상태에서는 페이지를 임시로 수정할 수 있게 됩니다. 임시 수정이 끝나면 다시 클릭해서 잠금 상태로 되돌립니다.

▶ 필요 없는 페이지 삭제하기

페이지를 생성하다 보면 잘못 만든 페이지도 있고 필요 없는 페이지도 생깁니다. 이런 페이지를 그대로 놔두면 블록 개수만 늘어나 사이드바가 지저분해질 수 있으므로 깔끔하게 정리하는 것이 좋습니다. 페이지를 삭제하는 방법은 외부에서 삭제하기, 내부에서 삭제하기, 왼쪽 사이드바에서 삭제하기의 세 가지가 있습니다.

외부에서 삭제하기

외부에서 삭제하기는 삭제하려는 페이지가 다른 페이지의 하위 페이지일 때 쓸 수 있는 방법입니다. 다음과 같이 상위 페이지에 하위 페이지 목록이 표시되면, 삭제할 페이지, 삭제할 페이지 왼쪽의 메뉴(⋮⋮) 아이콘을 클릭하고 Delete 를 누르거나 메뉴에서 [삭제]를 선택합니다.

내부에서 삭제하기

내부에서 삭제하기는 말 그대로 해당 페이지의 내용을 확인한 후 삭제할 때 쓸 수 있는 방법입니다. 삭제할 페이지를 열고 오른쪽 위에 있는 더 보기(…) 아이콘을 클릭한 후 [휴지통으로 이동]을 선택하면 됩니다.

사이드바에서 삭제하기

사이드바에서 페이지를 삭제하는 방법은 전체 페이지 구조를 살피면서 필요 없는 페이지를 삭제할 때 편리합니다. 사이드바의 페이지 목록에서 삭제할 페이지에 마우스 커서를 옮긴 후 페이지 이름 오른쪽에 표시된 더 보기(…) 아이콘을 클릭하고 메뉴에서 [**휴지통으로 이동**]을 선택합니다.

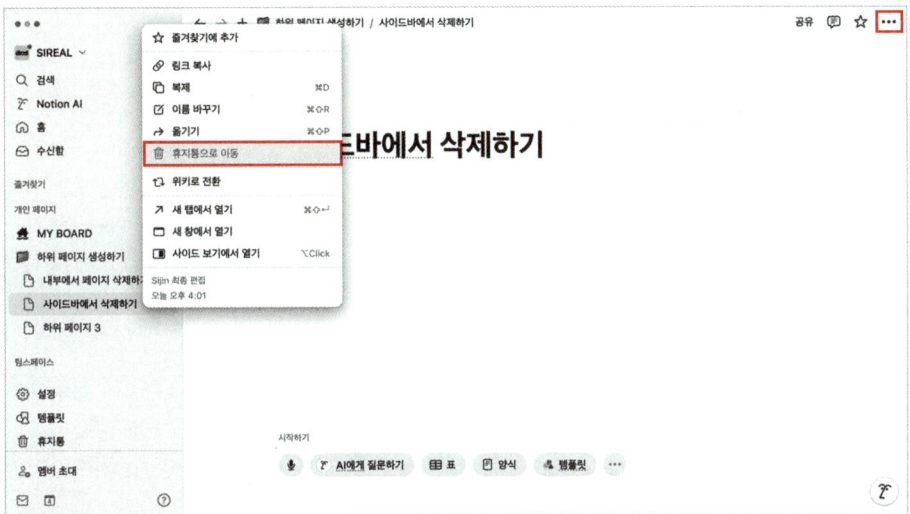

▶ 깨알 tip 하위 페이지를 포함하고 있는 페이지를 삭제하면 해당 페이지에 포함된 하위 페이지도 모두 삭제되니 주의하세요.

▶ 깨알 tip 휴지통으로 들어간 페이지를 복구할 수 있는 기한은 30일입니다. 30일이 지나면 휴지통에 있는 페이지도 완전히 삭제되어 복구할 수 없으니 유의하세요.

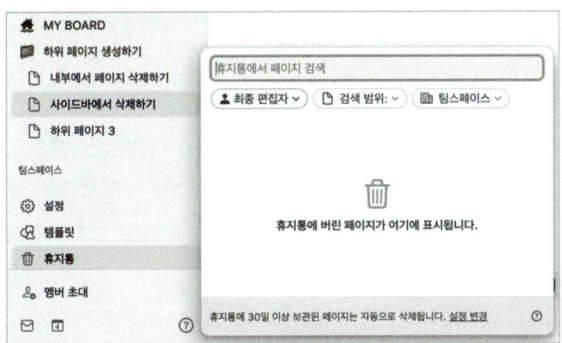

▶ 블록 내 페이지, 인라인 하위 페이지

인라인 하위 페이지 생성 기능을 이용하면 텍스트 블록, 글머리 기호 목록 블록 등 텍스트를 입력하는 중에 추가로 페이지 블록을 넣을 수 있습니다.

사용 방법은 간단합니다. 텍스트를 입력하는 중 인라인 하위 페이지가 필요할 때 +를 입력한 후 추가할 페이지명을 입력합니다. 다음과 같이 입력한 페이지명에 따라 두 가지 팝업 메뉴가 표시됩니다. 각 메뉴는 다음과 같은 차이가 있습니다.

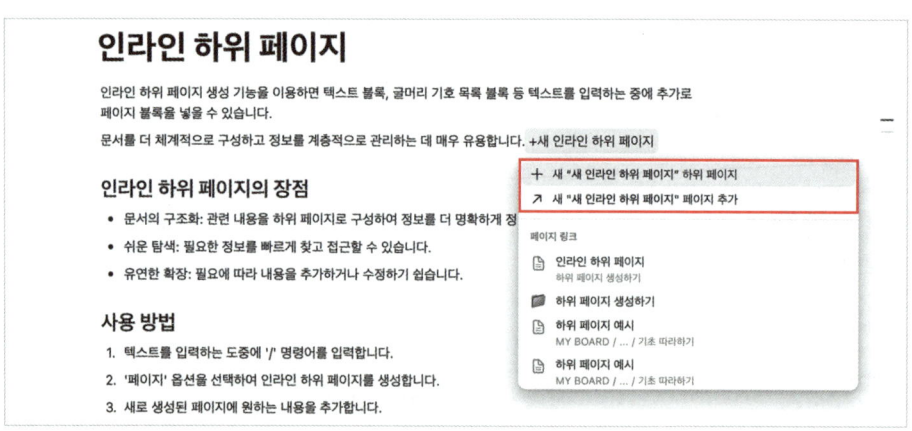

> **깨알 tip** +와 유사한 기능으로 [[를 입력하면 다른 페이지를 찾아 링크로 넣거나 새로운 하위 페이지를 빠르게 추가할 수 있습니다.

- **새 '페이지명' 하위 페이지**: 현재 위치에 인라인 하위 페이지를 생성합니다.

- **새 '페이지명' 페이지 추가**: 해당 메뉴를 선택한 후에 임의의 페이지를 선택하면 선택한 페이지에 +와 함께 입력한 페이지명으로 하위 페이지가 생성되며, 현재 위치에는 생성된 하위 페이지가 링크 형태로 추가됩니다.

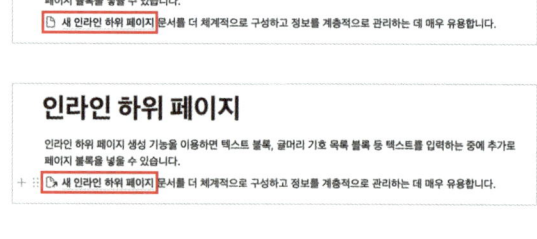

▶ **텍스트 관련 블록으로 빠르게 페이지 만들기**

목록이나 여러 개의 텍스트 관련 블록을 각각 제목으로 하는 페이지로 빠르게 변경할 수 있습니다. 예를 들어 다음과 같이 글머리 기호 목록으로 입력한 3개의 블록이 순식간에 같은 이름을 가진 3개의 페이지 블록으로 변경됩니다. 블록의 메뉴(⋮⋮) 아이콘을 클릭한 후 [전환 – 페이지]를 선택하면 됩니다.

Notion 03 텍스트 관련 기본 블록으로 기본기 다지기

Notion에서 가장 작은 단위는 블록입니다. 블록은 텍스트, 이미지, 데이터베이스, 영상, 코드 등 다양한 속성을 가지고 있습니다. 페이지를 생성한 후 빈 공간을 클릭하면 기본 중에서도 기본인 텍스트 블록이 생성됩니다. Notion의 활용도를 높여주는 대표적인 장점은 이런 블록들을 자유롭게 배치하고, 속성 유형을 변경할 수 있다는 것입니다. 이번에는 기본 블록을 활용하여 속성을 지정하는 것부터 속성 변경, 블록 복사, 삭제, 이동 등 블록의 기본 사용 방법을 알아보겠습니다.

▶ 클릭 한 번으로 블록 추가하기

페이지를 생성한 후 페이지 제목 하단에 빈 공간을 클릭하거나 Enter 를 누르면 텍스트 블록이 추가됩니다. 텍스트 블록에 입력 커서가 있는 상태에서 타이핑을 하면 글자를 입력할 수 있습니다.

▲ 클릭해서 추가한 텍스트 블록과 블록을 추가하는 [+] 아이콘

블록을 추가한 후 블록에 마우스 커서를 가져가면 왼쪽에 [+] 모양의 블록 추가 아이콘이 표시됩니다. [+] 아이콘을 클릭하면 다른 종류의 블록을 선택해 추가할 수 있습니다. 생성된 블록의 가장 오른쪽(글자가 없다면 빈칸)에 입력 커서를 놓고 Enter 를 누르면 기존 블록과 동일한 속성의 블록을 추가할 수 있습니다.

▲ 위와 동일한 텍스트 블록을 추가

▶ 다양한 텍스트 관련 블록 살펴보기

페이지 내 빈 공간을 클릭해서 새로운 블록을 생성한 후 곧바로 [+] 아이콘을 클릭하거나 /(슬래시)를 입력하면 블록 선택 창이 나타나며, 여기서 속성을 선택하면 새로운 블록을 추가할 수 있습니다.

블록 목록에서 기본 블록, 인라인, 데이터베이스, 미디어 등의 영역으로 구분된 여러 가지 블록 속성을 선택할 수 있습니다. 여기서는 기본 블록 영역에 포함된 텍스트 블록의 종류와 특징을 자세히 알아보겠습니다.

- **텍스트(Text)**: 텍스트 블록은 가장 기본이 되는 텍스트를 작성하는 블록입니다. 크기는 페이지별로 일괄 조정하는 방법밖에 없지만, 스타일은 개별적으로 지정할 수 있습니다. 스타일 지정 방법은 잠시 후에 다룹니다(083쪽).

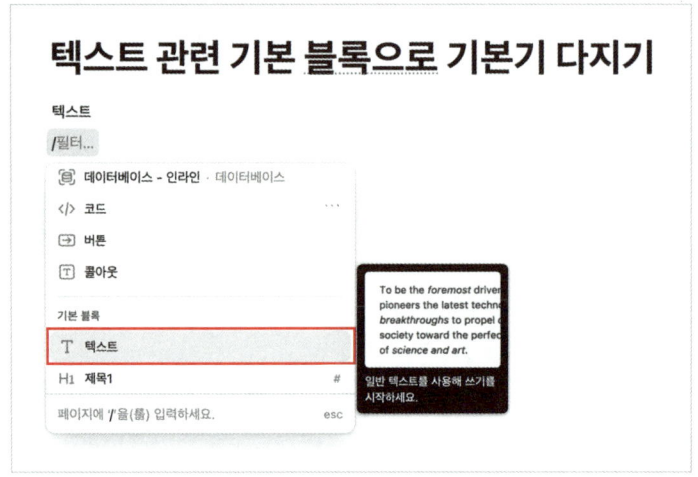

- **제목(Heading) 1, 2, 3**: 제목 블록은 제목 1, 제목 2, 제목 3, 세 단계가 있습니다. 페이지 안에서 주제를 구분할 때 활용합니다. 제목 1이 가장 큰 제목이며, 제목 3이 가장 작은 블록입니다.

- **글머리 기호 목록(Bulleted List)**: 글머리 기호 목록은 글자를 기호로 정리할 때 사용합니다.

새로 블록을 추가하는 대신 텍스트 블록 맨 앞에서 –(하이픈)을 입력한 후 [Space Bar]를 눌러도 글 머리 기호 목록 블록으로 변경됩니다. 글머리 기호 목록 블록으로 내용을 작성한 후 [Tab]을 누르면 하위 항목으로 들여쓰기 되고, [Shift] + [Tab]을 누르면 다시 상위 항목으로 내어쓰기 됩니다.

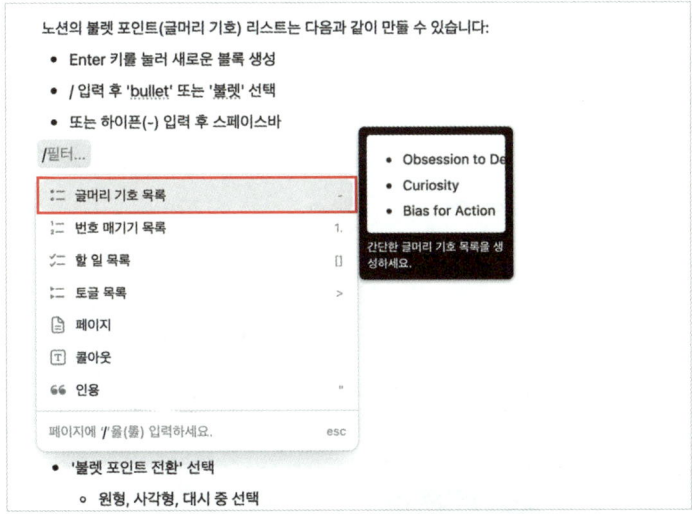

▶ 깨알 tip 연속된 글머리 기호 목록 블록이 있을 경우, 가장 위에 있는 글머리 기호 블록의 메뉴(⋮⋮) 아이콘을 클릭하고 [목록 형식]을 선택하면 글머리 기호의 목록 형식을 변경할 수 있습니다. [기본], [속이 찬 원], [속이 빈 원], [정사각형] 등 네 가지 중 하나를 선택합니다.

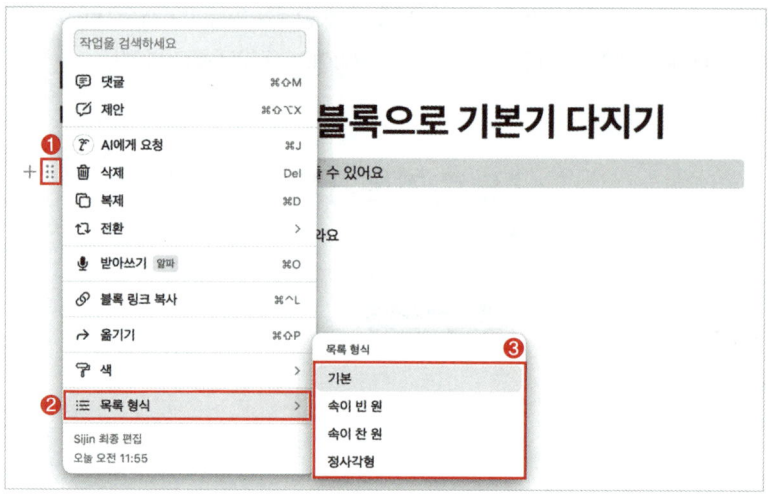

- **번호 매기기 목록(Numbered List)**: 숫자로 블록을 구분합니다. 블록에 글자를 입력한 뒤 Enter 를 누르면 다음 블록의 숫자는 +1이 됩니다.

텍스트 블록에서 맨 앞에 숫자 1과 .(마침표)를 입력한 후 Space Bar 를 누르면 번호 매기기 목록 블록으로 변경되며 Tab 을 눌러 들여쓰기 하거나 Shift + Tab 을 눌러 내어쓰기 할 수 있습니다.

아래 그림과 같이 글머리 기호 블록과 번호 매기기 목록 블록을 혼용할 수도 있습니다.

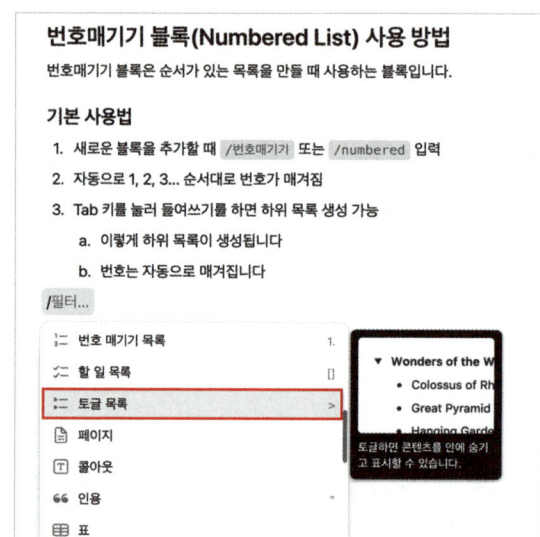

▶ 깨알 tip 번호 매기기 목록 블록의 메뉴(⋮⋮) 아이콘을 누르면 번호 매기기 목록 블록의 형식을 변경할 수 있습니다. 기본, 숫자, 글자, 로마 숫자 등 4개 형식을 선택할 수 있습니다.

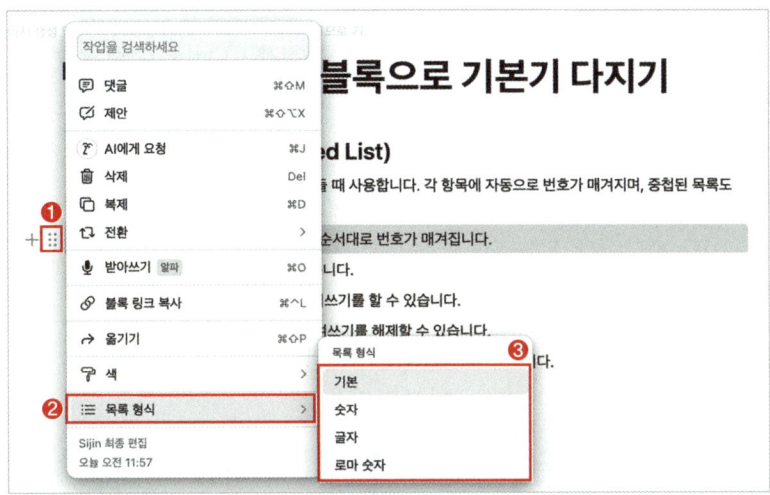

- **할 일 목록(To-do List)**: 할 일 목록 블록은 텍스트 앞에 체크박스를 생성합니다. 할 일 목록 블록을 여러 개 나열해서 일간, 주간, 월간 할 일을 관리할 수도 있습니다.

Notion 03 텍스트 관련 기본 블록으로 기본기 다지기 ■ 077

- **토글 목록(Toggle List)**: 토글 목록 블록은 하위 목록을 펼치거나 숨길 수 있는 블록입니다. 예를 들어 책의 목차와 같이 펼쳐놓으면 한없이 길어지는 텍스트가 있다면 토글 목록 블록으로 상위 제목만 남기고 하위 제목은 모두 숨길 수 있습니다. 토글 목록 블록은 텍스트 블록 맨 앞에서 〉를 입력한 후 Space Bar 를 눌러 생성할 수 있으며, 마우스로 삼각형을 클릭하거나 Ctrl + Enter 를 누르면 토글을 펼치거나 접을 수 있습니다.

글머리 기호 목록 블록과 번호 매기기 목록 블록과 마찬가지로 Tab 을 눌러 들여쓰기 하거나 Shift + Tab 을 눌러 내어쓰기 할 수 있습니다.

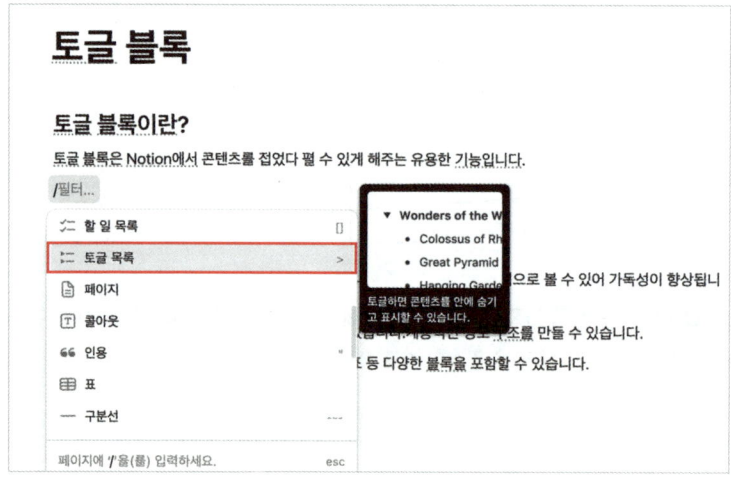

Notion 03
텍스트 관련 기본 블록으로 기본기 다지기

- **페이지(Page)**: 페이지 블록은 하나의 페이지입니다. 기존 페이지에 하위 페이지를 일일이 추가하는 복잡한 과정 없이 페이지 블록을 추가해서 해당 페이지 내에 하위 페이지를 만드는 것입니다.

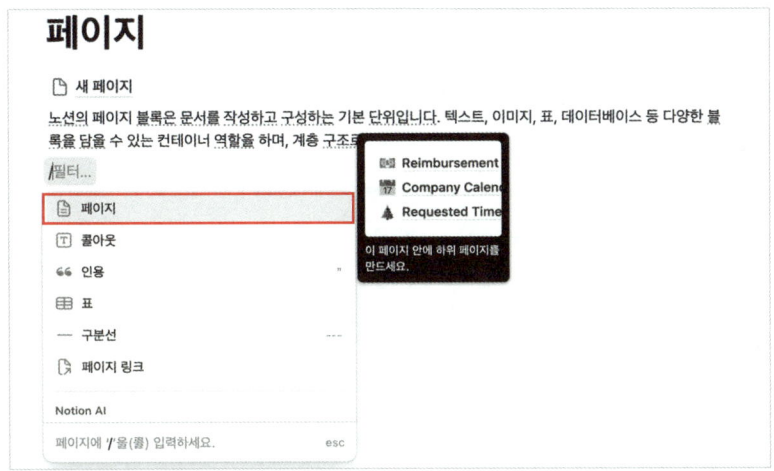

- **콜아웃(Callout)**: 아이콘과 배경색을 포함한 텍스트 상자를 추가합니다. 텍스트 블록에 배경색을 입힌 것과 달리 위아래 여백과 아이콘, 배경색이 있어서 설명이나 의견을 시각화하기 좋습니다.

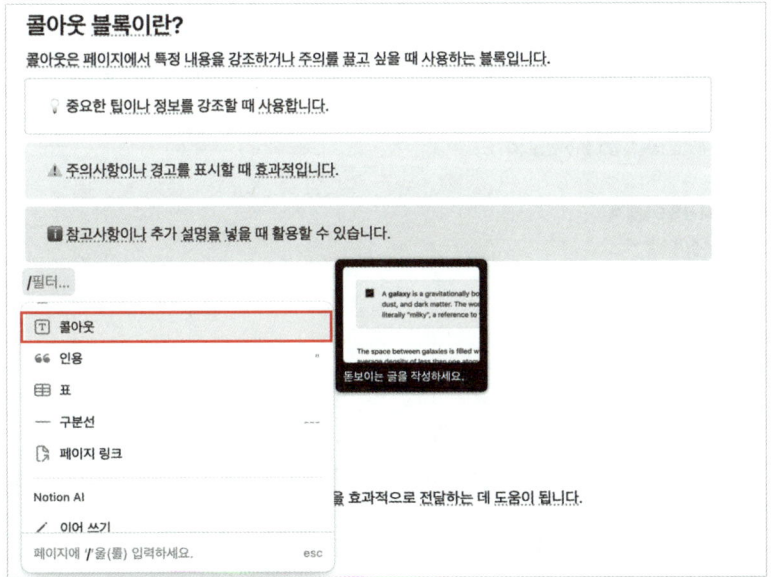

▶ 깨알 tip 바로 아래에서 인용 블록에 다른 인용 블록을 이동시킨 것처럼 콜아웃 블록에 다른 블록들을 넣어보세요. 텍스트, 글머리 기호, 토글, 구분선뿐만 아니라 표, 데이터베이스, 이미지, PDF 등 대부분의 블록을 콜아웃 블록 안으로 옮길 수 있습니다.

- **인용(Quote)**: 인용 블록은 텍스트 왼쪽에 두꺼운 세로 막대가 표시됩니다. 특정 글을 인용할 때 사용하며, 제목 블록 대신 텍스트를 강조하는 용도로 쓸 수도 있습니다.

텍스트 블록에서 "(큰따옴표)를 입력한 후 Space Bar 를 누르면 인용 블록을 생성할 수 있습니다.

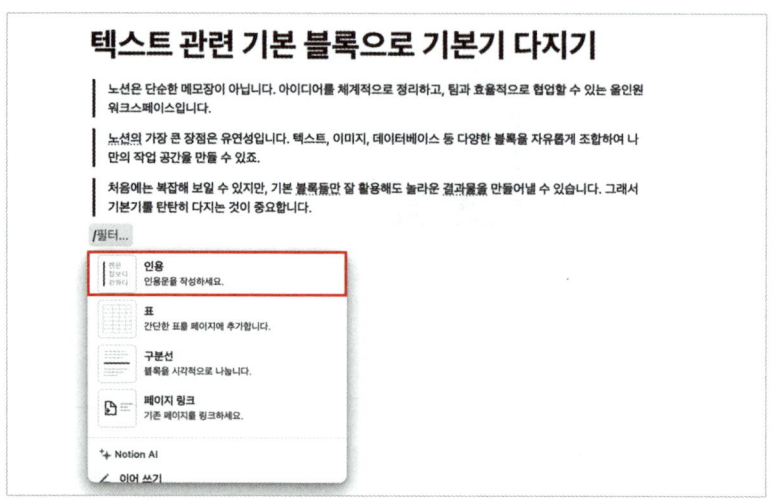

▶ 깨알 tip 인용 블록을 두 개 만든 후에 인용 블록을 드래그해서 다른 인용 블록 위로 드롭해 보세요. 아래 사진처럼 인용 블록 안에 다른 인용 블록을 넣을 수 있습니다. Ctrl + Shift + ↑ / ↓ 를 이용해 블록을 이동하여 인용 블록 속에 넣을 수도 있습니다. 인용 블록 속에 인용 블록을 넣고 색깔을 서로 다르게 설정하여 구분할 수도 있습니다.

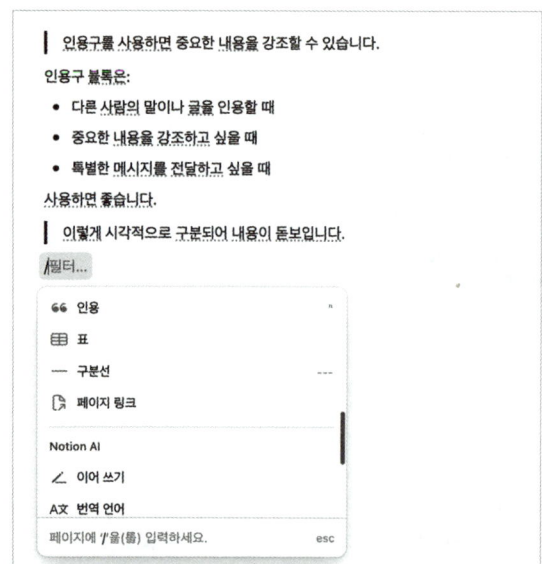

▶ 깨알 tip 인용 블록의 메뉴(⋮⋮) 아이콘을 누르면 인용 블록의 크기를 설정할 수 있습니다.

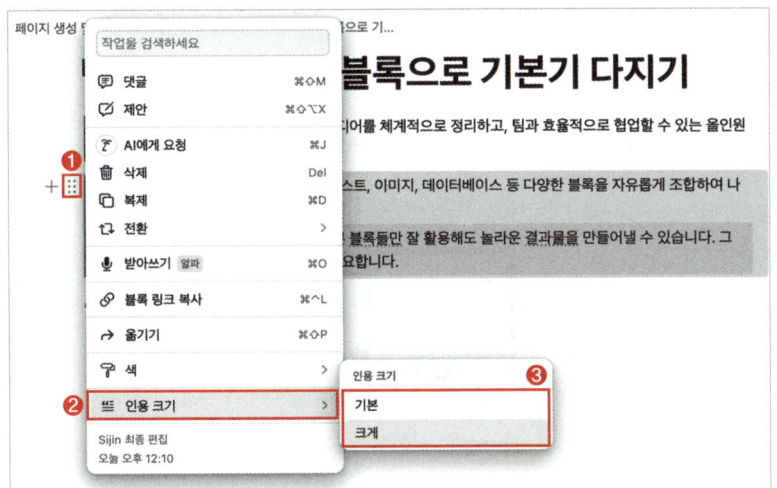

- **표**: 간단한 표 형태로 정리해 주는 블록입니다. 한글이나 워드에서 표를 만드는 것처럼 수식을 넣거나 파일을 넣을 수 없고, 텍스트만 넣을 수 있으며, 색상을 변경할 수 있습니다. 표 위에 마우스를 대면 오른쪽과 아래에 + 버튼이 생기는데, 이를 오른쪽과 아래로 드래그하면 행과 열을 손쉽게 추가할 수 있습니다. 드래그 방향을 반대로 하면 행과 열을 손쉽게 삭제할 수 있습니다. 마우스를 표에 올리면 [옵션] 버튼이 나타나는데, 이 버튼을 누르면 [제목 행], [제목 열]을 설정할 수 있습니다.

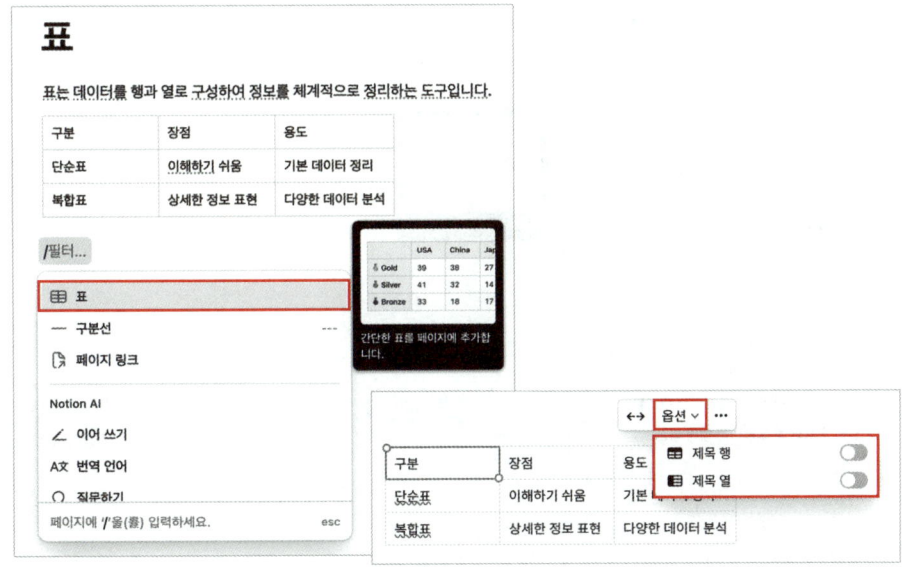

- **구분선(Divider)**: 구분선 블록은 내용을 구분하는 용도로 가로선을 그리는 블록입니다. 텍스트 블록 맨 앞에서 —(하이픈)을 연속으로 세 번 입력하면 현재 블록 위로 가로선이 그어집니다.

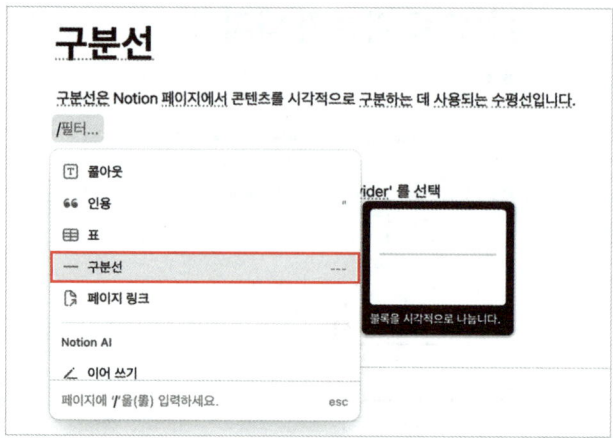

- **페이지 링크(Link to Page)**: 다른 페이지로 이동할 수 있는 링크를 추가합니다. 원본 페이지를 복사하지 않고 링크만 추가하는 기능으로, 클릭하면 해당 페이지로 바로 이동합니다. 페이지 링크로 불러낸 페이지는 페이지 아이콘 왼쪽 하단에 우상향 화살표(↗)가 생성되어 원본 페이지와 구분할 수 있습니다.

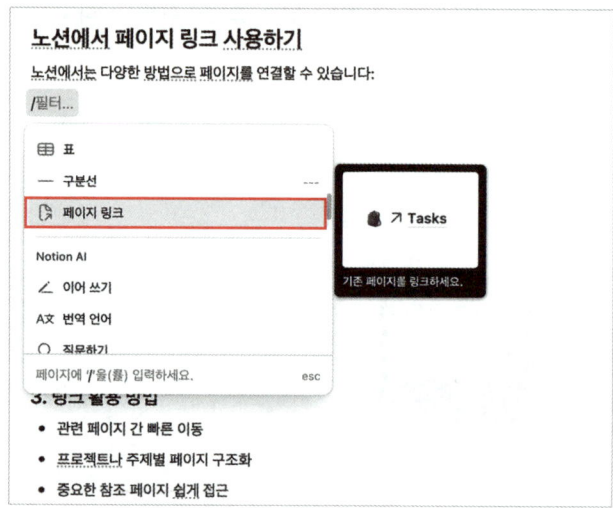

백링크 기능

백링크(Backlink)는 페이지에 대한 링크 기능 역할을 하여 현재 페이지를 참조한 모든 페이지를 볼 수 있습니다. 서로 연결된 페이지를 쉽게 확인할 수 있는 기능입니다. 현재 보고 있는 페이지가 어딘가에 참조되어 있다면 페이지 제목에 마우스를 올리면 상단에 'n개의 백링크'라고 표시되고, 버튼을 클릭하면 참조된 페이지를 확인할 수 있습니다.

백링크 목록을 보고 싶지 않다면 오른쪽 더 보기(…) 아이콘을 클릭하고 [페이지 사용자 지정]을 선택하세요. 백링크 오른쪽에 [팝오버로 표시]를 클릭하고 숨기기를 선택하면 백링크를 숨길 수 있습니다.

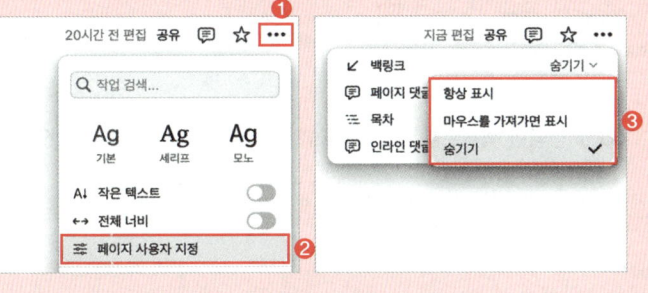

▶ 텍스트에 스타일 적용해서 꾸미기

페이지에 입력한 텍스트의 크기나 서체는 스타일 창에서 일괄 변경하는 기능만 제공되지만, 원하는 부분만 선택해서 굵게, 기울임, 취소선, 색상 등의 세부적인 스타일을 변경할 수 있습니다. 먼저 스타일을 지정할 텍스트를 드래그해서 선택하면 다음과 같은 팝업이 나타납니다.

- **굵게(Bold)**: 선택한 텍스트를 굵게 처리합니다. 단축키는 Ctrl + B 입니다.

- **기울임꼴로 표시(Italicize)**: 선택한 텍스트를 기울임 처리합니다. 단축키는 Ctrl + I 입니다.

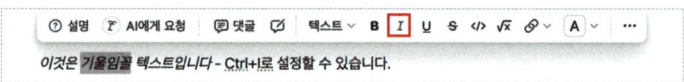

- **밑줄(Underline)**: 선택한 텍스트에 밑줄을 그어줍니다. 단축키는 Ctrl + U 입니다.

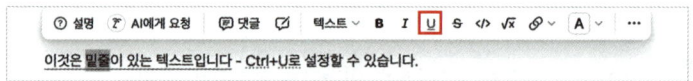

- **취소선(Strikethrough)**: 선택한 텍스트에 취소선을 표시합니다. 단축키는 Ctrl + Shift + S 입니다.

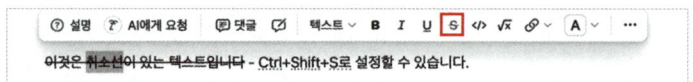

- **코드로 표시(Mark as Code)**: 선택한 텍스트를 코드로 처리합니다. 단축키는 Ctrl + E 입니다.

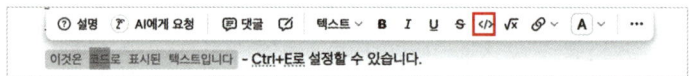

- **링크 추가(Add Link)**: 선택한 텍스트에 하이퍼링크를 삽입합니다. 단축키는 Ctrl + K 입니다.

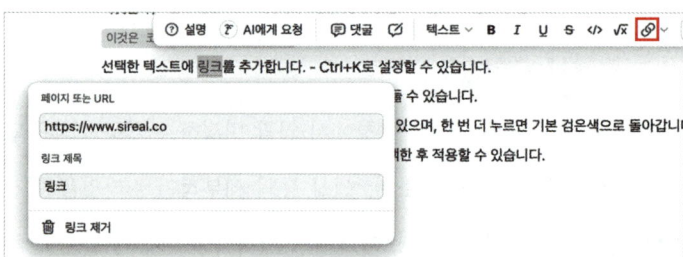

- **수학 공식 만들기(Create Equation)**: 선택한 텍스트를 수식 형태로 변경합니다. 단축키는 Ctrl + Shift + E 입니다.

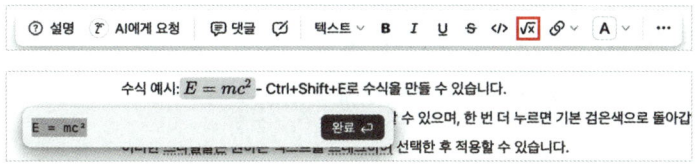

- **텍스트 색(Text Color)**: 텍스트 색상을 변경하거나 음영을 입힐 수 있습니다. 버튼을 클릭하면 나타나는 팝업 창에서 적용할 색 또는 배경을 선택하면 됩니다. 단축키 Ctrl + Shift + H 를 누르면 마지막으로 사용한 색상 또는 음영이 적용되며, 한 번 더 누르면 기본 검은색으로 변경됩니다.

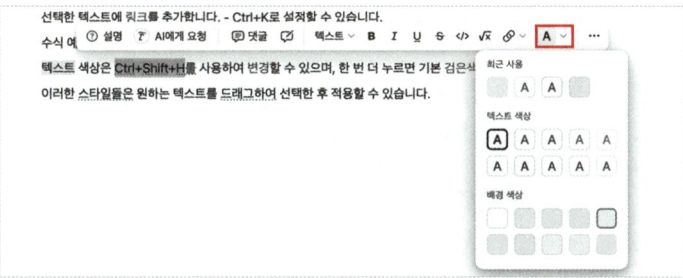

> ▶ 깨알 tip 블록 전체의 색상이나 음영을 변경할 때는 블록 앞에 표시되는 메뉴(⋮⋮) 아이콘을 클릭한 후 [색] 메뉴를 선택합니다.

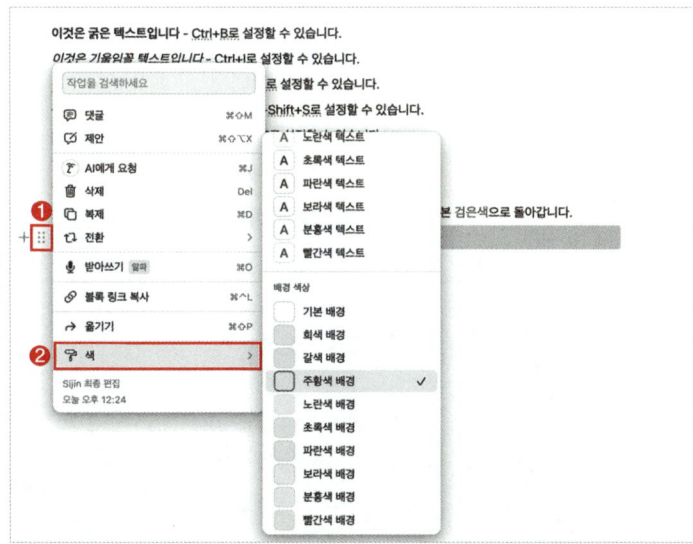

▶ 블록 종류 자유롭게 변경하기

토글 목록 블록을 페이지 블록으로 변경하여 하위 목록에 포함된 내용으로 별도의 페이지를 만들 수도 있고, 번호 매기기 목록 블록을 한 번에 글머리 기호 목록 블록으로 변경할 수도 있습니다. 간단한 실습으로 블록의 속성을 변경해 보겠습니다.

01 속성을 변경하고 싶은 블록을 드래그해서 모두 선택합니다. 서로 다른 속성의 블록이라도 일괄 선택할 수 있습니다.

02 선택한 블록으로 마우스 커서를 가져가면 나오는 메뉴(⋮⋮) 아이콘을 클릭한 후 [전환]을 선택합니다.

03 변경할 수 있는 블록 목록이 나타나면 변경할 블록을 선택합니다. 여기서는 [글머리 기호 목록]
을 선택했습니다.

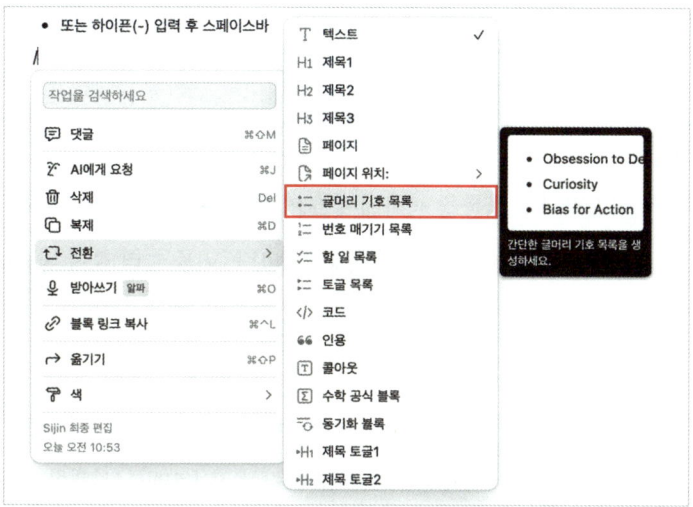

04 텍스트 블록이 글머리 기호 목록 블록으로 변경되었습니다.

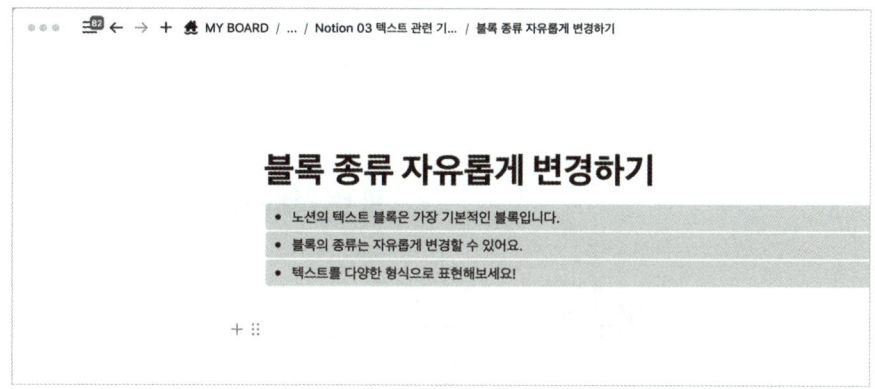

▶ 블록 재사용으로 빠르게 편집하기

페이지를 편집하다 보면 앞서 만든 블록을 복사해서 쓸 때가 있습니다. 이렇게 이미 만든 블록을 복사하는 방법은 크게 두 가지가 있습니다.

복사하여 붙여 넣기

일반적인 문서 편집과 마찬가지로 블록을 복사해서 붙여 넣을 수 있습니다. 블록을 모두 선택한 후 [Ctrl] + [C]를 눌러 복사하고 원하는 위치에서 [Ctrl] + [V]를 눌러 붙여 넣습니다.

복제하기

복사하여 붙여 넣는 방법보다 좀 더 편리하게 동일한 블록을 재사용할 수 있습니다. 바로 복제 기능입니다. 복제할 블록에서 메뉴(⋮⋮) 아이콘을 클릭한 후 [복제]를 선택합니다. 단, 복사하여 붙여 넣기는 원하는 위치에 바로 붙여 넣을 수 있지만 복제 기능은 현재 블록의 바로 아래에 동일한 블록이 생성됩니다.

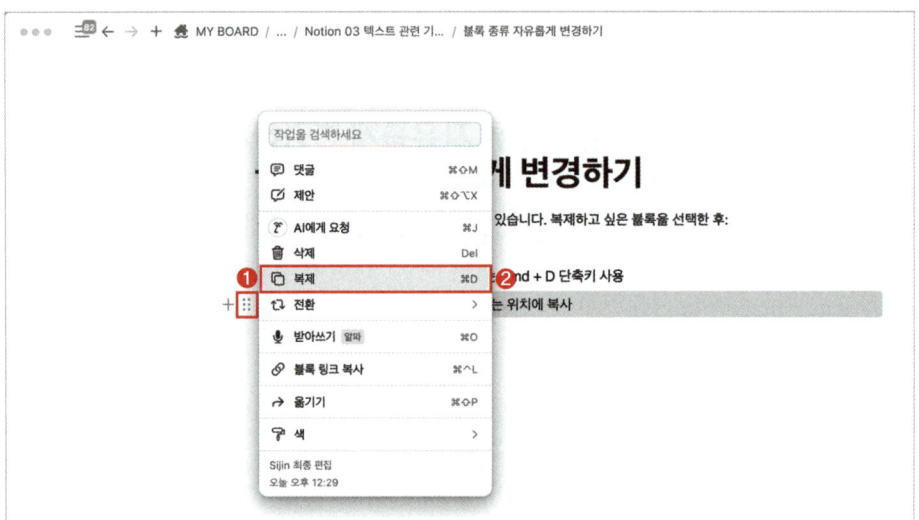

복제하기 기능은 복제할 블록에 마우스 커서를 놓고 단축키 [Ctrl] + [D]를 눌러 더 빠르게 실행할 수 있습니다.

▶ 필요 없는 블록 삭제하거나 이동하기

페이지를 편집하다 보면 실수로 클릭해서 블록을 생성하거나 잘못된 위치에 블록을 생성할 때가 종종 있습니다. 이럴 때를 대비하여 블록을 삭제하거나 옮기는 방법을 알아봅니다.

블록 삭제하기

일반적인 문서 편집과 유사합니다. 삭제할 블록을 모두 선택한 후 Delete 를 누르면 바로 삭제할 수 있습니다. 메뉴를 이용할 때는 블록을 선택한 후 블록 앞 메뉴(⋮⋮) 아이콘을 클릭하고 [삭제]를 선택합니다.

▶ 깨알 tip 블록을 선택할 때 마우스가 아닌 키보드로 선택하고 싶다면 페이지 내에 커서를 놓고 ESC 를 눌러보세요. 블록을 선택할 수 있습니다. 추가로 Shift + ↑/↓ 로 여러 블록을 선택할 수 있습니다.

블록 이동하기

텍스트, 토글 목록, 번호 매기기 목록 등 모든 블록은 간단하게 순서를 변경할 수 있습니다. 이동할 블록의 메뉴(⋮⋮) 아이콘을 클릭한 채 원하는 위치로 드래그합니다.

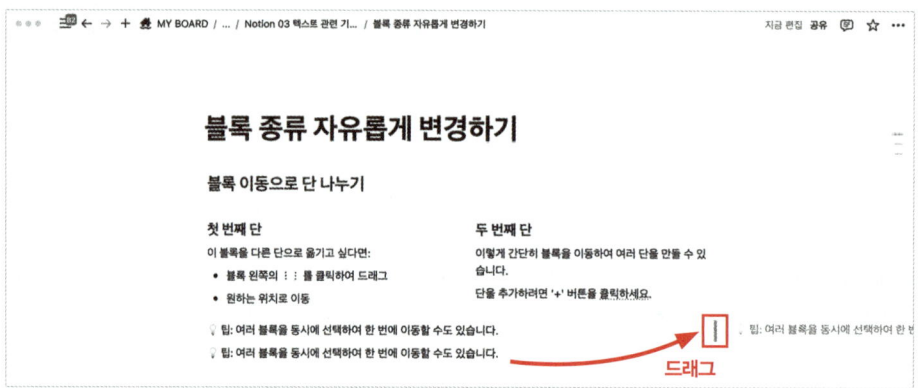

▶ 블록 이동으로 단 나누기

블록 앞에 있는 메뉴(⋮⋮) 아이콘을 드래그하면 단순하게 위, 아래 위치를 변경하는 것이 아니라 단을 여러 개로 구분할 수 있습니다. 블록의 메뉴(⋮⋮) 아이콘을 클릭한 채 단을 구분할 열에 있는 블록 양 끝으로 드래그합니다. 다음과 같이 블록 왼쪽에 하늘색 세로 막대가 표시될 때 마우스에서 손을 떼면 됩니다.

만약 옮긴 블록을 오른쪽 단에 배치할 때는 오른쪽 끝으로 드래그하면 됩니다. 이렇게 단을 나눈 후에 다른 블록도 각 단 아래로 드래그하여 배치할 수 있습니다.

Notion 04 실전! 대시보드 페이지 만들기

지금까지 배운 페이지 및 블록 관련 기능들을 직접 실습하면서 하나의 완결된 대시보드(Dashboard) 페이지를 만들어보겠습니다. 이렇게 만든 대시보드 페이지에 필요한 페이지를 추가해서 일상이나 업무에 바로 활용할 수 있습니다.

새 페이지 생성하기

01 왼쪽 사이드바에 워크스페이스 이름 오른쪽 [새 페이지 만들기] 아이콘을 클릭하여 새로운 페이지를 생성합니다.

02 새 페이지 창이 열리면 제목에 '대시보드'를 입력한 후, 원하는 아이콘과 페이지 커버를 추가합니다. 저는 document 아이콘과 unsplash에서 나타나는 페이지 커버를 입력했습니다.

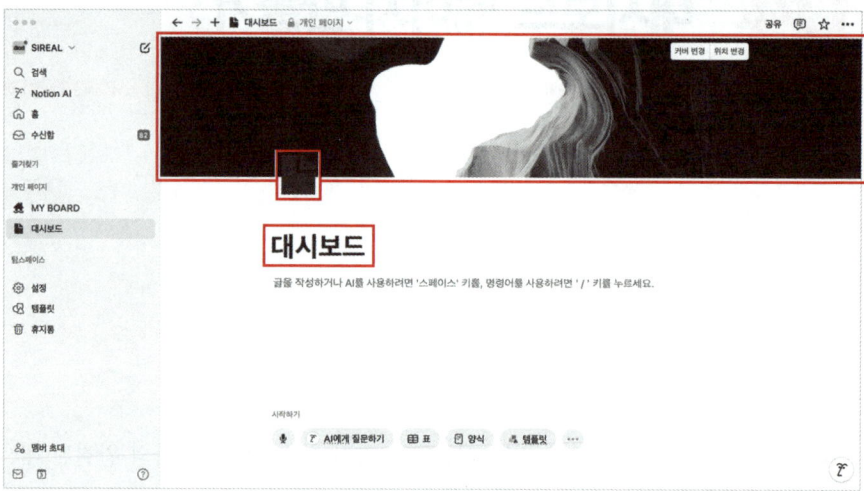

카테고리 만들기

03 페이지의 빈 영역을 클릭하거나, 페이지 제목 끝에 입력 커서를 놓은 뒤 Enter 를 눌러 텍스트 블록을 추가합니다.

04 대시보드에 생성하고 싶은 카테고리 3개를 텍스트로 입력한 후, 블록 위에 마우스를 올리면 나타나는 메뉴 아이콘을 클릭합니다.

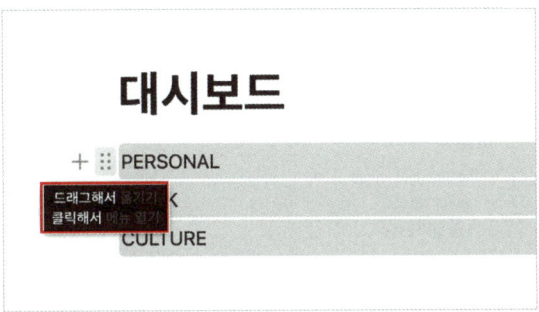

05 텍스트 블록을 모두 선택한 다음 메뉴(⋮⋮) 아이콘을 눌러 **[전환 – 제목3]**을 선택하여 제목3 블록으로 변경해줍니다.

Notion 04 실전! 대시보드 페이지 만들기 ■ 093

단 구분하기

06 다시 한번 블록 위에 마우스를 올리면 나타나는 메뉴 버튼을 클릭하고, [전환 – 열]을 눌러 3개의 열(다단)을 생성해줍니다.

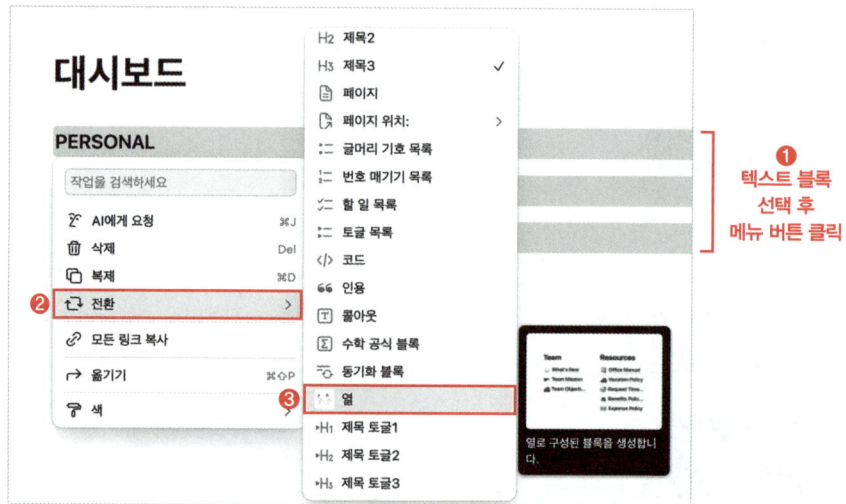

하위 페이지 추가하기

07 각 카테고리 아래에 하위 페이지를 추가하겠습니다. 첫 번째 카테고리의 이름 끝을 클릭하여 커서를 이동시킨 후 Enter 를 눌러 바로 아래에 텍스트 블록을 생성합니다. 이후, 텍스트 블록에 해당 카테고리에 입력할 페이지의 이름을 텍스트로 입력합니다.

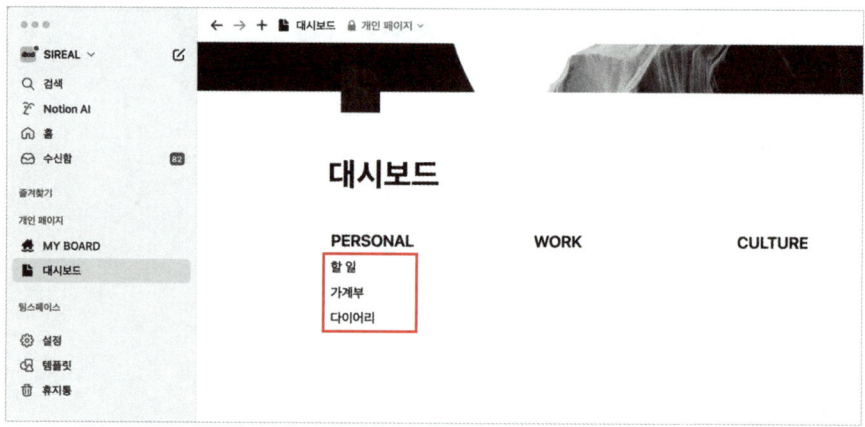

08 추가된 텍스트들을 모두 선택한 다음, 블록 메뉴(⋮⋮) 아이콘을 클릭하고 **[전환 – 페이지]**를 선택합니다.

09 같은 방법으로 각 카테고리에 맞는 하위 페이지를 추가, 배치하여 대시보드 페이지를 완성합니다.

Notion 05 이미지부터 영상까지 삽입하는 미디어 블록

Notion은 All-in-one-workspace(모든 업무를 한곳에서)를 지향하는 만큼 가져오기 기능으로 외부 데이터를 쉽게 가져올 수 있을 뿐만 아니라 미디어 블록으로 다양한 형태의 데이터를 삽입할 수 있습니다. 미디어 블록은 총 여섯 종류로 이미지, 동영상, 오디오, 코드, 파일, 북마크 블록입니다.

▶ 이미지, 동영상, 오디오, 파일 블록

미디어 블록 중 대표적인 블록인 이미지, 동영상, 오디오, 파일 블록은 사용 방법이 동일합니다. 여기서는 가장 흔하게 쓰는 이미지 블록을 예로 들어 설명하겠습니다. 이미지 블록은 컴퓨터 폴더에 있는 사진을 Notion 페이지로 드래그하는 방법과, 이미지 블록을 추가하면 나오면 팝업 창을 이용하는 방법으로 활용할 수 있습니다.

드래그해서 이미지 추가하기

드래그하는 방법은 컴퓨터 바탕화면이나 탐색기에 있는 이미지 파일을 Notion으로 드래그해서 놓는 방법입니다. Notion에서 이미지를 자동으로 인식하여 이미지 블록이 생성됩니다.

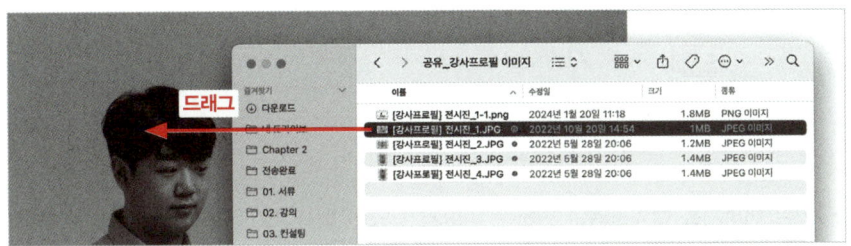

이미지 블록 생성하기

이미지 블록을 생성한 후에는 컴퓨터에 있는 파일을 삽입할 수 있고, 웹 주소를 입력하여 웹에 있는 이미지를 삽입할 수도 있습니다. 실습으로 살펴보겠습니다.

01 페이지에서 블록을 추가할 위치를 클릭해서 텍스트 블록이 생성되면 **[+]** 아이콘을 클릭합니다. 다음과 같이 블록 선택 창이 열리면 스크롤을 내려 **[이미지]**를 선택합니다.

02 이미지 블록이 생성되며 파일을 업로드할 수 있는 팝업 창이 나타납니다. 팝업 창에는 [업로드] 탭과 [링크 임베드] 탭이 있으며, 저장된 이미지를 삽입하려면 [업로드] 탭에서 [파일 업로드]를 클릭하고 파일을 선택합니다.

03 웹에 있는 이미지를 삽입하려면 원하는 이미지가 있는 웹사이트에 접속한 후 해당 이미지 주소를 복사합니다. 원하는 이미지에서 마우스 오른쪽 버튼을 클릭하고 [이미지 주소 복사]를 선택합니다.

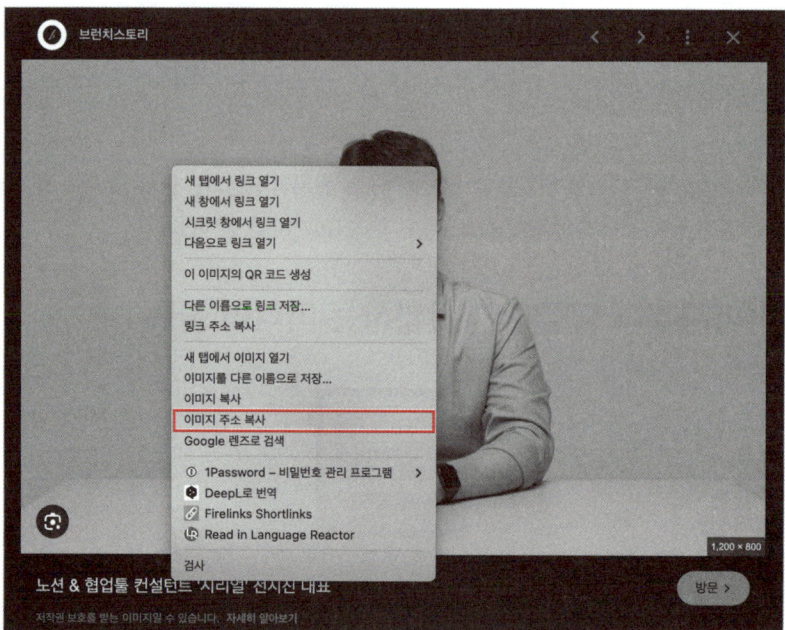

04 이미지 블록을 클릭하고 [링크 임베드] 탭을 클릭한 후 입력란에 복사한 주소를 붙여 넣고(단축키 Ctrl + V) [이미지 임베드]를 클릭합니다.

▶ 깨알 tip ▶ 개인 요금제에서 삽입할 수 있는 이미지 파일의 최대 용량은 5MB입니다. 유료 요금제로 업그레이드하면 용량에 관계없이 파일을 업로드할 수 있습니다.

▶ 깨알 tip ▶ 이미지가 나타나지 않는다면, 업로드 된 이미지가 이미지의 주소 형태가 아닐 수 있으니, 다른 웹사이트의 이미지를 사용해 보시기 바랍니다.

▶ 즐겨찾기 웹사이트를 관리하는 북마크 블록

Notion에는 즐겨찾는 웹사이트 주소를 카드 형태로 보관하고 관리할 수 있는 북마크 블록이 있습니다. 두 가지 방법으로 쓸 수 있는데, 가장 간편한 방법은 즐겨찾는 웹사이트 주소를 복사한 후 Notion 페이지에 붙여 넣는 것입니다. 웹사이트 주소를 붙여 넣으면 다음과 같이 팝업 메뉴가 나타나고, 여기서 [북마크]를 선택하면 북마크 블록이 생성됩니다.

다음으로는 북마크 블록을 먼저 생성한 후 즐겨 찾는 웹사이트 주소를 추가하는 방법입니다. 이미지 블록과 같은 방법으로 블록 목록에서 [북마크]를 선택해서 블록을 생성하고, 팝업 창에 즐겨 찾는 웹사이트 주소를 입력한 후 [북마크 생성]을 클릭합니다.

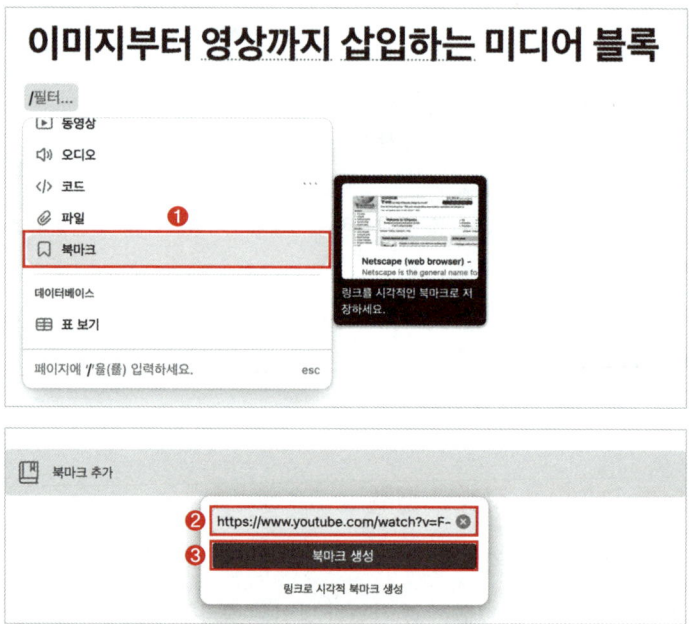

▶ 북마크가 너무 커서 보기 좋지 않다면? 멘션

북마크로 웹사이트 링크들을 관리하려고 하니 크기가 커서 너무 자리를 많이 차지한다고 느끼시나요? 멘션이라는 기능을 이용해 보세요. 외부 사이트의 타이틀을 가져와서 자리는 덜 차지하고 훨씬 깔끔하게 정리할 수 있답니다.

수집하고 싶은 링크의 URL을 복사한 다음 노션에 붙여 넣으세요. 이후 [멘션]을 클릭해 보세요.

북마크에 비해 상대적으로 훨씬 작은 크기로 깔끔하게 정리할 수 있습니다. 북마크에서 보시다시피, 웹페이지의 title 태그를 자동으로 가져오기 때문에 글자를 수정할 수는 없습니다. 아래 이미지에서 '멘션+텍스트'처럼 멘션과 텍스트(이외 블록)는 함께 사용할 수 있습니다.

▶ 프로그래밍도 Notion에서, 코드 블록

Notion에서는 프로그래밍을 위한 코드 화면도 지원합니다. 블록 목록에서 [코드]를 선택해서 Code 블록을 생성하면 코드 창이 나타나고, 왼쪽 상단에서 사용할 프로그래밍 언어를 선택할 수 있습니다.

▲ 코드 블록과 사용 가능한 프로그래밍 언어

Notion 06 이런 것까지 가능해? 고급 블록

고급 블록은 사용자에 따라 많이 쓰지 않을 수 있지만 알아놓으면 "이런 기능까지 있어?" 라고 생각할 수 있는 블록들입니다. 제목 블록의 생성에 자동 연동되어 목차를 만들어주는 목차 블록, 이공 계열 업무에 유용한 수학 공식 블록, 일반 직장인이 많이 쓸만한 템플릿 버튼 블록으로 필요한 서식을 만들어 활용할 수 있습니다. 또한 페이지의 구조가 복잡할 때 현재 페이지의 위치를 바로 확인할 수 있는 이동 경로 블록도 있습니다. 하나의 블록을 여러 페이지에 복사해 동기화하는 동기화 블록, 토글 블록을 제목 블록처럼 쓸 수 있는 제목 토글 1, 2, 3도 있으니 하나씩 살펴보죠.

▶ 자동으로 목차를 생성해 주는 목차 블록

목차 블록은 MS Word, Google 문서처럼 자동으로 목차를 생성해 주는 블록입니다. 목차 블록을 추가하고 이어서 제목 1, 2, 3 블록을 추가하면 제목 블록의 글자를 활용해 자동으로 목차를 생성합니다.

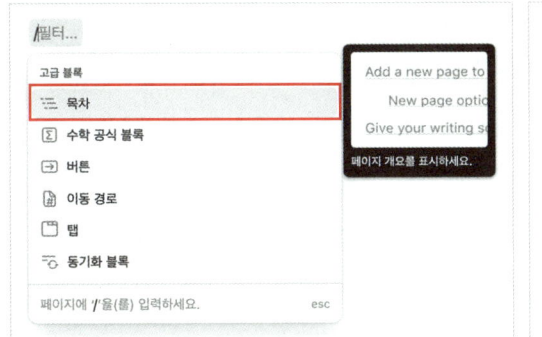

▶ 수학 기호를 쓰려면 수학 공식 블록

수학 공식 블록은 특정 연산자를 입력하면 수학 기호로 바꿔 보여주는 블록입니다. 다른 블록과 마찬가지로 블록을 추가한 후 [+] 아이콘을 클릭하고 블록 목록에서 **[블록 수학 공식]**을 선택하면 수학 공식 블록이 추가되며, KaTeX(https://katex.org/) 방정식을 입력하면 수식이 완성됩니다.

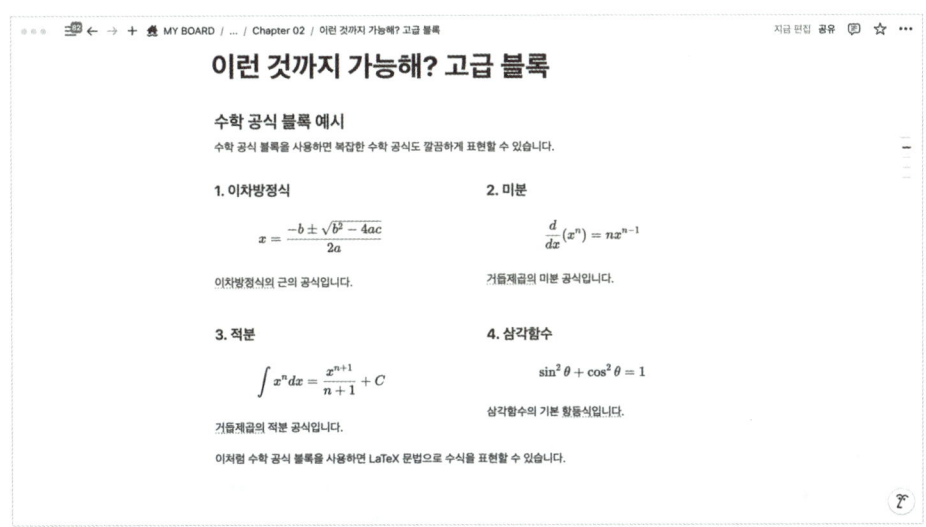

▲ KaTeX 방정식 에디터 역할을 하는 수학 공식 블록

수식 샘플 넣기

Notion에서 수식을 입력하는 방식은 두 가지가 있습니다. 인라인 수학 공식 블록을 통해 텍스트와 함께 사용하는 방식, 그리고 수학 공식 블록을 통해 블록 전체가 수식이 되는 방식입니다. /(슬래시)를 입력해 인라인 수학 공식 또는 수학 공식 블록 중 원하는 블록을 생성하고 다음 방법을 따라 해 보세요. 샘플을 통해 쉽게 수식을 익히고 Notion에 나타냅니다.

01 TeX equation editor(https://atomurl.net/math/)에 접속합니다.

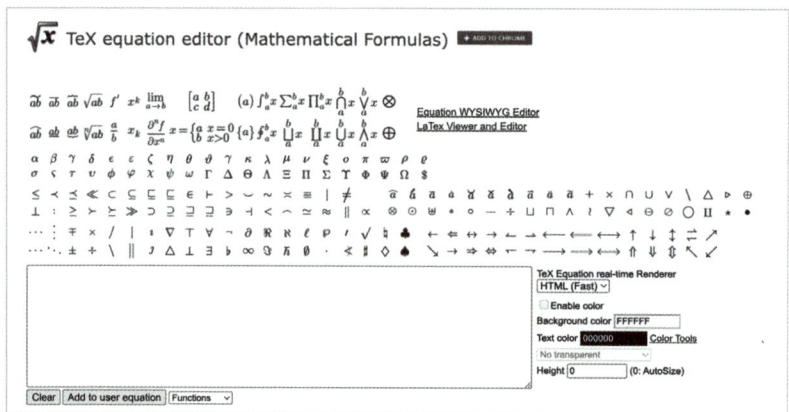

02 스크롤을 내려 원하는 수식 샘플을 선택한 후 텍스트 상자의 수식을 복사합니다.

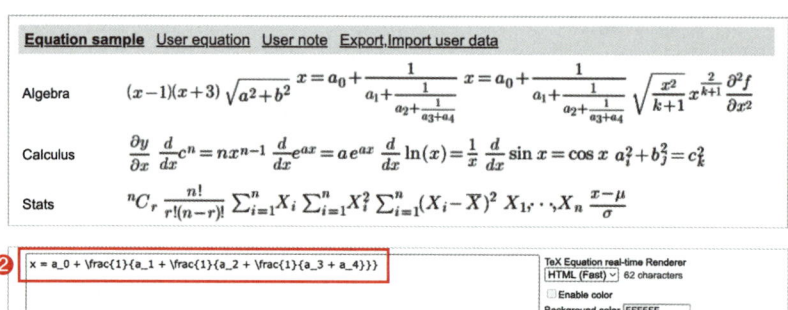

03 Notion에서 수학 공식 블록을 만든 후 복사한 텍스트를 붙여 넣고 [완료]를 클릭합니다.

04 Notion에 수식이 입력된 것을 볼 수 있습니다.

$$x = a_0 + \cfrac{1}{a_1 + \cfrac{1}{a_2 + \cfrac{1}{a_3 + a_4}}}$$

▶ 반복되는 업무를 자동화시켜주는 버튼 블록

버튼 블록은 버튼을 클릭하면 사용자가 지정한 작업을 자동으로 실행해 주는 블록입니다. 예를 들어, 버튼을 클릭하면 사용자가 자주 사용하는 블록이나 서식을 불러오거나, 페이지를 생성해 주기도 하죠. 사용자가 원하는 데이터베이스에 페이지를 추가하거나, 데이터베이스의 속성을 편집하기도 합니다. 특정 사용자에게 노션 알림, Slack 알림, Email을 보낼 수도 있고, API를 배운다면 웹훅을 보내 더 많은 자동화를 가능하게 합니다.

▲ 템플릿 버튼 블록

▶ 페이지 내비게이터 역할을 하는 이동 경로 블록

이동 경로 블록은 영어로 빵 부스러기를 'Breadcrumb'이라고 하는데, 동화 〈헨젤과 그레텔〉에서 주인공이 빵 부스러기를 주우며 집으로 돌아가는 걸 연상해서 만든 IT 용어입니다.

Notion에서도 내비게이터의 역할을 하며 페이지 구조가 복잡할 때 다음과 같이 이동 경로 블록을 추가해놓으면 현재 페이지의 위치 파악은 물론, 클릭해서 상위 페이지로 빠르게 이동할 수도 있습니다.

이동 경로 블록에서 가장 왼쪽에 있는 페이지가 최상위 페이지이며, 오른쪽으로 갈수록 하위 페이지입니다.

▶ 한 번에 연결된 내용을 바꿔주는 동기화 블록

같은 내용의 블록들을 동시에 붙여 넣고 싶으신가요? 매번 해당 블록에 찾아가 내용을 바꾸기 귀찮으셨다면, 동기화 블록을 이용하면 됩니다. 예를 들어, 회사 공지사항 블록을 만들어두고, 담당자가 자신의 페이지에서 업무를 진행할 때, 매번 담당자에게 내용을 공유하지 않아도 담당자 페이지 상단에 동기화 블록으로 있으면 한 번만 내용을 변경하면 연결된 모든 동기화 블록의 내용이 함께 변경됩니다. 노션으로 홈페이지를 만든다면 푸터로 이용하기에 아주 편리하죠.

01 동기화 블록을 만들기 위해서는 우선 동기화 블록에 넣고 싶은 내용을 먼저 작성합니다.

02 페이지 빈칸에 /(슬래시)를 눌러 동기화 블록을 생성합니다.

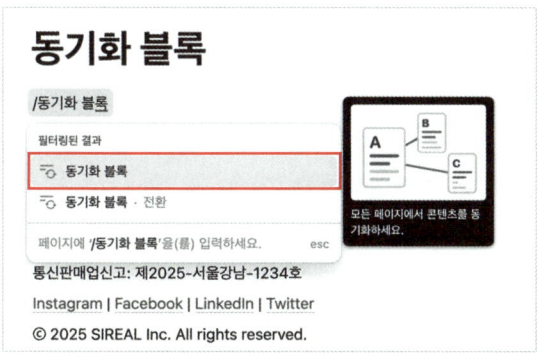

03 생성한 정보를 동기화 블록에 끌어다 넣습니다.

Notion 06 이런 것까지 가능해? 고급 블록　■　107

04 동기화 블록에 마우스 커서를 올리면 오른쪽 상단에 [복사하고 동기화하기] 버튼이 나타납니다. 해당 버튼을 누르고 다른 페이지에 붙여 넣습니다.

05 한쪽에서 내용을 변경해 보면 다른 한쪽도 똑같이 변경되는 걸 볼 수 있습니다.

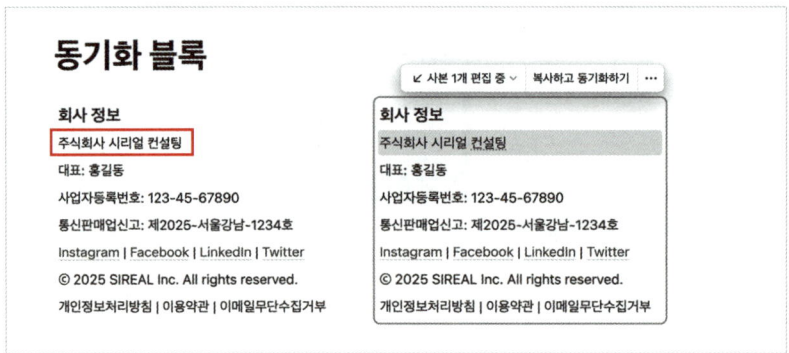

▶ 제목 블록 속에 내용을 넣을 수 있는 제목 토글 블록

제목 블록을 통해 자동 목차가 생성되는데, 각 제목별 내용이 길어진다면 문서를 한눈에 보기 어려울 것입니다. 따라서 제목 블록이 아닌 제목 토글 블록을 생성해 필요한 내용을 넣어두면 목차 블록과 연동하여, 목차에는 제목이 나타나지만 내용은 숨겨져 있는 형태로 문서를 정리할 수 있습니다.

▶ n개의 열

노션을 사용하다보면 다단을 만들어야 할 때가 자주 있습니다. n개의 열은 다단을 손쉽게 만들어주는 블록입니다. 대시보드에서 만들어본 것처럼 여러 블록을 만들어둔 상태에서 **[메뉴 – 전환 – 열]**을 눌러도 되지만, 아무것도 없는 빈칸에서 n개의 열 블록을 생성하면 빈 블록으로 n개의 열을 생성해줍니다. 최소 2개에서 최대 5개의 열까지 만들 수 있습니다.

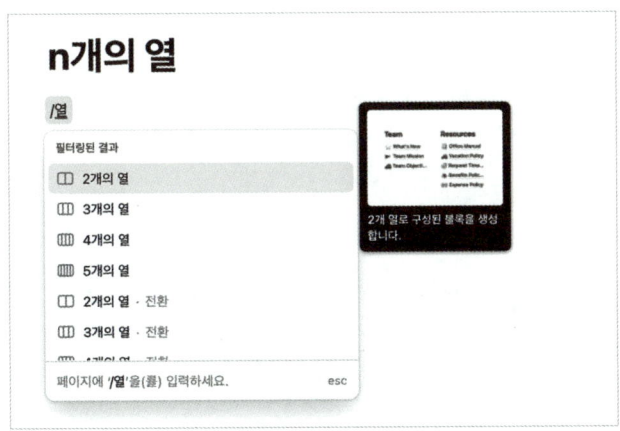

빈칸으로 n개의 열을 생성해 주기 때문에 처음에는 아무것도 안 보일 수 있습니다. 그럴 때는 마우스로 생성됐을 것 같은 곳을 드래그하여 블록의 위치를 파악한 후 마우스 커서를 옮겨 텍스트를 입력하면 n개의 열이 생성된 것을 확인할 수 있습니다.

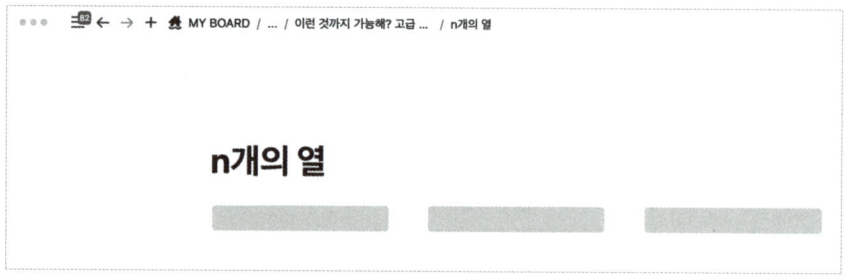

▶ **Mermaid 코드**

Mermaid 코드 블록은 코드를 작성하여 다이어그램으로 시각화해 주는 블록입니다. Mermaid라는 새로운 언어를 배워야 사용할 수 있는데, ChatGPT를 사용해 원하는 내용을 코드로 만들어달라고 해도 됩니다. 예를 들어 '라면을 끓이는 순서를 Mermaid 코드로 생성해 줘'라고 해 보겠습니다.

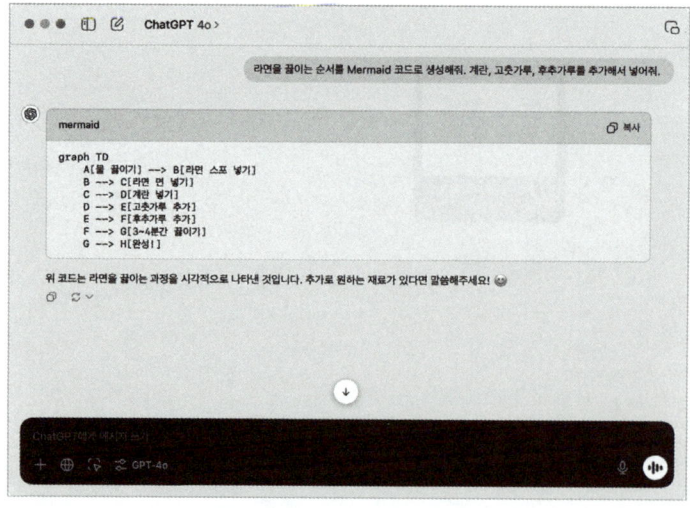

01 ChatGPT가 만들어준 코드를 복사한 다음 노션에 돌아와서 Mermaid 코드 블록을 생성합니다.

02 기존에 들어 있던 내용을 모두 지우고 ChatGPT가 생성해 준 코드를 붙여 넣습니다.

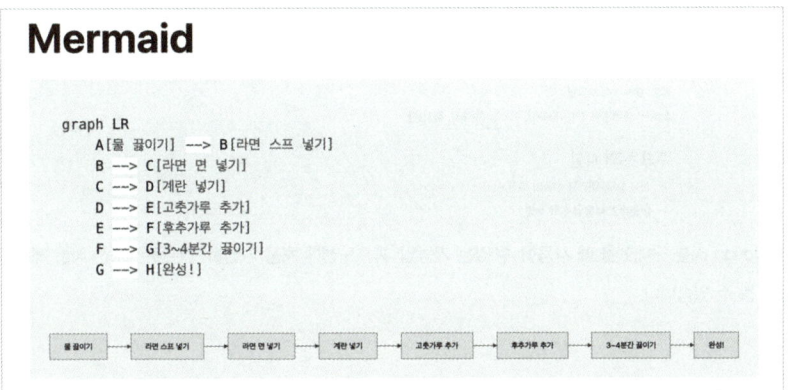

▶ AI 블록

AI 블록은 Notion AI를 사용할 때 프롬프트를 매번 입력하는 것과 달리 프롬프트를 미리 입력해 두고, 필요할 때마다 [생성] 버튼을 눌러 사용할 수 있습니다. ChatGPT를 사용할 때에는 사용자의 데이터를 입력해 주고, 프롬프트도 같이 입력해야하는 번거로움이 있는데, 노션에서는 노션 페이지의 내용을 기반으로 프롬프트를 활용하게 됩니다. 따라서, 자신에게 적합한 프롬프트를 AI 블록을 이용해 미리 생성해 두고, 내가 생성하고 싶은 페이지에 가서 AI 블록의 생성 버튼을 누르면 매번 데이터를 입력하는 번거로움 없이 Notion AI를 사용할 수 있습니다.

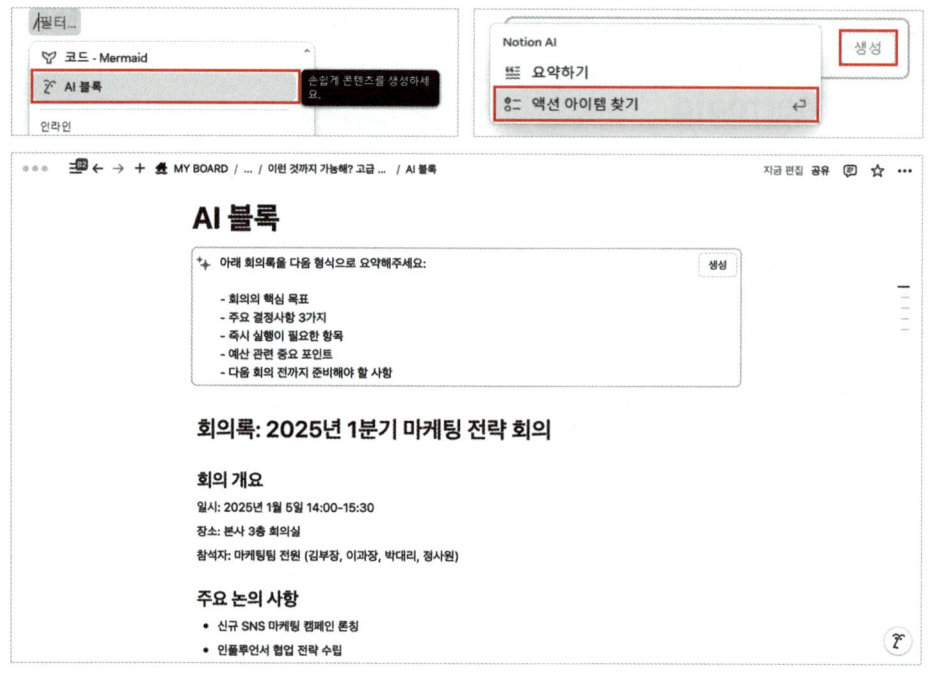

▶ 깨알 tip Notion AI를 구매했을 때 사용할 수 있는 기능입니다. 노션에 처음 가입하신 분들은 노션 AI를 테스트용으로 몇 번 사용해 볼 수 있습니다.

Notion
07 인라인 블록

인라인 블록은 Notion을 혼자 사용할 때에도 유용하지만 협업 용도로 사용할 때에도 빛을 발합니다. 다른 사람을 부르는 멘션 블록, 페이지를 링크하는 페이지 멘션하기, 날짜를 입력할 수 있는 날짜 또는 리마인더, 이모지를 생성할 수 있는 이모지, 그리고 앞에서 잠깐 언급한 인라인 수학 공식이 있습니다. 사용자 멘션하기부터 5가지 인라인 블록에 대해 알아보겠습니다.

▶ 사용자 멘션하기

사용자 멘션하기는 다른 사람을 해당 페이지에 호출하여 알림을 보내는 기능입니다. 따라서 혼자 Notion을 사용하기보다는 다른 사람과 협업을 하면서 사용할 때 훨씬 유용하게 사용할 수 있죠. 다른 사람이 내 워크스페이스 또는 페이지에 초대되어 있다는 가정하에 @를 눌러 해당 계정의 프로필 명을 검색해 보세요. 그 사람에게 알림을 보낼 수 있습니다. 페이지 내 댓글, 페이지 상단 댓글, 페이지 내용 등 다양하게 활용할 수 있습니다.

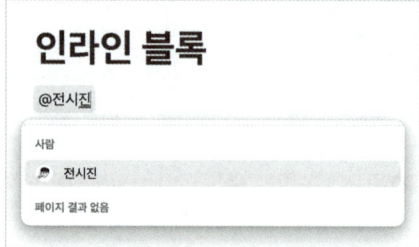

▶ **페이지 멘션하기**

페이지 멘션하기는 앞에서 배웠던 페이지 링크와 같은 기능을 합니다. 다른 곳에 생성되어 있는 페이지를 이 곳에 링크하는 역할을 하죠. @를 눌러 페이지 이름을 입력하면 해당 이름을 가진 페이지를 불러 올 수 있습니다. 해당 페이지를 클릭하거나 키보드로 선택한 다음 Enter 를 누르면 해당 페이지를 멘션할 수 있습니다.(083쪽에서 잠깐 언급했던 백링크가 됩니다.)

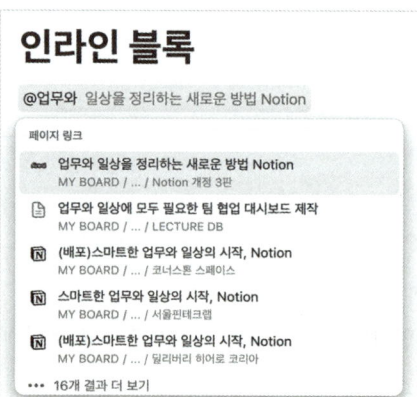

▶ **날짜 또는 리마인더**

날짜 또는 리마인더는 해당 페이지에 날짜를 만들고 싶을 때 사용합니다. @를 누르고 날짜를 입력하면 원하는 날짜를 불러 낼 수 있으며, 간단하게 '@오늘'이라고 입력한 후 Enter 를 눌러보세요.

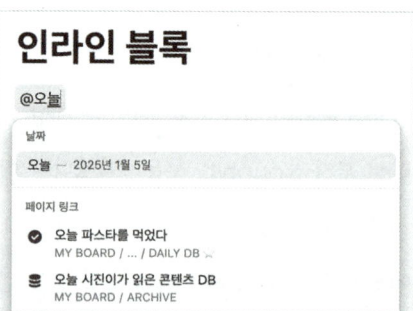

이후 생성된 날짜를 클릭하면 다른 날짜로 변경할 수 있습니다.

▶ 깨알 tip 마우스로 일일이 클릭하지 않고 날짜와 시간을 불러내고 싶다면? 키보드로 명령어처럼 입력할 수 있습니다. @를 누르고 "연도/월/일 시간"순으로 입력해 보세요. 예를 들어 1990년 4월 26일 오후 2시 40분이라면, "2025/04/26 14:40"으로 입력하면 해당 시간을 불러 낼 수 있습니다.

리마인더_ 날짜를 생성한 다음 날짜를 한 번 더 클릭하면 리마인더를 넣을 수도 있습니다. [리마인더]를 눌러보면 리마인더를 넣어서 Notion으로부터 알림을 받을 수 있습니다.

[시간 포함] 버튼을 눌러 일시를 모두 입력하면 원하는 시간에 리마인더를 받을 수 있습니다.

▶ 깨알 tip @와 함께 리마인더를 입력하면 와 날짜를 부를 때 리마인더를 설정할 수 있습니다. 2025년 8월 10일 오후 2시에 알림을 보내고 싶다면, "@리마인더 2025/08/10 14:00"으로 입력해 보세요. 리마인더를 걸 수 있습니다.

▶ 이모지

문서를 작성할 때 글자만 쓰면 너무 딱딱해 보이지 않나요? 문서를 조금 더 부드럽게 만드는 이모지를 사용할 수 있습니다. Windows나 macOS에서 제공해 주는 이모티콘 단축키를 눌러도 되지만, Notion에서 이모지를 사용할 수도 있습니다. /(슬래시)를 눌러 '이모지'라고 검색해 보세요. 이모지 블록을 생성하여 원하는 이모지를 추가할 수 있습니다. 이모지 블록은 전체 리스트가 나오기 때문에 내가 원하는 이모지의 이름을 모를 때 사용하면 더욱 편리하게 이용할 수 있습니다.

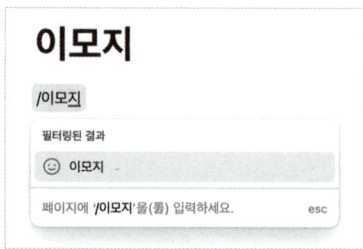

명령어로 이모지 추가하기_ 문서를 작성하다가 이모지 블록을 생성하여 이모지를 추가하는 것은 상당히 번거로운 일일 수 있습니다. 이모지 이름을 알고 있다면 이모지를 검색하여 바로 추가할 수 있습니다. 키보드에서 Shift + ; 을 누르면 :(콜론)이 나타납니다. :을 누르고 이모지 이름을 바로 검색해 보세요. 사과 이모지를 생성하고 싶다면 ':사과'라고 입력하는 것입니다.

원하는 이모지를 검색하여 추가해 줄 수 있습니다.

이모지 커스터마이징

내가 원하는 이모지가 없나요? 내가 원하는 이미지를 이용해 나만의 이모지를 추가할 수 있습니다. [왼쪽 사이드바 – 설정 – 이모지]에 들어가거나 이모지 블록을 만든 후 보이는 [+] [이모지 추가] 버튼을 눌러보세요.

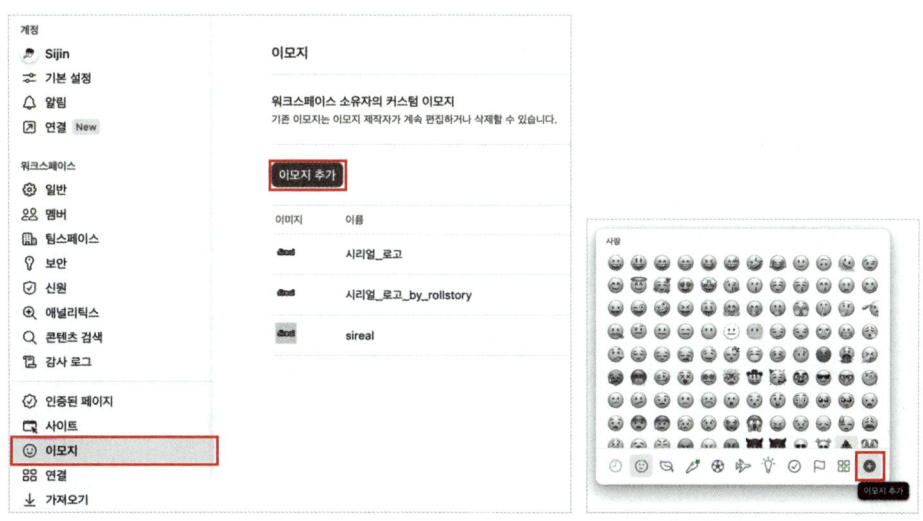

사용자 지정 이미지를 넣어서, 해당 이미지를 이모지로 만들 수 있습니다. 원하는 이미지를 넣고, 이름을 지정한 뒤 [저장] 버튼을 누르세요.

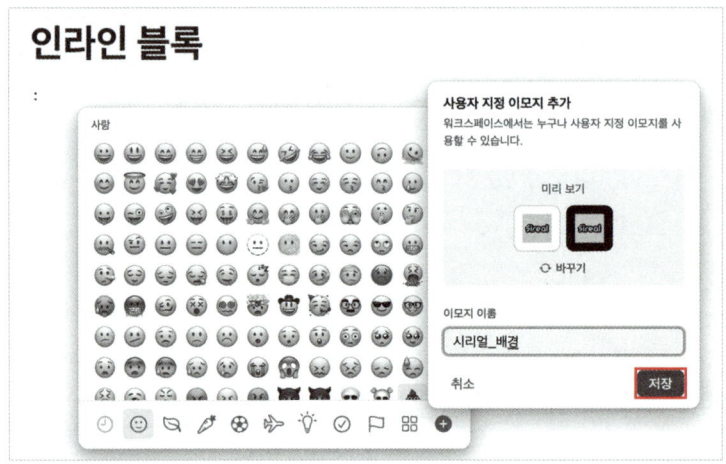

이모지 블록을 생성한 다음 [이모지 추가] 버튼 바로 왼쪽 와플(88)버튼을 누르면 생성한 이미지 목록을 볼 수 있습니다.

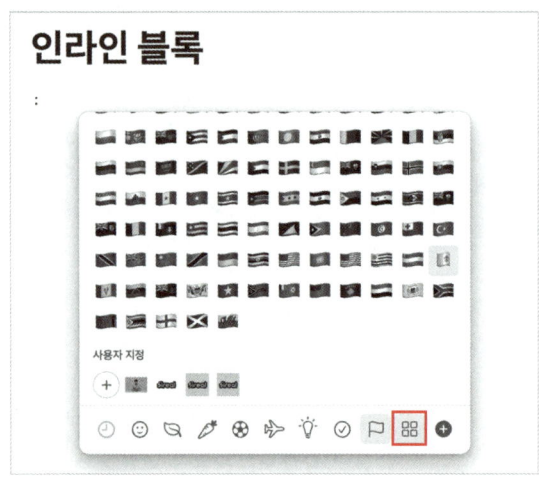

이미지를 불러올 때에는 :(콜론)을 누른 뒤 생성한 이모지 이름을 입력하면 생성한 이모지를 사용할 수 있습니다.

▶ 인라인 수학 공식

인라인 수학 공식은 수학 공식 블록과 다르게 글자 사이에 수학 공식을 삽입할 수 있습니다. LaTeX 문법 대부분을 지원하는 KaTeX 라이브러리(https://katex.org/)를 사용해 수학 공식을 생성합니다.

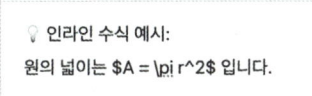 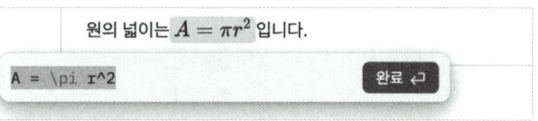

Notion 08 거의 모든 서비스를 삽입하는 임베드 블록

Notion에는 임베드 기능으로 외부에서 작업한 이미지, 동영상, 음성, PDF, X(구 Twitter), Google Maps 등 다양한 서비스를 Notion에서 보면서 관리할 수 있습니다. 기본적으로 여기저기를 왔다 갔다 하는 수고를 덜 수 있을 뿐만 아니라 해당 페이지를 공유하여 효율적인 협업 환경을 구축할 수 있습니다.

임베드 블록으로 삽입할 수 있는 서비스는 PDF 파일부터 Google 드라이브, Tweet, Github Gist, Google Maps, Figma, Abstract, InVision, Framer, Whimsical, Miro, Sketch, Excalidraw, PDF, Loom, Typeform, CodePen, Replit, Hex, Deepnote, GRID, Jira, GitHub, Slack, Asana, Trello, Pitch, Dropbox, Zoom, OneDrive, Amplitude 등 다양합니다. 임베드 기능을 쓰는 방식은 다음과 같이 삽입할 도구의 URL을 붙여 넣고 표시되는 팝업 메뉴에서 임베드 관련 메뉴를 선택하는 것입니다.

▶ 풍성한 Notion을 책임질 임베드 블록 활용하기

임베드 블록의 하위에는 서비스별로 세부 블록이 있지만 임베드 블록에 공유 링크를 붙여 넣으면 대부분 생성할 수 있습니다. 또한 앞서 소개한 공식적으로 지원되는 서비스 외에도 임베드 블록을 이용하여 유튜브, 블로그, Google 데이터 스튜디오 등 공유 링크가 있는 서비스라면 삽입해서 활용할 수 있습니다.

01 임의의 블록을 생성한 후 왼쪽에 표시된 [+] 아이콘을 클릭합니다. 다음과 같이 블록 목록이 나타나면 [임베드]를 선택합니다.

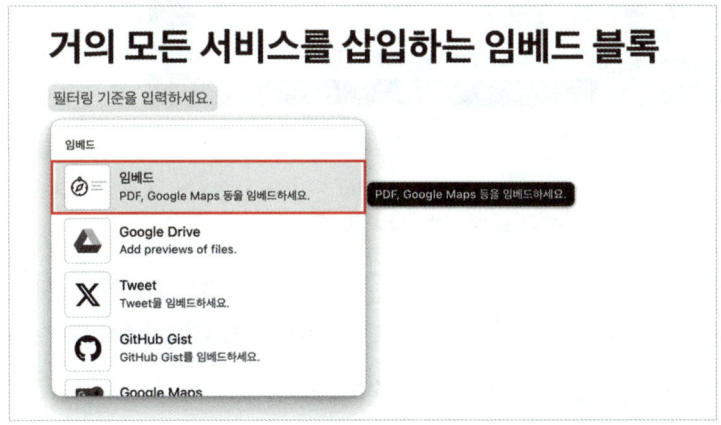

02 팝업 창이 나타나면 삽입하고 싶은 서비스의 링크를 붙여 넣고 [링크 임베드]를 클릭합니다.

03 유튜브 링크를 넣었더니 유튜브 영상이 임베드되었습니다. 유튜브 영상을 Notion에 임베드하면 유튜브 사이트로 이동하지 않고 영상을 바로 재생할 수 있습니다.

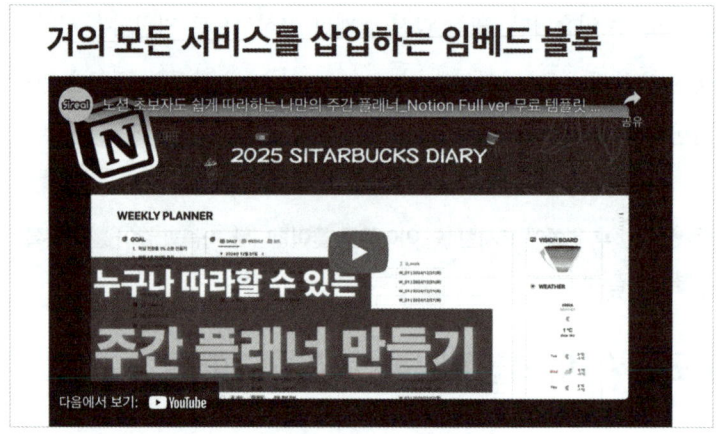

▶ 여행 계획에 효과적인 Google Maps 블록

여행 일정, 나만의 맛집 등을 관리하는 용도로 Google Maps를 많이 사용합니다. 이런 Google Maps를 Notion에 삽입하면 지도와 함께 여행, 맛집 데이터베이스 등을 좀 더 쉽게 관리하거나 여행 계획을 공동으로 관리할 수도 있습니다.

01 Google Maps(www.google.com/maps)에 접속하여 왼쪽 바에서 [저장됨]을 클릭합니다.

02 내 장소 내에서 관리 중인 지도 목록이 있는 [지도] 탭을 클릭한 후 Notion에 삽입할 지도를 선택합니다.

03 선택한 지도의 상세 목록이 표시되면 가장 상단에 있는 [내 지도에서 열기]를 클릭합니다.

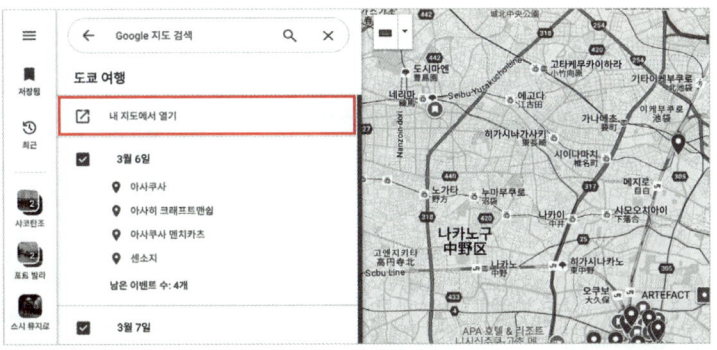

Notion 08 거의 모든 서비스를 삽입하는 임베드 블록 ■ 123

04 이어서 [공유]를 클릭해서 권한을 [링크가 있는 모든 사용자에게 공개]로 변경하고 웹 브라우저 주소 창에 있는 주소를 복사합니다. [닫기]를 클릭합니다.

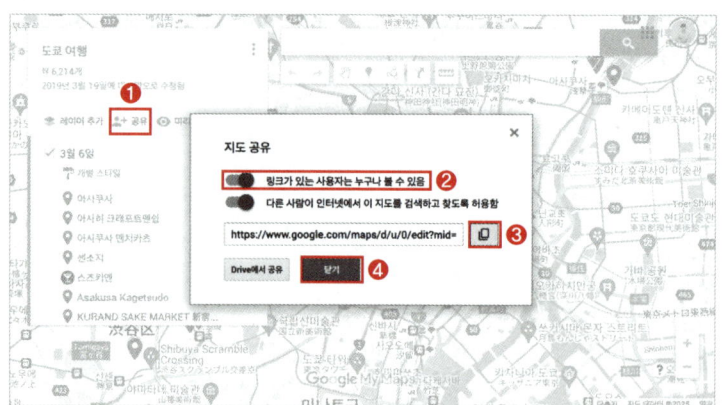

05 Notion에서 새로운 블록을 추가한 후 [+] 아이콘을 클릭해서 [Google Maps]를 선택합니다.

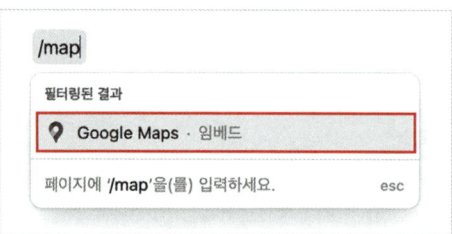

06 Google Maps 블록이 생성되면 팝업 창에 앞서 복사한 공유 링크를 붙여 넣고 [지도 임베드]를 클릭합니다.

07 Notion 페이지에 내 지도가 삽입된 것을 확인할 수 있습니다.

한 걸음 더

Google Maps 주소로 지도 삽입하기

Google 드라이브의 문서를 삽입하는 것처럼 Google Maps도 지도 링크를 그대로 붙여 넣으면 아래와 같이 팝업 메뉴가 나타나고 여기서 [Google Maps 임베드]를 선택하면 좀 더 편리하게 Google Maps를 삽입할 수 있습니다.

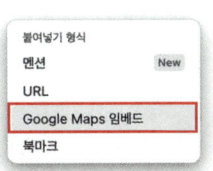

▶ 구글 스프레드시트 가져오기

Notion의 데이터베이스에서 쓸 수 없는 기능이나, 대용량 데이터의 경우 Google 스프레드시트를 이용하기 마련입니다. 이때 Google 스프레드시트도 Notion에 임베드하면 Google 스프레드시트를 따로 찾아가지 않아도 내용을 모두 볼 수 있습니다.

01 임베드하고 싶은 Google 스프레드시트에 접속하고 오른쪽 상단 [공유]를 클릭합니다.

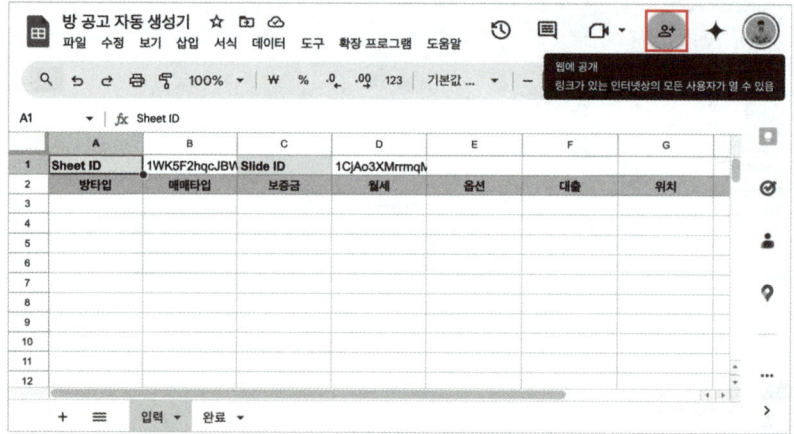

02 일반 액세스의 권한을 [링크가 있는 모든 사용자]를 선택한 다음 [링크 복사]를 클릭합니다.

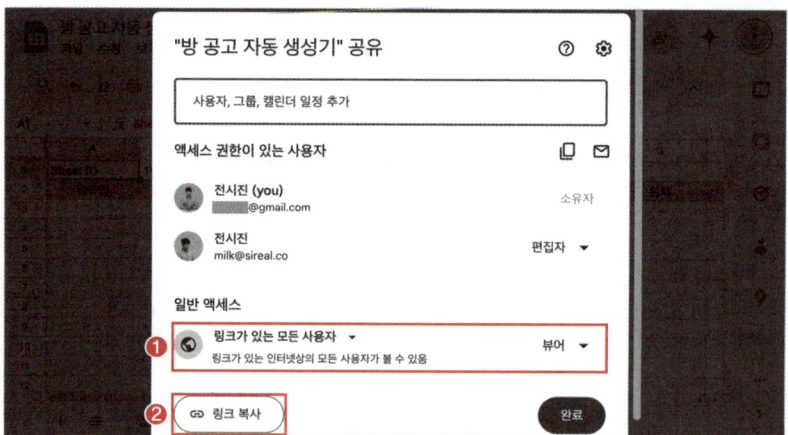

126 ▪ Chapter 02 다양한 도구의 통합을 위한 탄탄한 기본기 다지기

03 복사한 링크를 붙여 넣고 **[임베드]**를 클릭합니다.

04 구글 스프레드 시트의 내용을 볼 수 있습니다. 창 조절 핸들을 선택하여 창의 크기를 조절할 수도 있습니다.

▶ Notion에서 PDF 파일 내용 바로 확인하기

PDF 파일을 삽입하는 것은 이미지를 업로드하는 방식과 유사합니다. 단, 컴퓨터 폴더에서 드래그하면 삽입이 아닌 첨부 형태로 업로드되기 때문에 내용을 바로 확인하는 것이 아니라 파일을 다운로드만 할 수 있습니다. PDF 파일의 내용을 Notion에서 바로 볼 수 있는 삽입 방법을 알아보겠습니다.

01 블록을 추가한 후 [+] 아이콘을 클릭하고, 블록 목록에서 [PDF]를 선택합니다.

02 PDF 블록이 생성되면서 팝업 창이 나타납니다. 여기서 [파일을 선택하세요]를 클릭하고 원하는 PDF 파일을 찾아 선택합니다.

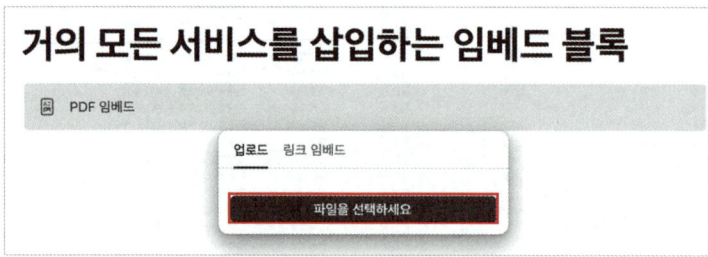

03 Notion 페이지에 PDF가 삽입되어 바로 내용을 확인할 수 있습니다.

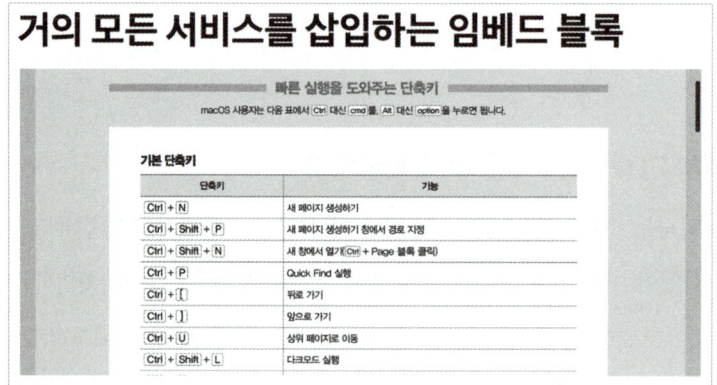

▶ **깨알 tip** 파일을 Notion으로 그냥 드래그하면 임베드가 아닌 첨부 형태로 추가됩니다.

Notion 09 다른 도구에서 데이터 가져오기

Notion의 가장 큰 장점 중 하나는 다양한 도구의 통합입니다. 여러 도구에 흩어져 있는 데이터를 Notion에서 관리하면 생산성을 극대화할 수 있습니다. 기존에 사용하던 데이터를 Notion으로 가져오는 방법을 자세히 설명하겠습니다.

▶ 가져오기 기능 사용하기

가져오기 창을 열기 위해서는 새로운 페이지를 만든 다음 페이지 하단 […]을 누른 후 [**가져오기**] 버튼을 누릅니다.

다음과 같이 가져오기 창이 열리면 가져올 데이터가 있는 도구를 클릭해서 선택합니다.

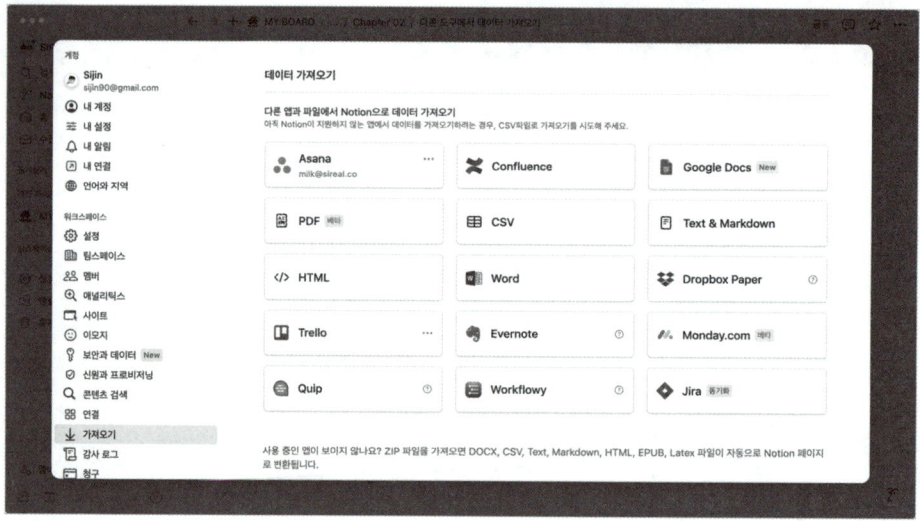

▶ Evernote에서 가져오기

Evernote(에버노트)의 데이터를 Notion으로 가져오면 Notion만의 강력한 기능인 데이터베이스 블록에 자동으로 입력되어 들어오기 때문에 리스트 보기로 들어온 노트들을 표 보기, 캘린더 보기 등으로 바꿀 수 있고, 필터나 정렬을 적용하여 원하는 태그들만 필터링하여 볼 수도 있습니다. Evernote 데이터를 Notion에 가져오려면 계정을 연동해서 가져오는 방법이 있습니다.

계정을 연동할 경우 Evernote 내 노트 정보와 함께 이미지 파일들을 모두 가져올 수 있지만 Evernote의 노트북 단위로 가져오기 때문에 원하는 노트만 선택해서 가져올 수 없습니다. 그러므로 특정 노트를 가져오거나 노트에 포함된 태그, 노트 생성 일자 등의 정보를 가져오고 싶을 때 계정을 연동하는 방법을 이용하면 됩니다.

01 가져오기 창에서 **[Evernote]**를 클릭하면 로그인 팝업 창이 열립니다. 여기에서 데이터를 가져올 Evernote 계정에 로그인합니다.

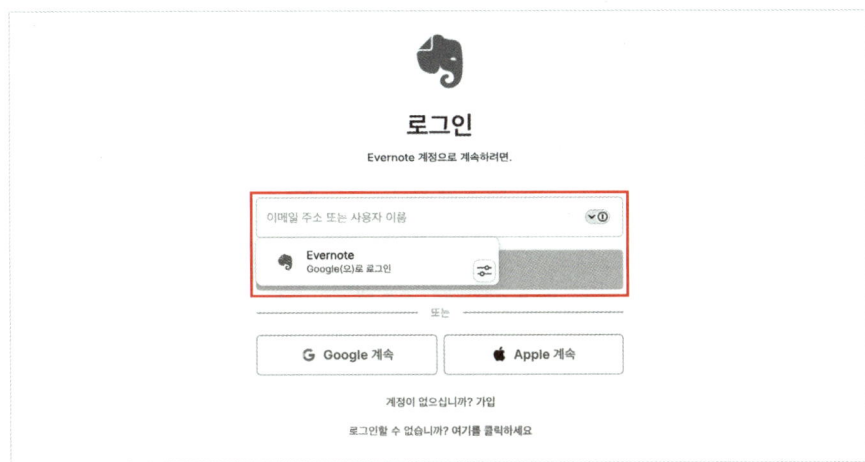

02 Evernote에 로그인하면 Notion에서 Evernote 계정에 접근을 요청하는 창이 열립니다. Notion의 접근을 허락하는 기간(1일, 1주, 30일, 1년)을 선택한 후 **[인증]**을 클릭합니다.

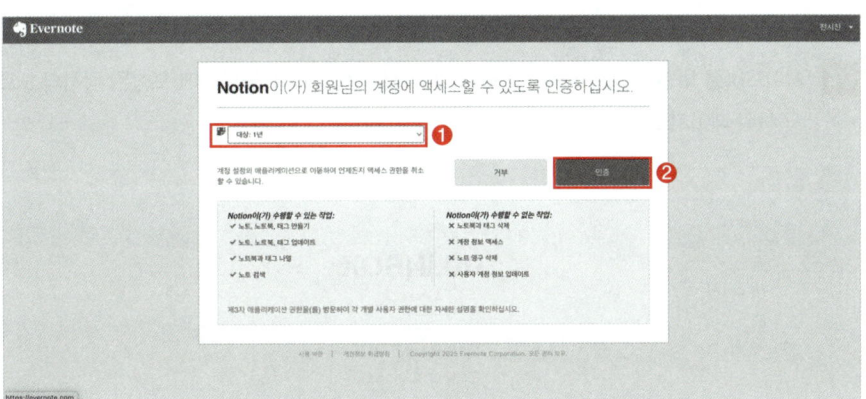

▶ 깨알 tip 이 인증은 Notion에서 Evernote에 접근해서 노트를 수정할 수 있는 권한을 부여하는 절차입니다. 이 절차를 거치면 노트, 노트북, 태그의 생성, 업데이트, 나열, 검색 권한을 가지게 되며, 노트북/태그 삭제, 노트 영구 삭제, 계정 정보 확인 및 업데이트 권한은 제외됩니다.

03 연동 절차가 끝난 후 가져오기 창에서 다시 [Evernote]를 클릭하면 연동된 Evernote 계정에 있는 노트북 목록이 표시됩니다. 여기서 Notion으로 가져올 노트북에 체크한 후 [가져오기]를 클릭합니다.

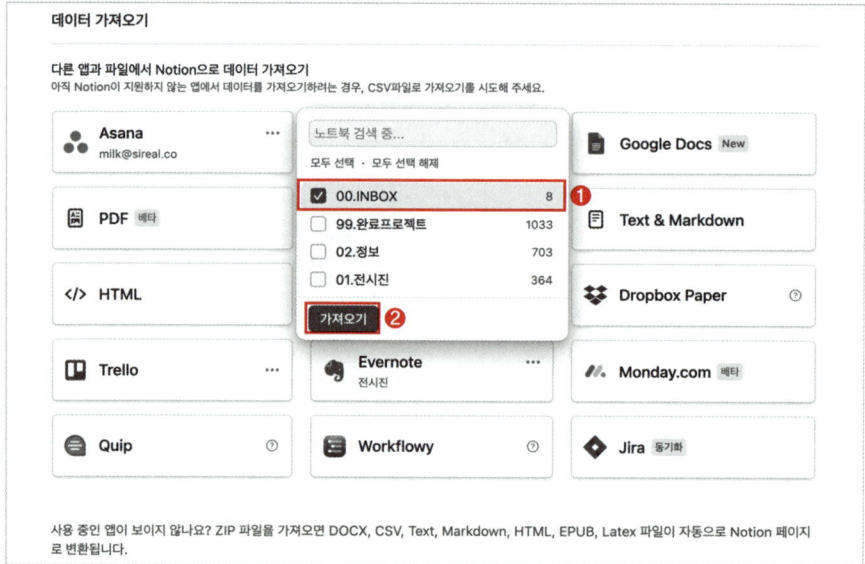

04 사이드바를 보면 선택한 노트북별로 새 페이지가 생성되며, 노트북에 포함된 각각의 노트는 다시 하위 페이지로 생성됩니다.

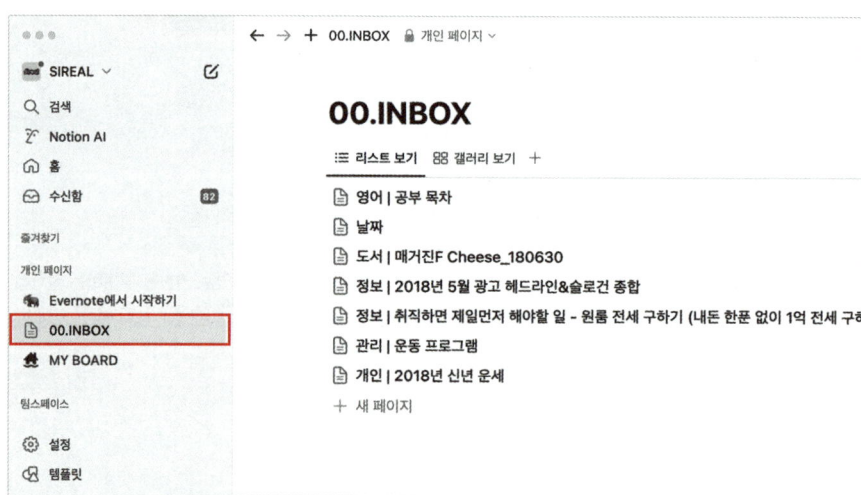

▶ **트렐로에서 가져오기**

트렐로(Trello)는 칸반보드 기반의 프로젝트 관리 소프트웨어로 프로젝트 진행 현황을 한눈에 파악할 수 있으며, 각 진행 현황에 필요한 피드백, 파일, 담당자, 마감 날짜 등을 지정할 수 있습니다. 트렐로에서 사용할 수 있는 보드 생성, 카드 이동, 태그, 필터링, 파일 첨부 등 대부분의 기능을 Notion으로 활용할 수 있기 때문에 트렐로와 Notion을 별개로 사용하지 않고 데이터를 통합할 수 있습니다.

트렐로를 Notion으로 가져오는 방법을 알아보겠습니다. 기본적으로 Evernote 연동과 유사하게 트렐로에 로그인하여 접근 권한 설정 과정을 거칩니다.

01 가져오기 창에서 [Trello]를 클릭하면 다음과 같이 트렐로에 로그인할 수 있는 창이 뜹니다. [Log in]을 클릭하여 로그인을 진행합니다.

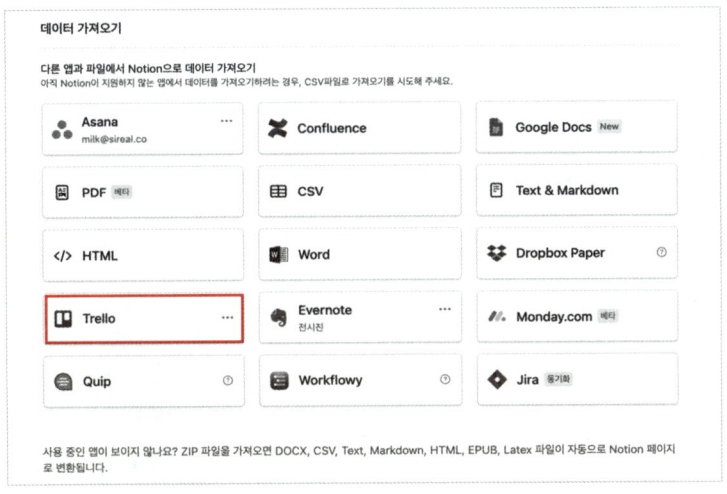

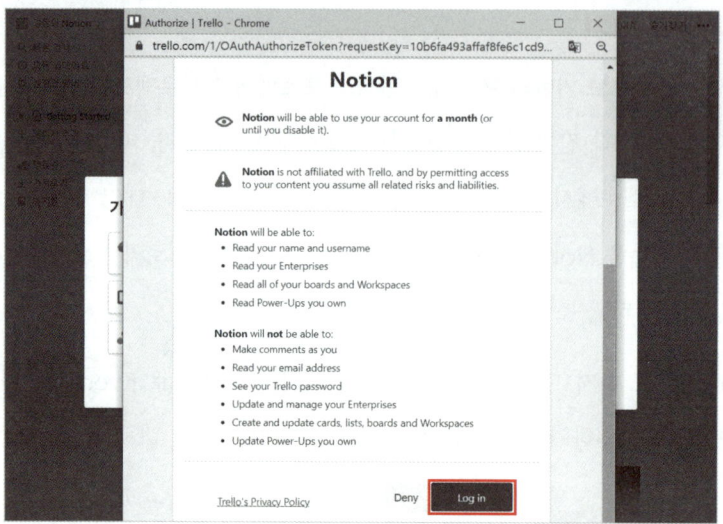

02 트렐로에 로그인하면 다음과 같이 권한 부여를 승인하는 창이 열립니다. 여기서 [Allow] 버튼을 클릭합니다. 이제 트렐로 사용자의 이름과 보드 및 팀을 Notion에서 읽을 수 있는 권한이 부여됩니다. 그러나 카드, 리스트, 팀, 보드를 생성하거나 댓글을 달거나 이메일 주소를 읽는 것 또는 트렐로의 암호를 보는 권한은 부여되지 않습니다.

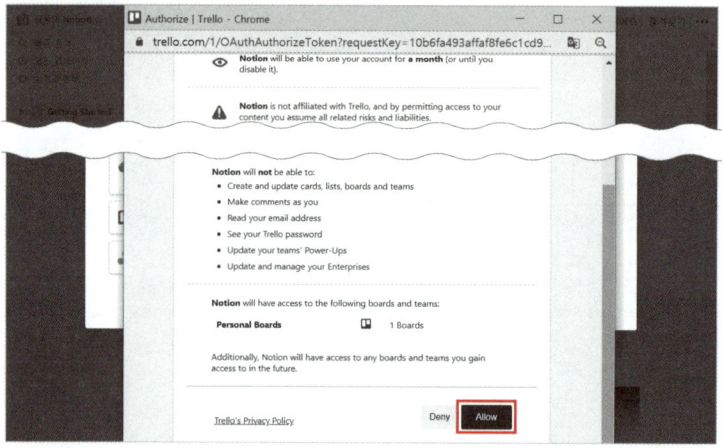

▶ 깨알 tip ▶ 트렐로는 Evernote와 다르게 승인 기간이 30일로 정해져 있습니다.

03 권한 부여가 완료된 후 가져오기 창에서 **[Trello]**를 클릭하면 보드 목록이 표시됩니다. 여기서 가져올 보드에 모두 체크한 후 **[가져오기]**를 클릭합니다.

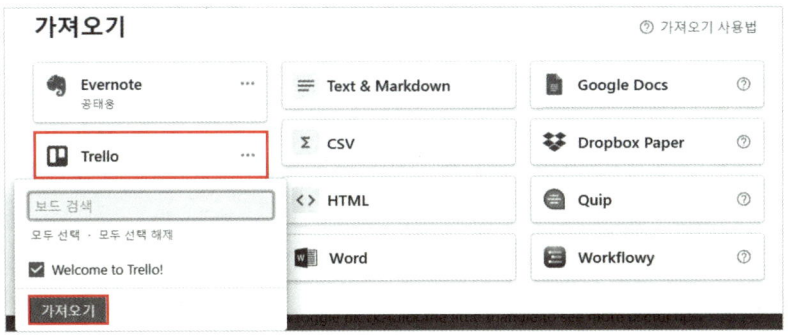

04 트렐로에 삽입되어 있던 이미지, 첨부 파일, 댓글 모두 트렐로와 같은 보드 형태로 가져온 것을 확인할 수 있습니다.

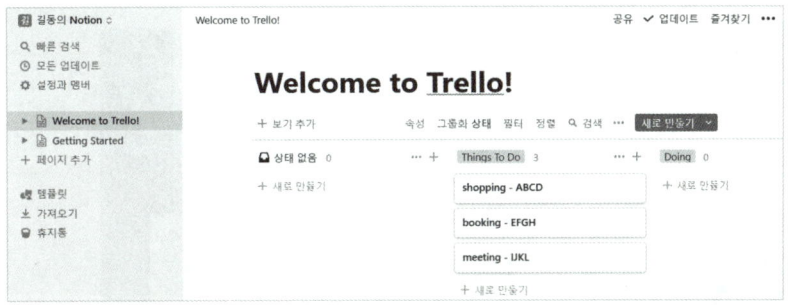

▶ **깨알 tip** Notion에 트렐로 데이터를 가져온 후 데이터를 수정하거나 변경하더라도 트렐로에서는 변경되지 않습니다. 즉, Notion의 보드와 트렐로가 실시간 연동되는 것이 아닙니다.

▶ 아사나에서 가져오기

아사나(Asana)는 프로젝트 관리 소프트웨어로 칸반보드뿐만 아니라 할 일, 진행도, 중요도, 진행 일자별로 세부 관리가 가능한 도구입니다. 프로젝트 관리 차원에서만 보면 아사나의 기능이 더 효과적이지만 여러 도구에 분산된 데이터 및 도구를 하나로 취합한다는 측면에서 Notion으로 통합하여 관리할 수 있습니다. 아사나 역시 Evernote, 트렐로와 동일하게 로그인, 권한 허용, 가져오기 순서로 진행됩니다.

01 가져오기 창에서 [Asana] 버튼을 클릭한 후 다음과 같이 팝업 창이 열리면 아사나 계정으로 로그인합니다.

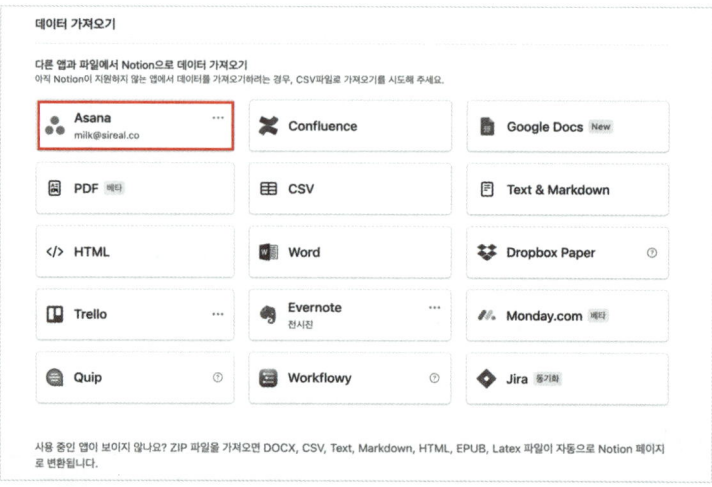

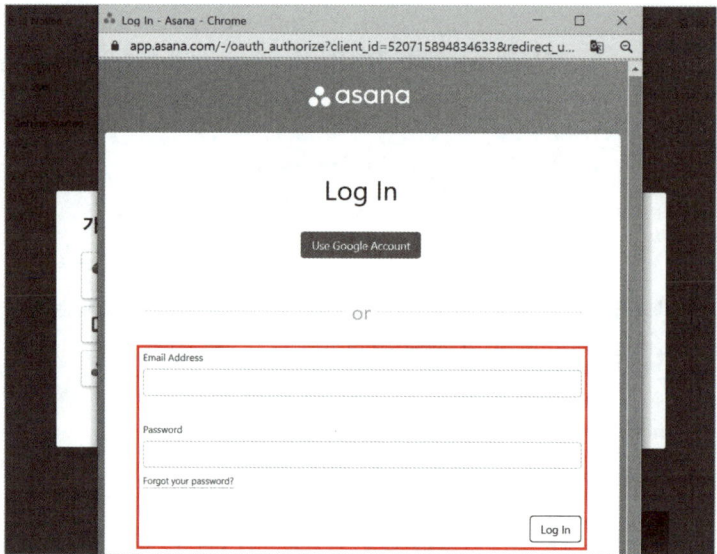

02 아사나에 로그인하면 Notion에서 아사나 계정에 접근할 수 있는 권한을 요청합니다. [Allow] 버튼을 클릭하면 이름과 이메일 주소, task, project, workspace에 접근하여 수정하거나 댓글을 확인할 수 있습니다.

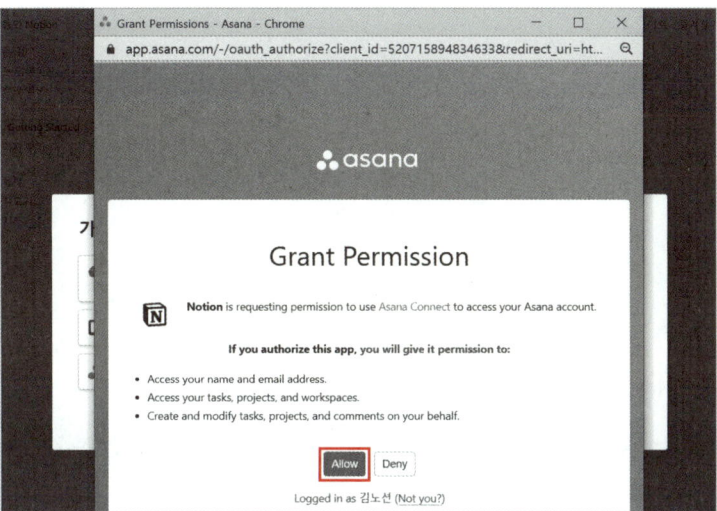

03 연동이 끝나면 가져오기 창에서 [Asana] 버튼을 클릭한 후 원하는 프로젝트를 체크하고 [가져오기] 버튼을 클릭하여 데이터를 가져올 수 있습니다.

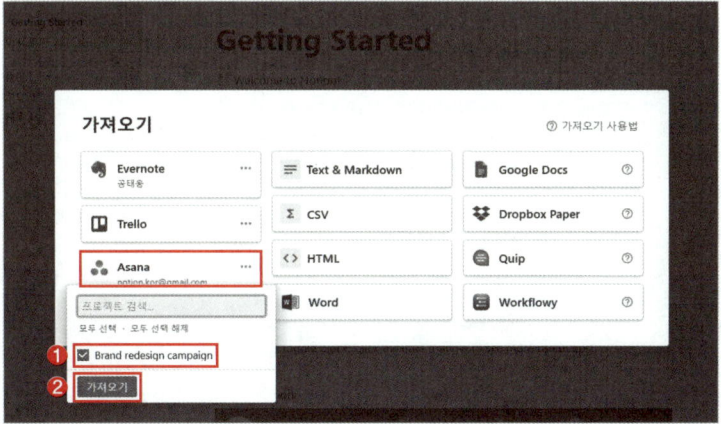

04 아사나 프로젝트 페이지가 생성되며 데이터가 표시됩니다. 페이지 왼쪽 위에 있는 **[+ 새 보기 추가]**를 클릭해 데이터를 표, 캘린더, 보드 등 다양한 모양으로 변경하여 데이터를 확인할 수 있습니다.

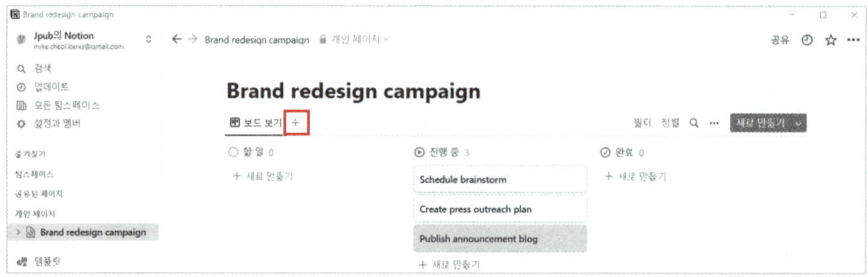

▶ Google 문서 가져오기

Google 드라이브는 대표적인 클라우드 서비스로 각종 파일을 저장하고 공유하는 기능뿐만 아니라 MS Word와 유사한 Google 문서, MS Excel과 유사한 Google 스프레드시트, MS PowerPoint와 유사한 Google 프레젠테이션을 작성하여 협업할 수 있는 도구입니다. 그중에서 Google 문서는 가져오기 기능으로 Notion에 가져올 수 있습니다.

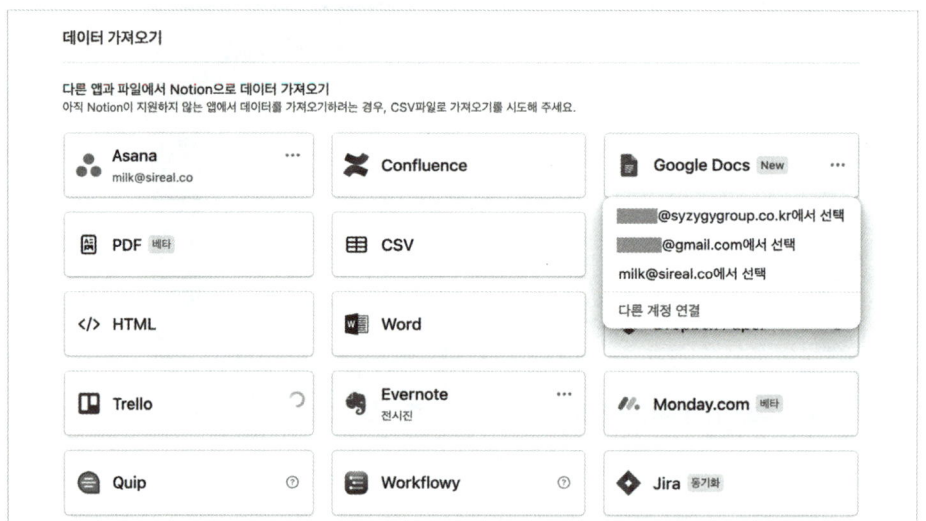

▶ 그 밖의 다양한 파일 가져오기

앞에서는 가져오기 창에서 가져올 도구의 전용 버튼을 클릭했습니다. 하지만 아래와 같은 확장자를 가진 파일이라면 굳이 전용 버튼이 아닌, 확장자와 관련된 버튼을 클릭해도 데이터를 가져올 수 있습니다.

이번에는 [Text & Markdown], [CSV], [HTML], [Word] 버튼은 컴퓨터에 저장된 파일을 가져오는 방식이 모두 동일하기 때문에 가장 많이 사용되는 CSV 파일을 가져와 보겠습니다.

.csv 파일 가져오기

[CSV] 버튼은 엑셀 등의 스프레드시트 도구에서 저장한 .csv 파일을 가져올 때 사용합니다. .csv 파일은 쉼표를 기준으로 구분된 데이터베이스나 표 데이터를 포함하고 있습니다.

01 가져오기 창에서 [CSV] 버튼을 누릅니다.

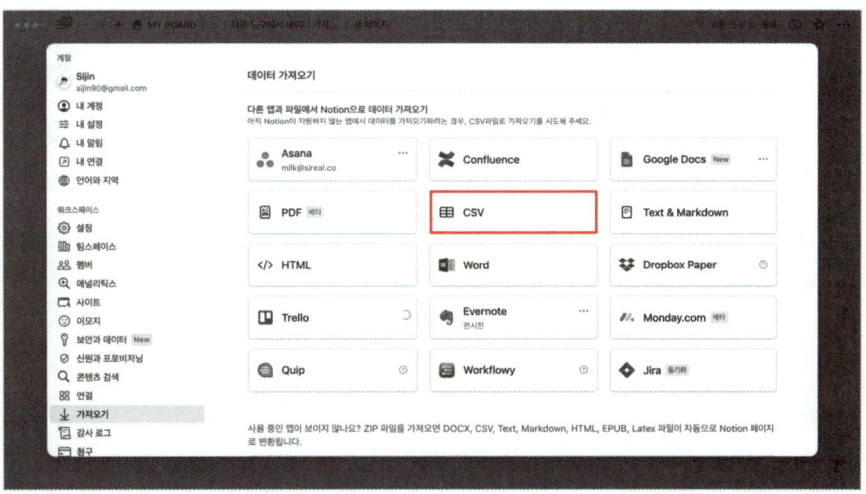

02 원하는 파일을 선택하고 **[열기]** 버튼을 누릅니다.

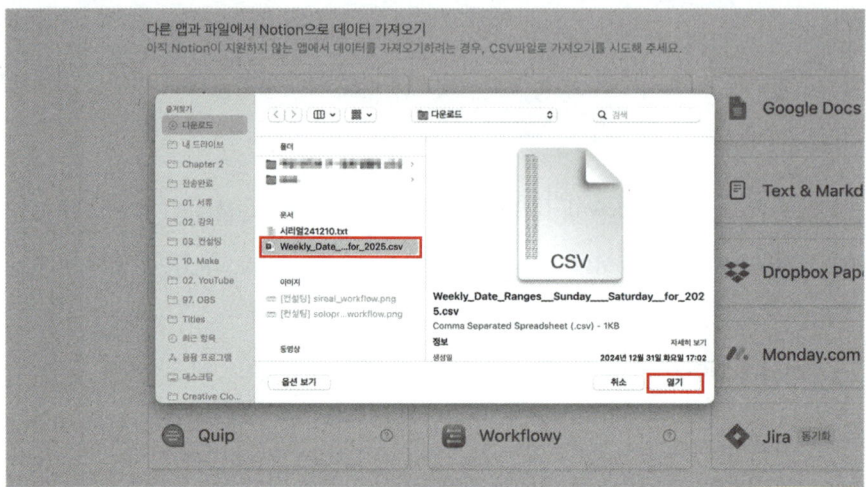

03 CSV는 엑셀 데이터이기 때문에 데이터베이스를 생성하여 가져온 걸 볼 수 있습니다.

> ▶ **깨알 tip** 가져오기 창에서 각 버튼을 클릭한 후 여러 개의 파일을 선택하면 하나의 페이지가 생성된 후 파일별로 하위 페이지가 생성됩니다.

Notion 10 Notion Marketplace (템플릿)

지금까지 꾸준하게 따라왔다면 이제 어느 정도 Notion을 활용할 수 있게 되었을 겁니다. 그런데 여전히 Notion을 어떻게 활용해야 할지 모르겠다고요? 이제는 노션의 사용법을 모르겠다기보다는 어떤 용도로 사용해야 할지 감이 잡히지 않은 상태가 와닿으실 겁니다. 사용법은 알겠는데, 어디에 써야 할지 모르는 상태인 거죠. 그럴 때는 다른 사람들이 만들어둔 노션 페이지를 보시는 게 아이디어를 얻기에 가장 좋습니다. 내 주변에는 Notion을 사용하는 사람이 없는데 어떻게 보냐고요? Notion에서 제공하는 Notion Marketplace(노션 마켓플레이스)에 방문하시면 됩니다.

노션 마켓플레이스는 노션에서 제공하는 템플릿 장터 같은 곳입니다. Notion 본사에서 만든 공식 무료 템플릿 이외에도 전 세계 다양한 Notion 템플릿 크리에이터들이 만든 30,000개 이상의 템플릿이 모여있죠. 한국인이 만든 템플릿도 있으니 외국어에 겁먹을 필요 없습니다. 우리는 한국어로 된 템플릿을 보기만 해도 되니까요.

▶ 깨알 tip 템플릿(Template)은 파워포인트를 사용해 봤다면 한 번쯤 들어봤을 겁니다. '서식', '양식', '견본'이라고도 하죠. 미리 만들어둔 템플릿에 사용자는 내용만 채워 넣어서 쓰면 됩니다.

▶ 노션 마켓플레이스 둘러보기

Notion Marketplace에 들어가기 위해서는 Notion 홈페이지에서 접속해도 되지만, 노션 앱 내에서도 접속할 수 있습니다. 왼쪽 사이드바에서 [템플릿] 버튼을 눌러보세요.

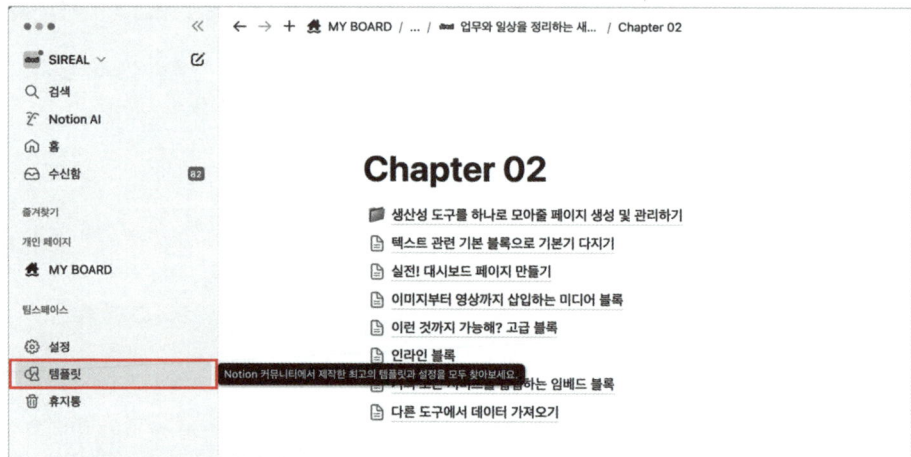

노션의 마켓플레이스라는 곳에 접속이 되며 여기서 여러분이 원하는 목적, 카테고리, 크리에이터 명 등을 검색하여 원하는 템플릿을 찾을 수 있습니다.

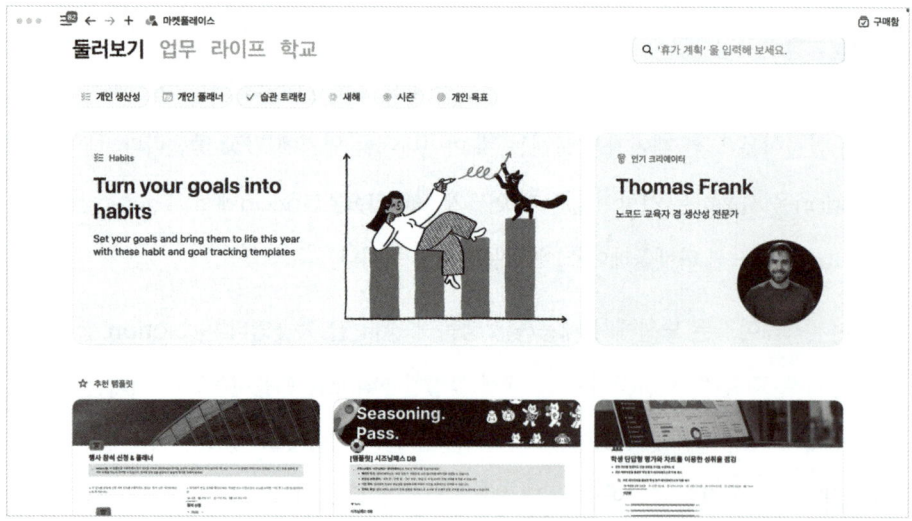

▶ **템플릿 복사하기**

상단 카테고리(둘러보기, 업무, 라이프, 학교)에서 원하는 키워드를 클릭하시거나, 원하는 크리에이터를 찾아보세요. 검색창에서 '시리얼'이라고 검색하면 제가 만든 템플릿 목록들을 볼 수 있습니다. 템플릿을 직접 가져와서 사용해 보겠습니다.

01 추천 템플릿 목록에서 템플릿 이름 앞에 있는 아이콘을 보겠습니다. 노션 아이콘은 노션 본사에서 만든 템플릿이고, 그 외에는 템플릿 크리에이터가 만든 템플릿입니다. 노션에서 만든 템플릿을 클릭하여 페이지 안으로 들어가겠습니다.

02 [미리보기] 버튼을 누르면 템플릿을 복제하지 않고 둘러볼 수만 있습니다. 템플릿의 내용을 충분히 둘러본 다음 마음에 든다면, [추가] 버튼을 누른 후 내가 복제하고 싶은 곳을 선택하면 내 노션에 해당 템플릿을 가져갈 수 있습니다.

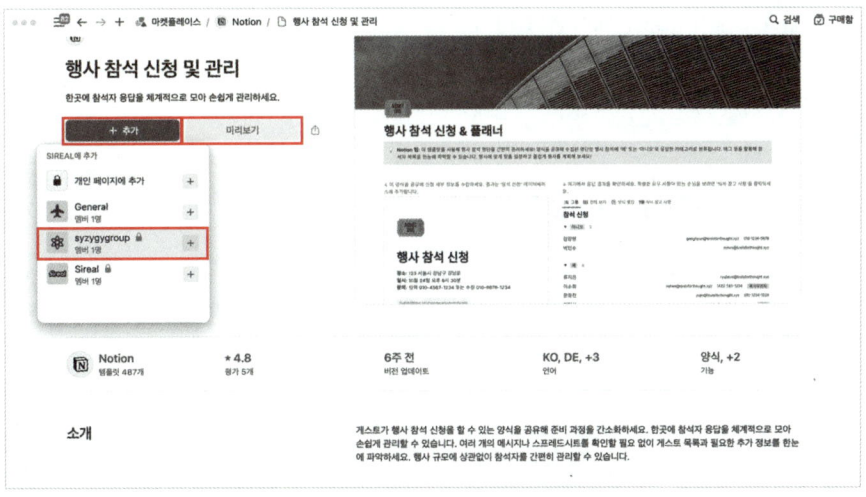

03 원하는 곳을 선택하면 '템플릿을 복제 중입니다.'라는 팝업이 하단에 나타나고, 복제가 완료되면 '템플릿이 준비되었습니다.'라는 팝업이 나타납니다. 해당 팝업에서 [템플릿 보기] 버튼을 누르면 해당 템플릿으로 바로 이동할 수 있습니다.

▶ 다른 사용자가 만든 페이지 복제하기

Notion에서 제공하는 템플릿 이외에 다른 Notion 사용자가 만들어 관리 중인 페이지가 마음에 든다면 그 페이지를 복사해서 템플릿으로 쓸 수 있습니다. 해당 페이지가 읽기 허용이고, 템플릿으로 복제 허용 상태라면 페이지 오른쪽 위에 있는 [복제 📄]를 클릭해서 복제할 워크스페이스를 선택하면 됩니다.

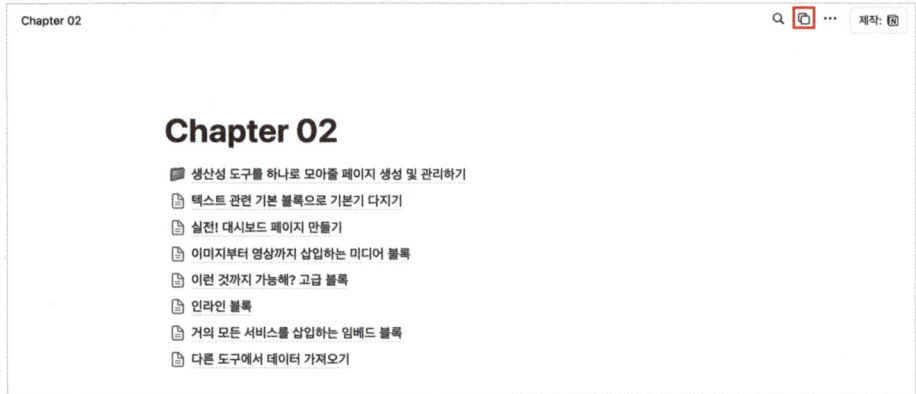

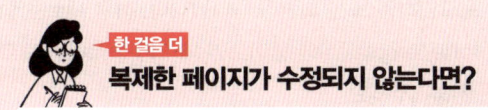

복제한 페이지가 수정되지 않는다면?

복제한 페이지를 수정하려고 하는데, 수정이 되지 않을 수도 있습니다. 이 경우 페이지 잠금이 걸려 있을 확률이 높습니다. 해당 페이지에서 오른쪽 상단에 있는 더 보기(…) 아이콘을 클릭한 후 [페이지 잠금] 옵션을 확인해 보세요.

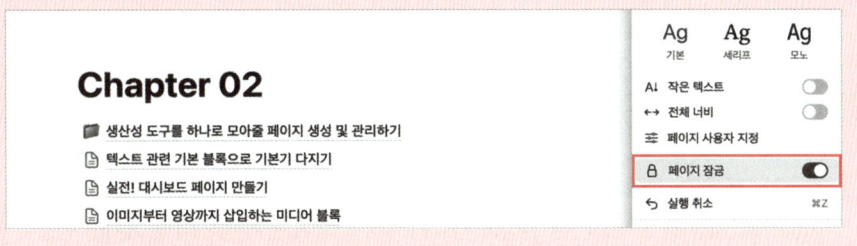

▶ 내가 만든 템플릿을 판매하기

이번 책을 통해 Notion을 배워가다 보면 나만의 아이디어로 템플릿을 만들어 볼 수 있습니다. 템플릿을 만들어 나만 사용하는 게 아니라 다른 사람과 함께 사용하고, 판매하여 부수입도 창출할 수 있죠. 템플릿을 판매하는 방법은 어렵지 않습니다.

01 노션의 마켓플레이스(https://www.notion.com/ko/templates) 사이트에 들어와 가장 하단에 있는 크리에이터 되기의 [시작하기]를 눌러보세요.

02 로그인 창이 뜨면 로그인을 해 주세요. 로그인하면 노션 화면이 나타납니다. 이후 새로운 탭을 열어 템플릿(https://www.notion.so/profile/templates)에 들어오면 내 마켓플레이스 프로필을 설정할 수 있습니다. [프로필 만들기]를 눌러주세요.

03 제작자 프로필을 설정한 후 가장 하단에 있는 'Stripe Merchant에 액세스하기'에 설문조사를 작성하여 [저장]하고 제출하면 신청이 완료됩니다. 이후 노션의 승인이 떨어지면 템플릿 등록을 통해 내가 만든 템플릿을 판매할 수 있습니다.

Chapter 03

데이터베이스를 알아야 진정한 Notion 사용자

지금까지 살펴본 Notion의 기본 기능들은 식물에 비유하자면 뿌리와 줄기 정도입니다.
기본, 미디어 블록을 사용하고, 템플릿을 아무리 가져다 쓴다고 하더라도
Notion을 제대로 사용할 줄 안다고 말할 수 없을 것입니다.
그 이유는 바로 Notion의 '꽃'이라고 할 수 있는 데이터베이스를 배우지 않았기 때문입니다.

Notion 01 Notion의 꽃, 데이터베이스 알고 가기

Notion 02 데이터베이스 각 열의 속성 지정하기

Notion 03 기본 속성의 종류 및 쓰임 살펴보기

Notion 04 데이터베이스 활용하기

Notion 01 Notion의 꽃, 데이터베이스 알고 가기

데이터베이스 블록은 정보를 스프레드시트, 칸반보드, 리스트, 섬네일, 달력, 간트 차트, 그래프 형태로 볼 수 있게 만들어주는 블록으로, Notion에서는 이들 각각을 표, 보드, 리스트, 갤러리, 캘린더, 타임라인, 차트 보기라고 말합니다.

데이터베이스 블록의 가장 큰 장점은 하나에 정보를 입력해 두면 같은 내용을 다시 작성할 필요 없이 표, 보드, 리스트, 갤러리, 캘린더, 타임라인, 차트 보기로 바로 변경해서 확인할 수 있다는 점입니다. 이를 통해 일정 관리(캘린더)나 프로젝트 진행 현황(보드), 디자인 시안 검토(갤러리) 등을 좀 더 편리하게 확인할 수 있습니다. 또한 데이터베이스 블록의 링크를 복사해 현재 페이지 혹은 다른 페이지에서 다른 형태로 보거나 수정 및 편집 등을 할 수도 있습니다. 데이터베이스 블록의 하위 블록과 특징을 자세히 살펴보겠습니다.

▶ 깨알 tip Chapter 03에 소개된 예시 데이터베이스는 저자가 제공하는 실습 페이지(https://bit.ly/notion_3rd_ex)에 접속하면 Notion으로 확인할 수 있습니다.

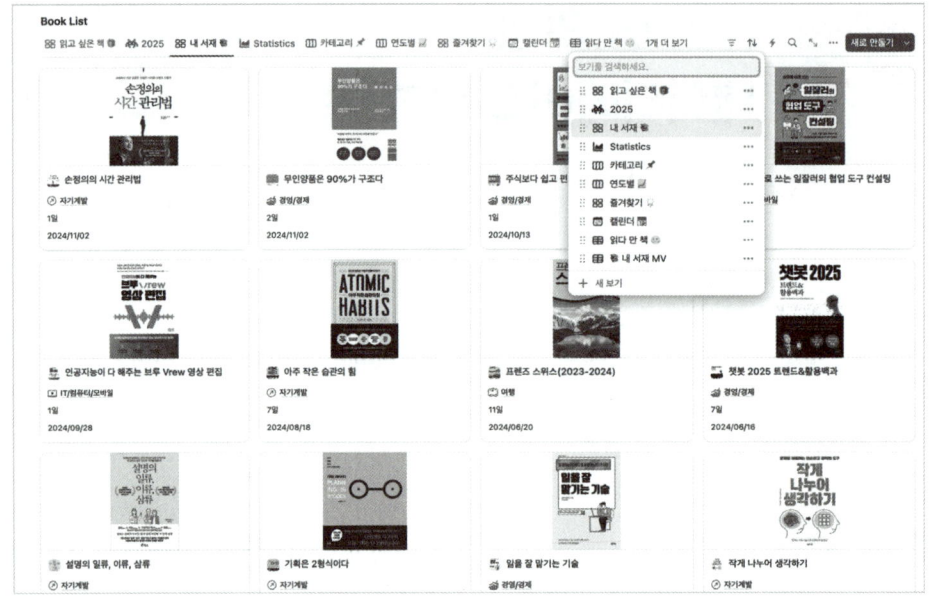

▲ 다양한 형태로 살펴볼 수 있는 데이터베이스 블록

▶ 페이지 위치에 따른 데이터베이스 블록의 구분

데이터베이스 블록은 표, 보드, 갤러리, 리스트, 캘린더, 타임라인, 차트 보기의 7가지가 있지만, 데이터베이스를 다른 블록들과 함께 작성할지, 데이터베이스로만 이루어진 페이지를 따로 만들지를 구분해서 생성합니다. 인라인으로 데이터베이스 블록을 만들면 현재 페이지에 다른 종류의 블록을 추가로 구성할 수 있지만, 전체 페이지로 만들면 해당 페이지에는 데이터베이스 블록 이외에 다른 내용을 입력할 수 없습니다.

인라인으로 데이터베이스 블록 만들기

데이터베이스 블록을 추가할 페이지를 추가로 생성하거나 원하는 페이지로 이동합니다. 기본으로 텍스트 블록이 생성되면 [+] 아이콘을 클릭해서 데이터베이스 섹션 중 [데이터베이스 - 인라인] 블록을 클릭해 생성합니다.

▲ 인라인으로 생성한 표 블록

데이터베이스 블록의 하위 블록 중 [표 보기], [캘린더 보기] 등을 선택하면 다음과 같이 기존 데이터베이스를 불러올 수 있으며, 여기서 [빈 데이터베이스 새로 만들기]를 클릭하면 새로운 데이터베이스를 만들 수 있습니다.

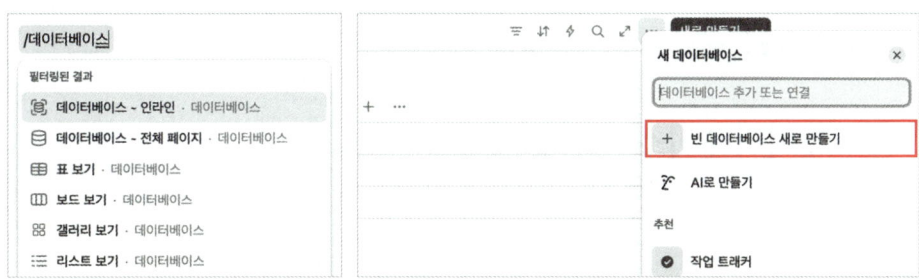

전체 페이지로 데이터베이스 블록 만들기

전체 페이지로 데이터베이스 블록을 만드는 방법은 두 가지가 있습니다. 하나는 앞에서 살펴봤듯 임의의 페이지에서 블록 목록을 펼친 후 데이터베이스 블록의 하위 블록 중 [데이터베이스 – 전체 페이지] 블록을 선택하는 것입니다. 이렇게 블록을 생성하면 현재 페이지의 하위 페이지로 데이터베이스 페이지가 추가됩니다. 두 번째는 새 페이지를 생성할 때 바로 데이터베이스 페이지로 생성하는 방법입니다.

01 특정 페이지의 하위 페이지로 새 페이지를 생성하기 위해 생성하고 싶은 페이지에 들어온 후, 새로운 페이지를 만들고 이름을 입력합니다.

02 페이지 이름 하단에 [시작하기 – 표]를 클릭합니다.

❗ 이 아이콘은 페이지에 아무런 블록도 생성되지 않았을 때 나타납니다. 페이지에 아무런 블록이 없는데, 이 아이콘이 나타나지 않는다면 빈 텍스트 블록이 생성되어 있을 수 있으니, 페이지 내용을 확인하세요.

03 데이터베이스 선택 창이 나타나면 아래에 있는 [빈 데이터베이스]를 클릭합니다.

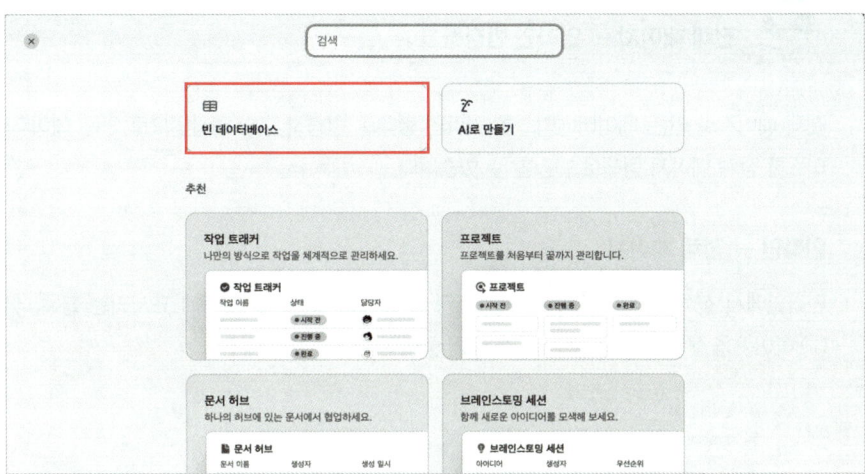

04 새 페이지에 표 블록이 생성됩니다. 전체 페이지 형태에서는 데이터베이스 외에 어떠한 블록도 추가할 수 없습니다.

> ▶ 깨알 tip 기본으로 생성된 데이터베이스에는 이름 속성(열)이 있으며 오른쪽 끝에 있는 [+] 아이콘을 클릭해서 속성을 추가할 수 있습니다.

> ▶ 깨알 tip 데이터베이스 내 페이지를 열고 싶을 때에는 이름 속성 아래에 있는 페이지에 마우스를 대면 [열기]라는 버튼이 활성화됩니다. 해당 버튼을 누르면 페이지를 열 수 있습니다. 데이터베이스 내 페이지를 열었을 때 사이드 보기로 열렸다면 열린 페이지의 왼쪽 상단 사각형 아이콘을 클릭해 보세요. 데이터베이스 페이지를 열 때 보기 옵션을 변경할 수 있습니다. 사이드 형태의 페이지는 '사이드 보기'이며, [기본 보기 변경]을 통해 중앙에서 보기 또는 전체 페이지 보기로 변경할 수 있습니다. 또는 [데이터베이스 설정 – 레이아웃]에 들어가면 '페이지 보기 선택'을 통해 데이터베이스 페이지를 여는 보기 방식을 변경할 수 있습니다.

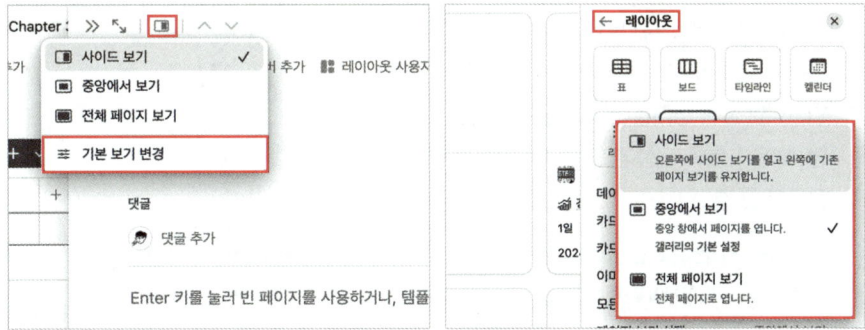

Notion 01 Notion의 꽃, 데이터베이스 알고 가기 ■ 153

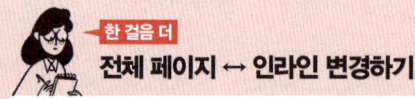

전체 페이지 ↔ 인라인 변경하기

전체 페이지로 만든 데이터베이스를 인라인 형태로 변경하거나, 인라인으로 만든 데이터베이스를 전체 페이지 형태로 변경할 수 있습니다.

인라인 → 전체 페이지

인라인에서 전체 페이지로 바꿀 때는 해당 데이터베이스 블록 왼쪽에 표시되는 블록 메뉴(⋮⋮) 아이콘을 클릭한 후 [페이지로 전환]을 클릭합니다.

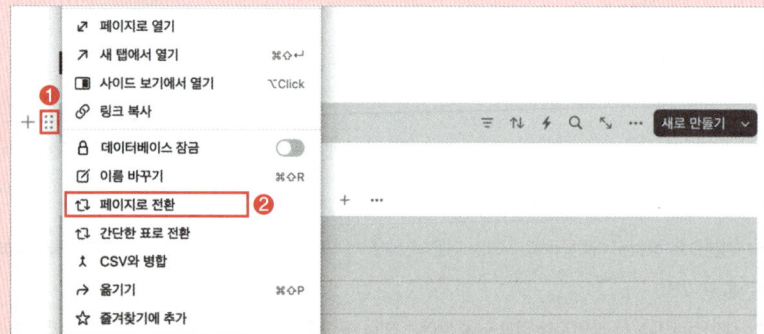

전체 페이지 → 인라인

전체 페이지에서 인라인으로 바꿀 때는 한 가지 조건이 필요합니다. 인라인으로 바꾸려는 데이터베이스 페이지가 특정 페이지의 하위 페이지여야 한다는 것입니다. 즉, 특정 페이지에 전체 페이지 형태의 데이터베이스 페이지가 포함된 형태라면 일반적인 블록 형태를 변경하는 것과 같습니다. 해당 페이지 블록 왼쪽에 표시되는 메뉴(⋮⋮) 아이콘을 클릭한 후 [인라인으로 전환]을 클릭합니다.

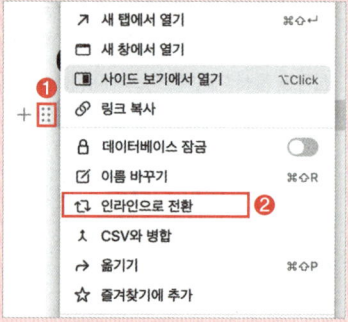

▶깨알 tip 인라인으로 변경하고 싶은 데이터베이스 페이지가 가장 상위 페이지라면 왼쪽 사이드바에서 해당 페이지를 다른 페이지의 하위 페이지로 드래그해서 옮긴 후 위 과정을 진행하면 됩니다.

다양한 형태의 보기 추가하기

데이터베이스 블록에는 표 보기, 보드 보기, 차트 보기, 리스트 보기, 타임라인 보기, 캘린더 보기, 갤러리 보기의 7가지 보기(View)가 있습니다. 보기 추가는 7가지 보기를 각각 생성하는 것뿐만 아니라 동일한 종류의 보기를 여러 개 생성할 수도 있습니다. 표 블록을 기본으로 하여 각 보기의 형태를 살펴보겠습니다.

기본적으로 다른 형태의 보기를 추가할 때는 표 왼쪽 상단의 [+]를 클릭한 후 팝업으로 표시되는 보기 목록 중 원하는 보기를 선택하고 [완료]를 클릭하면 됩니다.

▲ 새로운 보기 형태 추가하기

추가한 보기가 탭 형태로 나열되며, 계속해서 [+]를 클릭해 새로운 보기를 추가할 수도 있습니다.

▲ 보드 보기

사용 중인 모니터나 화면 크기에 따라 데이터베이스 보기 목록이 탭 형태가 아닌, 팝업 목록으로 표시될 수도 있습니다. 팝업 버튼을 클릭하면 현재 사용 중인 보기 목록이 표시되며, 마찬가지로 [+]를 클릭해서 새로운 보기를 추가할 수 있습니다.

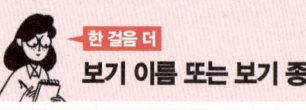

보기 이름 또는 보기 종류 변경하기

기본 보기 또는 추가한 보기의 이름이나 보기 종류도 변경할 수 있습니다.

01 보기 목록이 다음과 같이 탭 형태로 표시되어 있다면 해당 탭을 클릭한 후 [이름 바꾸기] 또는 [보기 편집]을 선택합니다. 보기 설정 창이 열리면 [보기 이름]과 [레이아웃]으로 각각 이름과 종류를 변경합니다.

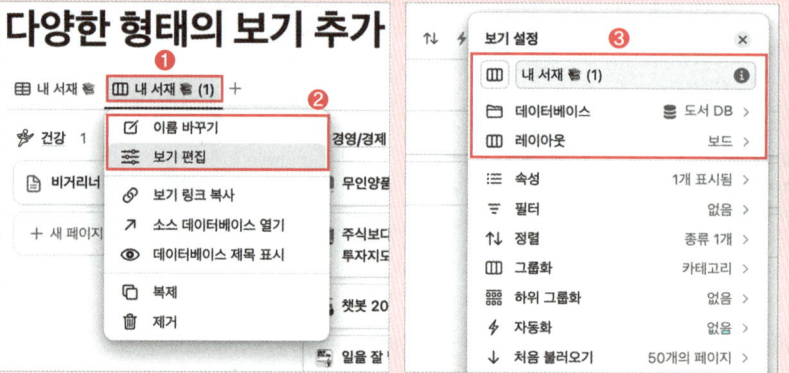

02 보기 목록이 팝업 형태라면 팝업 창을 펼치고 해당 보기 오른쪽에 표시된 더 보기 아이콘을 클릭하여 앞과 같은 방법으로 이름 또는 보기 방법을 변경할 수 있습니다.

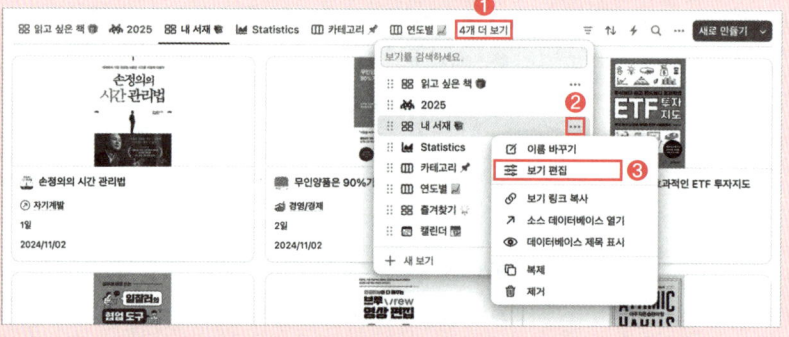

각 보기의 형태 및 쓰임 살펴보기

데이터베이스 블록을 생성한 후 각 보기에서 오른쪽 위로 마우스 커서를 가져가면 다음과 같이 원하는 데이터만 뽑아 볼 수 있는 [필터], 원하는 순서로 변경할 수 있는 [정렬], 지정된 액션을 자동으로 생성해 주는 [자동화], 데이터베이스 내 아이템을 찾을 수 있는 [검색], 인라인 페이지를 전체 페이지로 볼 수 있는 [전체 페이지로 열기], 데이터베이스의 옵션을 설정할 수 있는 더 보기(…) 아이콘이 표시됩니다.

▲ 데이터베이스 기본 아이콘

데이터베이스 블록의 기본 옵션들과 하위 블록인 각 보기는 어떤 형태이며, 어떻게 사용할 수 있는지 간단히 알아보고 넘어가겠습니다.

데이터베이스 블록의 상세 옵션을 설정하는 더 보기 메뉴

데이터베이스 블록 오른쪽 위에 있는 더 보기(…) 아이콘을 클릭하면 해당 데이터베이스를 삭제하거나 복사할 수 있는 메뉴부터, 보기에 따라 배치 기준을 변경할 수 있는 메뉴까지 다양한 기능을 설정할 수 있습니다.

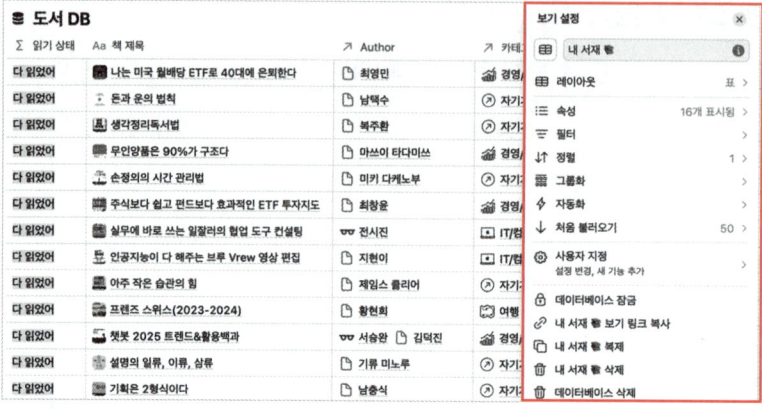

- **레이아웃**: 보기 형태를 변경할 수 있으며, 데이터베이스의 제목을 표시 여부를 설정할 수 있습니다. 속성의 길이가 길 경우 짧게 줄일 수 있는 '모든 열 줄 바꿈' 옵션이 포함되어 있습니다.

- **속성**: 데이터베이스의 속성을 추가, 편집, 삭제, 복제, 순서 변경, 이름 변경을 할 수 있습니다.

- **필터**: 각 보기마다 필터를 지정할 수 있습니다.

- **정렬**: 각 보기마다 속성을 선택하여 정렬할 수 있습니다.

- **그룹화**: 어떤 속성으로 그룹을 묶을지 선택할 수 있습니다.

- **하위 그룹화**: 보드 보기에서만 볼 수 있는 속성으로 그룹화와 함께 사용하면 행과 열에 모두 그룹을 묶을 수 있습니다.

- **자동화**: 특정 자동화를 지정하면, 사용자가 지정한 액션을 자동으로 진행해 주는 기능입니다. 유료 요금제 사용자만 사용할 수 있습니다.

- **처음 불러오기**: 데이터베이스에 입력된 데이터가 많을 때 기본으로 표시될 행의 개수를 선택합니다.

- **사용자 지정**: 하위 항목, 종속성, 작업, AI 요약 등 데이터베이스의 고급 기능들을 사용할 수 있습니다.

- **데이터베이스 잠금**: 현재 데이터베이스 블록의 레이아웃은 변경할 수 없고, 데이터를 추가, 편집할 수 있도록 잠금 처리합니다.

- **보기 링크 복사**: 현재 선택 중인 데이터베이스 블록의 보기 방식을 공유할 수 있는 링크를 복사합니다.

- **보기 복제**: 해당 데이터베이스의 보기를 복제합니다.

- **데이터베이스 삭제**: 해당 보기가 아닌 해당 데이터베이스 블록 전체를 삭제합니다.

격자 형태의 표 보기

표 보기는 엑셀 스프레드시트처럼 원하는 정보를 표 형태로 보여줍니다. 데이터베이스의 기본 형태이며, 대부분의 데이터는 표 보기 상태로 입력하는 것이 편리합니다. 또한 다른 보기를 사용하더라도 표 보기에서 작성하고 변형하는 것이 좋습니다.

∑ 읽기 상태	Aa 책 제목	↗ Author	↗ 카테고리	📅 독서 시작	📅 독서 종료	∑ 읽은 기간
다 읽었어	손정의 시간 관리법	미키 다케노부	자기계발	2024/11/02	2024/11/02	1일
다 읽었어	무인양품은 90%가 구조다	마쓰이 타다미쓰	경영/경제	2024/11/01	2024/11/02	2일
다 읽었어	주식보다 쉽고 펀드보다 효과적인 ETF 투자지도	최창윤	경영/경제	2024/10/13	2024/10/13	1일
다 읽었어	실무에 바로 쓰는 일잘러의 협업 도구 컨설팅	전시진	IT/컴퓨터/모바일	2023/12/11	2024/09/30	295일
다 읽었어	인공지능이 다 해주는 브루 Vrew 영상 편집	지현이	IT/컴퓨터/모바일	2024/09/28	2024/09/28	1일
다 읽었어	아주 작은 습관의 힘	제임스 클리어	자기계발	2024/08/12	2024/08/18	7일
다 읽었어	프렌즈 스위스(2023-2024)	황현희	여행	2024/06/10	2024/06/20	11일
다 읽었어	챗봇 2025 트렌드&활용백과	서승완, 김덕진	경영/경제	2024/06/10	2024/06/16	7일
다 읽었어	설명의 일류, 이류, 삼류	기류 미노루	자기계발	2024/05/10	2024/05/13	4일

칸반보드 형태의 보드 보기

보드 보기는 칸반보드라고 불리는 형태로, 프로젝트 관리에 자주 사용합니다. 표 보기의 각 행이 보드 보기에서는 하나의 카드 형태로 표시됩니다. 각 카드를 이리저리 옮기며 관리할 수 있습니다.

▲ 프로젝트 관리에 효과적인 보드 보기

이 예시를 보면 각 카드를 '다 읽었어', '읽고 싶은 책', '읽는 중' 그룹으로 묶었으며, 이 기준은 오른쪽 위에 있는 더 보기(…) 아이콘을 클릭하고 [그룹화]를 선택해서 변경할 수 있습니다. 또한 더 보기(…) 아이콘을 클릭한 후 [속성]을 선택해서 카드에 표시될 속성을 지정하거나, [레이아웃]을 선택해 카드의 크기 등을 변경할 수 있습니다.

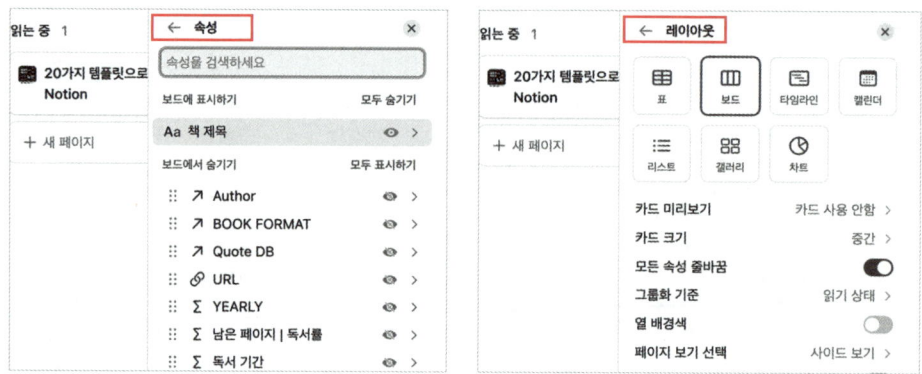

▲ 속성 창 　　　　　　　　　　　　　▲ 레이아웃 창

제목 중심의 리스트 보기

리스트 보기는 작성한 내용을 제목 중심으로 표시하여, 제목이 길고 정보가 많은 콘텐츠를 정리할 때 효과적입니다. 대표적으로 기사 스크랩을 예로 들 수 있습니다.

▲ 기사 스크랩용으로 활용한 목록 보기

달력 형태의 캘린더 보기

속성 중 날짜를 사용하면 해당 날짜의 내용이 달력으로 표시됩니다. 영화 개봉일, 기사 배포일 등 날짜순으로 관리하는 데이터에 효과적입니다. 날짜 속성이 여러 개라면 더 보기(…) 아이콘을 클릭한 후 [레이아웃]을 선택하고, [캘린더 표시 기준 보기]를 이용해 달력에 표시할 날짜 속성을 선택할 수 있습니다.

▲ 캘린더 보기로 관리하는 콘텐츠 노트

▶ 깨알 tip [설정]을 클릭한 후 계정의 [언어 및 시간]을 찾아 [한 주의 시작을 월요일로 설정하기]를 활성화하면 캘린더 보기를 월요일부터 시작할 수 있습니다.

이미지 섬네일 형태의 갤러리 보기

갤러리 보기는 섬네일로 내용을 파악할 수 있는 보기 방식입니다. 영화나 독서 노트라면 각 항목에 포스터나 책 표지 이미지를 포함해서 갤러리 보기로 내용을 빠르게 파악할 수 있습니다. 섬네일은 페이지 첫 화면이나, 파일과 미디어 속성에 첨부한 이미지를 사용합니다.

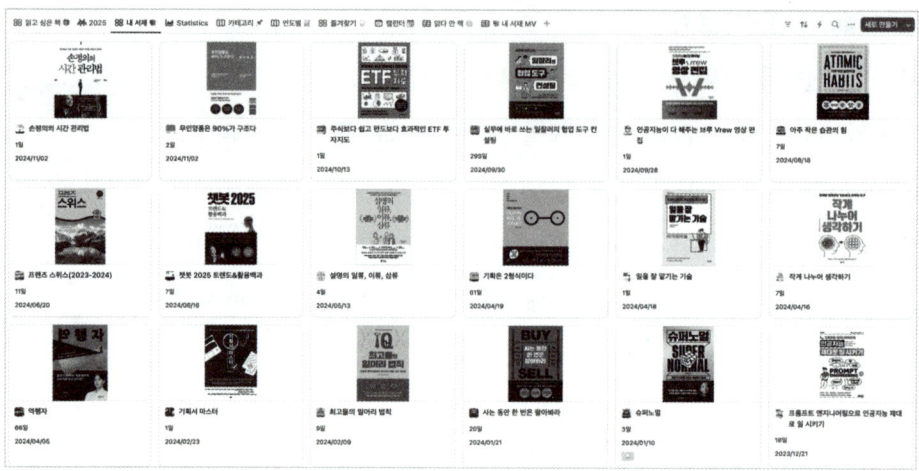

▲ 갤러리 보기로 관리하는 독서 기록 노트

▶ 깨알 tip 더 보기(…) 아이콘을 클릭한 후 [레이아웃]을 선택하면 섬네일 크기나 이미지 표시 방법을 변경할 수 있습니다.

간트 차트 형태의 타임라인 보기

타임라인 보기는 프로젝트를 관리할 때 날짜 또는 기간을 간트 차트 형태로 보여줍니다. 프로젝트나 태스크의 진행 기간을 타임라인 보기로 변경해 보면 일정을 간편하게 파악할 수 있습니다.

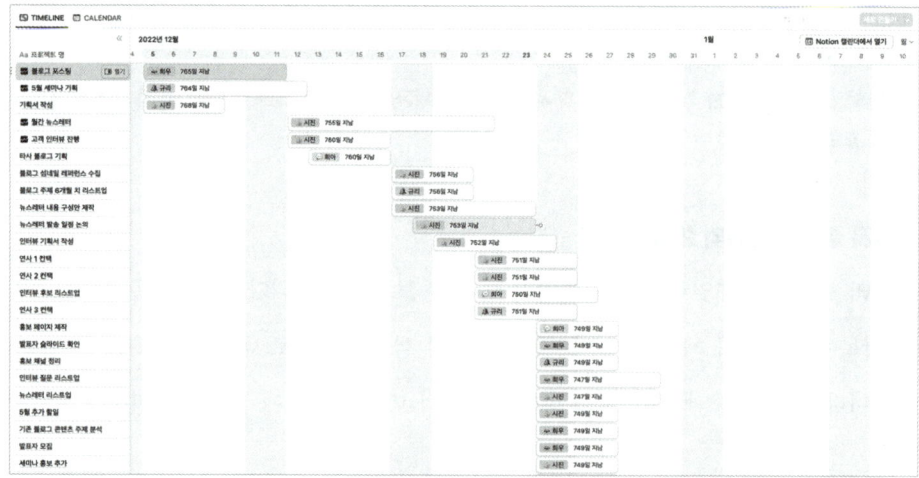

그래프 형태의 차트 보기

차트 보기는 데이터베이스에 들어 있는 데이터를 그래프 형태로 보여줍니다. 프로젝트, 할 일, 고객 정보, 매출 등 다양한 데이터를 데이터베이스에서 관리하게 될 텐데, 데이터베이스에 데이터가 들어올 때마다 차트가 자동으로 업데이트되어 실시간 현황 관리에 적합합니다. 총 4개의 유형이 있으며, 세로형 막대, 가로형 막대, 꺾은선, 도넛 형태가 있습니다.

▶ 여러 보기를 동시에 배치하여 관리하기

데이터베이스 블록에서 하나의 형태를 만들면 다양한 형태로 변형해서 내용을 파악할 수 있습니다. 하지만 위의 방법만으로는 한 번에 하나의 보기만 볼 수 있습니다. 이 정도 기능만으로 데이터베이스를 Notion의 꽃이라고 하진 않았겠죠? Notion에서는 하나의 데이터베이스 블록에서 동일한 보기를 생성하고 보기마다 필터와 정렬 방식을 각각 따로 지정할 수 있습니다. 그리고 이렇게 다양한 보기를 한 페이지에서 동시에 볼 수도 있습니다.

예를 들어 표 보기로 정리한 다양한 속성의 데이터베이스를 기본으로 하되, 그중에서 특정 태그별, 날짜별 등으로 정리해 일부 속성만 표시하여 한 페이지에서 관리할 수 있고, 같은 데이터베이스지만 위쪽에는 표 보기, 아래쪽에는 다른 보기가 한 페이지에 표시되게 할 수도 있습니다. 이때 사용하는 기능이 데이터베이스 블록의 목록 중 가장 아래에 있는 링크된 데이터베이스 보기 블록입니다.

01 아래와 같이 관람한 영화 목록을 인라인 형태의 표 보기 데이터베이스로 정리해 두었습니다. 영화 목록 아래쪽에서 [+] 아이콘을 클릭해 새 블록을 만든 후 [링크된 데이터베이스 보기]를 선택합니다.

02 링크된 데이터베이스 생성 블록을 생성하면 데이터베이스 목록이 나타나며, 연결할 데이터베이스를 선택합니다. 즉, 다른 페이지에 있는 데이터베이스도 현재 페이지에 표시할 수 있는 것입니다. 여기서는 바로 위에 있는 [영화 목록] 데이터베이스를 선택했습니다.

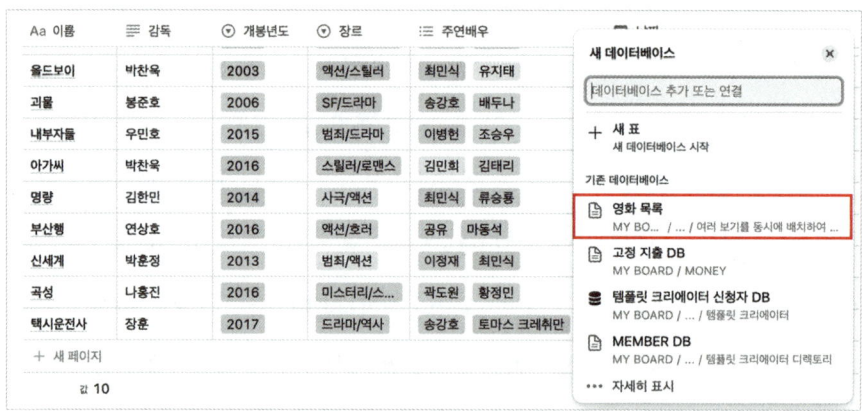

03 링크되었다는 의미의 화살표와 함께 표 보기가 추가되었습니다. 연결한 위쪽 데이터베이스와 내용은 연동되지만 필터, 정렬 방법 등은 별개로 지정해서 사용할 수 있습니다.

▶ 깨알 tip ▶ 링크된 데이터베이스 생성 블록을 하나 추가했다면, 이후로는 해당 블록을 복제하는 방법으로 더 빠르게 링크된 데이터베이스 생성 블록을 추가할 수 있습니다.

04 여기서는 표 보기 오른쪽에 있는 [+] 버튼을 누른 다음 캘린더를 선택합니다.

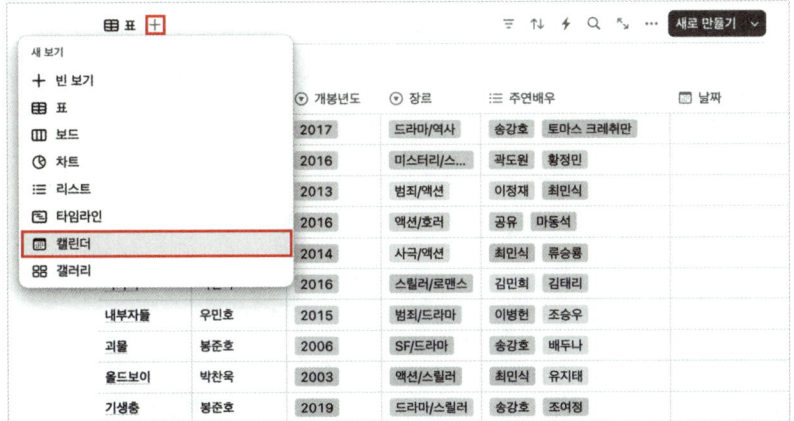

Notion 01 Notion의 꽃, 데이터베이스 알고 가기 ■ 165

05 화면 가운데 데이터베이스 연결 버튼을 누릅니다.

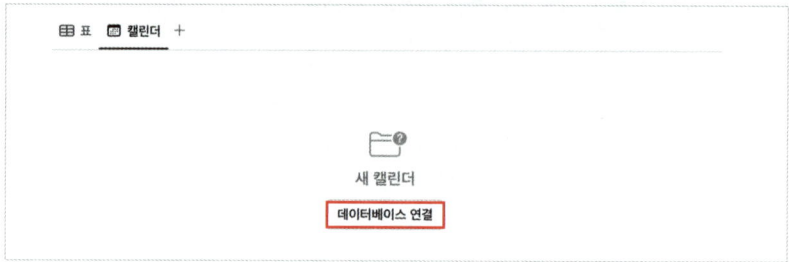

06 새로 나타나는 목록에서 위에 있는 데이터베이스인 [영화 목록]을 클릭합니다.

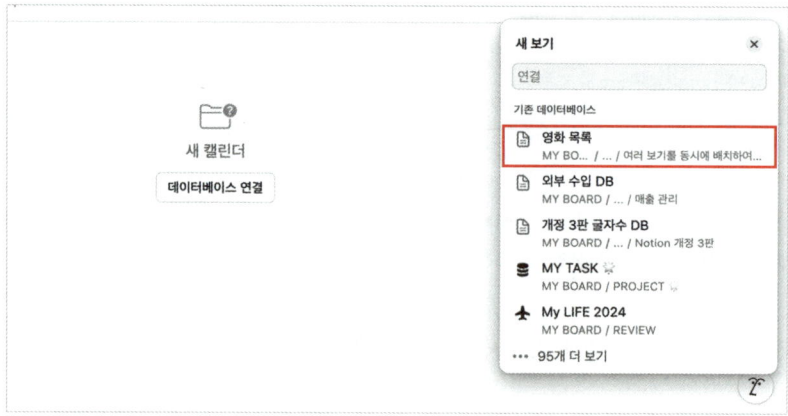

07 이제 페이지 상단에는 표 보기가, 하단에는 캘린더 보기가 동시에 표시되어, 영화 세부 내용과 관람 날짜를 빠르게 확인할 수 있습니다.

한 걸음 더
링크된 데이터베이스 생성으로 전체 페이지 데이터베이스 블록 추가하기

링크된 데이터베이스 생성 블록을 생성하면 나타나는 데이터베이스 목록은 모두 인라인 형태의 데이터베이스입니다. 즉, 전체 페이지 형태의 데이터베이스는 별도의 과정을 거쳐야만 추가할 수 있습니다.

- **전체 페이지를 인라인으로 변경하기**: 154쪽에 있는 내용을 참고하여 인라인 형태로 변경한 후 링크된 데이터베이스 생성 블록을 이용합니다.

- **링크 붙여 넣기**: 인라인 형태로 변경할 수 없다면 링크를 붙여 넣는 방법을 이용할 수 있습니다. 전체 페이지 형태의 데이터베이스 페이지로 이동하고 오른쪽 위에 있는 더 보기(…) 아이콘을 클릭한 후 [보기 링크 복사]를 선택해서 해당 데이터베이스 페이지의 링크를 복사합니다. 그런 다음 원하는 페이지로 이동하여 링크를 붙여 넣으면 나타나는 팝업 메뉴에서 [연결된 데이터베이스 보기]를 선택하면 됩니다.

Notion 02 데이터베이스 각 열의 속성 지정하기

데이터베이스를 다루기 위해서는 속성 유형(Property Type)을 꼭 이해하고 있어야 합니다. 속성은 데이터베이스의 뼈대이며, 속성이 무엇이냐에 따라 보기 방식과 데이터 정렬이 결정됩니다.

▶ **Notion 데이터베이스와 스프레드시트의 차이점**

Notion의 데이터베이스는 엑셀이나 Google 스프레드시트의 표와 비슷한 듯하지만 확연하게 다릅니다. 스프레드시트에서 각 셀(한 칸)은 독립적인 공간입니다. 다음 예시에서 A1 셀과 B1 셀은 서로 다른 공간으로 완전히 다른 데이터를 입력할 수 있습니다. 마찬가지로 A2 셀, A3 셀도 모두 별도의 공간입니다.

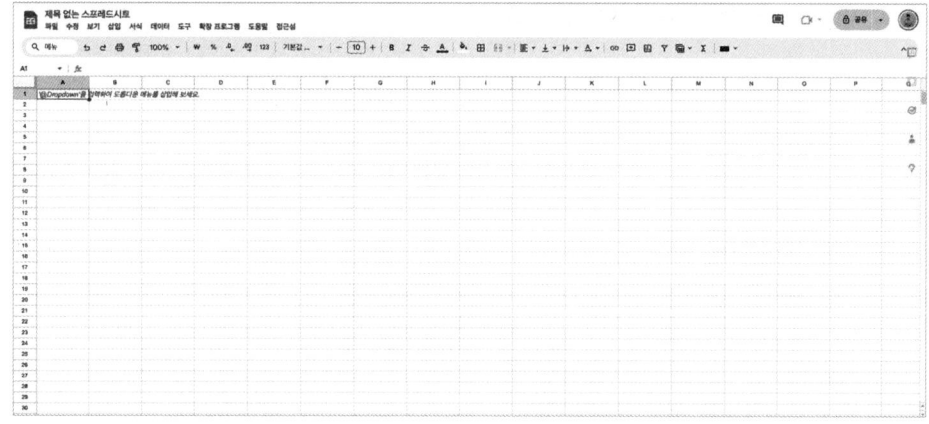

▲ 독립된 여러 셀의 모음, 스프레드시트

하지만 Notion의 데이터베이스에서는 각 행이 하나의 페이지가 됩니다. 행에 있는 각 칸은 하나의 페이지에 포함된 옵션과 같습니다. 그러므로 아래 예시는 제목, 감독, 개봉년도, 장르, 주연배우라는 옵션을 포함하고 있는 10개의 페이지가 나열된 상태라고 보면 됩니다.

▲ 여러 페이지의 나열과 같은 데이터베이스

▶ 각 열마다 지정할 수 있는 데이터 속성

Notion의 꽃이 데이터베이스라면 데이터베이스의 꽃은 속성이라고 할 수 있습니다. 그만큼 속성을 잘 다뤄야 데이터베이스를 제대로 사용할 수 있다는 말이기도 합니다.

각 데이터의 대표 속성, 제목

우선 데이터베이스 블록을 생성하면 기본적으로 [Aa]라는 기호와 함께 '이름'이라고 표시된 열이 있습니다. 이 열은 이름만 변경할 수 있을 뿐 다른 속성으로 변경하거나, 숨기기, 복제, 삭제가 불가능한 제목 속성입니다.

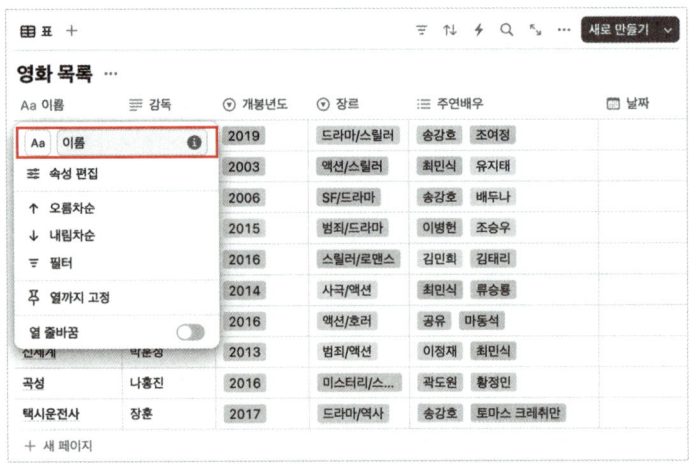

'이름'을 클릭해 보면 속성 유형이 [제목]인 것을 볼 수 있습니다. 제목이라는 속성은 각 행마다 한 개밖에 없으며, 당연하게도 다른 속성을 제목 속성으로 변경할 수도 없습니다. 다시 말해 현재 행을 대표하는 속성이며, 페이지의 이름입니다.

속성 변경 및 속성 관련 메뉴

이름 오른쪽에 있는 다른 열은 속성 종류 변경부터, 숨기기, 복제, 삭제가 가능합니다. 각 열의 이름을 클릭하면 다음과 같이 현재 열 이름 입력란과 속성 종류, 관련 메뉴가 펼쳐집니다.

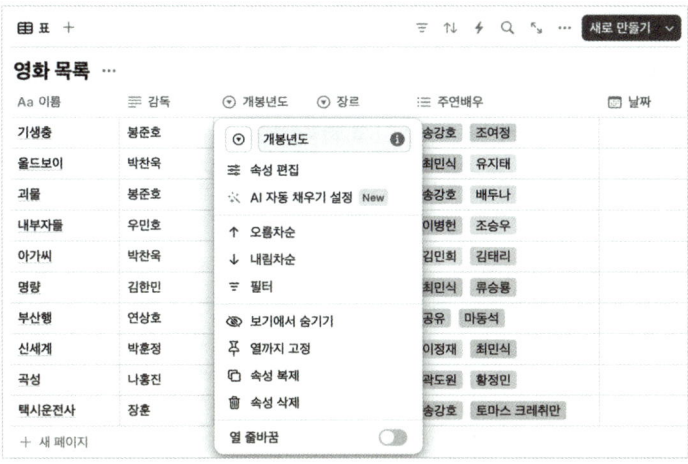

- **속성 편집**: 현재 열에 지정된 속성을 확인하거나 다른 속성으로 변경할 수 있습니다.
- **AI 자동 채우기 설정**: Notion AI를 구독한 사용자에게 나타나며, 지정한 프롬프트에 맞게 데이터를 AI가 자동으로 채워줍니다.
- **오름차순**: 해당 열의 데이터를 기준으로 오름차순 정렬합니다.
- **내림차순**: 해당 열의 데이터를 기준으로 내림차순 정렬합니다.
- **필터**: 현재 열을 기준으로 필터링할 수 있습니다. 같은 태그가 달린 데이터를 보거나 날짜, 기간, 담당자 등의 조건을 지정하여 원하는 결괏값만 확인하는 기능입니다.
- **보기에서 숨기기**: 해당 열을 숨깁니다.
- **열까지 고정**: 해당 열까지 열을 보기를 고정합니다. 데이터베이스의 열이 많다면 양 끝에 있는 데이터를 함께 볼 때 편리합니다.
- **속성 복제**: 해당 열의 속성을 복제합니다.
- **속성 삭제**: 해당 열을 삭제합니다.
- **열 줄바꿈**: 열의 데이터가 길어 표의 모양이 여러 줄로 늘어날 때 열 줄바꿈 기능을 통해 표를 깔끔하게 만들 수 있습니다.

> ▶ 깨알 tip 열 위치를 변경하려면 열 이름 부분을 클릭한 채 원하는 곳으로 드래그하면 됩니다.

각 열의 속성 및 위치 잠금 설정

데이터베이스 기본 서식을 완성한 후 각 열의 속성과 위치를 변경할 수 없도록 잠금 처리할 수 있습니다. 기본적으로 전체 페이지 데이터베이스 블록일 때 페이지 오른쪽 위에 있는 보기 설정(…) 아이콘을 클릭한 후 [데이터베이스 잠금]을 활성화하면 됩니다.

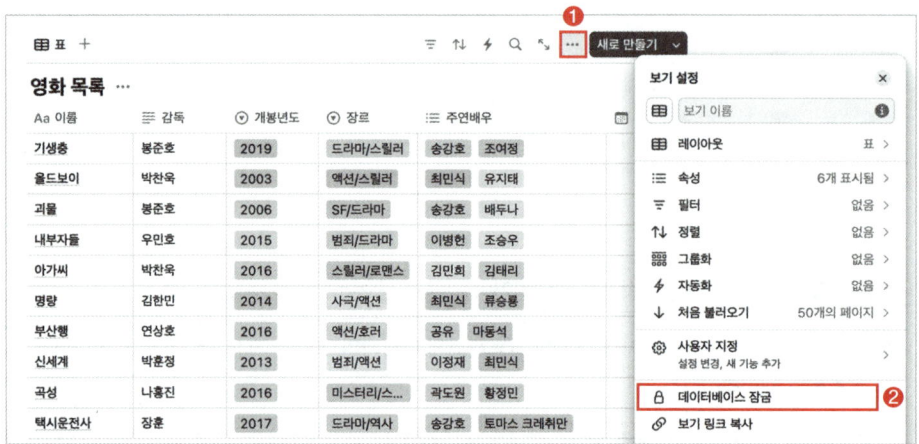

▶ 깨알 tip 만약 인라인 데이터베이스 블록이라면 해당 데이터베이스 오른쪽 위에 있는 보기 설정(…) 아이콘을 클릭한 후 [페이지에서 열기] 메뉴를 선택해 전체 페이지로 엽니다. 그런 다음 페이지 오른쪽 위에 있는 보기 설정(…) 아이콘을 클릭한 후 [데이터베이스 잠금]을 활성화합니다.

한 걸음 더
숨겨진 열 다시 표시하기

[보기에서 숨기기] 메뉴로 숨긴 열을 다시 보려면 전체 속성 목록을 열면 됩니다.

01 데이터베이스 블록 오른쪽 상단에 마우스를 가져가면 표시되는 보기 설정(…) 아이콘을 클릭합니다.

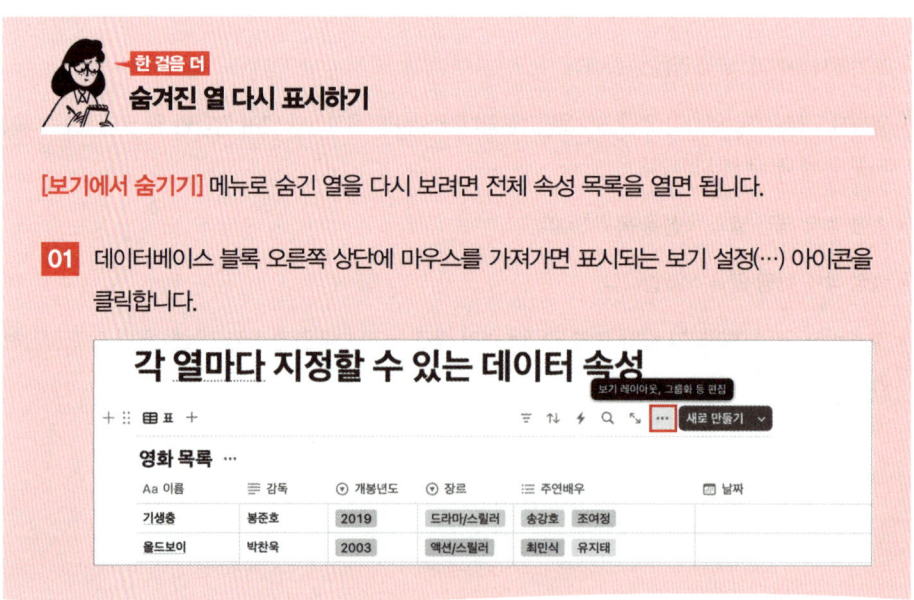

02 팝업 메뉴 중 [속성]을 선택합니다.

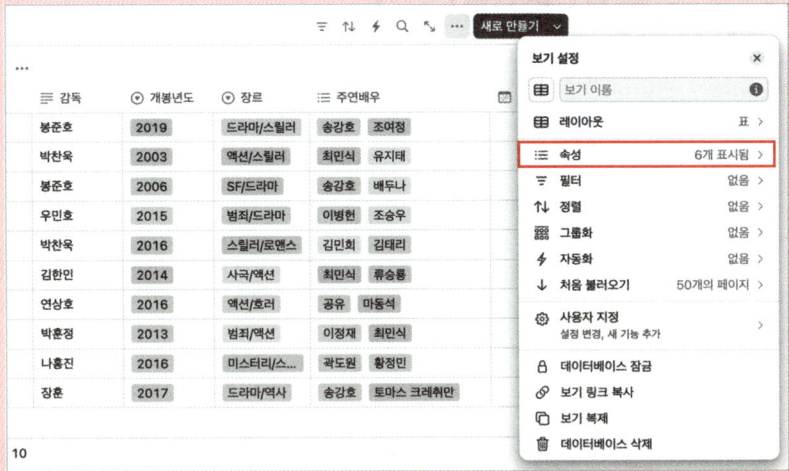

03 현재 데이터베이스 블록에서 사용 중인 모든 속성이 표시됩니다. 표에서 숨기기 섹션에 들어 있는 열은 숨김 처리된 열이므로, 눈 아이콘을 클릭하여 활성화하면 다시 표시됩니다.

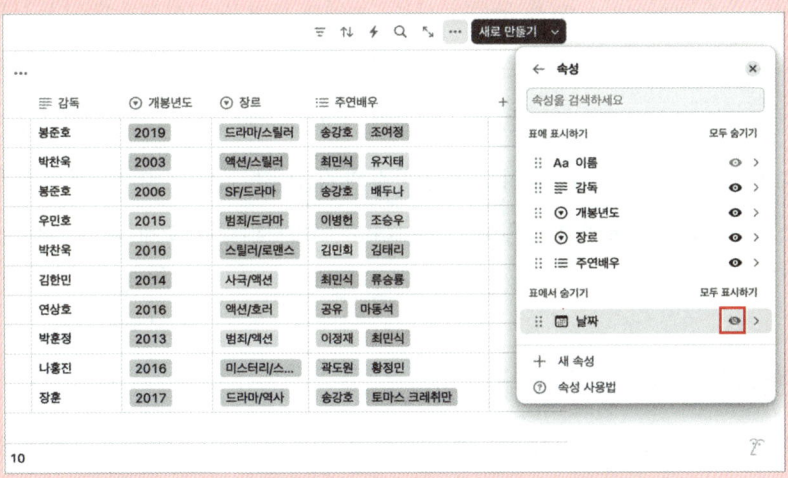

Notion 03 기본 속성의 종류 및 쓰임 살펴보기

속성의 종류는 Notion AI를 구독한 사용자들에게 보여지는 [AI 자동 채우기], 모든 사람에게 보여지는 [유형]과 [연결]이 있습니다. AI 자동 채우기는 프롬프트를 입력하면 해당 프롬프트에 맞는 데이터를 자동으로 채워주는 기능입니다. 데이터를 수집하고 AI로 분류할 때 편리합니다. 유형은 데이터베이스 속성의 기본 기능이며, 연결은 데이터베이스를 외부 서비스와 연결하여 사용하고 싶을 때 이용합니다. 여기서는 유형을 하나씩 살펴보겠습니다.

▶ 문자 또는 숫자만 입력하기

속성 [유형] 목록을 보면 가장 상위에 텍스트 속성이 있고, 이어서 숫자 속성이 있습니다. 그만큼 가장 기본적인 속성이라는 의미입니다.

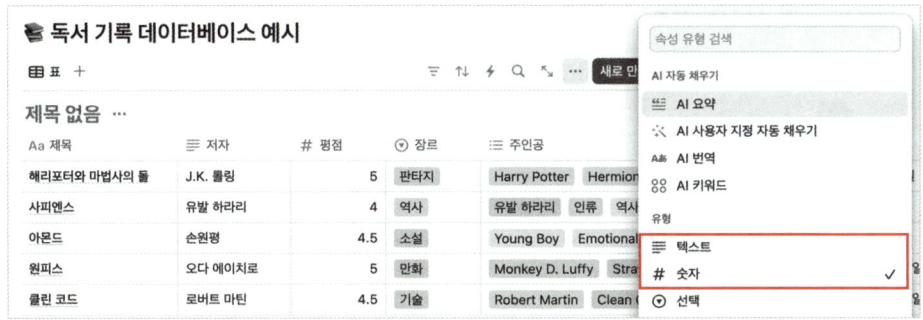

- **텍스트**: 텍스트를 입력할 수 있는 속성입니다. 간단한 내용 설명 혹은 비고 등을 작성하는 열에 사용할 수 있습니다.

- **숫자**: 숫자만 입력하는 열이라면 숫자 속성으로 지정하는 것이 좋습니다. 숫자 속성으로 지정한 열에는 숫자 외에 문자를 입력할 수 없습니다.

숫자 표기 방법 설정

숫자 속성으로 지정하면 다양한 방식으로 숫자를 표시할 수 있는데, 표기 방법을 변경할 때는 숫자 열에 마우스를 대면 나타나는 [123]을 클릭하거나 열 이름을 클릭한 후 나타나는 [속성 편집]을 눌러 [숫자 형식]을 클릭하면 원하는 숫자 형식을 설정할 수 있습니다.

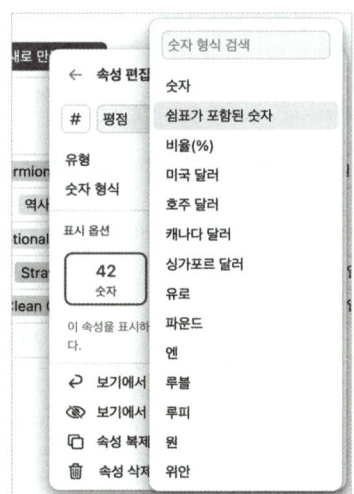

숫자 표기 방식은 숫자, 쉼표가 포함된 숫자, %, 달러, 유로, 파운드, 엔, 루블, 루피, 원, 위안 등 다양한 숫자 형식과 화폐 단위가 있습니다.

- **숫자**: 기본적으로 적용되는 옵션으로 숫자를 입력할 수 있습니다.

- **쉼표가 포함된 숫자**: 천 단위마다 쉼표(,)를 표시합니다.

- **%**: 비율을 나타낼 수 있습니다.

- **미국 달러, 캐나다 달러, 유로, 파운드, 엔, 루블, 루피, 원, 위안 등**: 국가별 화폐 단위를 나타냅니다.

표시 옵션

숫자 형식 아래에 표시되는 표시 옵션은 데이터베이스에서 '숫자' 유형으로 표시되는 속성에 나타납니다.

- **숫자(Number)**: 숫자로 표시해줍니다.
- **막대(Bar)**: 막대 그래프와 함께 숫자를 표시해줍니다.
- **원형(Ring)**: 원형 그래프와 함께 숫자를 표시해줍니다.

[막대] 또는 [원형]을 선택하면 그래프의 색상을 선택해 변경할 수 있고, 나누기 숫자를 선택할 수 있습니다. [나누기]는 숫자 속성에 입력한 숫자를 나누는 값을 말하는데, 전체 값으로 생각하면 편리합니다. %로 나타내고 싶으면 100을 입력하고, 전체 값이 50이라면 숫자 50을 입력하면 됩니다. 바로 아래에 [번호 표시] 옵션은 막대 또는 원형 그래프를 보여줄 때 숫자를 함께 보여주는 옵션입니다.

나중에 배울 수식에서도 데이터의 표시가 숫자 형식으로 나타난다면 표시 옵션이 표시됩니다.

▲ 쉼표가 포함된 숫자 + 막대(Bar) 옵션을 선택한 숫자

▶ 태그를 선택하여 값 입력하기

태그(tag)는 미리 생성해놓은 값을 선택해서 입력하는 속성입니다. 선택 속성과 다중 선택 속성이 있으며, 선택 속성은 하나의 태그만, 다중 선택 속성은 태그를 여러 개 선택할 수 있습니다.

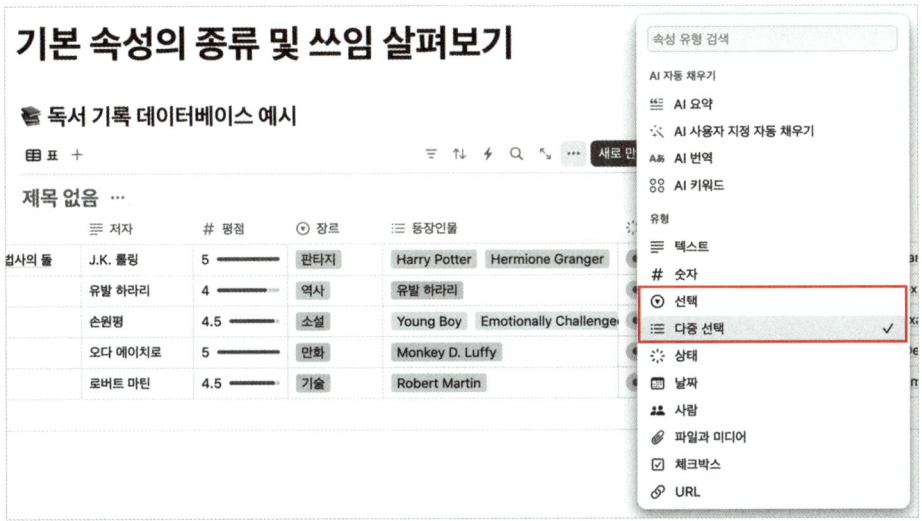

▲ 속성 목록에서 선택과 다중 선택

- **선택**: 보드 보기에서 가장 중요한 부분을 담당하는 속성입니다. 태그를 자유롭게 추가, 삭제, 변경할 수 있으며, 한 개의 태그만 선택할 수 있습니다.

- **다중 선택**: 여러 개의 태그를 선택할 수 있습니다. 선택 속성에서 다른 태그를 선택하면 해당 태그가 적용되지만 다중 선택 속성에서는 태그가 변경되지 않고 추가됩니다.

새 태그 추가하기

선택과 다중 선택에서 태그를 추가, 삭제, 변경하는 방법은 동일합니다. 먼저 태그를 추가할 때는 선택 또는 다중 선택 속성으로 지정한 열 이름을 클릭하면 나타나는 [**속성 편집**]을 클릭하고 [**옵션 추가**]를 클릭한 후 추가할 태그를 입력하면 됩니다.

기본 속성의 종류 및 쓰임 살펴보기

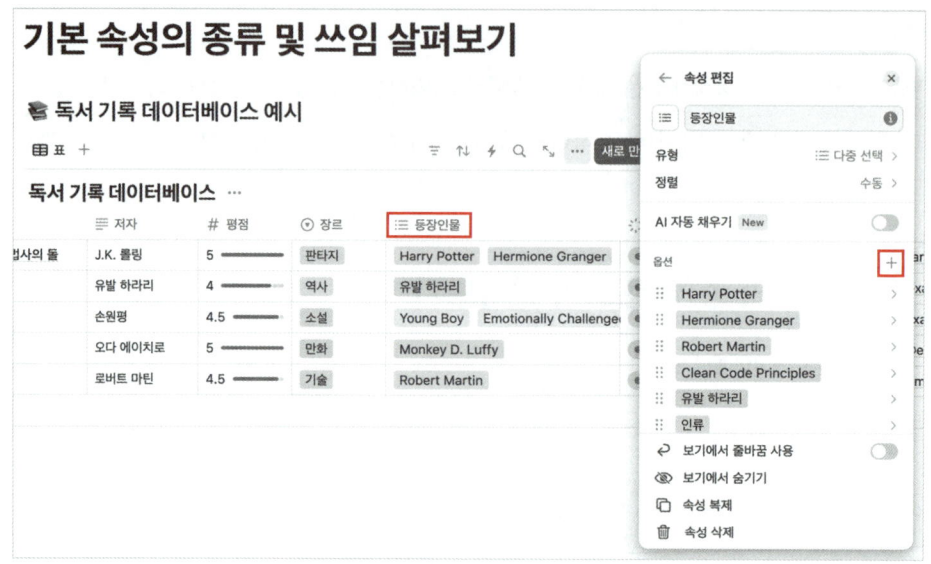

[속성 편집] 버튼은 여러 번 클릭해야 해서 불편할 수 있습니다. 따라서 선택 또는 다중 선택 속성으로 지정한 열의 칸 중 하나를 클릭하면 [옵션 추가]를 클릭했을 때와 같은 입력란이 나타나며 여기에 추가할 태그를 입력하고 Enter 를 누르면 태그를 추가할 수 있습니다. 이미 있는 태그라면 선택해서 사용하면 되고, 새 태그라면 같은 방법으로 입력해서 추가하면 됩니다.

▲ 새 태그 추가하기

태그 삭제 및 변경하기

추가한 태그의 이름이나 색상을 변경하거나 삭제할 수 있습니다. 태그를 생성할 때와 마찬가지로 [속성 편집] 메뉴에 들어가거나 선택 또는 다중 선택 속성으로 지정한 열의 칸 중 하나를 클릭합니다. 추가된 태그 목록이 표시되면 태그 이름 오른쪽에 표시되는 더 보기(…) 아이콘을 클릭해봅니다.

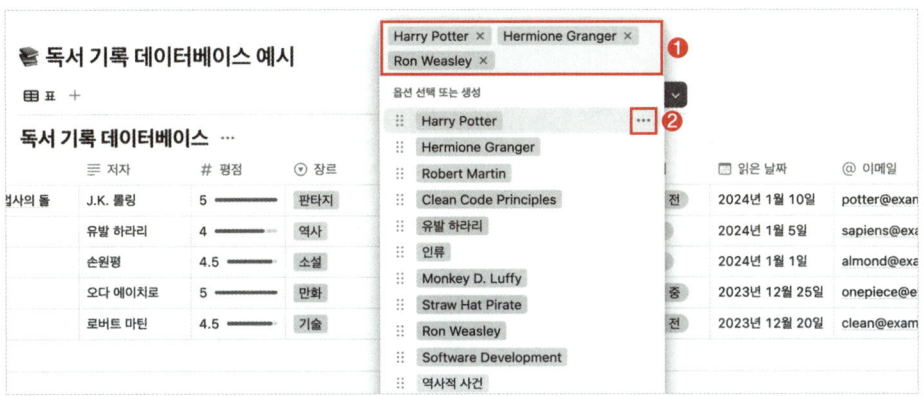

다음과 같이 팝업 메뉴가 나타나면 맨 위 입력란을 이용해 태그 이름을 바꿀 수 있고, [삭제]를 선택해 해당 태그를 삭제할 수 있습니다. 또한 아래쪽에 있는 다양한 색상을 선택해서 태그 구분 색상을 변경할 수 있습니다.

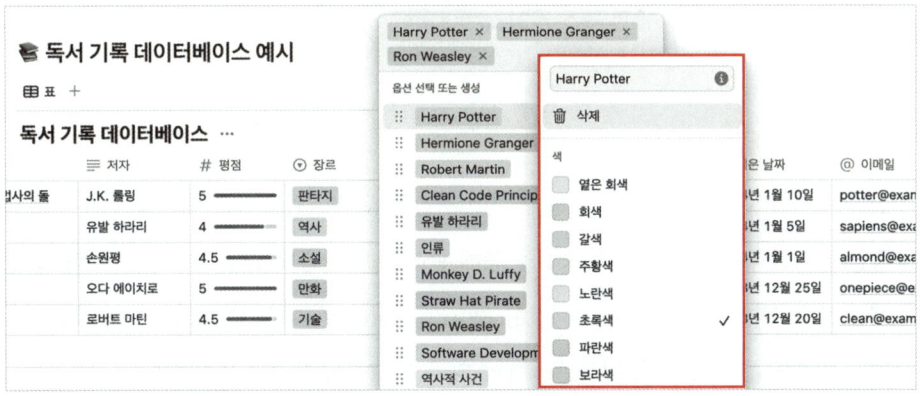

▶ 깨알 tip 태그 순서를 변경하려면 태그 왼쪽에 있는 메뉴(⋮⋮) 아이콘을 클릭한 채 원하는 위치로 드래그하면 됩니다.

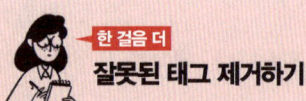
잘못된 태그 제거하기

보드 보기에서 기준으로 설정한 열에 잘못된 태그가 있다면 삭제할 수 있습니다. 상단 기준 목록에서 삭제할 태그 오른쪽에 마우스 커서를 가져가면 나타나는 더 보기(…) 아이콘을 클릭한 후 [그룹 숨기기] 또는 [페이지 삭제]를 선택합니다.

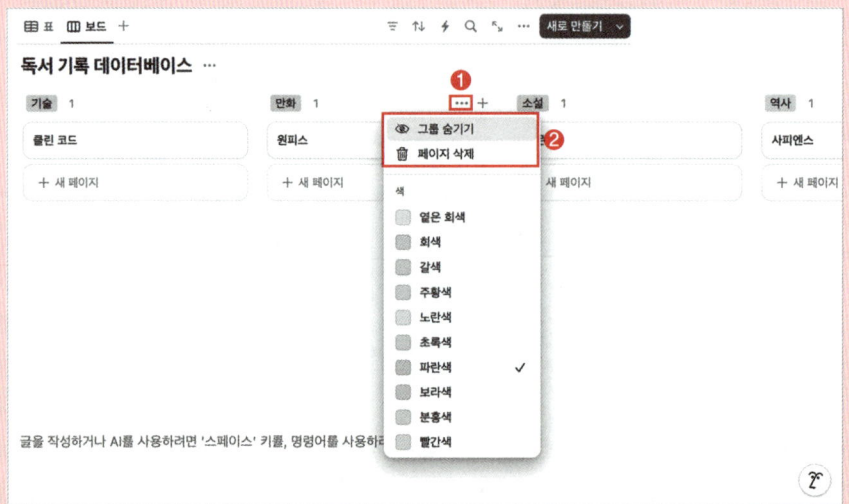

[그룹 숨기기]을 선택하면 숨긴 열에 추가되어 언제든 [그룹 보기]를 클릭해서 다시 표시할 수 있고, [페이지 삭제]를 선택하면 해당 태그가 포함된 카드가 모두 삭제됩니다.

▶ 진행 상태 입력하기

이전에는 데이터베이스의 선택 속성에 '진행 전', '진행 중', '완료'라는 태그를 추가해 진행 상황을 관리했다면, 이제는 상태 속성을 통해 관리할 수 있습니다. 속성 유형을 [상태]로 변경해 보세요. '할 일(Not started)', '진행 중(In progress)', '완료(Done)'의 3개 그룹으로 분류된 태그를 볼 수 있으며, 원하는 상태에 따라 각 그룹에 태그를 추가하면 됩니다.

표시 형식 변경하기

상태 속성에는 두 가지 표시 형식이 있습니다. 열 이름을 클릭하고 [**속성 편집**]을 선택한 후 오른쪽 화면에서 [**표시 옵션**]을 클릭하고 [**선택**] 혹은 [**체크박스**]를 선택합니다. 가장 많이 사용하는 속성은 선택 속성으로 데이터베이스의 선택 속성과 같이 우리가 입력한 태그 형태로 보여줍니다. 체크박스 속성은 진행 상태를 체크 상자로 표시합니다.

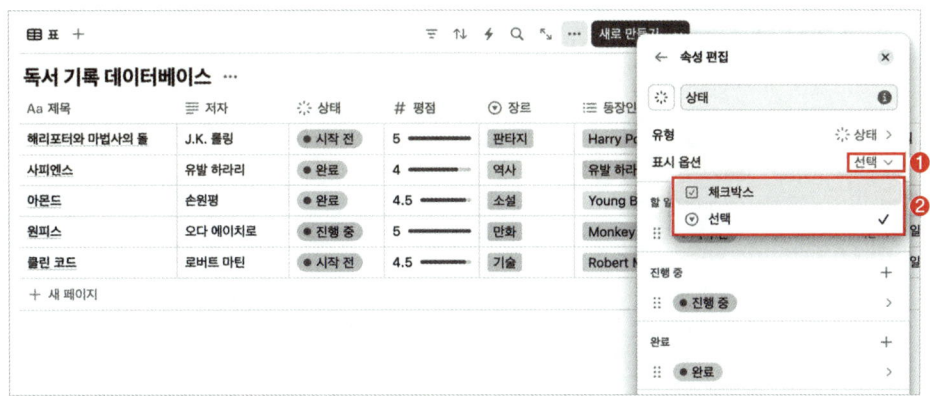

[표시 옵션]을 [체크박스]로 변경하면 할 일(Not started) 그룹은 체크 표시되지 않고, 진행 중 (In progress)은 ■가 채워진 채로, 완료(Done) 그룹은 체크(✓) 표시된 상태로 나타납니다. 체크박스 표시 형식은 표 보기나 리스트 보기에서 진행 상태를 파악할 때 편리합니다.

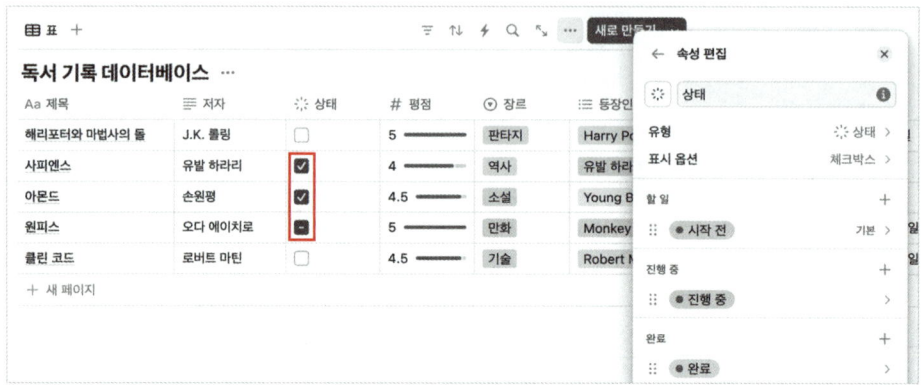

태그 이름 변경하기

그룹의 이름을 변경하거나 추가할 수는 없지만, 태그는 새로 생성, 수정, 삭제할 수 있습니다. 그룹 안에 태그의 이름을 클릭해 보세요.

기본값 변경하기

선택 속성과 달리 상태 속성은 데이터베이스의 페이지를 생성하면 자동으로 태그가 생성됩니다. 자동으로 생성되는 태그를 다른 속성으로 변경해 줄 수 있습니다. 여러 태그를 생성한 다음 태그의 이름을 변경하는 것처럼 태그의 이름을 클릭해 보세요. [기본으로 설정]이라는 버튼이 나오고, 해당 버튼을 클릭하면 데이터베이스에 새 데이터를 생성할 때마다 해당 태그가 생성됩니다.

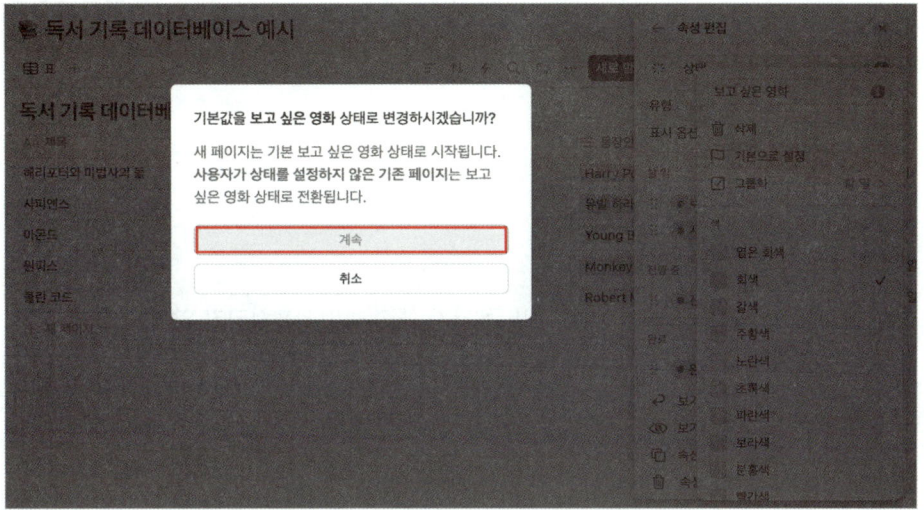

그룹화

상태 속성의 태그들은 반드시 3개의 그룹(할 일, 진행 중, 완료) 중 하나에 속합니다. 태그의 그룹을 변경해 주기 위해서는 태그의 순서를 변경하는 것처럼 태그 이름 옆 메뉴 버튼을 누르고 아래로 드래그하면 됩니다. 이름을 클릭하면 나타나는 [그룹화]에서 원하는 다른 그룹의 이름을 선택해도 변경할 수 있습니다.

체크박스 보기에서 상태 변경하기

상태 속성에서 체크박스 보기로 해 두면 체크가 표시되거나 표시되지 않거나 두 가지 상태로만 속성을 변경할 수 있습니다. ▬로 표시된 체크박스로 만들려면 변경하고 싶은 체크박스에 윈도우는 [Alt], Mac은 [option] 키를 누르고 클릭을 한 후 '진행 중' 그룹에 있는 태그 중 하나를 선택하면 됩니다.

▶ 깨알 tip 상태 속성을 체크 방식으로 변경하면 상태 속성도 체크박스 속성처럼 변하기 때문에 상태 속성의 크기를 최소한으로 줄일 수 있습니다. 표 보기에서 상태 속성을 체크박스 보기로 변경한 다음 열 크기를 최소한으로 줄여보세요. 최소한의 크기로 진행 상태를 파악할 수 있습니다.

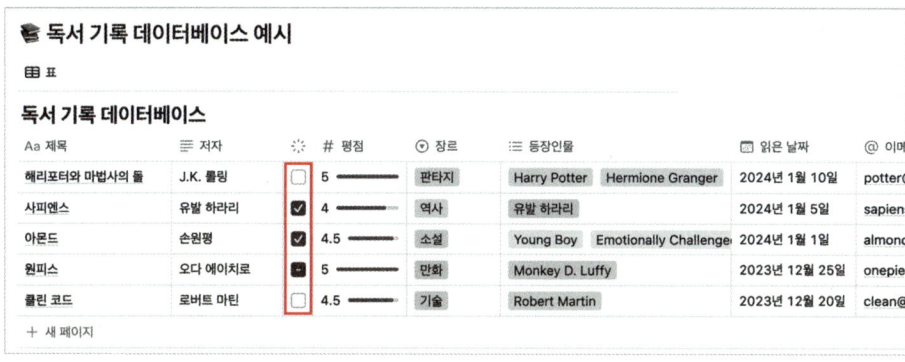

▶ 날짜 형식 입력하기

캘린더 보기에서는 특히 중요한 속성이 날짜 속성입니다. 오직 날짜만 입력할 수 있는 속성으로 날짜 표시 형태를 변경하거나 미리 알림 등을 설정할 수 있습니다.

열 속성을 [날짜]로 지정했다면 데이터베이스의 입력란을 클릭하고 입력할 날짜를 선택하면 됩니다.

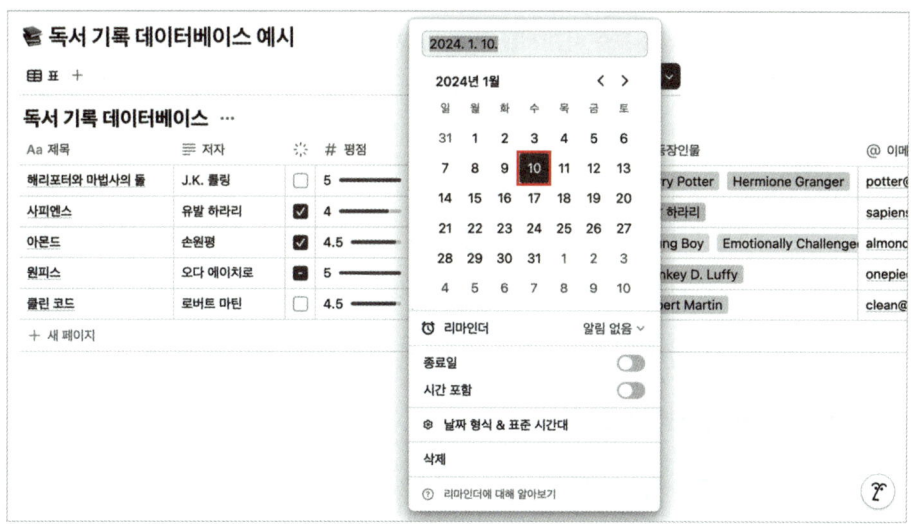

키보드로 날짜 입력하기

1990년 8월처럼 팝업 메뉴에서 해당 월로 이동하기 위해서 여러 번 클릭해야 한다면, 날짜 속성의 입력란을 클릭한 후 메뉴 상단에 있는 입력란에 다음과 같이 직접 날짜를 입력하는 방법도 있습니다. 단, 기본 형태에 맞게 입력해야 합니다.

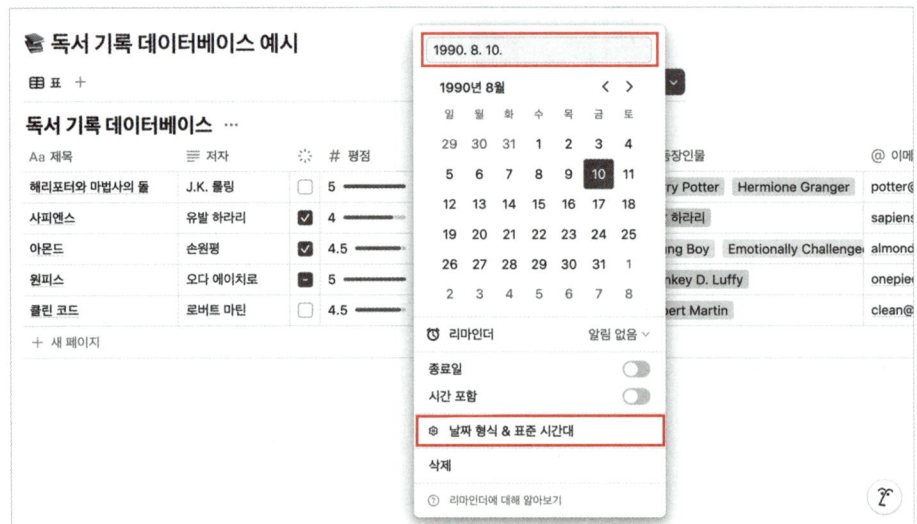

- 날짜를 클릭해 [날짜 형식 & 표준 시간대]를 클릭해 날짜 형식을 살펴보세요. [전체 날짜]라면 YYYY년 MM월 DD일 형태로, [년/월/일]이라면 YYYY/MM/DD 형태로 입력하면 됩니다.

알림 설정하기

날짜 속성을 사용하면 리마인더 기능을 이용해 알림을 설정할 수 있습니다. 즉 입력한 날짜를 기준으로 지정한 날짜에 알림을 받는 것입니다. 날짜 입력란을 클릭한 후 [리마인더] 메뉴를 선택하면 다음과 같이 5가지 메뉴가 나타납니다.

- **알림 없음**: 알림을 설정하지 않습니다.
- **당일(오전 9:00)**: 설정한 날 당일 오전 9시에 알림을 받습니다.
- **1일 전(오전 9:00)**: 설정한 날 하루 전 오전 9시에 알림을 받습니다.

- **2일 전(오전 9:00)**: 설정한 날 이틀 전 오전 9시에 알림을 받습니다.

- **1주일 전(오전 9:00)**: 설정한 날 일주일 전 오전 9시에 알림을 받습니다.

상세한 알림 시간을 설정하려면 팝업 메뉴에서 [시간 포함]을 클릭해 활성화하고, 메뉴 상단 날짜 입력란 오른쪽에 세부 시간을 입력합니다.

▲ 시간 표시하기

시간까지 설정한 후에 다시 [리마인더] 메뉴를 선택하면 더 세부적인 하위 메뉴가 나타납니다.

- **알림 없음**: 알림을 설정하지 않습니다.

- **이벤트 정각**: 설정한 시간 정각에 알림을 받습니다.

- **5분 전**: 설정한 시간 5분 전에 알림을 받습니다.

- **10분 전**: 설정한 시간 10분 전에 알림을 받습니다.

- **15분 전**: 설정한 시간 15분 전에 알림을 받습니다.

- **30분 전**: 설정한 시간 30분 전에 알림을 받습니다.

- **1시간 전**: 설정한 시간 1시간 전에 알림을 받습니다.

- **2시간 전**: 설정한 시간 2시간 전에 알림을 받습니다.
- **1일 전(오전 9:00)**: 설정한 시간 하루 전 오전 9시에 알림을 받습니다.
- **2일 전(오전 9:00)**: 설정한 시간 이틀 전 오전 9시에 알림을 받습니다.

종료일 지정하기

날짜 속성에서 특정 날짜가 아니라 일정 기간을 입력할 때 [종료일] 옵션을 활성화합니다.

▶ 협업 중인 사용자 입력하기

특정 페이지를 다른 사용자에게 공유해서 협업할 때는 사용자를 값으로 지정하는 사람 속성을 사용할 수 있습니다. 사람 속성을 사용하면 프로젝트 관리 시 담당자가 누구이고, 해당 일을 해야 하는 사람이 누군지 명확하게 지정할 수 있습니다. 또한 보드 보기 형태에서 사용자별로 그룹 지을 수 있습니다.

▶ 파일 첨부하고 이미지, 동영상 추가하기

속성을 파일과 미디어로 지정하면 관련된 파일을 첨부하거나, 이미지, 동영상 등을 삽입할 수 있습니다. 기본적으로 Notion에서 지원하는 이미지나 동영상 파일이라면 삽입 형태로 입력되며, 그 외 파일은 다운로드할 수 있는 첨부 파일 형태로 입력됩니다. 또한 특정 링크를 추가할 수도 있습니다.

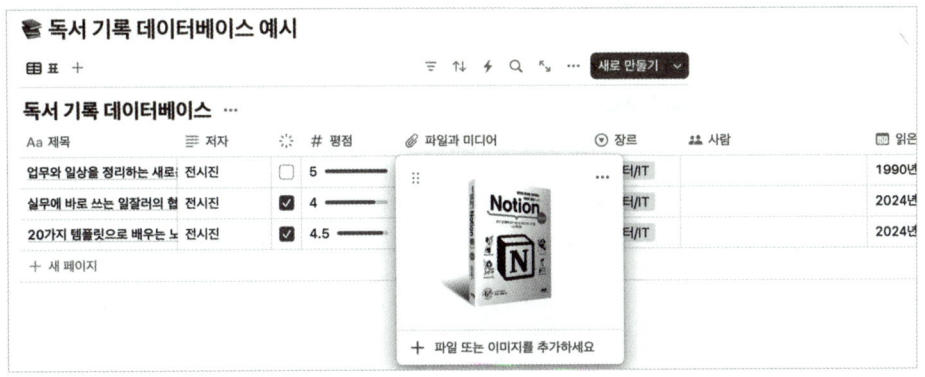

> **깨알 tip** 무료 요금제에서 사용할 수 있는 파일 용량은 최대 5MB입니다.

이미지나 동영상을 삽입한 후 해당 칸을 클릭해서 오른쪽에 표시되는 더 보기(…) 아이콘을 클릭하면 다음과 같은 메뉴를 선택할 수 있습니다.

- **전체 화면**: 전체 화면으로 볼 수 있습니다.
- **다운로드**: 해당 파일을 다운로드합니다.
- **원본 보기**: 웹 브라우저를 통해 원본 파일을 확인합니다.
- **삭제**: 해당 파일을 삭제합니다.

▶ 체크박스 & URL & 이메일 & 전화번호

앞서 소개한 속성 이외에 체크박스, URL, 이메일, 전화번호 속성도 사용할 수 있습니다. 사용자에 따라 자주 사용할 수도 있고 사용할 일이 거의 없을 수도 있으므로, 가볍게 읽고 넘어가도 좋습니다.

- **체크박스**: 오직 체크박스만 표시되는 열입니다. 업무 관리 데이터베이스라면 필수 속성이라고 할 수 있습니다. 제목 속성 열에 할 일을 입력하고 사람 속성으로 담당자를 지정하면 업무 관리를 정확히 파악할 수 있습니다.
- **URL**: 관련된 웹사이트 등의 링크를 입력할 수 있는 속성입니다. 링크를 복사해서 붙여 넣거나 직접 입력할 수 있습니다. 언제든 링크를 클릭해서 변경할 수 있고, 해당 링크로 이동할 때는 링크 모양 아이콘을 클릭합니다.
- **이메일**: 이메일 주소를 넣어 빠르게 접근할 수 있습니다. URL 속성과 마찬가지로 마우스 커서를 가져가면 나타나는 @ 아이콘을 클릭해서 빠르게 이메일을 보낼 수 있습니다.
- **전화번호**: 전화번호를 입력하여 빠르게 전화를 걸 수 있습니다.
  > **깨알 tip** 스마트폰 등에서 Notion을 사용 중일 때 전화 아이콘을 클릭하면 바로 전화를 걸 수 있습니다.

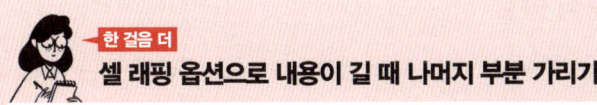
셀 래핑 옵션으로 내용이 길 때 나머지 부분 가리기

URL 속성 등을 사용할 때 지정한 열 너비보다 내용의 길이가 길면 다음과 같이 행 높이가 변경되어 보기에 좋지 않을 수 있습니다.

▲ 내용이 넘쳐 행 높이가 변경된 표 보기

이럴 때는 열 이름을 클릭하고 [열 줄바꿈]을 클릭해서 비활성화합니다. 그러면 행이 높아지지 않고 열 너비보다 많은 글자들이 모두 가려집니다.

▶ 엑셀 함수와는 다른 수식 속성

Notion의 대표적인 고급 속성인 수식 속성은 각 열의 데이터를 계산해 주는 엑셀 함수 같은 기능이며, 속성을 지정한 후 빈칸을 클릭하면 수식을 입력하는 창이 열리고, 여기에 작성한 함수는 해당 열 전체에 적용됩니다.

수식 창을 보면 상단에는 수식 입력줄이, 왼쪽에는 다음과 같이 속성, 빌트인, 함수의 3가지로 구분된 목록이, 오른쪽에는 선택한 기능의 상세 설명이 나타납니다.

수식 속성에서 사용할 수 있는 함수의 종류는 수십 개가 넘으므로 여기서는 주요 속성을 훑어보고 이후 Chapter 04에서 자세한 사용 방법을 하나씩 설명하겠습니다.

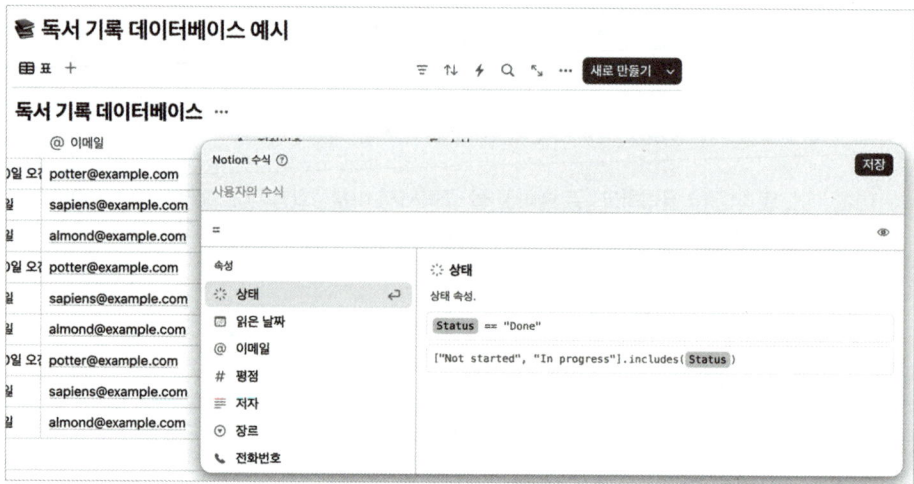

▶ 상이한 데이터베이스를 연결하는 관계형 속성

수식 속성에 이은 또 하나의 고급 기능이 바로 관계형 속성입니다. Notion에서는 관계형 데이터베이스라고 부릅니다. 관계형 데이터베이스는 서로 다른 데이터베이스끼리 연결하여 각 데이터베이스에 있는 특정 행의 데이터를 페이지 형태로 가져오는 기능입니다. 역시 간단하게 설명하고 넘어갈 내용이 아니므로 Chapter 04에서 자세하게 소개하겠습니다.

▲ 다른 데이터베이스의 데이터를 활용하는 관계형 데이터베이스

▶ 관계형의 단짝, 열 정보를 가져오는 롤업 속성

롤업(Rollup)은 관계형 데이터베이스와 같이 쓰이는 단짝 친구와 같은 속성입니다. 일단 관계형 속성으로 다른 데이터베이스와 연결하면 해당 열에는 연결한 데이터베이스의 각 행이 페이지 형태로 삽입될 것입니다. 즉, 연결한 데이터베이스의 실제 데이터를 보려면 삽입된 페이지를 클릭해야 하는 번거로움이 있지요. 이 문제를 해결해 주는 것이 바로 롤업입니다. 롤업 속성을 지정하면 연결한 데이터베이스의 다른 열의 값을 가져올 수 있습니다. 마찬가지로 Chapter 04에서 자세하게 다루겠습니다.

▲ 롤업 속성으로 가져온 열 데이터

▶ 생성 일시와 생성자 속성

데이터베이스 내에서 각 행(페이지)을 생성한 날짜와 시간, 그리고 생성한 사용자를 자동으로 출력해 주는 속성입니다.

- **생성 일시**: 각 행을 생성한 날짜와 시간이 출력됩니다.
- **생성자**: 각 행을 생성한 사용자가 출력됩니다.

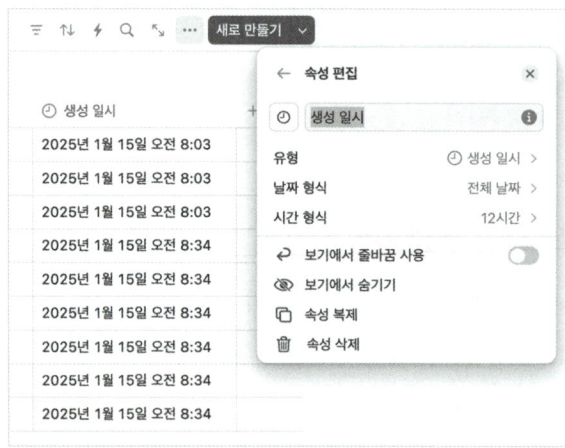

▲ 생성 일시 표시

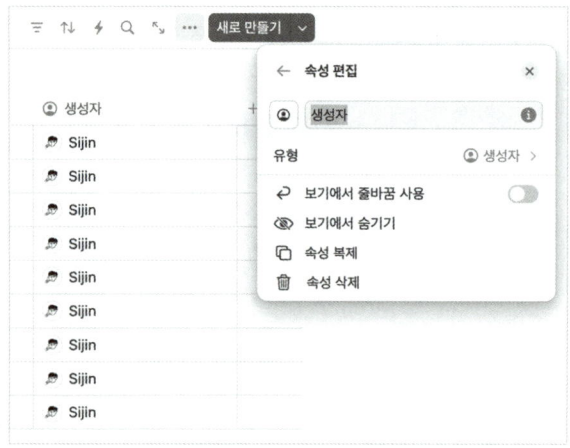

▲ 생성자 표시

▶ 최종 편집 일시와 최종 편집자 속성

데이터베이스의 각 행의 생성 일시, 생성자와 마찬가지로 각 행의 마지막 수정 시간 및 수정한 사용자를 바로 파악할 수 있습니다.

- **최종 편집 일시**: 각 행을 마지막으로 수정한 날짜와 시간이 출력됩니다.
- **최종 편집자**: 각 행을 마지막으로 수정한 사용자가 출력됩니다.

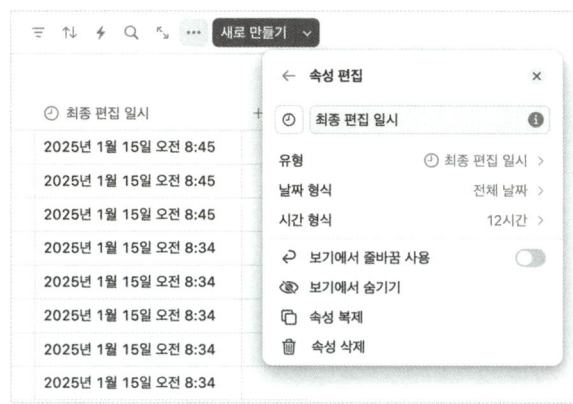

▲ 마지막 수정 시간 표시

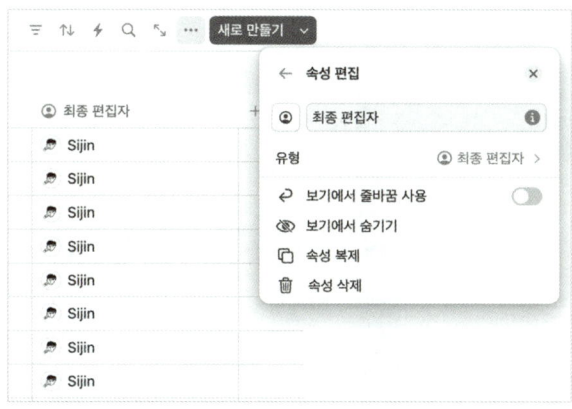

▲ 마지막으로 수정한 사용자 표시

▶ 버튼 속성

페이지에서 블록으로 만들었던 버튼이 데이터베이스에도 들어왔습니다. 데이터베이스 내에 버튼 속성을 만든 다음 클릭하면, 사용자가 지정한 액션을 자동으로 수행해줍니다.

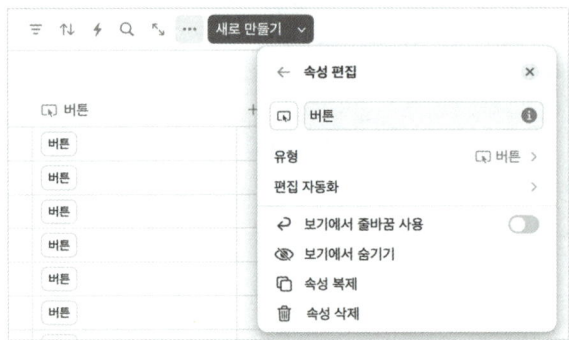

버튼을 클릭할 때마다 특정 액션을 수행해줍니다. 버튼을 클릭할 때마다 속성을 편집하거나, 페이지를 추가하거나, 알림을 보낼 수 있습니다. 최근에는 새로운 기능이 생겨서 버튼을 클릭할 때마다 해당 행의 데이터를 이메일이나 웹훅, 슬랙(Slack)으로도 보낼 수 있습니다. 페이지나 URL을 열게도 할 수 있습니다. 자동화에 관한 자세한 내용은 Chapter 06에서 살펴보겠습니다.

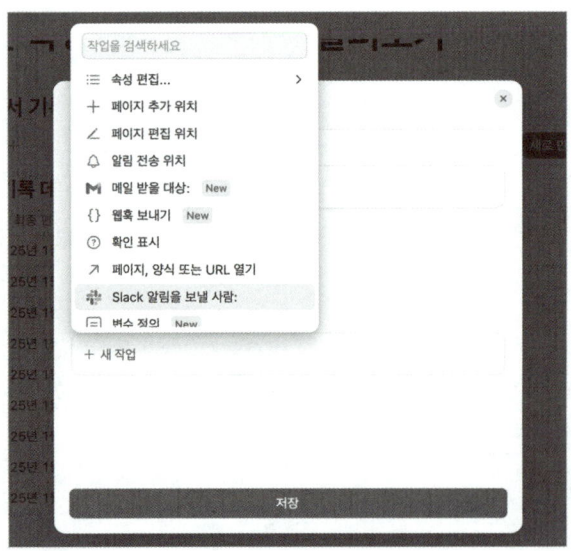

▶ 문서 번호를 생성해 주는 ID

데이터베이스의 페이지를 생성할 때마다 문서 번호, 고유 번호를 부여하고 싶다면, ID 속성을 생성하면 됩니다. 사용자가 원하는 접두사를 지정하고 ID 접두사 추가를 누르면 데이터베이스에 생성된 각 페이지마다 고유 ID를 부여하여 페이지를 더욱 쉽게 구분할 수 있도록 만들어줍니다.

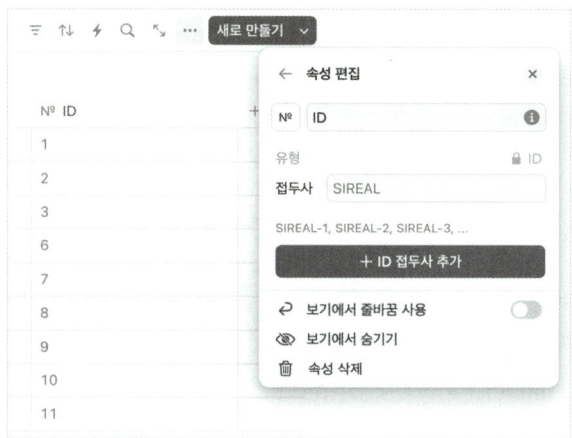

▶ 구글 드라이브와 연결

데이터베이스 속성 중 연결은 외부 서비스와 노션을 연결하여 외부 데이터를 노션 내에서 미리보기 형태로 표시해 주는 기능입니다. 두 서비스 간 데이터가 실시간으로 동기화되지는 않지만, 외부 서비스의 링크를 삽입하면 해당 콘텐츠를 노션 내에서 미리 볼 수 있습니다.

이번에는 가장 많이 사용하는 서비스 중 하나인 구글 드라이브를 연결해 보겠습니다.

01 더 보기(…)에서 속성을 클릭합니다. 속성 이름 끝 [+]을 누르고 새 속성을 추가합니다. 가장 하단에 있는 연결 세션에서 [Google Drive 파일]을 클릭합니다.

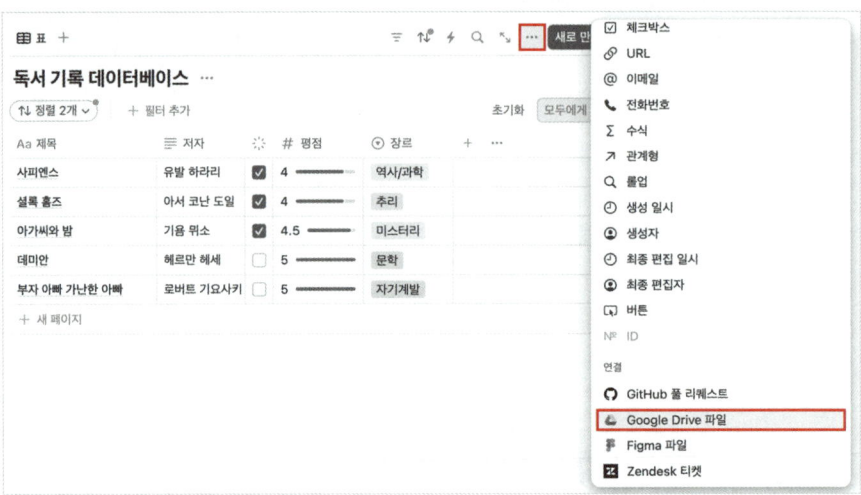

02 생성된 Google Drive 파일 속성 아래에 있는 빈칸들 중 연결하고 싶은 데이터의 빈칸을 클릭하고, [Google Drive에 연결]을 누릅니다.

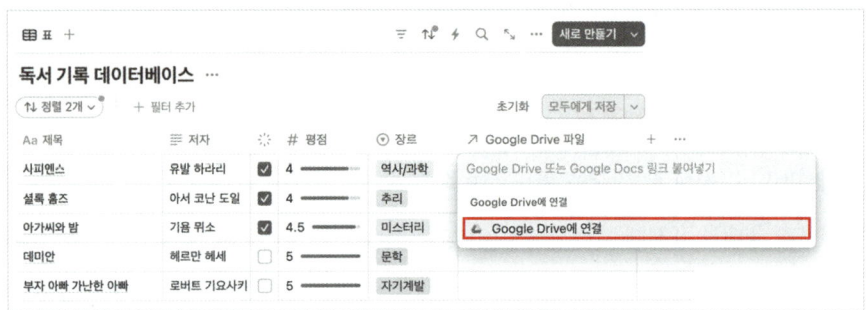

03 구글 로그인 창이 나타나고, 구글 드라이브에 연결할 계정에 로그인합니다.

04 연결이 완료되면 아래와 같이 연결한 계정 메일 주소가 나타납니다. 해당 계정에서 소유하고 있는 구글 드라이브 파일 중 하나의 링크를 복사하여 [Google Drive 또는 Google Docs 링크 붙여 넣기]라는 곳에 링크를 붙여 넣습니다.

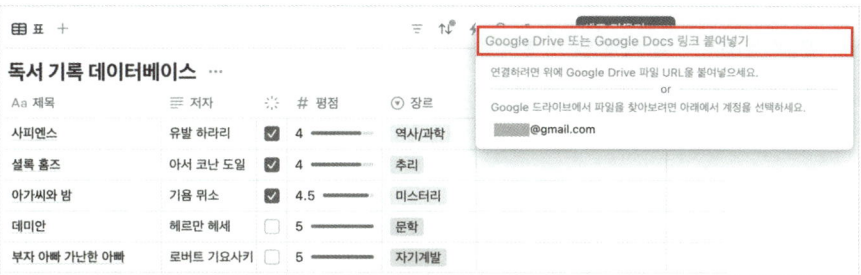

05 링크를 붙여 넣은 다음 아래에 있는 [파일 연결] 버튼을 누릅니다.

06 해당 파일의 데이터를 가져오고, 속성에 마우스를 올리면 해당 데이터의 미리보기를 볼 수 있습니다.

▶ 데이터베이스를 요약해 주는 계산

표 보기에서 데이터베이스 가장 하단으로 마우스 커서를 가져가면 [계산]이라는 항목이 보입니다. [계산]은 표 보기 데이터베이스의 각 열 정보를 요약해서 보여줍니다. 행의 개수부터, 평균, 최댓값, 최솟값 등 선택한 옵션에 따라 요약 정보가 표시됩니다. [계산]은 데이터의 종류에 따라 텍스트, 숫자, 날짜 옵션을 사용할 수 있습니다.

텍스트형 옵션

텍스트 속성과 같이 텍스트가 입력된 열에서 선택할 수 있는 옵션입니다. 데이터의 종류에 따라 계산 안함, 수, 비율(%), 날짜, 추가 옵션 등의 그룹이 나타납니다.

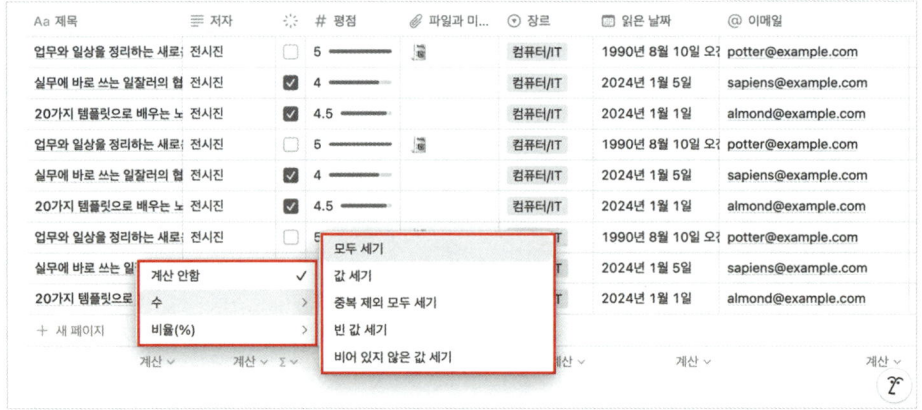

수

- **계산 안 함**: [계산]을 지정하지 않습니다.
- **모두 세기**: 모든 행의 개수를 세어줍니다.
- **값 세기**: 데이터의 개수를 세어줍니다.
- **중복 제외 모두 세기**: 중복되지 않는 데이터의 개수를 세어줍니다.
- **빈 값 세기**: 빈 행의 개수를 세어줍니다.
- **비어 있지 않은 값 세기**: 비어 있지 않은 행의 개수를 세어줍니다.

비율

- **빈 값 세기(%)**: 빈 행의 개수를 비율(%)로 나타냅니다.
- **비어 있지 않은 값 세기(%)**: 비어 있지 않은 행의 개수를 비율(%)로 나타냅니다.

  ▶ 깨알 tip [중복 제외 모두 세기]와 [비어 있지 않은 값 세기]의 차이는 속성이 다중 선택일 때 나타납니다. [값 세기]는 데이터를 세어주는 옵션이므로 다중 선택 속성에서 각 태그를 하나의 데이터로 인식합니다.

추가 옵션

숫자 속성과 같이 숫잣값이 입력된 열에서 텍스트형 옵션과 더불어 추가로 쓸 수 있는 옵션입니다.

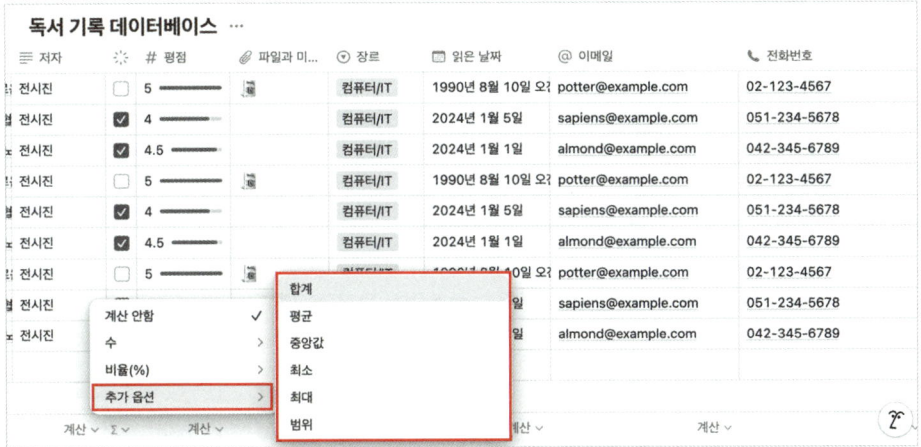

- **합계**: 모든 숫자를 더합니다.
- **평균**: 평균을 구합니다.
- **중앙값**: 중앙값을 구합니다.
- **최소**: 최솟값을 구합니다.
- **최대**: 최댓값을 구합니다.
- **범위**: 최댓값에서 최솟값을 뺀 결과를 보여줍니다.

날짜형 옵션

날짜 속성과 같이 날짜가 입력된 열에서 사용하는 옵션으로, 텍스트형 옵션과 동일하며, 아래 세 가지가 추가됩니다.

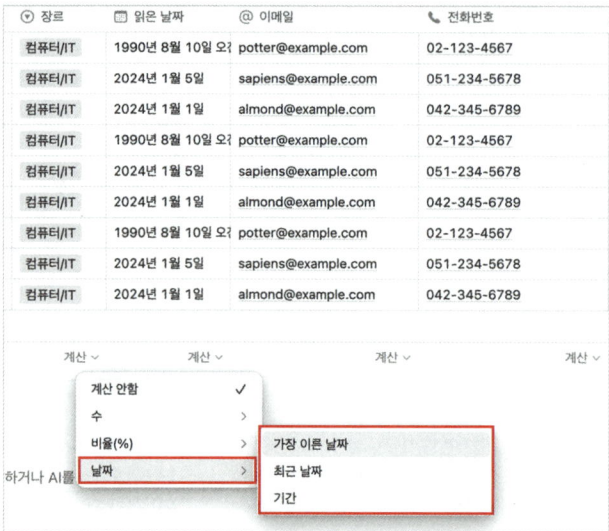

- **가장 이른 날짜**: 가장 이른 날짜가 오늘로부터 며칠 전인지 보여줍니다.

- **최근 날짜**: 가장 늦은 날짜가 오늘로부터 며칠 후인지 보여줍니다.

- **날짜 범위**: 가장 이른 날과 가장 늦은 날의 간격을 보여줍니다.

Notion 04 데이터베이스 활용하기

▶ **데이터베이스 내 같은 페이지를 생성해 주는 데이터베이스 템플릿**

앞서 배운 템플릿 버튼 블록은 버튼을 클릭하면 미리 지정해 둔 블록들을 불러와 같은 내용을 쉽게 만들 수 있지만 데이터베이스에서 사용하기 위해서는 일일이 버튼을 복사해서 붙여 넣어야 하는 번거로움이 있습니다. 데이터베이스 템플릿은 버튼 한 번으로 데이터베이스 내에 지정한 블록과 서식을 불러와 페이지를 생성할 수 있습니다.

`01` 원하는 데이터베이스의 오른쪽 상단에 [V] 아이콘을 클릭하고 [+ 새 템플릿]을 클릭합니다.

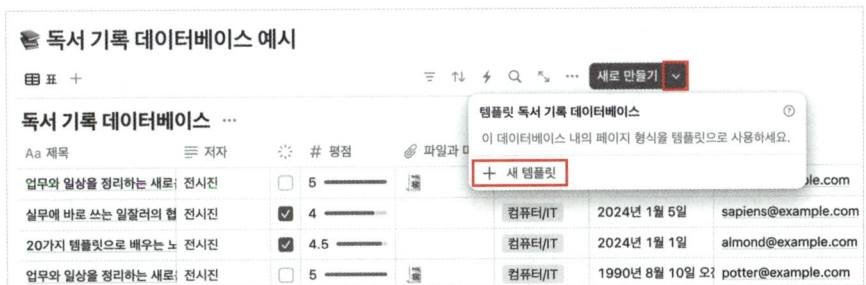

02 원하는 블록과 서식을 입력한 뒤 화면의 검은 부분을 눌러 팝업을 닫아주세요. 페이지 제목은 템플릿의 이름으로 지정되며, 이름을 지정하지 않으면 페이지가 생성될 때는 '제목 없음'이라고 생성됩니다. 지금은 '독서 기록 템플릿'이라고 설정해 보았습니다.

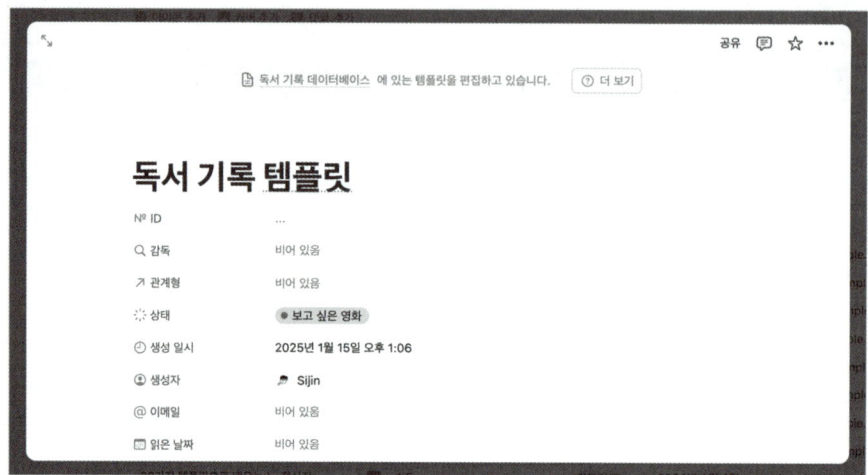

03 템플릿을 사용할 때는 데이터베이스 오른쪽 상단에 [V] 아이콘을 클릭하고 생성한 템플릿을 선택합니다.

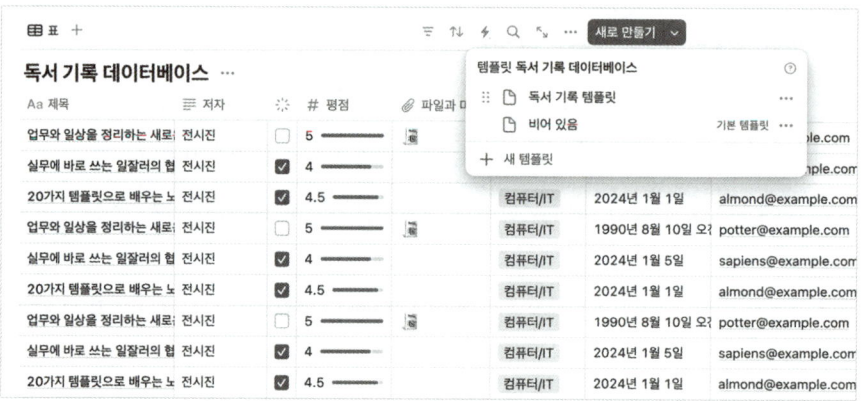

04 템플릿을 편집하고 싶을 때는 생성된 템플릿 오른쪽에 더 보기(…) 아이콘을 클릭한 후 [편집]을 클릭합니다.

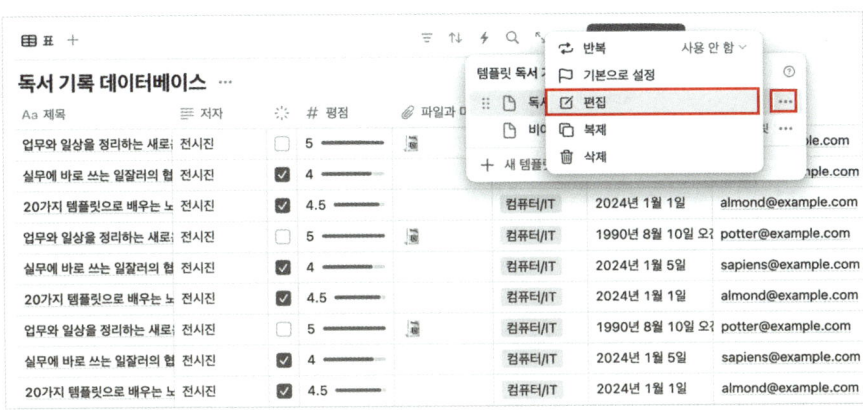

데이터베이스 템플릿의 반복 생성

데이터베이스 템플릿을 활용하다 보면 같은 시간에 반복 생성해야 할 일이 생깁니다. 예를 들면 회의록을 데이터베이스에서 관리하는 경우 매주, 같은 요일, 같은 시간에 회의록을 생성해야 한다고 할 때, 매번 회의록 생성을 위해 버튼을 누르는게 아니라, 해당 일시에 데이터베이스 템플릿이 자동으로 생성되도록 만드는 것입니다. 데이터베이스 템플릿의 반복 생성을 해 보겠습니다.

01 데이터베이스의 새로 만들기 옆 [V]를 눌러 템플릿 목록을 열어줍니다. 생성되어 있는 템플릿 중 반복 생성하고 싶은 템플릿 오른쪽의 […] 버튼을 눌러 [반복]을 클릭해줍니다.

02 일, 주중, 주, 2주, 월, 3개월, 6개월, 년이 있으며, 매주 원하는 요일마다 반복 생성하기 위해 [주]를 클릭합니다.

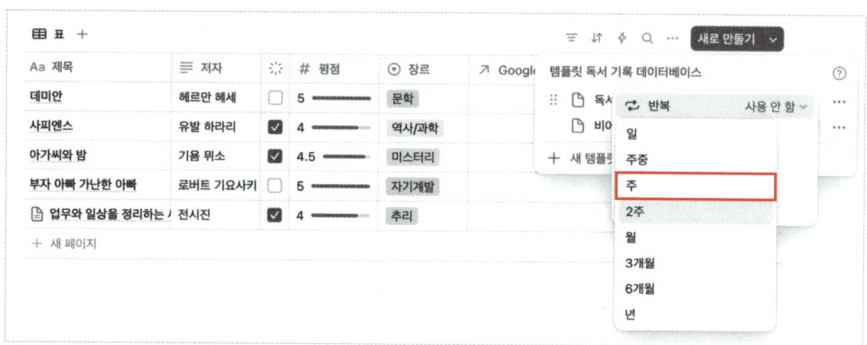

03 일주일마다 생성할 예정이기 때문에 [주] 앞에 숫자 1을 입력합니다. 2주 간격이면 2를 입력하시면 됩니다. 아래에서 매주 만들고 싶은 요일을 선택합니다. 저는 월요일을 선택하겠습니다. 시간을 클릭하여 반복할 시간을 선택하고, '시작 시간'을 선택하여 반복 설정을 시작할 시간을 선택합니다. 이후 [저장하기]를 누르면 해당 요일, 시간에 매주 반복 생성해줍니다.

▶ 필요한 정보만 빠르게 확인하는 데이터베이스 필터

데이터베이스의 양이 많거나 종류가 다양해지면 한눈에 데이터를 볼 수 없어 데이터 인식에 어려움을 겪기 마련입니다. 이때 필터 기능을 이용하면 필요한 데이터만 뽑아 보거나 필요없는 데이터만 가려 데이터를 쉽게 가공할 수 있습니다.

기초적인 데이터베이스 필터 사용법

가장 많이 사용하는 데이터베이스 필터는 선택 속성을 이용한 필터입니다. 이번 실습에서는 필터를 통해 다음 영화 목록에서 '추리' 장르만 남겨보겠습니다.

01 필터를 이용하고 싶은 열을 클릭한 후 [필터]를 클릭합니다

02 필터의 조건을 선택합니다. '추리'만 남기기 위해 추리 태그를 선택하고 [값과 동일한 데이터]가 선택되어 있는지 확인합니다.

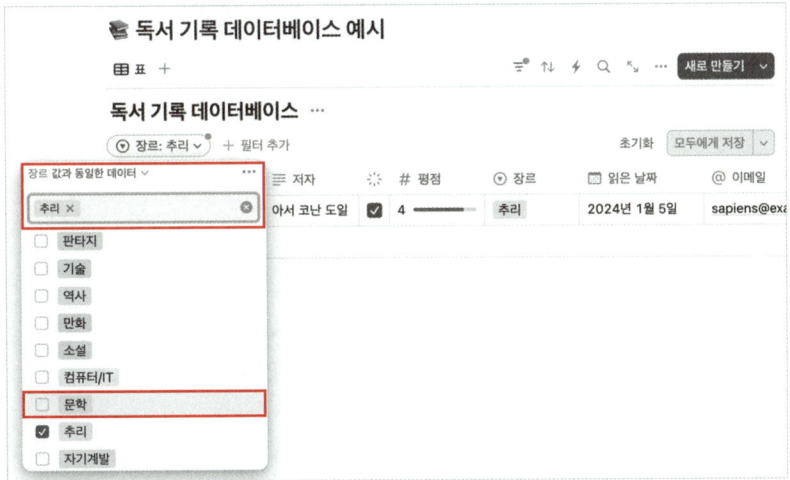

03 '추리' 장르만 남아 있는 걸 확인할 수 있습니다.

선택 속성뿐만 아니라, 날짜, 숫자, 이름도 같은 형식으로 필터를 만들 수 있습니다.

데이터베이스 고급 필터 사용법

데이터베이스는 여러 조건을 조합하는 필터를 사용할 수 있습니다. 이번 실습에서는 고급 필터를 적용해 다음 영화 목록에서 평점이 4 이상인 역사/과학 장르만 필터링해 보겠습니다.

01 필터를 이용하고 싶은 열을 클릭한 후 [**필터**]를 클릭합니다.

02 필터의 오른쪽 [⋯] 버튼을 누르고 [**고급 필터에 추가**]를 누릅니다.

03 평점의 속성 쪽을 이상 기호를 선택하고 4를 입력합니다.

04 [필터 규칙 추가] 버튼을 누릅니다.

05 다음으로 필터링하고 싶은 속성(예시에서는 장르)을 선택한 다음 원하는 옵션(역사/과학)을 선택합니다.

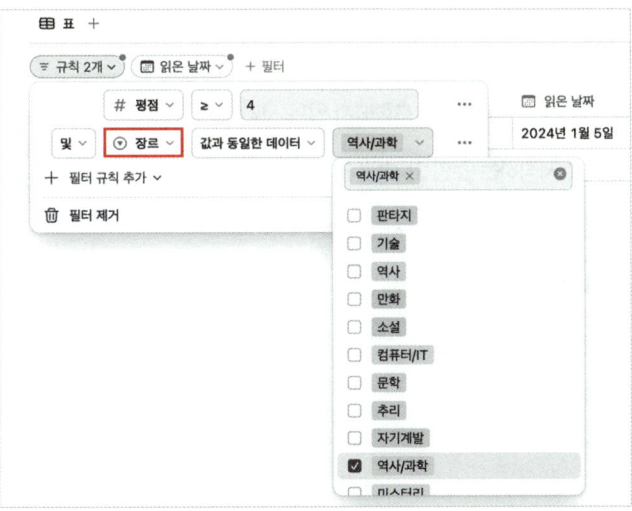

06 평점 4점 이상, 역사/과학 장르인 데이터만 보이게 필터링되었습니다.

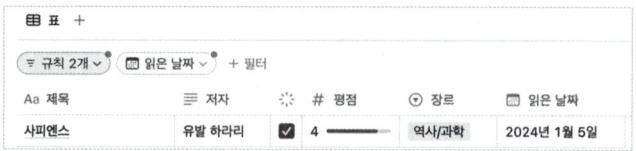

필터의 조건식 살펴보기

앞서 살펴보았듯이 [**필터**]를 클릭해 필터를 추가하면 조건을 설정해야 합니다. 먼저 속성이 텍스트, 다중 선택 등일 때 조건식은 다음과 같습니다.

- **값과 동일한 데이터**: 지정한 속성값과 완전히 일치하는 것만 표시됩니다.
- **값과 동일하지 않은 데이터**: 지정한 속성값과 다른 것만 표시됩니다.
- **값을 포함하는 데이터**: 추가로 입력한 값이 포함된 것만 표시됩니다.
- **값을 포함하지 않은 데이터**: 추가로 입력한 값이 포함되지 않은 것만 표시됩니다.
- **시작 값**: 추가로 입력한 값으로 시작하는 것만 표시됩니다.
- **마지막 값**: 추가로 입력한 값으로 끝나는 것만 표시됩니다.
- **비어 있음**: 지정한 속성값이 비어 있는 것만 표시됩니다.
- **비어 있지 않음**: 지정한 속성값이 비어 있지 않은 것만 표시됩니다.

조건식을 지정할 속성이 날짜일 때는 시작일, 종료일을 먼저 지정한 다음 아래와 같이 1차 조건을 지정한 후 조건에 따라 2차 조건을 추가합니다. 먼저 1차 조건부터 살펴보면 다음과 같습니다.

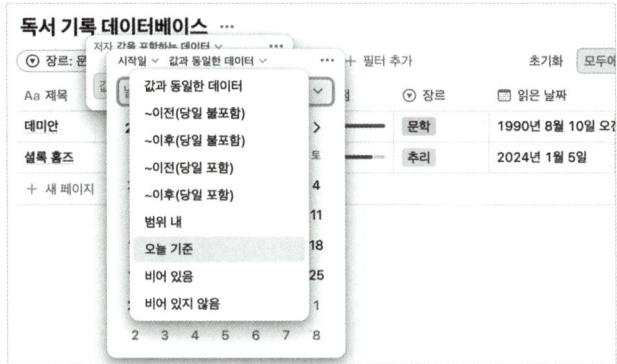

- **값과 동일한 데이터**: 지정한 날짜와 일치하는 것만 표시됩니다.
- **~이전(당일 불포함)**: 지정한 기간 이전일 때만 표시됩니다.
- **~이후(당일 불포함)**: 지정한 기간 이후일 때만 표시됩니다.
- **~이전(당일 포함)**: 지정한 날짜이거나 날짜 이전일 때만 표시됩니다.
- **~이후(당일 포함)**: 지정한 날짜이거나 날짜 이후일 때만 표시됩니다.
- **범위 내**: 지정한 기간에 포함될 때 표시됩니다.
- **오늘 기준**: PC 시간을 기준으로 날짜가 동적으로 변화합니다.
- **비어 있음**: 지정한 속성값이 비어 있는 것만 표시됩니다.
- **비어 있지 않음**: 지정한 속성값이 비어 있지 않은 것만 표시됩니다.

위와 같이 1차 조건을 지정했으면 다음과 같이 특정 날짜나 기간 등을 2차 조건으로 지정합니다.

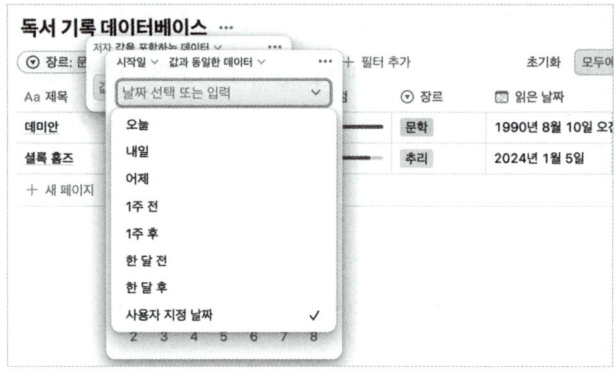

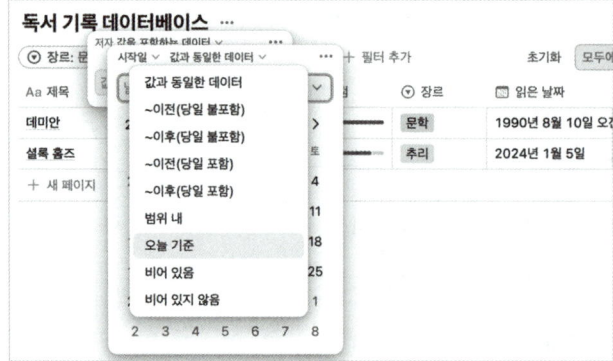

- **오늘**: 오늘 날짜를 조건으로 지정합니다.

- **내일**: 내일 날짜를 조건으로 지정합니다.

- **어제**: 어제 날짜를 조건으로 지정합니다.

- **1주 전**: 지난주를 조건으로 지정합니다.

- **1주 후**: 오늘을 기준으로 일주일 후 날짜를 조건으로 지정합니다.

- **한 달 전**: 지난달을 조건으로 지정합니다.

- **한 달 후**: 오늘을 기준으로 한 달 후 날짜를 조건으로 지정합니다.

- **사용자 지정 날짜…**: 사용자가 원하는 특정 날짜를 조건으로 지정합니다.

데이터베이스 필터 제거하기

필터를 제거할 때는 데이터베이스의 [필터]를 클릭한 뒤 지우고자 하는 필터 오른쪽에 더 보기(…) 아이콘을 클릭하고 [필터 제거]를 선택하면 됩니다.

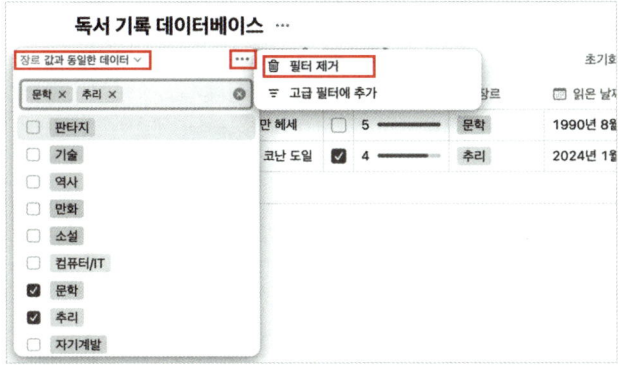

▶ 내가 원하는 순서대로 데이터를 보는 정렬하기

데이터베이스에 많은 데이터들을 볼 때 규칙 없이 데이터가 늘어져 있으면 내가 원하는 인사이트를 얻기 불편합니다. 정렬 기능을 통해 데이터들을 정리하고, 내가 원하는 형태로 데이터를 살펴볼 수 있습니다. 데이터베이스의 정렬은 딱 두가지뿐입니다(오름차순과 내림차순). 내가 원하는 속성의 이름을 클릭하고 [오름차순] 또는 [내림차순]을 선택하면 내가 원하는 순서대로 정렬이 가능합니다.

01 정렬하고 싶은 속성의 이름을 클릭합니다. 이번에는 제목을 ㄱㄴㄷ 순으로 정렬하기 위해 제목 속성을 클릭하겠습니다.

Notion 04 데이터베이스 활용하기 ■ 213

02 ㄱㄴㄷ 순은 [오름차순], ㅎㅍㅌ 순은 [내림차순]을 선택합니다. 이번에는 오름차순을 선택하겠습니다.

03 제목이 ㄱㄴㄷ 순으로 정렬된 걸 볼 수 있습니다.

▶ 데이터베이스 복합 정렬하기

정렬은 여러 속성을 기준으로 정렬을 할 수도 있습니다. 예를 들어 상태가 완료된 속성을 먼저 정렬하고, 완료된 속성 내에서 ㄱㄴㄷ 순으로 정렬을 하는 것처럼 말입니다. 이번에는 복합 정렬을 해 보겠습니다.

01 첫 번째로 정렬하고 싶은 속성의 이름을 클릭하고 원하는 정렬 순서를 선택합니다. 이번에는 상태 속성을 클릭하고, 완료 속성을 위로 올리기 위해 [내림차순]을 선택하겠습니다.

02 데이터베이스 제목 아래에 파란색 아이콘으로 '상태' 내림차순 정렬이 걸린 걸 볼 수 있습니다. '상태'라고 적힌 파란색 아이콘을 한 번 더 누르면 나오는 상태 내림차순 아래에 **[정렬 추가]**를 선택하겠습니다.

03 두 번째로 정렬하고 싶은 속성의 이름을 선택합니다. 저는 제목 속성을 선택하겠습니다.

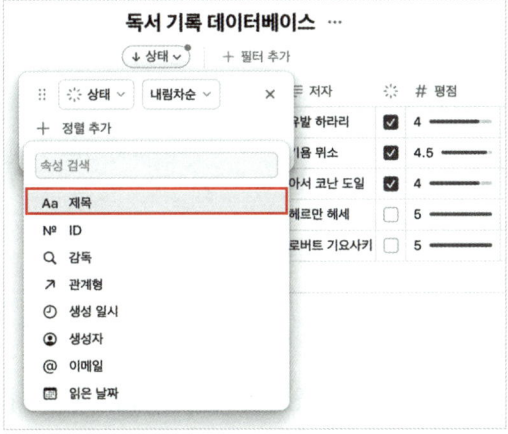

04 상태 속성의 정렬 아이콘이 '정렬 2개'라고 이름이 변경되며, 상태 속성은 내림차순이고, 상태 속성 내에서 다시 한번 제목 속성이 오름차순으로 선택된 것을 볼 수 있습니다.

▶ 데이터베이스 속성을 내 마음대로 바꾸는 레이아웃

데이터베이스를 이용해 데이터를 정리하다보면 데이터베이스에 들어가는 속성 개수가 많아지기 마련입니다. 하나의 데이터베이스에서 더 많은 정보를 관리하기 때문이죠. 속성 개수가 많아진 상태에서 데이터베이스 페이지 내에 들어가면 속성이 아래로 배치되기 때문에 페이지가 아주 길어지죠. 정작 중요한 페이지 내용을 보기 위해서는 페이지 스크롤을 많이 내려야 할 지도 모릅니다.

이럴 때에는 데이터베이스 레이아웃을 변경하면 내가 원하는 크기와 속성으로 보다 효율적으로 정보를 확인할 수 있습니다.

생성한 데이터베이스 페이지 내에 들어와 페이지 제목에 마우스를 올리면 상단에 **[레이아웃 사용자 지정]**이라고 나타납니다. 해당 버튼을 클릭해 주세요.

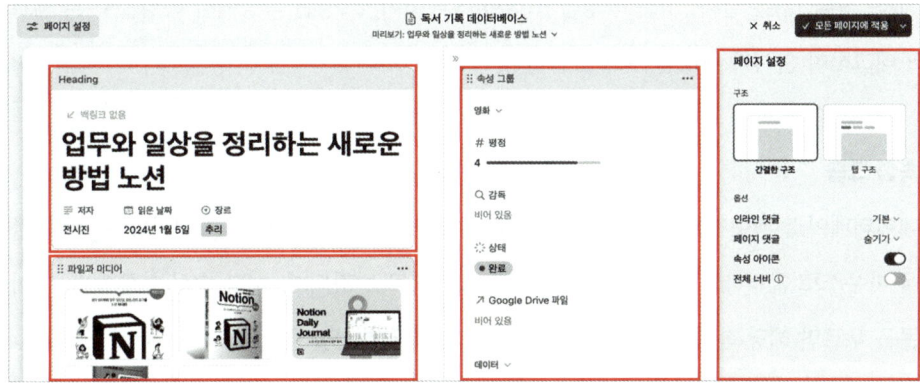

레이아웃 사용자 지정에는 총 4개의 섹션이 있습니다. [Heading], [속성 그룹], [패널에 추가], [페이지 설정]이죠.

Heading

페이지 제목과 함께 나타나는 곳으로 속성을 고정할 수 있습니다. 고정된 속성은 세로가 아닌 가로로 배치되며 최대 4개까지 배치할 수 있습니다. 해당 페이지에서 가장 중요한 속성 4개를 상단으로 고정하여 페이지가 열릴 때마다 보이게 하는 것입니다.

Heading 패널을 클릭하면 오른쪽 패널에서 '고정된 속성' [속성 추가] 버튼이 나타납니다. [속성 추가] 버튼을 눌러 원하는 속성을 추가해도 되지만, 바로 아래에 있는 고정 해제된 속성 목록 중에서 원하는 속성 이름 옆에 Pin 아이콘을 누르면 해당 속성을 고정할 수 있습니다.

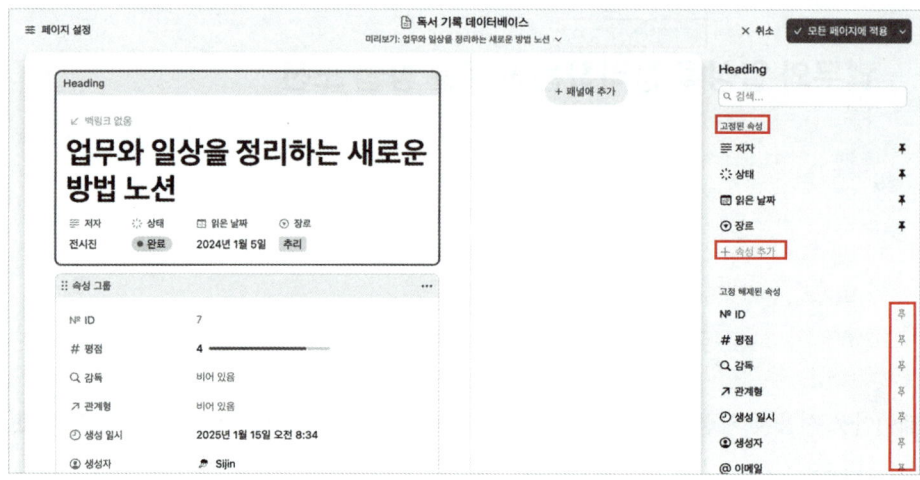

저자, 상태, 읽은 날짜, 장르 속성을 고정한 상태이며, 고정된 속성에서 속성을 누른 채로 드래그하여 순서를 변경할 수도 있습니다.

속성 그룹

데이터베이스 페이지를 열었을 때 나타나는 속성을 관리할 수 있는 곳입니다. 속성 그룹을 마우스로 클릭하면 오른쪽 패널이 '속성 그룹'으로 변경되며, 해당 속성 오른쪽 눈 아이콘을 누르면 해당 속성을 보이거나 또는 보이지 않게 설정할 수 있습니다.

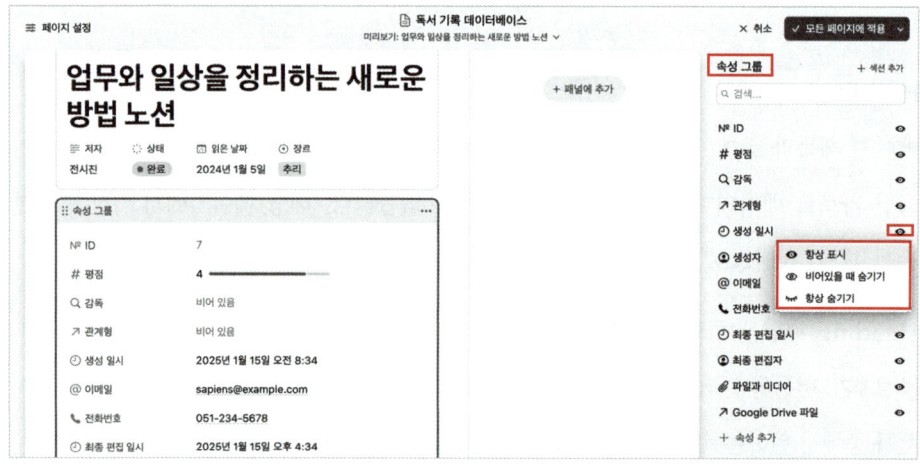

'속성 그룹'이라는 이름 오른쪽에 '섹션 추가'라는 버튼이 있는데, 섹션 추가 버튼을 누르면 속성 그룹 내에서 속성들을 그룹핑할 수 있습니다. 섹션을 추가한 다음, 섹션의 이름을 지정하고, 속성들을 누른 채로 드래그하여 해당 섹션으로 이동시켜 보세요. 섹션 속에 속성들을 넣을 수 있습니다. 다음 이미지는 '영화' 섹션과 '데이터' 섹션을 만들어 속성들을 섹션 안으로 이동시킨 상태입니다.

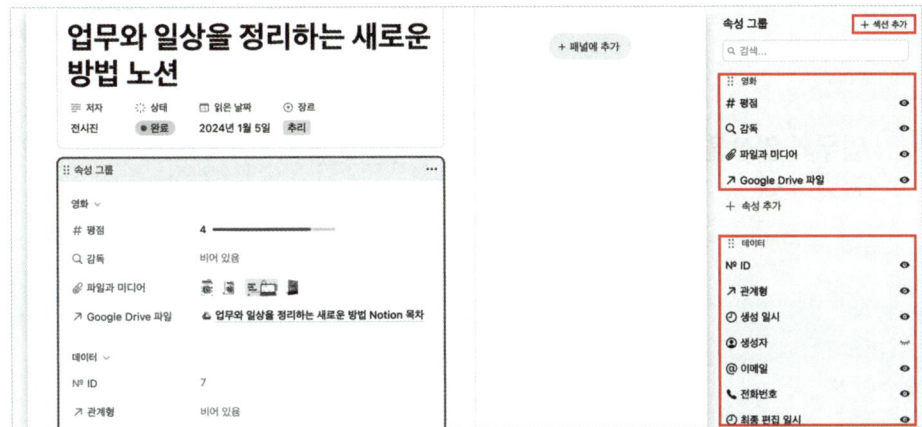

섹션을 추가해서 속성을 정리하면 데이터베이스 페이지 내에서 섹션 전체를 펼쳤다가 접었다가 할 수 있습니다. 반드시 봐야 하는 속성은 아니지만 자주 봐야 할 때에는 속성들을 섹션에 넣어두었다가 섹션을 클릭하여 정보를 확인할 수 있습니다.

▲ 접혀있는 '영화' 섹션, 펼쳐져 있는 '데이터' 섹션

패널

패널은 속성 그룹에 있는 속성들을 오른쪽 패널에 보관할 수 있습니다. 속성 그룹 중 자주 보지 않는 데이터라면 패널에 넣어두고, 특정 버튼을 눌러야 해당 정보를 펼쳐주는 것입니다. 속성 그룹과 마찬가지로 자주 보지 않는 속성들을 숨겨두는 역할을 합니다. 아래 이미지는 속성 그룹을 패널로 이동시킨 화면입니다.

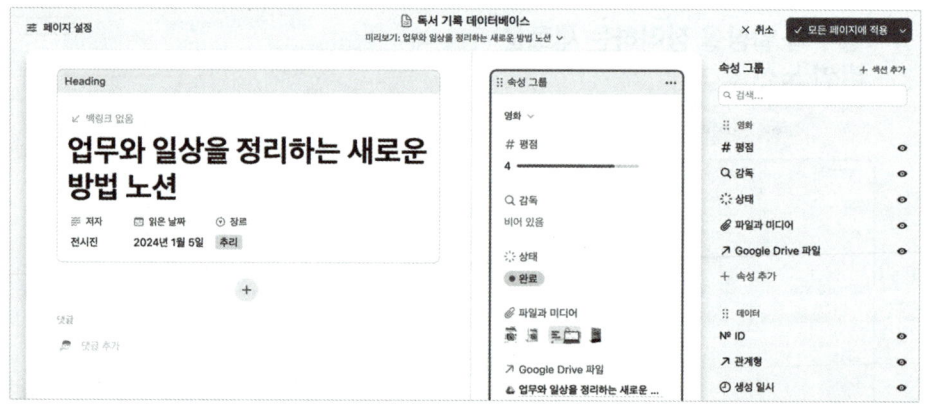

속성 그룹을 패널로 이동하고 나면 속성 그룹이 있던 자리에는 [+] 버튼이 남게 됩니다. [+] 버튼을 누르면 특정 속성을 확대한 채로 표시할 수 있습니다. [+] 버튼을 누르고 오른쪽 패널에서 원하는 속성을 클릭해 보세요. 아래 이미지는 [+] 버튼을 누른 후 평점과 파일과 미디어 속성을 표시한 화면입니다.

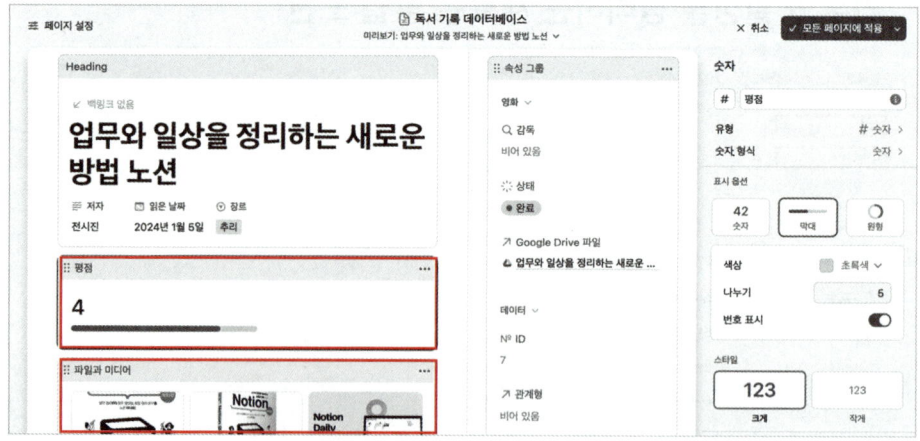

페이지 설정

페이지 설정은 페이지 레이아웃에 들어가는 인라인 댓글과 페이지 댓글 레이아웃을 변경할 수 있습니다. 속성들을 편집하느라 페이지 설정 버튼이 보이지 않는다면 왼쪽 상단에 [페이지 설정] 버튼을 눌러보세요.

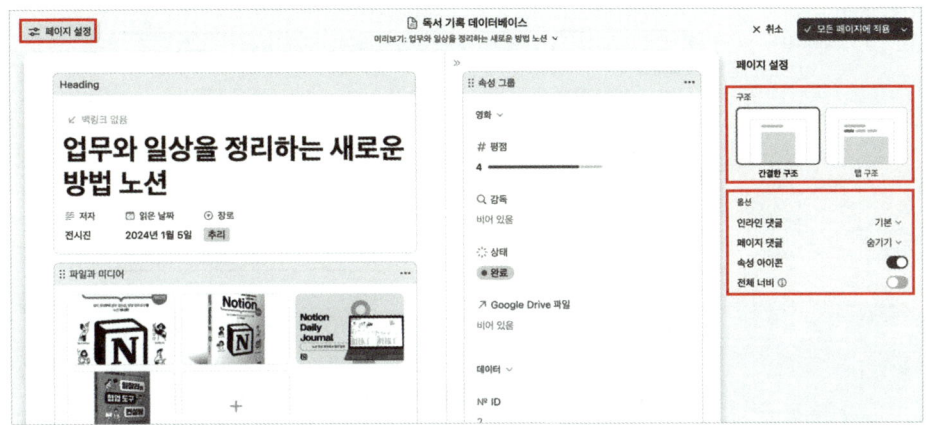

인라인 댓글이 기본이라고 되어 있는데 최소화를 하게 되면 아래와 같습니다.

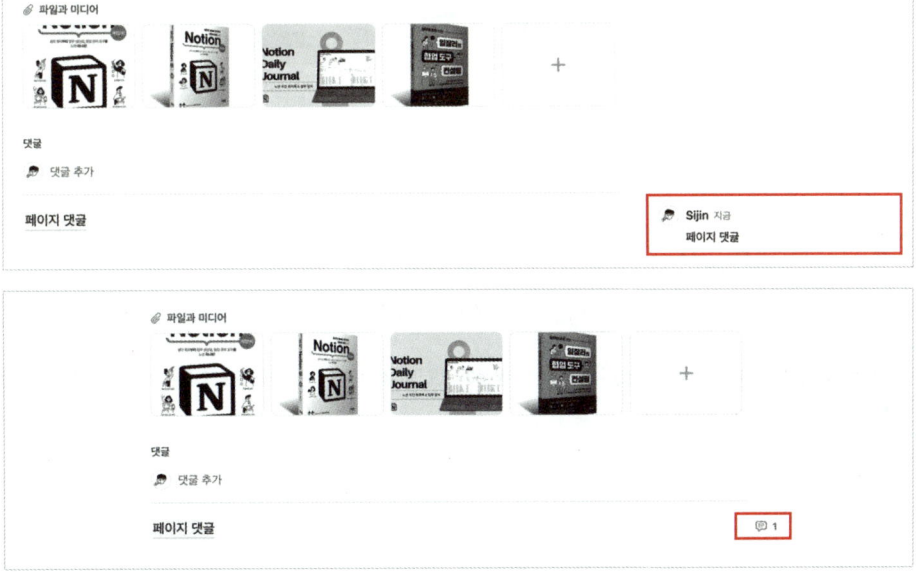

▲ 인라인 댓글의 기본과 최소화

페이지 댓글의 레이아웃도 수정할 수 있습니다. 펼치기와 숨기기로 설정할 수 있으며, 화면은 아래와 같습니다.

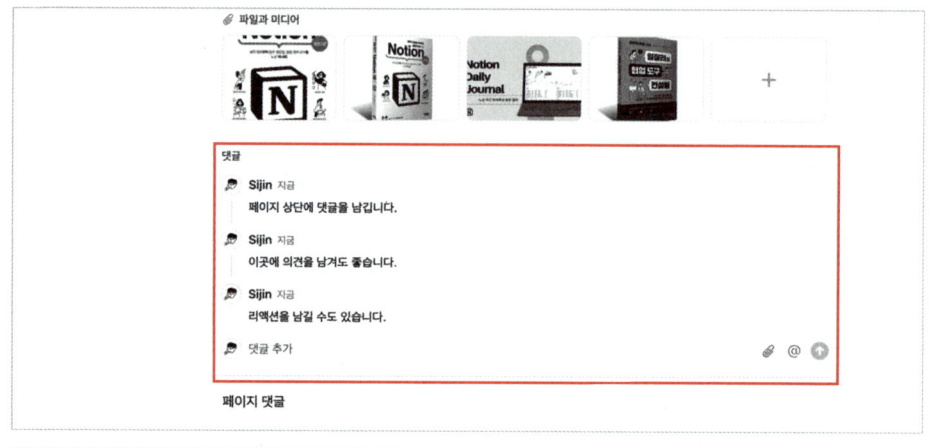

▲ 페이지 댓글 펼치기와 숨기기

모든 설정을 완료한 후 오른쪽 상단 [모든 페이지에 적용] 버튼을 누르면 설정이 완료됩니다.

❗ [모든 페이지에 적용] 버튼을 눌렀는데, 아무런 반응이 없다면, 이미 저장된 상태이므로 버튼 왼쪽에 있는 [취소] 버튼을 누르고 빠져나오시면 됩니다.

▶ 데이터베이스를 바탕으로 설문하는 양식 기능

드디어 기다리던 노션의 양식 기능이 나왔습니다. 일반적으로 우리는 설문이라고 부르죠. 노션을 많이 사용하시는 분은 설문 데이터를 노션 데이터베이스에서 받아보고 싶었을 것입니다. 구글이나 네이버 설문은 노션 데이터베이스와 연동이 되지 않아서 Tally.so라는 서비스를 많이 사용했었습니다. 무료 설문 서비스 중 노션과 연결이 가장 간편했었죠. 하지만 이제는 노션 양식 기능으로 노션 데이터베이스에 설문 결과를 넣을 수 있습니다. 아직은 구글이나 Tally 설문보다 조금 투박하지만, 디자인도 나중에는 변경될 거라 믿으며 양식 기능을 설명해 드리겠습니다.

양식을 생성하는 방법은 두 가지가 있습니다. 양식 블록을 먼저 생성하는 방법과, 데이터베이스를 생성한 다음 양식을 추가하는 방법이죠. 개인적으로는 데이터베이스를 생성한 다음 양식을 추가하시는 걸 추천해 드립니다. 데이터베이스를 구축하는 게 곧 양식을 구축하는 것과 같기 때문에 더 효율적이기 때문입니다.

양식 블록으로 생성하는 방법

01 양식을 생성하고 싶은 페이지의 빈칸에서 〈/양식〉 이라고 입력합니다.

02 양식 블록을 생성하면 양식 작성기와 함께 '응답' 보기가 생성됩니다. 양식 작성기에서 양식의 제목과 설명, 질문 등을 설정하고 양식을 공유하면 '응답' 보기에 응답들이 들어오게 됩니다.

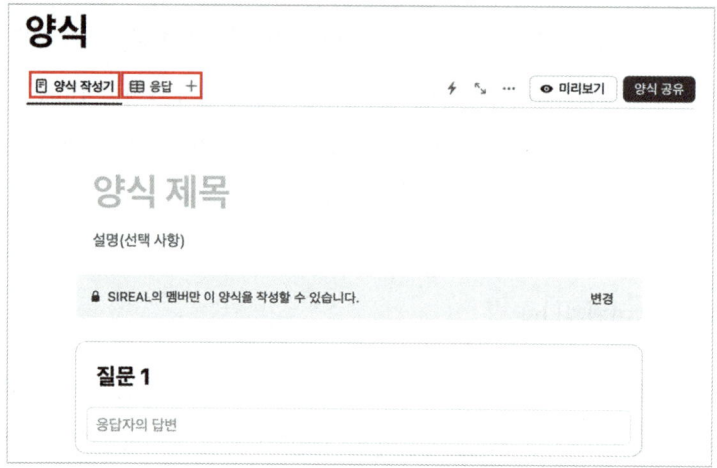

03 양식 제목과 설명, 질문을 차례대로 작성합니다. 이번 시간에는 고객 데이터를 받기 위한 양식을 제작해 보겠습니다. 양식 제목과 설명을 입력한 다음 질문을 클릭하면 아래 이미지와 같이 질문에 대한 설정값이 나옵니다.

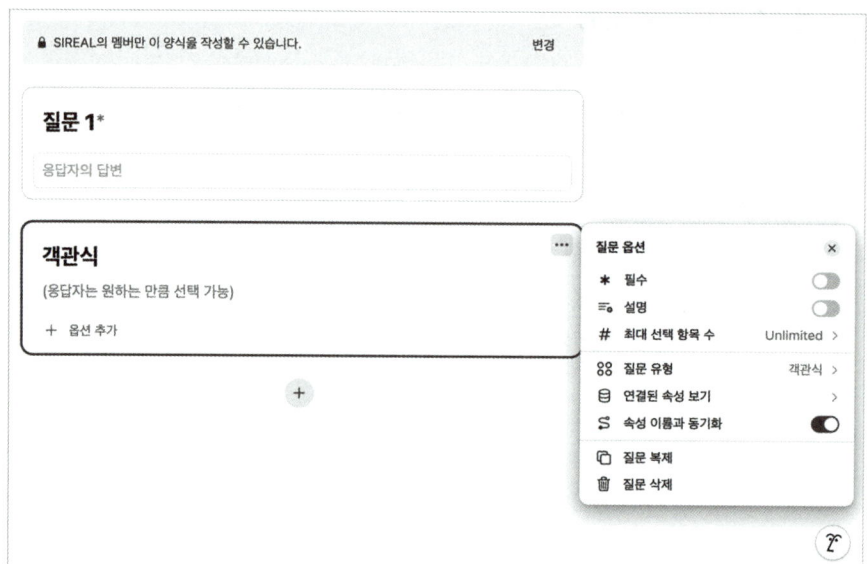

- **필수**: 해당 질문을 반드시 입력해야 하는지 여부를 선택합니다. 필수를 켜면 해당 질문에 반드시 답변해야 양식을 제출할 수 있습니다.
- **설명**: 질문에 대한 설명을 작성합니다. 설명 버튼이 OFF 되어 있는 게 기본값입니다. 설명 버튼을 ON 하면 해당 질문에 대한 설명을 질문 아래에 입력할 수 있습니다.
- **상세 답변**: 주관식 긴 답변 형식으로 받을 수 있습니다. 기본값은 주관식 짧은 답변 형식입니다.
- **질문 유형**: 데이터베이스 속성 유형을 선택할 수 있습니다. '질문 1'은 항상 제목 유형과 연결되어 있으며, 이 유형은 변경할 수 있습니다. 데이터베이스의 속성 유형을 변경하듯이 질문의 유형을 변경하면 답변의 유형도 달라집니다.
- **연결된 속성 보기**: '응답' 보기에서 데이터베이스의 어떤 속성과 연결되어 있는지 보여줍니다. 제목 속성을 제외한 다른 속성은 속성의 유형이나 값을 변경할 수도 있습니다.
- **속성 이름과 동기화**: 질문의 이름과 데이터베이스의 '응답' 보기의 속성의 값과 일치시킵니다. 양식을 만들지 않은 사람은 속성의 이름만으로는 질문을 이해할 수 없기 때문에 동기화를 해제할 수 있습니다. 또는 속성의 이름과 동기화를 한 후 설명을 넣으셔도 됩니다.
- **질문 복제**: 해당 질문을 복제합니다. 제목 유형과 연결된 질문은 복제할 수 없습니다.
- **질문 삭제**: 해당 질문을 삭제합니다.

04 모든 질문을 작성한 다음 오른쪽 상단 미리보기를 누르면 사람들이 제출할 양식을 미리 볼 수 있습니다.

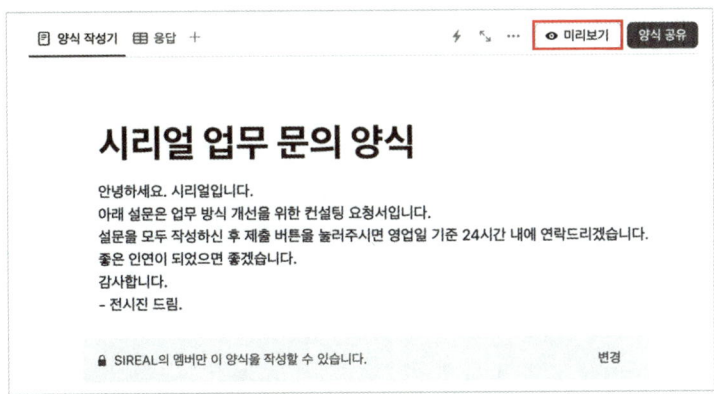

05 오른쪽 상단 [양식 공유]를 누르면 양식의 링크를 복사할 수 있습니다. 여기서 복사 버튼을 누르면 해당 페이지에 초대된 사람만 양식을 볼 수 있습니다. '작성 가능한 사용자'에서 '링크가 있는 SIREAL의 모든 사용자'가 아니라 [링크가 있는 웹의 모든 사용자]를 선택하면 노션에 초대받지 않은 외부 사용자도 양식을 입력할 수 있습니다.

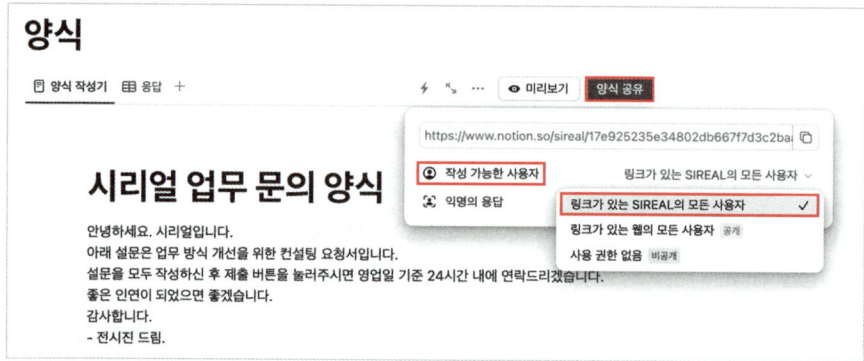

06 [링크가 있는 웹의 모든 사용자]를 선택하면 링크 주소가 변경되고 링크 주소 오른쪽 아이콘을 누르면 링크를 복사할 수 있습니다. 또한, Notion 브랜딩을 끌 수도 있습니다.

07 복사한 링크를 다른 사람에게 전달하고, 다른 사람이 해당 링크를 클릭하여 설문을 작성하고 **[제출]** 버튼을 누르세요.

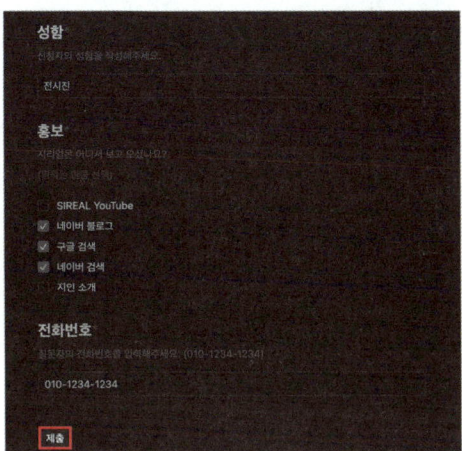

08 '응답'보기에 들어가면 제출한 양식의 답변들을 볼 수 있습니다.

▶ **깨알 tip** 하나의 데이터베이스에서 양식을 여러 개 만들어서 사용할 수 있습니다. 예를 들어, A라는 사람은 홍보 속성을 입력하지 않아도 되게 한다거나, B라는 사람은 전화번호를 입력하지 않게 하는 등 양식을 여러 개 만들고 질문을 조절하여 여러 종류의 응답을 받아볼 수 있습니다.

데이터베이스 속성을 생성한 다음 양식 생성하기

빈 페이지에서 데이터베이스를 생성하고, 속성을 먼저 설정한 뒤 양식을 만들면 해당 속성과 질문이 유형에 맞게 자동으로 설정되기 때문에 조금 더 편리합니다.

01 데이터베이스를 생성한 다음 응답을 받고 싶은 속성들을 추가하고 유형을 변경합니다.

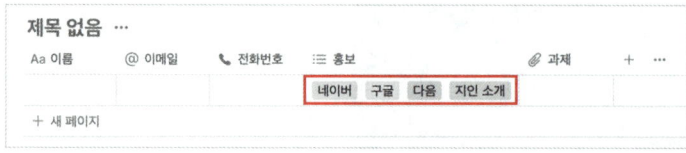

02 '표' 오른쪽에 있는 [+]를 눌러 '양식'을 추가합니다.

03 '기존 속성을 기반으로 양식 질문을 자동 생성하시겠습니까?'라는 팝업이 나타나고 [질문 4개 만들기]를 클릭합니다. 여기서 질문 4개는 데이터베이스에 미리 설정한 속성 개수입니다. 데이터베이스 속성을 더 많이 만들면 질문의 개수는 늘어납니다.

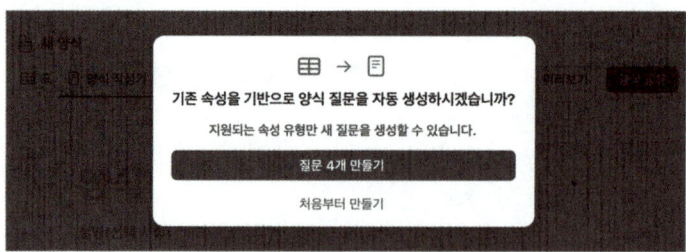

04 데이터베이스 속성에 맞게 양식이 자동 생성되어 제목과 설명 등 간단한 설정만 하면 양식을 바로 이용할 수 있습니다.

▶ 깨알 tip 날짜 속성은 시간과 종료일을 포함할 수 있습니다. 파일과 미디어 속성은 파일의 개수는 최대 10개, 1개의 파일당 최대 100MB까지 업로드할 수 있습니다.

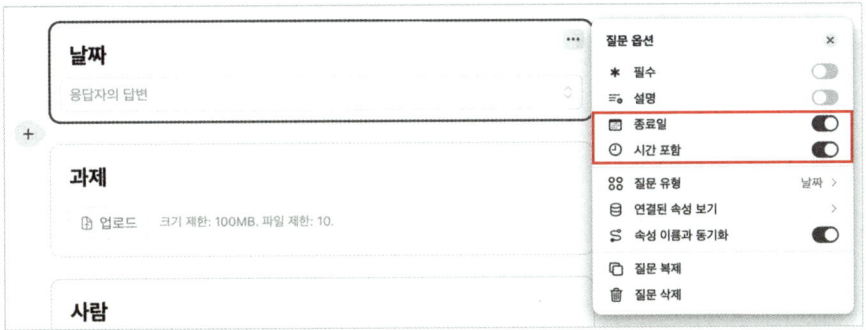

▶ 데이터베이스로 활용도를 높이는 사용자 지정

데이터베이스를 조금 더 강력하게 사용하고 싶으신가요? 데이터베이스의 기본 기능으로는 원하는 기능을 찾을 수 없으신가요? 데이터베이스의 [사용자 지정]에 원하는 기능이 있을 수 있습니다. 데이터베이스 내에서 토글을 이용해 하위 항목을 지정하거나, 데이터베이스 내에서 선행 작업들을 설정하고 타임라인의 보기를 변경할 수 있어요. 그 외 홈 화면에서 작업을 관리하거나, AI를 활용한 요약, 키워드 추출 등 다양한 기능을 소개해 드릴게요. 데이터베이스 보기 설정(…)을 누르고 [사용자 지정]을 누르면 사용자 지정 항목에 들어갈 수 있습니다.

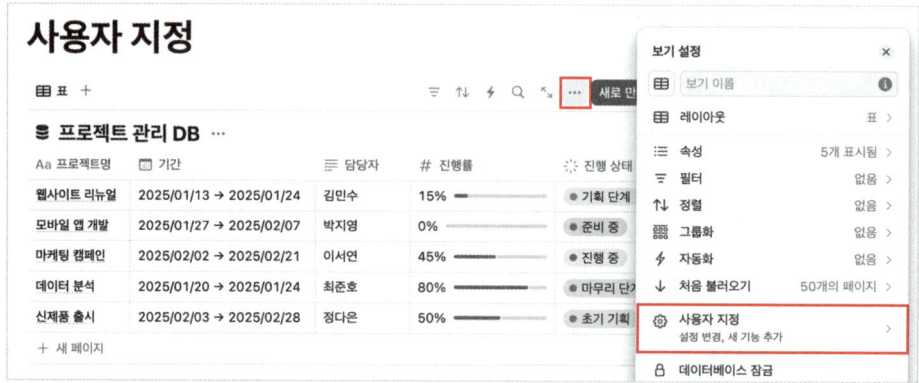

하위 항목

하위 항목은 데이터베이스에 생성한 페이지를 조금 더 체계적으로 관리할 수 있게 해 주는 기능입니다. 데이터베이스 페이지 하위에 또 다른 페이지를 생성할 수 있죠. 페이지 내에 페이지를 생성하는 게 아니라 페이지 아래에 페이지를 생성하는 개념입니다.

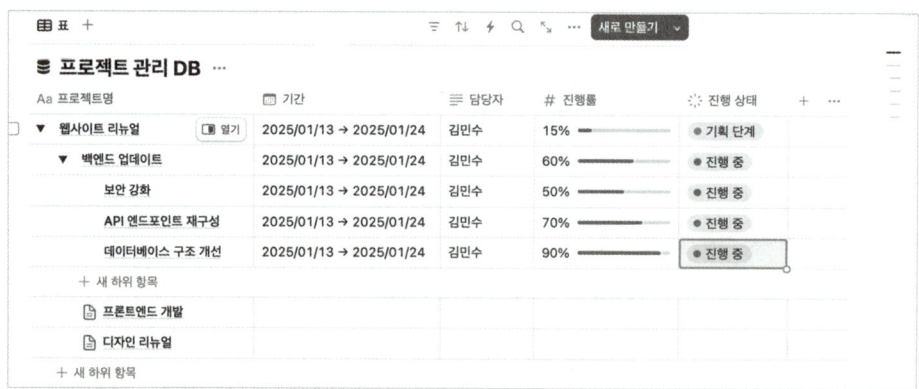

데이터베이스 설정(…)에서 [사용자 지정]을 누르고 하위 항목의 [추가 – 하위 항목 켜기]를 누르면 하위 항목을 추가하실 수 있습니다.

하위 항목을 켠 다음 페이지에 마우스를 대면 토글 블록처럼 회색 삼각형이 나타나고, 이를 누르면 [새 하위 항목] 버튼이 나타납니다. [새 하위 항목] 버튼을 누르면 해당 페이지의 하위에 페이지가 생성되면서 하위 항목을 추가할 수 있습니다.

삼각형을 눌러 페이지를 열어둔 뒤, 이미 생성되어 있는 페이지를 드래그 앤 드롭해도 하위 항목으로 추가할 수 있습니다.

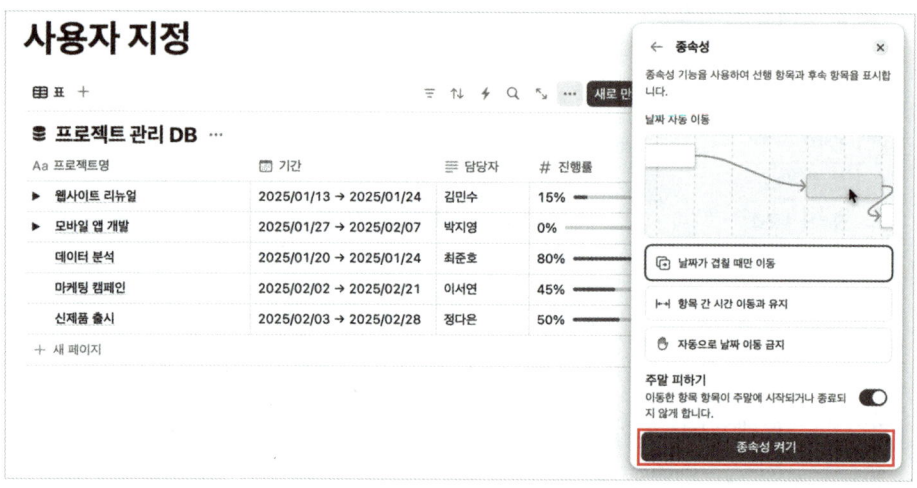

종속성

종속성은 데이터의 순서를 생성해 주는 기능입니다. 사용자 지정에서 종속성 기능에 들어가면 예시 화면이 나오는데, 데이터베이스 내에서 선행 작업과 후속 작업을 서로 연결해 주어 타임라인 보기에서 일정을 이동할 때 일일이 이동하지 않아도 되게 하는 간편한 기능이죠.

종속성을 켠 다음 '표' 보기 옆 [+] 버튼을 눌러 타임라인 보기를 만들어줍니다.

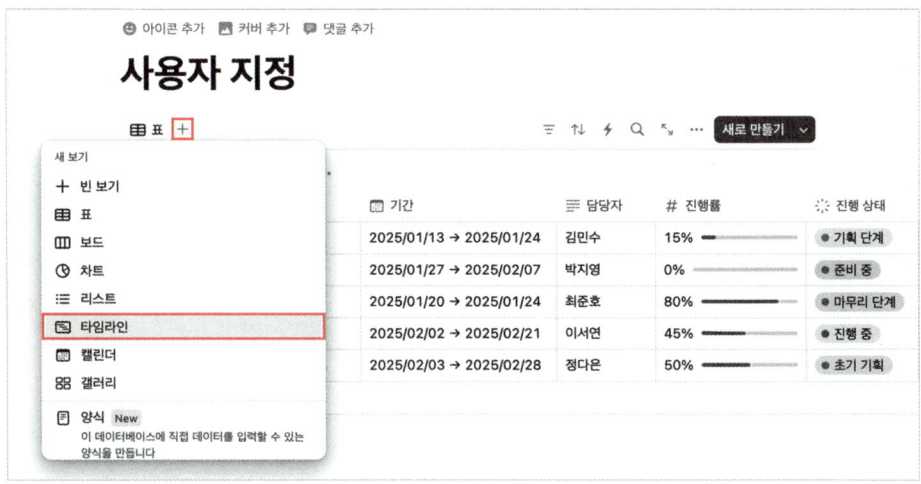

타임라인 보기에서 데이터 보기의 편의를 위해 정렬을 변경하겠습니다. '정렬' 아이콘을 누르고 [기간](또는 날짜) - [오름차순]으로 정렬을 변경해줍니다.

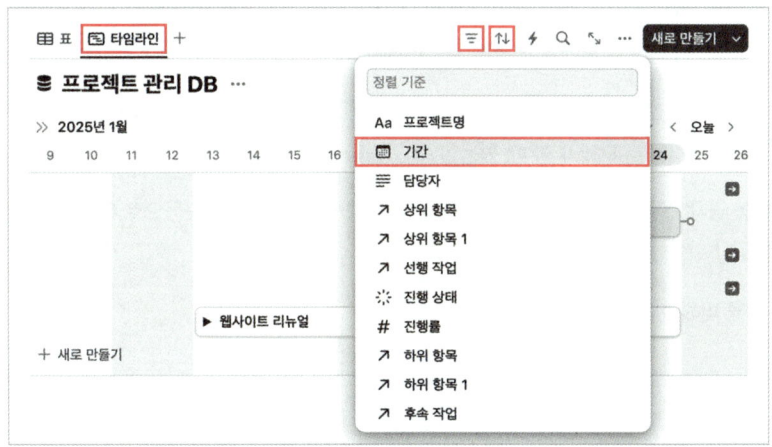

Notion 04 데이터베이스 활용하기 ■ 233

데이터베이스 날짜 속성에서 설정한 날짜대로 타임라인이 표시가 될 텐데, 선행 작업의 오른쪽 끝에 마우스를 대면 주황색 선과 원이 나타나고, 이를 드래그 앤 드롭하여 후행 작업의 왼쪽 끝에 붙여 주면 종속성 연결이 끝이 납니다.

그다음 타임라인 내에서 날짜를 이동해 보면 종속성을 추가할 때 설정했던 날짜 옵션에 따라 옵션이 변경됩니다.

- **날짜가 겹칠 때만 이동**: 선행 작업과 후행 작업의 날짜가 겹칠 때만 후행 작업의 날짜를 뒤로 이동합니다. 반드시 선행 작업이 끝난 이후에 후행 작업을 진행해야 할 때 이용할 수 있습니다.
- **항목 간 시간 이동과 유지**: 선행 작업과 후행 작업 사이의 시간 간격을 유지하면서 날짜를 이동합니다. 작업 간의 일정한 간격을 유지해야 할 때 활용할 수 있습니다.
- **자동으로 날짜 이동 금지**: 선행 작업의 날짜가 변경되어도 후행 작업의 날짜가 자동으로 이동하지 않습니다. 각 작업의 날짜를 개별적으로 관리해야 할 때 사용할 수 있습니다.
- **주말 피하기**: 주말을 피해 날짜를 이동해줍니다.

작업

작업은 데이터베이스 자체를 '작업'으로 지정해 노션 왼쪽 사이드바에 있는 '홈'에서 볼 수 있습니다. 사용자 지정에 들어와 작업을 [**추가**]해 보세요.

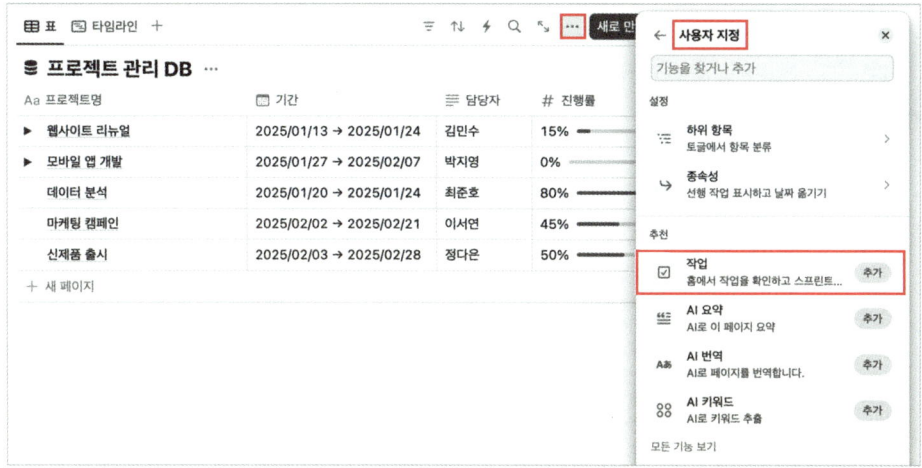

개인 홈에서 작업 데이터베이스에 있는 여러 작업들을 볼 수 있다고 나타나며, 담당자, 상태, 기간을 설정하라는 안내가 나옵니다. [작업 데이터베이스로 전환] 버튼을 눌러보세요. 작업을 하기로 선택한 데이터베이스에 3가지 속성 중 1개라도 없으면, 해당 속성을 자동으로 생성하고, 숨겨줍니다.

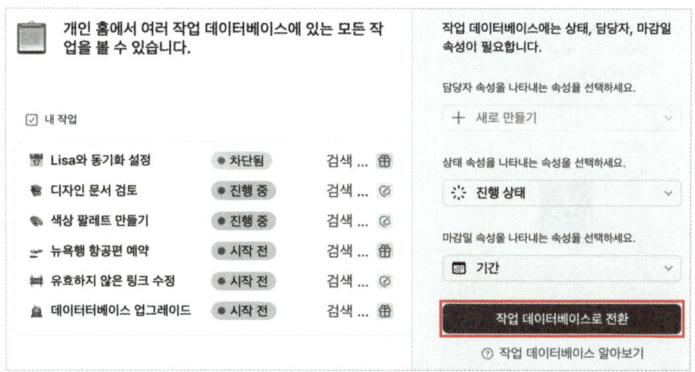

그 후 왼쪽 사이드바의 [홈] 버튼을 통해 홈 화면에 들어오면 데이터베이스가 [내 작업]에 들어와 있는 걸 볼 수 있습니다.

[내 작업]에 여러 데이터베이스를 작업으로 추가했다면, 필터를 통해 어떤 데이터베이스에서 어떤 기준으로 작업을 불러올지 세부적으로 설정할 수 있어, 해야 할 작업을 한눈에 파악할 수 있습니다.

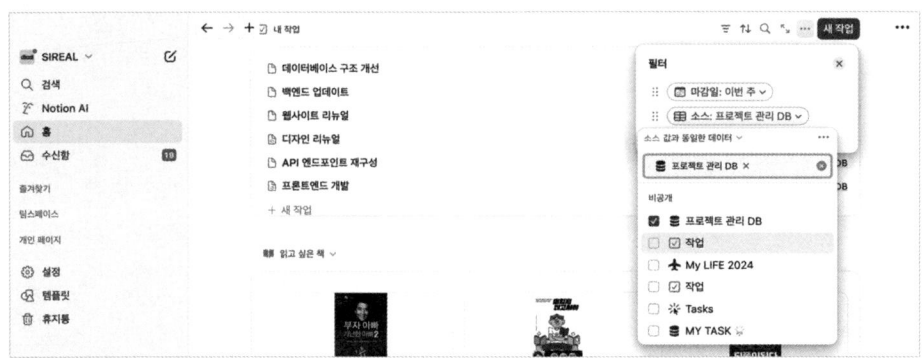

AI와 자동화

AI는 Chapter 5, 자동화는 Chapter 6에서 자세히 설명드리겠습니다.

▶ **특정 값을 한 번에 바꾸는 데이터베이스 일괄 변경**

데이터베이스 내에 특정 페이지들의 값을 한꺼번에 변경하고 싶으신가요? 각 페이지 앞의 체크박스를 누르고 나타나는 팝업에서 원하는 값을 선택하면 일괄 변경할 수 있습니다. 예를 들어, 아래 이미지에서 **[백엔드 업데이트]** 항목에 들어 있는 모든 값을 '시작 전'에서 '진행 중'으로 변경하고 싶다면 아래 이미지처럼 데이터베이스 페이지 앞에 체크박스를 선택한 다음 위에 나타나는 팝업 중 변경하고 싶은 값을 선택해 보세요. 특정 값들을 한 번에 변경할 수 있습니다.

MEMO

Chapter 04

수식, 관계형 데이터베이스 그리고 롤업

Notion을 사용하면서 가장 어려울 수 있는 내용이 바로 함수와
관계형 데이터베이스, 롤업 정도일 것입니다. 하지만 이제 안심하세요.
이번 Chapter에서 완벽하게 정리하고 넘어가면 됩니다.
엑셀만큼 함수가 많지 않고 엑셀과 사용 방법이 조금 다르지만 알아두면
이제 엑셀에서 작성하던 문서까지도 Notion으로 옮길지 모릅니다.

Notion 01 수식 작성의 기본, 열 선택 또는 빌트인

Notion 02 사칙연산 및 결과를 비교하는 연산자

Notion 03 텍스트

Notion 04 숫자

Notion 05 날짜

Notion 06 배열

Notion 07 고급 같은 기본 기능, 관계형 데이터베이스와 롤업

Notion 01 수식 작성의 기본, 열 선택 또는 빌트인

Notion에서 함수를 사용하려면 수식 속성을 생성하고, 해당 열에서 빈칸을 클릭해 수식을 입력하면 됩니다. 이때 나타나는 수식 창 왼쪽에는 데이터베이스의 다른 열을 선택할 수 있는 속성과 참, 거짓과 같은 상수가 표시됩니다.

▶ 속성: 데이터베이스의 열

Notion에서 함수를 사용할 때는 데이터 별로 적용하지 않고 열 전체에 적용합니다. 속성 항목에 표시된 목록을 보면 현재 데이터베이스의 각 열 이름인 것을 알 수 있고, 클릭해서 선택하면 수식 입력줄에 '속성 유형 아이콘 + 속성 이름' 형태로 표시됩니다. 그대로 [완료]를 클릭하면 현재 열 값이 선택한 열과 동일한 값으로 채워집니다. 여기서 기억할 점은, 보이는 모습은 속성 유형 아이콘 + 속성 이름이지만 직접 입력할 때는 prop("속성 이름") 형태로 입력하고, 특정 열의 값을 인수로 사용할 때도 prop("열 이름") 형태로 입력한다는 점입니다.

- prop("열 이름"): 지정한 열을 인수로 사용합니다.

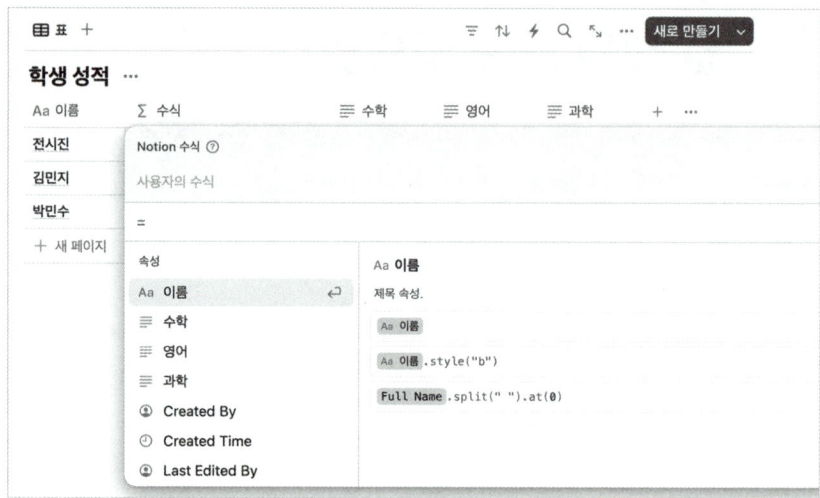

▶ 빌트인

빌트인에는 부정문을 사용할 수 있는 not과 참/거짓을 판별하는 true/false가 포함되어 있습니다.

- **not**: 논릿값에 들어가는 인수로 다른 함수와 함께 사용됩니다. 특정 조건이 true일 경우 false를 출력하고, 조건이 false일 경우 true를 출력합니다. not만 입력한 후 [완료]를 클릭하면 기존 값의 반대 값이 모든 열에 입력됩니다.
  > ▶ 깨알 tip not 함수는 다른 조건문과 함께 사용하여 특정 조건을 부정하거나, 논리적 반대 상황을 처리하는 데 활용됩니다. 조건과 조합하여 보다 유연한 데이터를 관리할 수 있습니다.

- **true**: 논릿값에 들어가는 인수로 다른 함수와 함께 사용됩니다. true만 입력한 후 [완료]를 클릭하면 해당 열에는 모두 체크된 박스가 입력됩니다.

- **false**: 논릿값에 들어가는 인수로 다른 함수와 함께 사용됩니다. false만 입력한 후 [완료]를 클릭하면 해당 열에는 모두 체크가 해제된 박스가 입력됩니다.
  > ▶ 깨알 tip true/false는 수식의 결과로 true 또는 false가 표시되게 하여, 해당 열이 조건에 맞으면 체크된 박스가 표시되고, 맞지 않으면 체크가 해제된 박스가 표시되게 하는 용도로 활용합니다. 자세한 사용 방법은 이후 if 기본 함수를 다룰 때 확인할 수 있습니다.

Notion 02 사칙연산 및 결과를 비교하는 연산자

데이터베이스에 수식 속성을 지정하면 엑셀처럼 간단한 사칙연산을 사용할 수 있습니다. 예를 들어 덧셈을 하려면 수식 창 상단에 있는 수식 입력줄에 3+2와 같이 입력합니다. 엑셀과 다른 점은 수식 앞에 =을 입력하지 않는 것입니다. 다른 연산도 마찬가지입니다. 이러한 기본 연산이나 크기 비교는 기본적으로 두 개의 인수를 지정해서 그 결과를 계산합니다.

이번에는 본격적으로 Notion의 다양한 함수를 이용해 원하는 결과를 도출해 봅니다. 다음과 같이 임의로 만든 표 보기의 데이터베이스를 기준으로 결과를 확인해 봅니다.

대학생	직장인	수식
3	2	
3	3	
3	4	

▶ if, ifs: 조건의 참, 거짓을 구분하는 함수

if 수식의 기본적인 사용 방법은 엑셀의 if 함수와 유사하며 다음과 같은 형태로 입력합니다.

- **if(조건, 참, 거짓)**: 지정한 조건이 참일 때 "참"을, 거짓일 때 "거짓"을 출력합니다.

예를 들어, 대학생 열의 값보다 직장인 열의 값이 크면 true, 작으면 false가 입력되는 수식이라면 if(prop("대학생") > prop("직장인"), true, false)로 작성하고 [완료]를 클릭합니다. 아래와 같이 true가 결괏값이면 체크된 박스가 입력되고, false가 결괏값이면 체크 해제된 박스가 입력됩니다.

만약 조건에 따라 체크박스 형태가 아닌 원하는 텍스트가 표시되게 하려면 if(prop("대학생") > prop("직장인"), "학교", "회사") 형태로 조건에 따라 표시될 텍스트를 "" 안에 입력합니다.

- ifs는 다중 조건이 필요할 때 사용하는 수식입니다.
- **ifs(조건1, 참1, 조건2, 참2, 조건3, 참3, … , 거짓)**: 조건1이 참이면 "참1", 조건2가 참이면 "참2", 모든 조건이 거짓이면 "거짓"을 출력합니다.

예를 들어, 직장인의 값이 2면 "2등급", 3이면 "3등급", 4면 "4등급", 모두 아니라면 "등급 없음"으로 표시해 보겠습니다. 아래와 같은 이미지가 만들어집니다.

학생 성적

Aa 이름	≡ 대학생	≡ 직장인	∑ 수식
전시진	3	2	2등급
김민지	3	3	3등급
전용운	3	4	4등급
+ 새 페이지			

Notion 수식 ⓘ
```
ifs(
  ≡ 직장인 == "2", "2등급",
  ≡ 직장인 == "3", "3등급",
  ≡ 직장인 == "4", "4등급",
  "등급 없음")
```
= 4등급

결과 없음

> ▶ **깨알 tip** 수식을 1열로 길게 작성하면 가독성이 떨어져 수식을 정확히 이해하기 어려울 수 있습니다. 이럴 때는 띄어쓰기 Space 나 줄바꿈 Shift + Enter 을 활용해 보세요. 띄어쓰기와 줄바꿈은 수식의 결과에 영향을 주지 않으므로, 수식을 깔끔하고 보기 좋게 정리하는 데 유용합니다.

▶ and, or: 두 조건 모두 충족하거나, 하나만 충족하거나

지정한 두 개의 인수 값이 모두 true인지(and), true가 하나라도 있는지(or) 확인할 수 있습니다. 반드시 두 개의 인수를 지정해야 합니다.

- **and(boolean, boolean)**: 두 인수의 값이 모두 true일 때만 true를 출력하며, boolean and boolean 형태로도 사용합니다.
- **or(boolean, boolean)**: 두 인수 중 하나라도 true면 true를 출력하고, 모두 false일 때만 false를 출력합니다. boolean or boolean 형태로도 사용합니다.

다음 예시는 and(prop("대학생"), prop("직장인")) 또는 prop("대학생") and prop("직장인") 형태로 입력한 결과로, 대학생 열과 직장인 열 모두 체크된 3행만 true 결괏값이 출력되었습니다.

▲ and(prop("대학생"), prop("직장인")) 결과

계속해서 아래 예시는 or(prop("대학생"), prop("직장인")) 또는 prop("대학생") or prop("직장인") 형태로 입력한 결과로, 대학생 열과 직장인 열 중 하나라도 체크되어 있으면 true 결괏값이 출력됩니다.

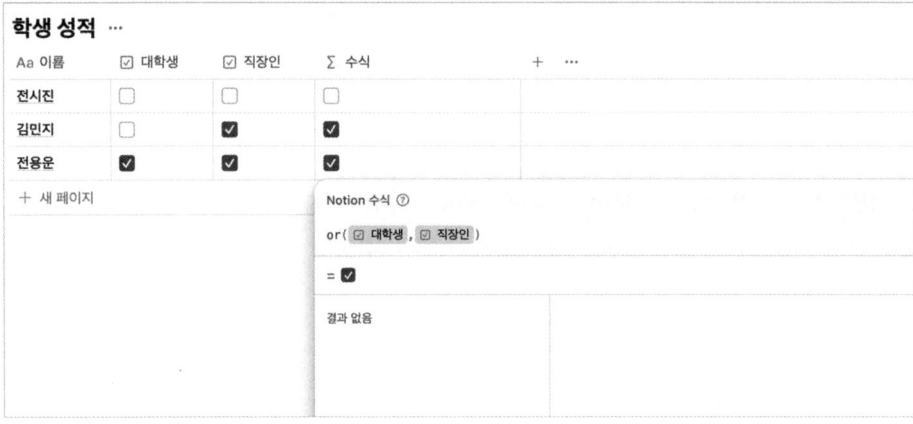

▲ or(prop("대학생"), prop("직장인")) 결과

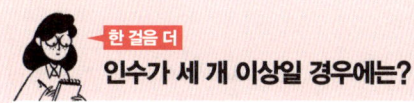

인수가 세 개 이상일 경우에는?

and, or 함수는 인수가 세 개 이상일 경우 사용할 수 없습니다. 그럼에도 세 개의 인수에 대한 결과를 얻고 싶다면 다음과 같이 함수에 함수를 넣어 중첩 함수를 만들면 됩니다.

- and(and(인수1, 인수2), 인수3)

아래 예시는 세 개의 인수가 모두 true일 때만 true가 출력되도록 and(and(prop("대학생"), prop("가수")), prop("직장인")) 형태로 작성한 결과입니다.

▶ not: 결과의 반대를 도출하는 함수

논릿값으로 결과를 출력하는 함수로, 결과가 true면 false를, false면 true를 출력합니다.

- **not(boolean)**: 논릿값을 반대로 출력하며, not boolean 형태로도 사용합니다.

▲ not(prop("대학생")) 결과

▶ test, empty: 지정한 텍스트 혹은 빈칸을 찾는 함수

지정한 열에서 지정한 텍스트가 있는지 확인하거나(test), 빈칸이 있는지 찾아(empty) true/false 논릿값으로 결과를 출력합니다.

- **test(value, text)**: value 열에서 text를 찾아 결과를 출력합니다.
- **empty(value)**: 지정한 열에서 빈 행을 찾아 결과를 출력합니다.

▲ test(prop("대학생"), 3) 결과

▲ empty(prop("대학생")) 결과

▶ contains: 텍스트나 리스트에 특정 값의 포함 여부를 확인하는 함수

텍스트 문자열이나 리스트에 특정 값이 포함되어 있는지를 확인하여, 포함되어 있으면 true, 그렇지 않으면 false를 출력하는 함수입니다. 이 함수는 텍스트나 리스트 내에서 특정 값의 존재 여부를 판단하는 데 유용합니다.

다음 예시는 취미 목록 속성에 "요리"라는 단어가 들어 있으면 true, 그렇지 않으면 false를 출력합니다.

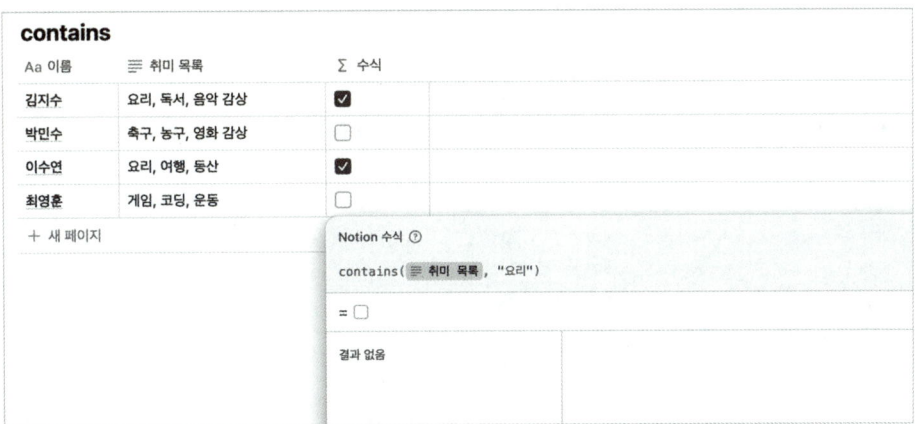

▶ equal, unequal: 두 값의 동등 및 비동등 여부를 확인하는 함수

두 값이 동일한지를 확인하여 같으면 true, 다르면 false를 출력할 때 사용하는 함수입니다. 반대로, unequal 함수는 두 값이 다른지를 확인하여 다르면 true, 같으면 false를 출력합니다.

- **equal(value, value)**: 두 인수의 값이 같을 때 true를 출력하며, **value == value** 형태로 입력해도 됩니다.

- **unequal(value, value)**: 두 인수의 값이 서로 다를 때 true를 출력하며, **value != value** 형태로 입력해도 됩니다.

아래 예시는 학생들의 목표 점수와 현재 점수가 일치하는지 비교합니다. 목표 점수와 현재 점수가 같다면 true를 출력하고, 그렇지 않다면 false를 출력합니다.

아래 예시는 학생들의 목표 점수와 현재 점수가 일치하지 않는지 비교합니다. 목표 점수와 현재 점수가 일치하지 않는다면 true를, 일치한다면 false를 출력합니다.

Notion 03 텍스트

데이터베이스에서는 텍스트 데이터를 매우 자주 다룹니다. 여러 속성의 값을 하나의 속성에 결합해 값을 표시하거나, 긴 문자열 중 일부만 잘라서 사용하는 경우가 많습니다. 예를 들어 이름과 전화번호가 있을 때, 이름이 같은 경우에는 이름과 전화번호 뒷자리를 조합해서 하나의 값으로 사용할 수 있습니다. 또한, 이메일의 ID와 @ 뒤에 있는 도메인을 별개로 받아야 할 때 메일 주소를 받아두고, 텍스트를 나누기도 합니다. 그 외에도 텍스트를 합치거나, 특정 문자를 다른 글자로 대체하는 등 다양한 방식으로 활용할 수 있습니다. 이번에는 텍스트에는 어떤 수식과 함수가 사용되는지 알아보겠습니다.

▶ length: 텍스트나 리스트의 길이를 출력하는 함수

텍스트 문자열의 문자 수나 리스트(배열)의 요소 개수를 출력하는 함수입니다. 이 함수를 사용하면 텍스트의 길이나 리스트의 크기를 쉽게 파악할 수 있습니다.

- **length(text or list)**: 텍스트의 개수를 출력합니다.

다음 예시는 [텍스트 내용] 속성에 있는 글자의 수를 세어줍니다.

Aa 이름	≡ 텍스트 내용	∑ length	≔ 다중 선택	∑ length (다중 선택)
김민수	노션을 사용해 봤어요.	12	a b	2
박지영	오늘 날씨가 좋네요.	11	a b c	3
이수연	노션 강의를 들었어요.	12	d e f	3
최은지	재미있는 영화 봤어요.	12	a b c d e	5
정하늘	노션은 정말 편리해요.	12	b d	2

Notion 수식
length(≡ 텍스트 내용)
= 12
결과 없음

아래 예시는 [다중 선택] 속성에 있는 항목의 수를 세어줍니다.

Aa 이름	≡ 텍스트 내용	∑ length	≔ 다중 선택	∑ length (다중 선택)
김민수	노션을 사용해 봤어요.	12	a b	2
박지영	오늘 날씨가 좋네요.	11	a b c	3
이수연	노션 강의를 들었어요.	12	d e f	3
최은지	재미있는 영화 봤어요.	12	a b c d e	5
정하늘	노션은 정말 편리해요.	12	b d	2

Notion 수식
length(≔ 다중 선택)
= 2
결과 없음

▶ substring: 텍스트의 특정 부분을 추출하는 함수

텍스트에서 시작 인덱스부터 끝 인덱스까지의 부분 문자열을 출력하는 함수입니다. 이 함수를 사용하면 텍스트의 특정 부분을 쉽게 추출할 수 있습니다.

- substring(text, startIndex, endIndex)

다음은 [텍스트 내용] 속성에 있는 글자 중 처음에서부터 2번째 글자까지 추출한 예시입니다.

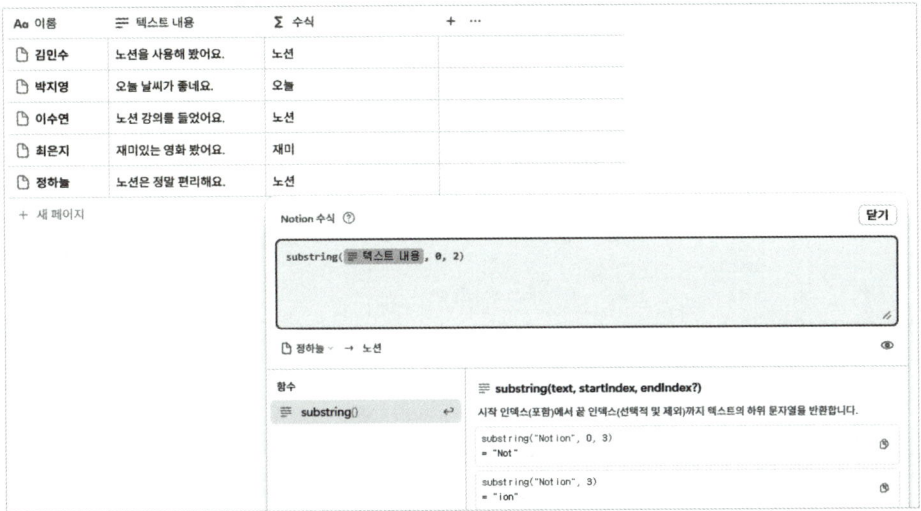

▶ 깨알 tip 인덱스는 0부터 시작하므로, 첫 번째 문자는 인덱스 0에 해당합니다. 첫 문자열을 1로 시작하면, 글자상 두 번째 문자부터 추출합니다.

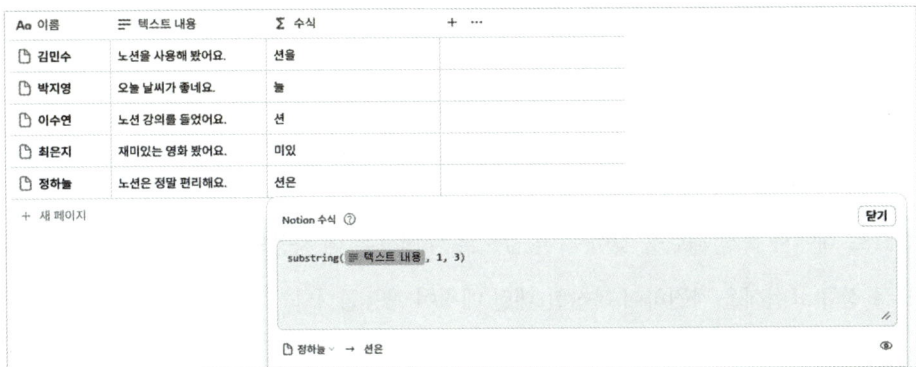

endIndex를 지정하지 않으면 startIndex부터 문자열의 끝까지 추출합니다.

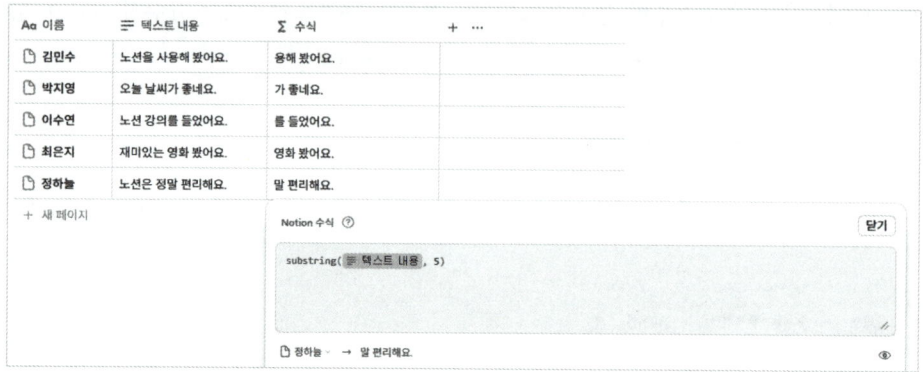

음수 인덱스를 사용하면 문자열의 끝에서부터 계산하여 추출할 수 있습니다. 예를 들어, substring("노션은 정말 편리해요", -5)은 "편리해요"를 출력합니다.

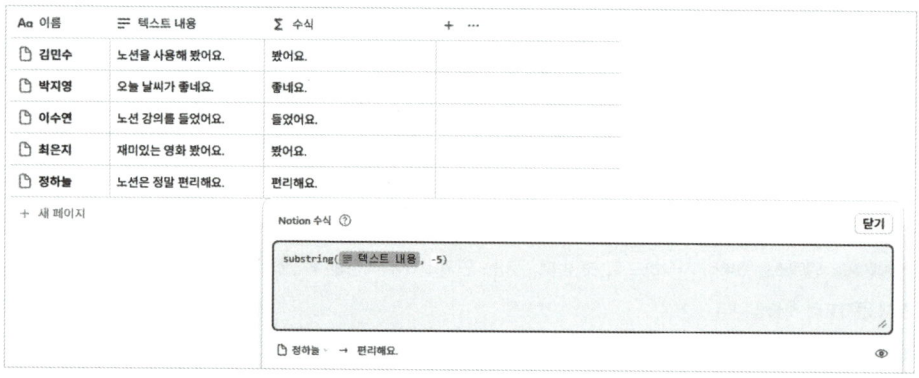

▶ **replace, replaceAll: 텍스트에서 특정 패턴을 대체하는 함수**

텍스트 내에서 특정 패턴을 찾아 다른 값으로 대체하는 데 사용되는 함수입니다. 두 함수 모두 정규 표현식을 지원하여 복잡한 패턴 매칭이 가능합니다.

- replace(text, pattern, replacement)
- replaceAll(text, pattern, replacement)
  - **text**: 원본 텍스트입니다.
  - **pattern**: 찾고자 하는 문자열이나 정규 표현식 패턴입니다.
  - **replacement**: 대체할 문자열입니다.
- **replace 함수**는 text에서 pattern과 일치하는 첫 번째 항목만 찾아 replacement로 대체합니다.
- **replaceAll 함수**는 text에서 pattern과 일치하는 모든 항목을 찾아 replacement로 대체합니다.

다음 예시는 [텍스트 내용] 속성의 글자 중 첫 번째로 매칭되는 "노션"이라는 단어를 "Notion"으로 변경하는 수식입니다.

Aa 이름	텍스트 내용	∑ replace
김민수	노션은 노션입니다	Notion은 노션입니다
박지영	오늘은 좋은 날이에요.	오늘은 좋은 날이에요.
이수연	노션과 노션 사용자들	Notion과 노션 사용자들
최은지	재미있는 영화 봤어요.	재미있는 영화 봤어요.
정하늘	노션은 편리한 노션이에요	Notion은 편리한 노션이에요

Notion 수식
`replace( 텍스트 내용 , "노션", "Notion")`
= Notion은 편리한 노션이에요
결과 없음

아래 예시는 [텍스트 속성]에 있는 글자 중 "노션"이라는 글자를 "Notion"으로 모두 변경하는 수식입니다.

Aa 이름	텍스트 내용	∑ 사용된 수식 (모두)
김민수	노션은 노션입니다	Notion은 Notion입니다
박지영	오늘은 좋은 날이에요.	오늘은 좋은 날이에요.
이수연	노션과 노션 사용자들	Notion과 Notion 사용자들
최은지	재미있는 영화 봤어요.	재미있는 영화 봤어요.
정하늘	노션은 편리한 노션이에요	Notion은 편리한 Notion이에요

Notion 수식
`replaceAll( 텍스트 내용 ,"노션","Notion")`
= Notion은 편리한 Notion이에요
결과 없음

▶ lower, upper: 텍스트의 대소문자를 변환하는 함수

텍스트 문자열의 모든 문자를 각각 소문자 또는 대문자로 변환하는 데 사용되는 함수입니다. 이러한 함수는 텍스트 데이터를 일관되게 관리하거나 대소문자를 구분하지 않고 비교할 때 유용합니다.

- **lower(text)**
- **upper(text)**

아래 예시는 [**텍스트 내용**] 속성에 있는 글자 중 대문자인 글자를 모두 소문자로 변경하는 수식입니다.

Aa 이름	≡ 텍스트 내용	∑ lower
김민수	Notion은 유용해요.	notion은 유용해요.
박지영	오늘 날씨가 좋아요.	오늘 날씨가 좋아요.
이수연	노션 강의가 있습니다.	노션 강의가 있습니다.
최은지	Happy New Year!	happy new year!
정하늘	노션 활용 가이드	
+ 새 페이지		

Notion 수식 ⓘ
lower(≡ 텍스트 내용)
= happy new year!
결과 없음

아래 예시는 [**텍스트 내용**] 속성에 있는 글자 중 소문자를 모두 대문자로 변경하는 수식입니다.

Aa 이름	≡ 텍스트 내용	∑ 사용된 수식 (대문자)
김민수	Notion은 유용해요.	NOTION은 유용해요.
박지영	오늘 날씨가 좋아요.	오늘 날씨가 좋아요.
이수연	노션 강의가 있습니다.	노션 강의가 있습니다.
최은지	Happy New Year!	HAPPY NEW YEAR!
정하늘	노션 활용 가이드	
+ 새 페이지		

Notion 수식 ⓘ
upper(≡ 텍스트 내용)
= HAPPY NEW YEAR!
결과 없음

▶ **repeat: 텍스트를 지정한 횟수만큼 반복하는 함수**

특정 텍스트를 원하는 횟수만큼 반복하여 출력하는 데 사용되는 함수입니다. 이 함수는 텍스트를 반복적으로 입력해야 할 때 유용하게 활용할 수 있습니다.

- repeat(text, count)

아래 예시는 [텍스트 내용] 속성에 있는 글자를 5번씩 반복한 결과입니다.

Aa 이름	≡ 텍스트 내용	∑ repeat	+ ...
김민수	★	★★★★★	
박지영	중요!	중요!중요!중요!중요!중요!	
이수연	Hello	HelloHelloHelloHelloHello	
최은지	😊	😊😊😊😊😊	
정하늘	노션을 사용해요!		

Notion 수식 ⓘ
repeat(≡ 텍스트 내용 ,5)
= 😊😊😊😊😊
결과 없음

▶ **padStart, padEnd: 텍스트를 지정한 길이까지 특정 문자열로 채우는 함수**

텍스트의 시작 또는 끝을 지정한 길이까지 특정 문자열로 채워주는 데 사용되는 함수입니다. 이러한 함수는 텍스트를 일정한 길이로 맞추거나 포맷팅할 때 유용합니다.

- padStart(text, targetLength, padString)
- padEnd(text, targetLength, padString)
  - text: 원본 텍스트 문자열입니다.
  - targetLength: 최종 문자열의 목표 길이입니다.
  - padString: 채우는 데 사용할 문자열입니다.

아래 예시는 [텍스트 내용] 속성에 있는 글자를 앞에서부터 총 10글자가 되도록 *로 문자를 채운 결과입니다.

Aa 이름	≡ 텍스트 내용	∑ padStart
김민수	Hello	*****Hello
박지영	Hi	********Hi
이수연	Notion	****Notion
최은지	😀	*********😀
정하늘	Test	******Test

Notion 수식 ⓘ
padStart(≡ 텍스트 내용 ,10,"*")

= ******Test

결과 없음

아래 예시는 [텍스트 내용] 속성의 글자가 총 10글자가 될 때까지 뒤에서부터 특수문자 ■를 채워 넣은 결과입니다.

Aa 이름	≡ 텍스트 내용	∑ padEnd
김민수	Hello	Hello■■■■■
박지영	Hi	Hi■■■■■■■■
이수연	Notion	Notion■■■■
최은지	😀	😀■■■■■■■■■
정하늘	Test	Test■■■■■■

Notion 수식 ⓘ
padEnd(≡ 텍스트 내용 ,10,"■")

= Test■■■■■■

결과 없음

▶ link: 텍스트에 하이퍼링크를 추가하는 함수

주어진 텍스트에 특정 URL을 연결하여 하이퍼링크를 생성하는 함수입니다. 이 함수를 사용하면 텍스트를 클릭하여 해당 URL로 이동할 수 있습니다.

- link(text, url)
  - **text**: 하이퍼링크로 표시할 텍스트입니다.
  - **url**: text에 연결할 웹 주소입니다.
- link("Notion 공식 사이트", "https://www.notion.so")

아래 예시는 [텍스트 내용]에 있는 "Sireal YouTube"라는 글자에 "https://www.youtube.com/@sirealco"를 넣은 결과입니다.

Aa 이름	≡ 텍스트 내용	∑ 사용된 수식	+ ···
김민수	Sireal	Sireal	
박지영	Sireal Instagram	Sireal Instagram	
이수연	Sireal YouTube	Sireal YouTube	
최은지	Sireal Blog		
+ 새 페이지			

Notion 수식 ⓘ

link(≡ 텍스트 내용 , "https://www.youtube.com/@sirealco")

= Sireal YouTube

결과 없음

▶ style, unstyle: 텍스트에 서식을 추가하거나 제거하는 함수

텍스트에 다양한 서식과 색상을 적용하여 강조하거나 구분할 수 있게 해 주는 함수입니다. 반대로, unstyle 함수는 텍스트에서 특정 서식을 제거하거나 모든 서식을 초기화하는 데 사용됩니다.

- style(text, style1, style2, ...)

- unstyle(text, style1, style2, ...)

    - **text**: 서식을 적용하거나 제거할 원본 텍스트입니다.
    - **style1, style2, ...**: 적용하거나 제거할 서식의 종류입니다.

유효한 서식 스타일:

- "b": 굵게(bold)

- "u": 밑줄(underline)

- "i": 기울임꼴(italics)

- "c": 코드(code)

- "s": 취소선(strikethrough)

유효한 색상: "gray", "brown", "orange", "yellow", "green", "blue", "purple", "pink", "red"

배경색을 설정하려면 색상에 "_background"를 추가합니다. 예를 들어, "blue_background"는 파란색 배경을 의미합니다.

아래 예시는 **[텍스트 내용]** 속성에 들어 있는 글자를 굵게, 인라인 코드, 파란색 글씨, 노란색 배경을 설정한 결과입니다.

Aa 이름	≡ 텍스트 내용	∑ style	+ ...
김민수	중요한 알림입니다	중요한 알림입니다	
박지영	긴급 상황	긴급 상황	
이수연	필수 공지	필수 공지	
최은지	참고 사항	참고 사항	
정하늘	새 공지입니다!	새 공지입니다!	

+ 새 페이지

Notion 수식 ⓘ
style(≡ 텍스트 내용,"b","c","blue","yellow_background")

= 새 공지입니다!

결과 없음

아래 예시는 스타일이 적용된 [style] 속성에서 굵게, 파란색 글씨 스타일을 제거한 결과입니다.

Aa 이름	≡ 텍스트 내용	∑ style	∑ unstyle	+ ···
김민수	중요한 알림입니다	중요한 알림입니다	중요한 알림입니다	
박지영	긴급 상황	긴급 상황	긴급 상황	
이수연	필수 공지	필수 공지	필수 공지	
최은지	참고 사항	참고 사항	참고 사항	
정하늘	새 공지입니다!	새 공지입니다!	새 공지입니다!	

Notion 수식 ⓘ
unstyle(∑ style ,"b","blue")
= 새 공지입니다!
결과 없음

▶ format, toNumber: 값의 형식을 변환하는 함수

두 함수는 각각 숫자나 날짜 등의 값을 텍스트로 변환하거나, 텍스트를 숫자로 변환하는 데 사용되는 함수입니다. 이러한 함수들은 데이터의 형식을 일관되게 관리하거나 계산에 활용할 때 유용합니다.

- **format(value)**: format 함수는 숫자, 날짜, 불리언(Boolean, 빌트인 값) 등의 값을 텍스트 형식으로 변환합니다.
  - **Boolean**: 불리언은 수식 설명 창에 표시되는 데이터 유형이며, 참(true) 또는 거짓(false)을 나타내는 값입니다. 여기서는 빌트인과 동일하게 사용합니다.
- **toNumber(value)**: toNumber 함수는 텍스트나 불리언 값을 숫자 형식으로 변환합니다.
  - **value**: 텍스트로 변환하려는 값입니다.

다음 예시는 숫자 속성을 format 수식으로 불러온 값입니다. 숫자를 글자 형식으로 불러오면 왼쪽 정렬이 되고, 숫자 형식으로 불러오면 오른쪽 정렬이 되는데, 다음 이미지에서는 왼쪽 정렬이 된 걸 볼 수 있습니다.

format, toNumber

Aa 이름	원본 값	∑ format
김민수	1234	1234
박지영	"42"	
이수연	true	Notion 수식 ⓘ
최은지	now()	format(원본 값)
정하늘	"500 apples"	= 1234
		결과 없음

바로 아래에는 같은 숫자를 toNumber 수식으로 숫자 형식으로 불러온 예시입니다. 숫자는 오른쪽 정렬이 됩니다. 숫자 형식으로 변경할 수 없는 글자들은 빈칸으로 표시됩니다.

format, toNumber

Aa 이름	원본 값	∑ format	∑ toNumber
김민수	1234	1234	1234
박지영	"42"	"42"	
이수연	true	true	Notion 수식 ⓘ
최은지	now()	now()	toNumber(원본 값)
정하늘	"500 apples"	"500 apples"	= 1234
			결과 없음

이외에도 논릿값(boolean)의 true는 1, false는 0으로 출력됩니다. toNumber 함수는 텍스트 속성이지만 숫자가 입력된 열에서 임시로 계산을 해야 할 때 사용할 수 있습니다.

- **텍스트 속성**: 텍스트에서 숫자만 출력합니다.
- **체크박스 속성**: 체크 상태(true)이면 1을, 해제 상태(false)이면 0을 출력합니다.
- **날짜 속성**: 날짜를 밀리초로 환산해서 출력합니다.

▶ name: 사람(Person) 속성에서 이름을 추출하는 함수

사람(Person) 속성에서 사용자의 이름을 추출하는 데 사용되는 함수입니다. 이 함수를 통해 데이터베이스 내에서 사람 속성의 이름 정보를 쉽게 가져올 수 있습니다.

- **name(person)**
  - **person**: 이름을 추출하려는 사람(Person) 속성입니다.

아래 예시는 [생성자] 속성에 있는 사람의 이름을 불러온 결과입니다.

▶깨알 tip 사람 속성에 있는 사용자의 이름을 불러올 때에는 나중에 배울 배열(list) 형식에 맞게 가져와야 합니다. 따라서 아래 이미지와 같이 map 수식을 사용해서 사람 속성을 불러와 보세요. 사람 속성에 있는 사람의 이름을 불러올 수 있습니다.

- **map**: 사람 속성을 불러옵니다.
- **format**: 불러온 속성을 글자로 변환해줍니다.

▶ email: 사람(Person) 속성에서 이메일 주소를 추출하는 함수

사람(Person) 속성에서 사용자의 이메일 주소를 추출하는 데 사용되는 함수입니다. 데이터베이스 내에서 사람 속성의 이메일 정보를 쉽게 가져올 수 있습니다.

- email(person)
  - person: 이메일 주소를 추출하려는 사람(Person) 속성입니다.

아래 예시는 [생성자] 속성에 있는 사람의 이메일 주소를 추출한 결과입니다.

▶ 깨알 tip 사람 속성에 있는 email 주소를 추출할 때는 아래 이미지처럼 map 수식을 함께 사용해 보세요. 사람 속성의 값을 map 수식으로 불러와서, 이메일 수식을 이용하면 사람 속성에 있는 사용자의 이메일을 추출할 수 있습니다.

Notion
04 숫자

숫자도 매우 자주 사용하는 속성 중 하나죠. 기본적인 사칙연산부터 pi나 log 같은 수식까지 사용할 수 있지만, 수학 공식에 관련된 내용을 전문적으로 다루지 않는다면 사칙연산과 더불어 반올림, toNumber 수식 정도만 알고 있어도 숫자를 다루는데에는 전혀 문제가 없습니다. 자주 사용하지 않는 수식은 건너뛰고 필요한 것만 선택해서 익히셔도 좋습니다.

▶ add: 숫자나 텍스트를 더하거나 연결하는 함수

두 숫자를 더할 때 사용하는 함수입니다. 데이터베이스에서 수량을 합산할 때 유용하게 활용할 수 있습니다.

- **add(number, number)**: 덧셈 결과를 출력하며, **number + number** 형태로 입력해도 됩니다.

다음 예시는 [**값 1**], [**값 2**] 속성에 있는 숫자를 add 수식으로 더한 결과입니다. 숫자 속성이기 때문에 숫자를 더한 값이 출력됩니다.

Aa 이름	# 값 1	# 값 2	∑ add(Number)	≡ 사용된 수식 (텍스트)	+ ···
김민수	5	10	15	N/A	
박지영	7	30	37	N/A	
정하늘	42	8	50	N/A	
이수연					
최은지					
+ 새 페이지					

Notion 수식 ⓘ
add(# 값 1 , # 값 2)
= 50
결과 없음

▶ 깨알 tip   add() 수식을 사용할 수는 없지만 + 기호로 글자를 연결할 수는 있습니다. 아래 예시에는 [값 1], [값 2]의 속성값들을 + 기호로 결합한 결과입니다.

Aa 이름	≡ 값 1	≡ 값 2	∑ add(text)	+ ···
김민수	5	10	510	
박지영	7	30	730	
정하늘	42	8	428	
이수연	Hello	World!	HelloWorld!	
최은지	Good	Morning	GoodMorning	

▶ subtract: 두 숫자 간의 차를 계산하는 함수

두 숫값의 차를 계산하여 출력하는 함수입니다. 이 함수는 수식에서 직접 사용할 수 있으며, 숫자 속성 간의 뺄셈을 수행할 때 유용합니다.

- **subtract(number, number)**: 뺄셈 결과를 출력하며, number – number 형태로 입력해도 됩니다.

아래 예시처럼 [값 1], [값 2]를 subtract 수식과 함께 쓰면 값 1에서 값 2의 숫자를 뺄 수 있습니다.

Aa 이름	# 값 1	# 값 2	∑ subtract	+ ···
김민수	5	10	-5	
박지영	7	30	-23	
정하늘	42	8	34	
+ 새 페이지				

Notion 수식 ⓘ
subtract(# 값 1 , # 값 2)
= 34
결과 없음

▶ multiply, divide: 숫자 간의 곱셈과 나눗셈을 수행하는 함수

각각 두 숫자의 곱셈과 나눗셈을 수행하여 결과를 출력하는 함수입니다. 이러한 함수들은 데이터베이스 내에서 수치 계산을 할 때 유용하게 사용됩니다.

- **multiply(number, number)**: 곱셈 결과를 출력하며, number * number 형태로 입력해도 됩니다.
- **divide(number, number)**: 나눗셈 결과를 출력하며, number / number 형태로 입력해도 됩니다.

Aa 이름	# 값 1	# 값 2	∑ multiply
김민수	5	10	50
박지영	7	30	210
정하늘	42	8	336

Notion 수식 ⓘ
multiply(# 값 1 , # 값 2)
= 336
결과 없음

▲ multiply 수식으로 값을 곱한 결과

Aa 이름	# 값 1	# 값 2	∑ divide
김민수	5	10	0.5
박지영	7	30	0.233333333333
정하늘	42	8	5.25

Notion 수식 ⓘ
divide(# 값 1 , # 값 2)
= 5.25
결과 없음

▲ divide 수식으로 값을 나눈 결과

▶ pow, mod: 거듭제곱과 나머지를 계산하는 함수

각각 숫자의 거듭제곱과 나눗셈의 나머지를 계산하는 데 사용되는 함수입니다. 이러한 함수들은 수학적 계산을 수행할 때 유용하게 활용할 수 있습니다.

- **pow(number, number)**: pow 함수는 주어진 숫자를 특정 지수로 거듭제곱한 결과를 출력합니다.
- **mod(number, number)**: 함수는 첫 번째 숫자를 두 번째 숫자로 나눈 후 나머지를 출력합니다.

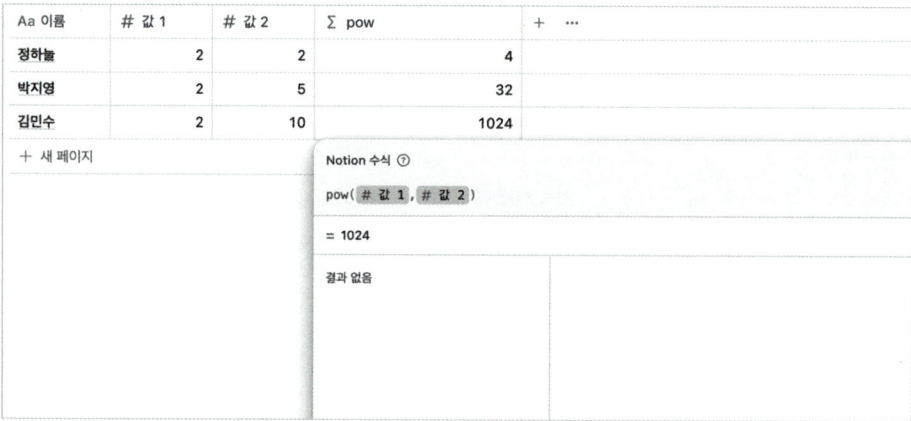

▲ pow 수식을 이용해 출력한 결과

▲ mod 수식을 이용해 출력한 결과

▶ abs: 숫자의 절댓값을 출력하는 함수

주어진 숫자의 절댓값을 출력하는 함수입니다. 절댓값은 숫자의 부호를 제거한 값으로, 숫자가 0에서 얼마나 떨어져 있는지를 나타냅니다.

- **abs(number)**: 절댓값을 출력합니다.

Aa 이름	# 입력 값	∑ abs
김민수	10	10
박지영	-25	25
이수연	0	0
최은지	-100	100
정하늘	42	42

Notion 수식 ⓘ
abs(# 입력 값)
= 42
결과 없음

▲ abs 수식으로 절대값을 출력한 결과

▶ ceil, floor, round: 숫자를 올림, 내림, 반올림하는 함수

숫잣값을 각각 올림, 내림, 반올림하여 정수로 출력하는 함수입니다. 이러한 함수들은 계산 결과를 정수로 표현하거나 소수점 이하 자릿수를 조정할 때 유용하게 사용됩니다.

- **ceil(number)**: 값을 올림하여 출력합니다.
- **floor(number)**: 값을 내림하여 출력합니다.
- **round(number)**: 값을 반올림하여 출력합니다.

Aa 이름	# 입력 값	∑ ceil	∑ floor	∑ round
김민수	2.3	3	2	2
박지영	-2.7	-2	-3	-3
이수연	4.5	5	4	5
최은지	0.9	1	0	1
정하늘	-0.4	0	-1	0

Notion 수식
ceil(# 입력 값)
= 0
결과 없음

▲ ceil을 이용해 올림을 출력한 결과

Aa 이름	# 입력 값	∑ ceil	∑ floor	∑ round
김민수	2.3	3	2	2
박지영	-2.7	-2	-3	-3
이수연	4.5	5	4	5
최은지	0.9	1	0	1
정하늘	-0.4	0	-1	0

Notion 수식
floor(# 입력 값)
= -1
결과 없음

▲ floor를 이용해 내림을 출력한 결과

Aa 이름	# 입력 값	∑ ceil	∑ floor	∑ round
김민수	2.3	3	2	2
박지영	-2.7	-2	-3	-3
이수연	4.5	5	4	5
최은지	0.9	1	0	1
정하늘	-0.4	0	-1	0

Notion 수식
round(# 입력 값)
= 0
결과 없음

▲ round를 이용해 반올림을 출력한 결과

▶ sqrt: 숫자의 제곱근을 계산하는 함수

주어진 숫자의 제곱근을 계산하여 출력하는 함수입니다. 제곱근은 어떤 수를 자신과 곱했을 때 원래의 수가 되는 값을 의미합니다.

- **sqrt(number)**: 제곱근을 출력합니다.

Aa 이름	# 입력 값	∑ sqrt
김민수	16	4
박지영	25	5
이수연	2.25	1.5
최은지	0.81	0.9
정하늘	100	10

Notion 수식
sqrt(# 입력 값)
= 10
결과 없음

▶ cbrt: 숫자의 세제곱근을 출력하는 함수

주어진 숫자의 세제곱근(큐브 루트)을 계산하여 출력하는 함수입니다. 세제곱근이란, 어떤 수를 세 번 곱했을 때 원래의 수가 되는 값을 의미합니다.

- **cbrt(number)**: 큐브 루트를 출력합니다.

Aa 이름	# 입력 값	∑ cbrt
김민수	16	2.51984209979
박지영	25	2.924017738213
이수연	2.25	1.310370697104
최은지	0.81	0.932169751786
정하늘	100	4.641588833613

Notion 수식
cbrt(# 입력 값)
= 4.641588833613
결과 없음

▶ exp: 자연 상수 e의 거듭제곱을 계산하는 함수

자연 상수 e(약 2.71828)를 밑(base)으로 하여 주어진 숫자의 거듭제곱 값을 계산하는 함수입니다. 이는 지수 함수의 계산에 사용되며, 로그나 지수와 관련된 수학적 계산에서 유용하게 활용됩니다.

- **exp(number)**: 지정한 숫자만큼 e 거듭제곱 결과를 출력하며, e^ number 형태로 입력해도 됩니다.

Aa 이름	# 입력 값	∑ exp
김민수	2	7.389056098931
박지영	1	2.718281828459
이수연	0	1
최은지	-1	0.367879441171
정하늘	3	20.085536923188

Notion 수식

exp(# 입력 값)

= 20.085536923188

결과 없음

▶ ln, log10, log2: 로그 함수를 사용하여 숫자의 로그값을 계산하는 함수

각각 자연 로그, 밑이 10인 로그, 밑이 2인 로그값을 계산하여 출력하는 함수입니다. 이러한 함수들은 수학적 계산이나 데이터 분석에서 로그값을 구할 때 유용하게 사용됩니다.

- **ln(number)**: ln 함수는 주어진 숫자의 자연 로그(밑이 e인 로그)를 출력합니다.
- **log10(number)**: log10 함수는 주어진 숫자의 밑이 10인 로그값을 출력합니다.
- **log2(number)**: log2 함수는 주어진 숫자의 밑이 2인 로그값을 출력합니다.

Aa 이름	# 입력 값	∑ ln	∑ log10	∑ log2	+ ···
김민수	2.718	0.999896315729	0.434249452396	1.442545456105	
박지영	100	4.605170185988	2	6.643856189775	
이수연	8	2.07944154168	0.903089986992	3	
최은지	0.5	-0.69314718056	-0.301029995664	-1	
정하늘	10	2.302585092994	1	3.321928094887	

+ 새 페이지

Notion 수식 ⓘ
ln(# 입력 값)
= 2.302585092994
결과 없음

▲ ln 수식의 결괏값

Aa 이름	# 입력 값	∑ ln	∑ log10	∑ log2	+ ···
김민수	2.718	0.999896315729	0.434249452396	1.442545456105	
박지영	100	4.605170185988	2	6.643856189775	
이수연	8	2.07944154168	0.903089986992	3	
최은지	0.5	-0.69314718056	-0.301029995664	-1	
정하늘	10	2.302585092994	1	3.321928094887	

+ 새 페이지

Notion 수식 ⓘ
log10(# 입력 값)
= 1
결과 없음

▲ log10 수식의 결괏값

Aa 이름	# 입력 값	∑ ln	∑ log10	∑ log2	+ ···
김민수	2.718	0.999896315729	0.434249452396	1.442545456105	
박지영	100	4.605170185988	2	6.643856189775	
이수연	8	2.07944154168	0.903089986992	3	
최은지	0.5	-0.69314718056	-0.301029995664	-1	
정하늘	10	2.302585092994	1	3.321928094887	

+ 새 페이지

Notion 수식 ⓘ
log2(# 입력 값)
= 3.321928094887
결과 없음

▲ log2의 결괏값

▶ sign: 양수, 음수 여부를 판단하는 함수

숫자 속성에서만 사용할 수 있으며, 지정한 값이 양수인지(1), 음수인지(-1), 혹은 0인지 판단해서 결과를 출력합니다.

- **sign(number)**: 양수일 때 1, 음수일 때 -1, 0일 때 0을 출력합니다.

Aa 이름	# 입력 값	∑ sign
김민수	10	1
박지영	-7	-1
이수연	0	0
최은지	4.5	1
정하늘	-3.2	-1

▲ sign 수식 결괏값

▶ pi, e: 수학 상수 π와 e를 출력하는 함수

각각 수학 상수인 π(파이)와 자연 상수 e의 값을 출력하는 함수입니다. 이러한 상수들은 다양한 수학적 계산에서 자주 사용됩니다.

- **pi()**: pi 함수는 원주율 π의 값을 출력합니다. π는 원의 둘레를 지름으로 나눈 값으로, 약 3.14159로 알려져 있습니다.

- **e()**: e 함수는 자연 상수 e의 값을 출력합니다. e는 자연 로그의 밑(base)으로 사용되며, 약 2.71828로 알려져 있습니다.

pi와 e 함수는 인수가 필요하지 않으며, 함수 호출 시 괄호를 포함해야 합니다.

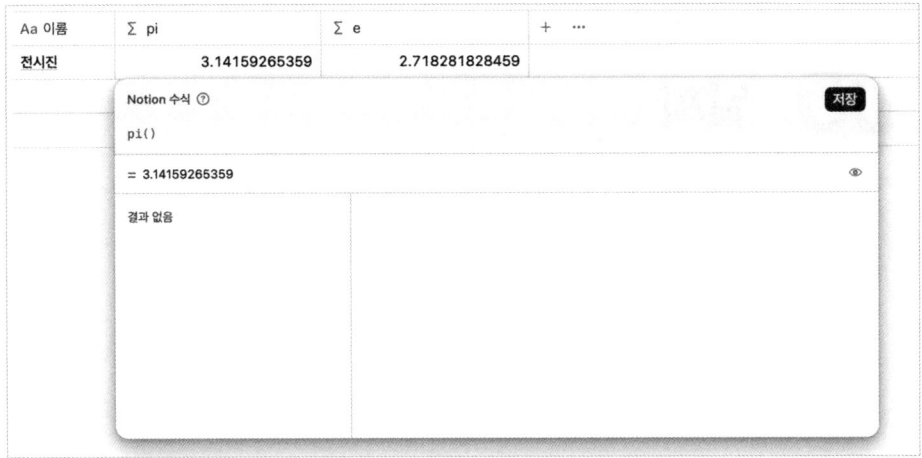

▲ pi() 수식으로 나온 결괏값

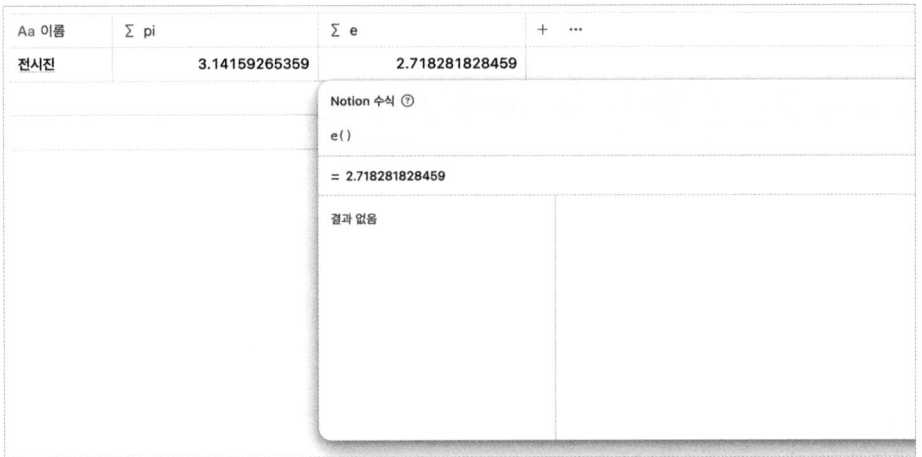

▲ e() 수식으로 나온 결괏값

Notion 05 날짜

본격적으로 노션에서 일정 관리를 시작하면 반드시 한 번은 사용하게 되는 날짜 속성입니다. 프로젝트 관리에서 일정을 다룰 때 가장 많이 사용하죠. 예를 들어, 여러 할 일 중 가장 가까운 날짜를 먼저 표시하거나, 날짜와 시간이 분리되어 있을 때 이를 합쳐 보여줄 수 있습니다. 또한 글자는 캘린더 보기에 표시가 되지 않지만, 수식을 이용하면 캘린더에도 표시할 수 있습니다. 날짜 속성에서는 연, 월, 일, 시, 분, 주, 요일과 같은 항목을 다루는 수식이 대부분이며, 연산도 어렵지 않기 때문에 익혀두시면 일정 관리가 더욱 편리해집니다.

▶ minute, hour, day, date, month, year: 날짜 및 시간 구성 요소를 추출하는 함수

주어진 날짜 값에서 각각 분, 시간, 요일, 일, 월, 연도를 추출하여 숫잣값으로 출력하는 함수입니다. 이러한 함수들은 날짜 및 시간 데이터를 세부적으로 분석하거나 특정 조건에 따라 분류할 때 유용하게 사용됩니다.

- **minute(date)**: minute 함수는 주어진 날짜 값에서 분(minute) 값을 추출하여 0부터 59 사이의 정수를 출력합니다.
- **hour(date)**: hour 함수는 주어진 날짜 값에서 시간(hour) 값을 추출하여 0부터 23 사이의 정수를 출력합니다.
- **day(date)**: day 함수는 주어진 날짜 값에서 요일(day of the week) 값을 추출하여 0부터 6 사이의 정수를 출력합니다. 여기서 0은 일요일, 1은 월요일, …, 6은 토요일을 나타냅니다.
- **date(date)**: date 함수는 주어진 날짜 값에서 일(date) 값을 추출하여 1부터 31 사이의 정수를 출력합니다.
- **month(date)**: month 함수는 주어진 날짜 값에서 월(month) 값을 추출하여 0부터 11 사이의 정수를 출력합니다. 여기서 0은 1월, 1은 2월 … 11은 12월을 나타냅니다.
- **year(date)**: year 함수는 주어진 날짜 값에서 연도(year) 값을 추출하여 4자리 정수를 출력합니다.

위와 같은 날짜 관련 함수 중 특이한 함수는 day와 month 함수로, 다음과 같이 0부터 값이 표시됩니다. 표를 보고 표시되는 숫자가 의미하는 요일과 월을 기억해 둬야 합니다.

결괏값	day 함수	month 함수
0	일요일	1월
1	월요일	2월
2	화요일	3월
3	수요일	4월
4	목요일	5월
5	금요일	6월
6	토요일	7월
7	–	8월
8	–	9월
9	–	10월
10	–	11월
11	–	12월

▶ now, today: 현재 날짜와 시간을 출력하는 함수

각각 현재의 날짜와 시간을 출력하는 데 사용되는 함수입니다. 이러한 함수들은 동적인 날짜 및 시간 데이터를 처리할 때 유용하게 활용됩니다

인수 없이 사용하며, 사용자가 활동하고 있는 현재 날짜와 시간을 출력합니다.

- **now()**: now 함수는 현재 날짜와 시간을 포함한 Date 객체를 출력합니다.
- **today()**: today 함수는 현재 날짜를 출력하며, 시간 정보는 00:00:00으로 설정됩니다.

▲ now() 수식으로 출력한 결괏값

▲ today() 수식으로 출력한 결괏값

▶ formatDate: 날짜를 지정한 형식의 텍스트로 변환하는 함수

주어진 날짜를 원하는 형식의 문자열로 변환하여 표시하는 함수입니다. 날짜와 시간을 다양한 포맷으로 표현할 수 있어 데이터베이스의 가독성을 높이는 데 유용합니다.

- formatDate(date, "format_string")
    - **date**: 형식을 변경하려는 날짜 값입니다.
    - **"format_string"**: 날짜를 표시할 형식을 지정하는 문자열입니다.

text 인수로 형식을 지정할 때는 아래와 같이 알파벳을 조합해서 만들 수 있으며, 알파벳의 개수에 따라 실제 출력되는 날짜 형식이 결정됩니다.

형식 지정자:

- **YYYY**: 4자리 연도(예: 2025)
- **YY**: 2자리 연도(예: 25)
- **MM**: 2자리 월(01부터 12)
- **M**: 1자리 또는 2자리 월(1부터 12)
- **DD**: 2자리 일(01부터 31)
- **D**: 1자리 또는 2자리 일(1부터 31)
- **dddd**: 요일 전체(예: Monday)
- **ddd**: 요일 축약형(예: Mon)
- **HH**: 2자리 시간(00부터 23, 24시간제)
- **H**: 1자리 또는 2자리 시간(0부터 23, 24시간제)
- **mm**: 2자리 분(00부터 59)
- **m**: 1자리 또는 2자리 분(0부터 59)
- **A**: 대문자 AM/PM 표시
- **a**: 소문자 am/pm 표시

Notion에서 제공하는 샘플을 보면 왼쪽과 같이 수식을 작성할 때 오른쪽과 같은 결과가 나옴을 알 수 있습니다.

수식	결과
formatDate(now(), "MMMM D YYYY, HH:mm")	March 30 2010, 12:00
formatDate(now(), "YYYY/MM/DD, HH:mm")	2010/03/30, 12:00
formatDate(now(), "MM/DD/YYYY, HH:mm")	03/30/2010, 12:00
formatDate(now(), "HH:mm A")	12:00 PM
formatDate(now(), "M/D/YY")	3/30/10

Aa 이름	날짜 값	∑ 사용된 수식	
김민수	2025년 1월 18일	2025년 01월 18일 00:00	
박지영	2023년 7월 12일	2023년 07월 12일 00:00	
이수연	2024년 3월 1일	2024년 03월 01일 00:00	
최은지	2022년 12월 25일	2022년 12월 25일 00:00	
정하늘	2021년 8월 15일	2021년 08월 15일 00:00	

Notion 수식
formatDate(날짜 값 ,"YYYY년 MM월 DD일 HH:mm")
= 2021년 08월 15일 00:00
결과 없음

▶ dateAdd, dateSubtract: 날짜에 특정 시간 단위를 더하거나 빼는 함수

주어진 날짜에 특정 시간 단위를 더하거나 빼서 새로운 날짜를 생성하는 데 사용되는 함수입니다. 날짜 계산을 손쉽게 수행할 수 있습니다.

- **dateAdd(date, num, unit)**: dateAdd 함수는 지정된 날짜에 특정 시간 단위를 더하여 새로운 날짜를 출력합니다.

- **dateSubtract(date, num, unit)**: dateSubtract 함수는 지정한 날짜에서 특정 시간 단위를 빼서 새로운 날짜를 출력합니다.
  - **date**: 기준이 되는 날짜입니다.
  - **amount**: 더할 시간의 양을 나타내는 숫자입니다.
  - **unit**: 더할 시간의 단위를 나타내는 문자열입니다. 사용 가능한 단위는 다음과 같습니다.

- **"years"**: 연도

- **"quarters"**: 분기

- **"months"**: 월

- **"weeks"**: 주

- **"days"**: 일

- **"hours"**: 시간

- **"minutes"**: 분

- **"seconds"**: 초

- **"milliseconds"**: 밀리초

그러므로 아래 예시에서 dateAdd(prop("기준 날짜"), 1, "months") 수식을 작성하면 지정한 Date 열보다 한 달 후의 날짜가 출력됩니다.

Aa 이름	📅 기준 날짜	∑ dateAdd	∑ dateSubtract
김민수	2025년 1월 18일	2025년 2월 18일	2024년 1월 18일
박지영	2023년 7월 12일	2023년 8월 12일	2022년 7월 12일
이수연	2024년 3월 1일	2024년 4월 1일	2023년 3월 1일
최은지	2022년 12월 25일	2023년 1월 25일	2021년 12월 25일
정하늘	2021년 8월 15일	2021년 9월 15일	2020년 8월 15일

Notion 수식
dateAdd(📅 기준 날짜, 1, "months")
= 2021년 9월 15일
결과 없음

▲ dateAdd 수식으로 출력된 결괏값

Aa 이름	📅 기준 날짜	∑ dateAdd	∑ dateSubtract
김민수	2025년 1월 18일	2025년 2월 18일	2024년 1월 18일
박지영	2023년 7월 12일	2023년 8월 12일	2022년 7월 12일
이수연	2024년 3월 1일	2024년 4월 1일	2023년 3월 1일
최은지	2022년 12월 25일	2023년 1월 25일	2021년 12월 25일
정하늘	2021년 8월 15일	2021년 9월 15일	2020년 8월 15일

Notion 수식
dateSubtract(📅 기준 날짜 ,1,"years")
= 2020년 8월 15일
결과 없음

▶ 깨알 tip   기간으로 표시된 날짜에서는 시작일을 기준으로 계산합니다.

▶ dateBetween: 두 날짜 사이의 차이를 계산하는 함수

두 날짜 간의 차이를 특정 단위로 계산하여 숫잣값으로 출력하는 함수입니다. 날짜 간의 간격을 손쉽게 파악할 수 있습니다.

- **dateBetween(start_date, end_date, "unit")**: start_date에서 end_date까지 경과한 기간을 출력합니다.
  - **start_date**: 시작 날짜입니다.
  - **end_date**: 종료 날짜입니다.
  - **"unit"**: 차이를 계산할 단위로, 다음 중 하나를 문자열로 입력합니다:

- **"years"**: 연도

- **"quarters"**: 분기

- **"months"**: 월

- **"weeks"**: 주

- **"days"**: 일

- **"hours"**: 시간

- **"minutes"**: 분

- **"seconds"**: 초

Aa 이름	📅 시작 날짜	📅 종료 날짜	∑ dateBetween	+ ···
김민수	2025년 1월 1일	2025년 1월 18일	-17	
박지영	2023년 7월 1일	2023년 7월 12일	-11	
이수연	2024년 1월 1일	2024년 3월 1일	-60	
최은지	2022년 12월 25일	2023년 12월 25일	-365	
정하늘	2021년 8월 15일	2021년 8월 22일	-7	

Notion 수식 ⓘ
dateBetween(📅 시작 날짜, 📅 종료 날짜, "days")
= -7
결과 없음

▶ dateRange: 기간 속성의 시작일과 종료일을 출력하는 함수

기간 속성에서 시작일과 종료일을 추출하여 객체 형태로 출력하는 함수입니다. 기간의 시작과 끝을 명확하게 파악할 수 있습니다.

- **dateRange(property)**
  - **property**: 기간 속성을 나타내는 속성입니다.

Aa 이름	📅 시작일 (start)	📅 종료일 (end)	∑ dateRange	+ ···
김민수	2025년 1월 1일	2025년 1월 18일	2025년 1월 1일 → 2025년 1월 18일	
박지영	2023년 7월 1일	2023년 7월 12일	2023년 7월 1일 → 2023년 7월 12일	
이수연	2024년 1월 1일	2024년 3월 1일	2024년 1월 1일 → 2024년 3월 1일	
최은지	2022년 12월 25일	2023년 12월 25일	2022년 12월 25일 → 2023년 12월 25일	
정하늘	2021년 8월 15일	2021년 8월 22일	2021년 8월 15일 → 2021년 8월 22일	

Notion 수식 ⓘ
dateRange(📅 시작일 (start), 📅 종료일 (end))
= 2021년 8월 15일 → 2021년 8월 22일
결과 없음

▲ 시작일 속성과 종료일 속성을 dateRange 수식으로 출력한 결괏값

▶ dateStart, dateEnd: 기간 속성의 시작일과 종료일을 추출하는 함수

기간 속성에서 각각 시작일과 종료일을 추출하여 출력하는 함수입니다. 기간의 시작과 끝을 명확하게 파악하고, 다양한 날짜 계산에 활용할 수 있습니다.

- **dateStart(date)**: dateStart 함수는 기간 속성의 시작 날짜를 출력합니다.
- **dateEnd(date)**: dateEnd 함수는 기간 속성의 종료 날짜를 출력합니다.

Aa 이름	📅 기간	∑ dateStart	∑ dateEnd
김민수	2025년 1월 1일 → 2025년 1월 18일	2025년 1월 1일	2025년 1월 18일
박지영	2023년 7월 1일 → 2023년 7월 12일	2023년 7월 1일	2023년 7월 12일
이수연	2024년 1월 1일 → 2024년 3월 1일	2024년 1월 1일	2024년 3월 1일
최은지	2022년 12월 25일 → 2023년 12월 25일	2022년 12월 25일	2023년 12월 25일
정하늘	2021년 8월 15일 → 2021년 8월 22일	2021년 8월 15일	2021년 8월 22일

Notion 수식 ⓘ
dateStart(📅 기간)
= 2021년 8월 15일
결과 없음

▲ dateStart 속성으로 출력한 결괏값

Aa 이름	📅 기간	∑ dateStart	∑ dateEnd
김민수	2025년 1월 1일 → 2025년 1월 18일	2025년 1월 1일	2025년 1월 18일
박지영	2023년 7월 1일 → 2023년 7월 12일	2023년 7월 1일	2023년 7월 12일
이수연	2024년 1월 1일 → 2024년 3월 1일	2024년 1월 1일	2024년 3월 1일
최은지	2022년 12월 25일 → 2023년 12월 25일	2022년 12월 25일	2023년 12월 25일
정하늘	2021년 8월 15일 → 2021년 8월 22일	2021년 8월 15일	2021년 8월 22일

Notion 수식 ⓘ
dateEnd(📅 기간)
= 2021년 8월 22일
결과 없음

▲ dateEnd 수식으로 출력한 결괏값

▶ parseDate: 텍스트를 날짜 객체로 변환하는 함수

ISO 8601 형식의 날짜 문자열을 날짜 객체로 변환하는 함수입니다. 텍스트로 저장된 날짜를 Notion의 날짜 형식으로 변환하여 다양한 날짜 연산에 활용할 수 있습니다.

- **parseDate(dateString)**
  - **dateString**: ISO 8601 형식의 날짜를 나타내는 문자열입니다.

Aa 이름	≡ 텍스트 날짜	∑ parseDate
김민수	2025-01-18T14:30:00Z	2025년 1월 18일 오후 11:30
박지영	2023-07-12T09:45:00+09:00	2023년 7월 12일 오전 9:45
이수연	2024-03-01T00:15:00-05:00	2024년 3월 1일 오후 2:15
최은지	2022-12-25T23:59:59Z	2022년 12월 26일 오전 8:59
정하늘	2021-08-15T06:00:00+01:00	2021년 8월 15일 오후 2:00

Notion 수식 ⓘ
parseDate(≡ 텍스트 날짜)
= 2021년 8월 15일 오후 2:00
결과 없음

▶ 깨알 tip parseDate 함수는 ISO 8601 형식의 날짜 문자열을 입력으로 받습니다. ISO 8601 형식은 연도, 월, 일, 시간, 분, 초 등을 특정 순서와 구분자로 표현하는 국제 표준입니다.

▶ 깨알 tip Notion은 초(second) 단위를 지원하지 않으므로, 초 단위가 포함된 문자열을 변환할 때는 초 부분이 무시될 수 있습니다. 시간대 오프셋은 Z(UTC) 또는 +01:00, -04:00과 같은 형식으로 지정할 수 있습니다.

▶ timestamp, fromTimestamp: 유닉스 타임스탬프와 날짜 간의 변환 함수

timestamp와 fromTimestamp 함수는 날짜와 유닉스 타임스탬프 간의 변환을 수행합니다. 유닉스 타임스탬프는 1970년 1월 1일 00:00:00 UTC부터 경과한 시간을 밀리초 단위로 나타내는 숫자입니다.

- **timestamp(date)**: timestamp 함수는 주어진 날짜를 유닉스 타임스탬프로 변환하여 출력합니다.
- **fromTimestamp(number)**: fromTimestamp 함수는 주어진 유닉스 타임스탬프를 날짜로 변환하여 출력합니다.

Aa 이름	📅 날짜 값	∑ timestamp	∑ fromTimestamp	+ ⋯
김민수	2025년 1월 18일	1737126000000	2025년 1월 18일 오전 12:00	
박지영	2023년 7월 12일	1689087600000	2023년 7월 12일 오전 12:00	
이수연	2024년 3월 1일	1709218800000	2024년 3월 1일 오전 12:00	
최은지	2022년 12월 25일	1671894000000	2022년 12월 25일 오전 12:00	
정하늘	2021년 8월 15일	1628953200000	2021년 8월 15일 오전 12:00	
+ 새 페이지				

Notion 수식 ⓘ
timestamp(📅 날짜 값)

= 1628953200000

결과 없음

▲ timestamp 수식으로 출력한 결괏값

Aa 이름	📅 날짜 값	∑ timestamp	∑ fromTimestamp	+ ⋯
김민수	2025년 1월 18일	1737126000000	2025년 1월 18일 오전 12:00	
박지영	2023년 7월 12일	1689087600000	2023년 7월 12일 오전 12:00	
이수연	2024년 3월 1일	1709218800000	2024년 3월 1일 오전 12:00	
최은지	2022년 12월 25일	1671894000000	2022년 12월 25일 오전 12:00	
정하늘	2021년 8월 15일	1628953200000	2021년 8월 15일 오전 12:00	
+ 새 페이지				

Notion 수식 ⓘ
fromTimestamp(∑ timestamp)

= 2021년 8월 15일 오전 12:00

결과 없음

▲ fromTimestamp 수식으로 출력한 결괏값

Notion 06 배열

노션 수식에서 사용하는 "**배열(list)**"은 여러 개의 값을 하나로 묶어서 처리할 수 있는 구조를 의미합니다. 배열은 목록이나 리스트라고 이해하면 쉬운데, 숫자, 텍스트, 날짜와 같은 값을 한 줄로 정리해 하나의 그룹으로 묶는 역할을 합니다. 배열에 포함된 값들은 쉼표(,)로 구분되며, 노션 수식 내에서 여러 데이터를 효율적으로 관리하고 활용할 수 있습니다.

예를 들어, [1, 2, 3]이라는 배열은 1, 2, 3이라는 숫자를 하나의 묶음으로 표현한 것입니다. 배열의 값은 순서대로 정리되며, 첫 번째 값부터 차례로 0번부터 시작하는 번호를 통해 접근할 수 있습니다.

배열은 데이터를 그룹으로 묶어 관리하고, 특정 조건에 따라 값을 처리하거나 계산할 때 유용합니다. 초보자라면 데이터를 정리하는 하나의 목록으로 배열을 이해하고, 수식과 함께 활용하면 더 많은 작업을 자동화하고 간소화할 수 있습니다.

▶ at: 리스트에서 특정 위치의 요소를 출력하는 함수

리스트에서 지정한 위치에 있는 요소를 출력하는 함수입니다. 이때, 인덱스는 0부터 시작하는 제로 인덱스 방식을 사용합니다.

- at(list, index)
    - list: 요소를 추출할 대상 리스트입니다.
    - index: 출력하고자 하는 요소의 위치를 나타내는 숫자입니다.
- at(["사과", "바나나", "체리"], 0)
    - 위 수식은 리스트 ["사과", "바나나", "체리"]에서 인덱스 0에 해당하는 **"사과"**를 출력합니다.

아래 예시는 고양이, 강아지, 토끼 리스트에서 인덱스 1에 해당하는 **"강아지"**를 출력합니다.

Aa 이름	≡ 리스트	∑ at	+ ···
김민수	사과 바나나 체리	바나나	
박지영	10 20 30 40	20	
이수연	A B C D	B	
최은지	100 200 300	200	
정하늘	고양이 강아지 토끼	강아지	
+ 새 페이지			
계산 ∨	계산 ∨		

Notion 수식
at(≡ 리스트 , 1)
= 강아지
결과 없음

▶ max, min: 여러 값 중 최댓값과 최솟값을 출력하는 함수

주어진 인수들 중에서 가장 큰 값(max)과 가장 작은 값(min)을 각각 출력하는 함수입니다. 데이터베이스 내에서 값의 범위를 쉽게 파악할 수 있습니다.

- max(list): 가장 큰 값을 출력합니다.
- min(list): 가장 작은 값을 출력합니다.

- max(3, 7, 5)
  - 위 수식은 3, 7, 5 중에서 가장 큰 값인 7을 출력합니다.
- min(3, 7, 5)
  - 위 수식은 3, 7, 5 중에서 가장 작은 값인 3을 출력합니다.

아래 예시는 숫자, 숫자2, 숫자3 속성의 값 중에서 max 수식을 사용해 가장 큰 숫자를 출력하는 결과입니다.

Aa 이름	# 숫자	# 숫자2	# 숫자3	∑ max	∑ min
김민수	3	7	5	7	3
박지영	10	20	30	30	10
이수연	42	18	27	42	18
최은지	5	5	5	5	5
정하늘	-3	-7	-1	-1	-7

Notion 수식
max(# 숫자 , # 숫자2 , # 숫자3)
= -1
결과 없음

아래 예시는 숫자, 숫자2, 숫자3 속성의 값 중에서 min 수식을 사용해 가장 작은 숫자를 출력하는 결과입니다.

Aa 이름	# 숫자	# 숫자2	# 숫자3	∑ max	∑ min
김민수	3	7	5	7	3
박지영	10	20	30	30	10
이수연	42	18	27	42	18
최은지	5	5	5	5	5
정하늘	-3	-7	-1	-1	-7

Notion 수식
min(# 숫자 , # 숫자2 , # 숫자3)
= -7
결과 없음

▶ sum: 숫잣값들의 합계를 계산하는 함수

주어진 숫잣값의 총합을 계산하여 출력하는 함수입니다. 여러 숫자 데이터를 쉽게 합산할 수 있습니다.

- sum(value1, value2, …)
    - value1, value2, …: 합산하고자 하는 숫잣값들입니다.
- sum(10, 20, 30)
    - 10, 20, 30의 합인 60을 출력합니다.

아래 예시는 sum 수식을 사용해 숫자, 숫자2, 숫자3 속성의 값을 모두 합한 결과입니다.

Aa 이름	# 숫자	# 숫자2	# 숫자3	∑ sum
김민수	3	7	5	15
박지영	10	20	30	60
이수연	42	18	27	87
최은지	5	5	5	15
정하늘	-3	-7	-1	-11

▶ median: 주어진 숫잣값들의 중앙값을 출력하는 함수

주어진 숫자 목록에서 중앙값을 계산하여 출력하는 함수입니다. 중앙값은 데이터 세트를 크기 순으로 정렬했을 때 중앙에 위치한 값으로, 데이터의 중심 경향을 파악하는 데 유용합니다.

- median(value1, value2, …)
  - value1, value2, …: 중앙값을 계산할 숫잣값들입니다.
- median(10, 20, 30)
  - 위 수식은 10, 20, 30의 중앙값인 20을 출력합니다.

아래 예시는 숫자, 숫자2, 숫자3 속성 중에서 median 수식을 사용해 중앙값을 출력한 결과입니다.

Aa 이름	# 숫자	# 숫자2	# 숫자3	∑ median
김민수	3	7	5	5
박지영	10	20	30	20
이수연	42	18	27	27
최은지	5	5	5	5
정하늘	-3	-7	-1	-3

▶ mean: 주어진 숫잣값들의 산술 평균을 계산하는 함수

주어진 숫잣값들의 산술 평균을 계산하여 출력하는 함수입니다. 여러 값의 평균을 손쉽게 구할 수 있습니다.

- mean(value1, value2, …)
  - value1, value2, …: 평균을 계산할 숫잣값들입니다.
- mean(10, 20, 30)
  - 위 수식은 10, 20, 30의 평균인 20을 출력합니다.

아래 예시는 mean 수식을 사용해 숫자, 숫자2, 숫자3 속성들의 평균값을 출력한 결과입니다.

Aa 이름	# 숫자	# 숫자2	# 숫자3	∑ mean
김민수	3	7	5	5
박지영	10	20	30	20
이수연	42	18	27	29
최은지	5	5	5	5
정하늘	-3	-7	-1	-3.666666666667

Notion 수식
mean(# 숫자 , # 숫자2 , # 숫자3)
= -3.666666666667
결과 없음

▶ first, last: 리스트의 첫 번째 및 마지막 요소를 출력하는 함수

각각 주어진 리스트의 첫 번째 요소(first)와 마지막 요소(last)를 출력하는 함수입니다. 리스트의 양 끝에 위치한 값을 손쉽게 추출할 수 있습니다.

- first(list): 리스트의 첫 번째 요소를 출력합니다.

- last(list): 리스트의 마지막 요소를 출력합니다.

- first(["사과", "바나나", "체리"])
  - 위 수식은 리스트 ["사과", "바나나", "체리"]에서 첫 번째 요소인 "사과"를 출력합니다.

- last(["사과", "바나나", "체리"])
  - 위 수식은 리스트 ["사과", "바나나", "체리"]에서 마지막 요소인 "체리"를 출력합니다.

아래 예시는 고양이, 강아지, 토끼라는 리스트가 있을 때 first 수식을 이용해 리스트의 첫 번째 값인 **"고양이"**를 출력한 결과입니다.

Aa 이름	≡ 리스트	∑ first	∑ last	+ ···
김민수	사과 바나나 체리	사과	체리	
박지영	10 20 30 40	10	40	
이수연	A B C D	A	D	
최은지	100	100	100	
정하늘	고양이 강아지 토끼	고양이	토끼	

```
Notion 수식 ⓘ
first( ≡ 리스트 )

= 고양이

결과 없음
```

아래 예시는 고양이, 강아지, 토끼 리스트가 있을 때, last 수식을 이용해 리스트의 마지막 값인 **"토끼"**를 출력한 결과입니다.

Aa 이름	≡ 리스트	∑ first	∑ last	+ ···
김민수	사과 바나나 체리	사과	체리	
박지영	10 20 30 40	10	40	
이수연	A B C D	A	D	
최은지	100	100	100	
정하늘	고양이 강아지 토끼	고양이	토끼	

```
Notion 수식 ⓘ
last( ≡ 리스트 )

= 토끼

결과 없음
```

▶ includes: 리스트에 특정 값이 포함되어 있는지 확인하는 함수

주어진 리스트에 특정 값이 존재하는지 확인하여, 포함되어 있으면 true, 그렇지 않으면 false를 출력하는 함수입니다. 리스트 내에 특정 요소의 존재 여부를 쉽게 판단할 수 있습니다.

- includes(list, value)
  - list: 검색 대상이 되는 리스트입니다.
  - value: 리스트 내에서 찾고자 하는 값입니다.
- includes(["사과", "바나나", "체리"], "바나나")
  - 위 수식은 리스트 ["사과", "바나나", "체리"]에 "바나나"가 포함되어 있으므로 true를 출력합니다.

아래 예시는 100, 200, 300의 목록 중 includes 수식으로 "100"이 포함되어 있는지 확인하여 "100"이 포함된 데이터에서만 true 값을 출력한 결과입니다.

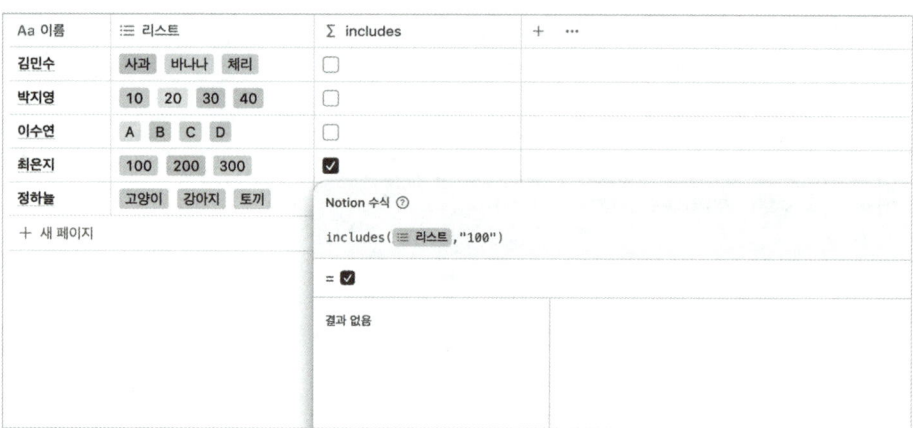

▶ 깨알 tip   includes 함수는 리스트 데이터 유형에만 적용됩니다. 텍스트 문자열에 특정 단어나 문자가 포함되어 있는지 확인하려면 contains 함수를 사용해야 합니다.

리스트 내의 요소와 value의 데이터 유형이 일치해야 정확한 결과를 얻을 수 있습니다.

▶ find, findIndex: 리스트에서 조건에 맞는 요소나 그 위치를 찾는 함수

리스트 내에서 특정 조건을 만족하는 첫 번째 요소나 그 위치를 찾는 데 사용되는 함수입니다. 리스트에서 원하는 데이터를 효율적으로 검색할 수 있습니다.

- find(list, condition)

- findIndex(list, condition)

  - list: 검색 대상이 되는 리스트입니다.
  - condition: 각 요소에 적용할 조건입니다. current 키워드를 사용하여 현재 요소를 참조합니다.

- find(["사과", "바나나", "체리"], current == "바나나")

  - 위 수식은 리스트 ["사과", "바나나", "체리"]에서 "바나나"와 일치하는 첫 번째 요소를 찾아 출력합니다.

- findIndex(["사과", "바나나", "체리"], current == "바나나")

  - 위 수식은 리스트 ["사과", "바나나", "체리"]에서 "바나나"와 일치하는 첫 번째 요소의 인덱스인 1을 출력합니다.

아래 예시는 [리스트] 속성에 있는 값들 중 "D"에 해당하는 값을 찾아 find 수식으로 결과를 출력했습니다. 세 번째 데이터에서 "D"가 있으므로, "D"를 출력하고, 다른 데이터에는 "D"가 들어있지 않기 때문에 아무런 값도 출력하지 않습니다.

Aa 이름	≔ 리스트	∑ find	∑ findIndex
김민수	사과 바나나 체리		-1
박지영	10 20 30 40		-1
이수연	A B C D	D	0
최은지	100 200 300		
정하늘	고양이 강아지 토끼		

Notion 수식 ⓘ
find(≔ 리스트 , current == "D")

= D

결과 없음

아래 예시는 [리스트] 속성에 있는 값들 중 findIndex 수식을 이용해 "A"의 인덱스, 즉 몇 번째에 있는지를 출력합니다. 세 번째 데이터에서 "A"는 첫 번째에 있으므로 첫 번째의 인덱스 숫자인 "0"을 출력하고 있습니다.

Aa 이름	≔ 리스트	∑ find	∑ findIndex	+ ···
김민수	사과 바나나 체리		-1	
박지영	10 20 30 40		-1	
이수연	A B C D	D	0	
최은지	100 200 300			
정하늘	고양이 강아지 토끼			
+ 새 페이지				

Notion 수식 ⓘ
findIndex(≔ 리스트, current == "A")
= 0
결과 없음

▶ filter: 리스트에서 조건을 만족하는 요소들을 추출하는 함수

주어진 리스트에서 특정 조건을 만족하는 모든 요소를 새로운 리스트로 출력하는 함수입니다. 데이터베이스나 리스트에서 원하는 데이터만 선별하여 활용할 수 있습니다.

- filter(list, condition)
  - list: 필터링할 대상 리스트입니다.
  - condition: 각 요소에 적용할 조건입니다. current 키워드를 사용하여 현재 요소를 참조합니다.
- filter(["사과", "바나나", "체리"], contains(current, "바"))
  - 위 수식은 리스트 ["사과", "바나나", "체리"]에서 "바"를 포함하는 "바나나"를 출력합니다.

다음 예시에서는 [리스트]에서 "6"과 일치하는 값을 출력해줍니다.

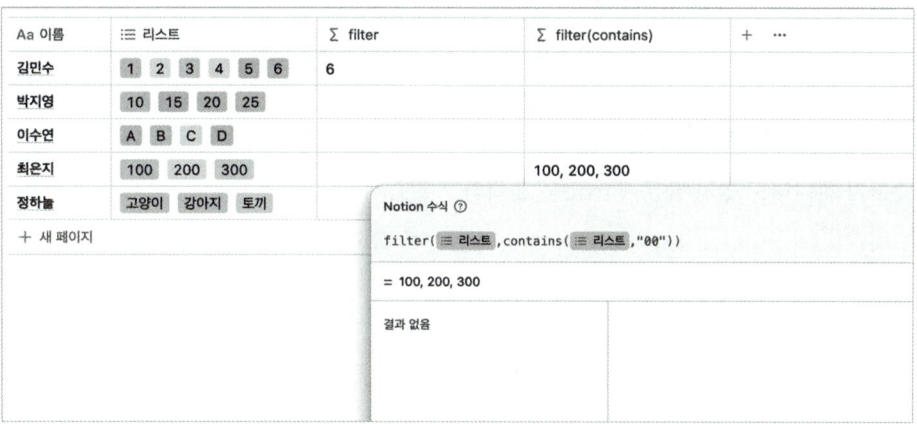

current에 조건을 넣을 수 있습니다. 아래 예시에서는 current 대신 contains 수식을 사용하여 리스트에서 "00"을 가지고 있는 값이라면 출력합니다.

❗ 주의사항

- filter 함수의 condition 매개변수에서는 current 키워드를 사용하여 리스트의 현재 요소를 참조합니다.
- 조건식은 불리언 값(true 또는 false)을 출력해야 합니다.
- 조건을 만족하는 요소가 없을 경우, 빈 리스트 []를 출력합니다.

▶ some, every: 리스트의 요소들이 조건을 만족하는지 확인하는 함수

리스트 내의 요소들이 특정 조건을 만족하는지 검사하여, 각각 하나 이상의 요소가 조건을 만족하면 true, 모든 요소가 조건을 만족하면 true를 출력하는 함수입니다. 리스트의 요소가 특정 기준을 충족하는지 쉽게 확인할 수 있습니다.

- **some(list, condition)**: 리스트의 하나 이상의 요소가 주어진 조건을 만족하면 true를 출력합니다.
- **every(list, condition)**: 리스트의 모든 요소가 주어진 조건을 만족하면 true를 출력합니다.
  - **list**: 검사할 대상 리스트입니다.
  - **condition**: 각 요소에 적용할 조건입니다. current 키워드를 사용하여 현재 요소를 참조합니다.
- **some([1, 2, 3, 4, 5], current > 3)**
  - 위 수식은 리스트 [1, 2, 3, 4, 5]에서 하나 이상의 요소(4와 5)가 3보다 크므로 true를 출력합니다.
- **every([1, 2, 3, 4, 5], current < 6)**
  - 위 수식은 리스트 [1, 2, 3, 4, 5]의 모든 요소가 6보다 작으므로 true를 출력합니다.

아래 예시는 [리스트] 속성에서 숫자 1~5까지 있습니다. some 수식을 이용해 3 이상인 숫자가 하나라도 있기 때문에 true를 출력하고 있습니다.

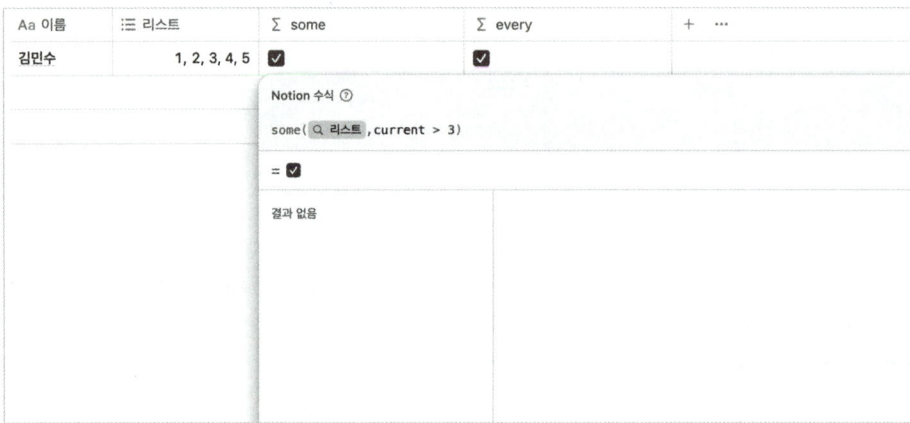

아래 예시는 [리스트] 속성에서 숫자 1~5까지 있습니다. every 수식을 이용해 모든 숫자가 6 미만이기 때문에 true를 출력하고 있습니다.

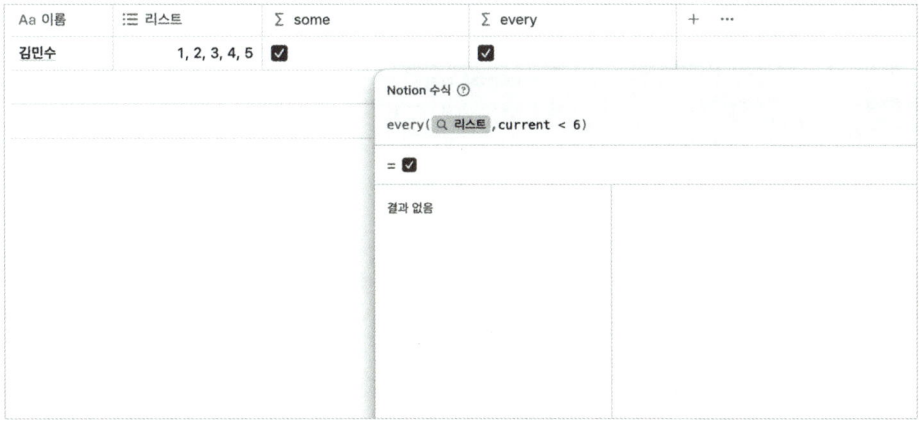

❗ **주의사항**
- condition 매개변수에서는 current 키워드를 사용하여 리스트의 현재 요소를 참조합니다.
- some 함수는 조건을 만족하는 요소가 하나라도 있으면 true를 출력하며, 그렇지 않으면 false를 출력합니다.
- every 함수는 모든 요소가 조건을 만족하면 true를 출력하며, 하나라도 만족하지 않으면 false를 출력합니다.

▶ match: 정규 표현식과 일치하는 모든 문자열을 리스트로 출력하는 함수

주어진 문자열에서 특정 정규 표현식과 일치하는 모든 부분 문자열을 찾아 리스트로 출력하는 함수입니다. 텍스트 데이터에서 패턴에 맞는 정보를 효율적으로 추출할 수 있습니다.

- match(text, pattern)
  - **text**: 검색 대상이 되는 문자열입니다.
  - **pattern**: 찾고자 하는 패턴을 정의하는 정규 표현식입니다.
- match("전화번호는 010-1234-5678입니다.", "\\d+")
  - 위 수식은 문자열에서 모든 숫자(\\d+)를 찾아 ["010", "1234", "5678"] 리스트로 출력합니다.

Aa 이름	≡ 문자열	≡ 정규 표현식 (pattern)	∑ match
김민수	전화번호는 010-1234-5678입니다.	\d+	010, 1234, 5678
박지영	Notion과 notion은 다릅니다.	N…	
이수연	ab12cd34ef	\d…	
최은지	이메일: example@test.com	\w…	
정하늘	No matches here	\d…	

Notion 수식 ⓘ
match(≡ 문자열 , "\\d+")
= 010, 1234, 5678
결과 없음

❗ 주의사항

- pattern 매개변수는 정규 표현식으로 작성해야 합니다. 정규 표현식에 대한 이해가 필요하며, 잘못된 패턴은 예상치 못한 결과를 초래할 수 있습니다.
- match 함수는 대소문자를 구분합니다. 대소문자를 구분하지 않고 검색하려면 정규 표현식에 해당 플래그를 추가해야 합니다.
- 일치하는 부분 문자열이 없을 경우, 빈 리스트 []를 출력합니다.

▶ slice: 리스트의 일부 요소를 추출하는 함수

주어진 리스트에서 특정 범위의 요소들을 추출하여 새로운 리스트로 출력하는 함수입니다. 리스트의 원하는 부분만 선택하여 활용할 수 있습니다.

- slice(list, startIndex, endIndex)
  - list: 요소를 추출할 대상 리스트입니다.
  - startIndex: 추출을 시작할 인덱스(포함)입니다. 인덱스는 0부터 시작합니다.
  - endIndex: 추출을 종료할 인덱스(제외)입니다. 이 매개변수는 선택 사항이며, 지정하지 않으면 리스트의 끝까지 추출합니다.

- slice([1, 2, 3, 4, 5], 1, 3)
  - 위 수식은 리스트 [1, 2, 3, 4, 5]에서 인덱스 1부터 3 이전까지의 요소인 [2, 3]을 출력합니다.

아래 예시는 [리스트] 속성에서 "고양이, 강아지, 토끼" 값 중 시작 인덱스는 첫 번째(0), 마지막 인덱스는 두 번째(2)를 선택하였기 때문에 "고양이, 강아지"를 출력하고 있습니다.

Aa 이름	≔ 리스트	∑ slice
김민수	1 2 3 4 5	1, 2
박지영	a b c d	a, b
이수연	고양이 강아지 토끼	고양이, 강아지
최은지	10 20 30	
정하늘	x y z	

Notion 수식
slice(≔ 리스트, 0, 2)
= 고양이, 강아지
결과 없음

▶ concat: 여러 리스트를 하나로 결합하는 함수

주어진 여러 리스트를 순서대로 이어 붙여 하나의 리스트로 출력하는 함수입니다. 리스트 데이터를 손쉽게 결합할 수 있습니다.

- **concat(list, list2 …)**
  - concat 함수는 여러 리스트를 순서대로 이어 붙여 하나의 리스트로 출력합니다.
- **concat([1, 2, 3], [4, 5, 6]): 1, 2, 3, 4, 5, 6**
  - 위 예시는 [1, 2, 3] 리스트와 [4, 5, 6]리스트를 concat 수식을 사용하여 결합하였습니다. 따라서 [1, 2, 3, 4, 5, 6]이 출력됩니다.

다음 예시 또한, [**빨강, 초록**] 리스트와 [**파랑, 노랑**] 리스트를 concat 수식으로 결합하여 [**빨강, 초록, 파랑, 노랑**] 결과가 출력되는 걸 볼 수 있습니다.

Aa 이름	≔ 리스트 1	≔ 리스트 2	∑ concat
김민수	1 2 3	4 5 6	1, 2, 3, 4, 5, 6
박지영	A B	C D E	A, B, C, D, E
이수연	고양이 강아지	토끼	고양이, 강아지, 토끼
최은지	빨강 초록	파랑 노랑	빨강, 초록, 파랑, 노랑
정하늘	100 200	300	

Notion 수식
concat(≔ 리스트 1, ≔ 리스트 2)
= 빨강, 초록, 파랑, 노랑
결과 없음

▶ join: 여러 텍스트를 결합하는 함수

concat과 join 함수는 여러 텍스트를 하나로 결합하는 데 사용됩니다. 두 함수 모두 텍스트를 연결하지만, 사용 방법과 결과에 차이가 있습니다.

- **join(list, joiner)**: join 함수는 리스트에서 인수(joiner)로 지정한 구분자를 사용하여 나머지 텍스트 인수들을 결합합니다.

- **join([1, 2, 3], "*") = [1*2*3]**
  - 위 예시는 [1, 2, 3]의 리스트가 있을 때 "*"라는 joiner를 넣어 [1*2*3]을 출력합니다.

아래 예시에서는 [빨강, 초록] 리스트에서 join 수식을 사용하여 **"빨강*초록"**의 결과가 출력되는 걸 볼 수 있습니다.

Aa 이름	≔ 리스트 1	∑ join
김민수	1 2 3	1*2*3
박지영	A B	A*B
이수연	고양이 강아지	고양이*강아지
최은지	빨강 초록	빨강*초록
정하늘	100 200	

Notion 수식
join(≔ 리스트 1, "*")
= 빨강*초록
결과 없음

▶ sort, reverse: 리스트 정렬 및 순서 반전 함수

리스트 데이터를 정렬하거나 순서를 반전하는 데 사용되는 함수입니다. 이 두 함수를 활용하면 데이터를 효과적으로 정리하거나 원하는 순서로 조정할 수 있습니다.

- **sort(list, expression)**: 주어진 리스트를 오름차순으로 정렬합니다.
- **reverse(list)**: 리스트의 순서를 반전시킵니다.
  - **list**: 정렬할 대상 리스트입니다.
  - **expression**: 표현식입니다. 대체로 reverse() 수식을 사용합니다.
- sort([3, 1, 2])
  - 위 수식은 [3, 1, 2]를 오름차순으로 정렬하여 [1, 2, 3]을 출력합니다.

아래 예시는 [초록, 고양이, 빨강, 강아지]의 리스트에서 sort 수식을 사용해 오름차순으로 정렬하여 [강아지, 고양이, 빨강, 초록] 순으로 출력되는 걸 보여줍니다.

Aa 이름	≡ 리스트 1	∑ sort	+ ···
김민수	3 1 2	1, 2, 3	
박지영	B A	A, B	
이수연	고양이 강아지	강아지, 고양이	
최은지	초록 고양이 빨강 강아지	강아지, 고양이, 빨강, 초록	
정하늘	100 200		
+ 새 페이지			

Notion 수식 ⓘ
sort(≡ 리스트 1)
= 강아지, 고양이, 빨강, 초록
결과 없음

다음 예시는 [초록, 고양이, 빨강, 강아지] 리스트 중에서 내림차순(reverse)으로 정렬하여 결과를 출력하였습니다.

Aa 이름	≡ 리스트 1	∑ sort	∑ sort (reverse)	+ ...
김민수	3 1 2	1, 2, 3	3, 2, 1	
박지영	B A	A, B	B, A	
이수연	고양이 강아지	강아지, 고양이	고양이, 강아지	
최은지	초록 고양이 빨강 강아지	강아지, 고양이, 빨강, 초록	초록, 빨강, 고양이, 강아지	
정하늘	100 200	100, 2...		
+ 새 페이지				

Notion 수식 ⓘ
sort(≡ 리스트 1).reverse()
= 초록, 빨강, 고양이, 강아지
결과 없음

▶ split: 문자열을 구분자를 기준으로 분할하여 리스트로 출력하는 함수

주어진 문자열을 특정 구분자를 기준으로 분할하여 각 부분 문자열을 요소로 갖는 리스트를 출력하는 함수입니다. 문자열을 손쉽게 분해하여 각 구성 요소를 개별적으로 처리할 수 있습니다.

- **split(text, separator)**
  - **text**: 분할할 대상 문자열입니다.
  - **separator**: 문자열을 분할하는 데 사용할 구분자입니다.
- **split("사과, 바나나, 체리", ", ")**
  - 위 수식은 문자열 "사과, 바나나, 체리"를 ", "를 기준으로 분할하여 ["사과", "바나나", "체리"] 리스트를 출력합니다.

아래 예시는 "2025-01-18"이라는 텍스트에서 "-"를 구분자로 구분하여 "2025", "01", "18" 리스트로 구분한 결과입니다.

Aa 이름	≡ 문자열	∑ split	+ ...
김민수	사과-바나나-체리	사과, 바나나, 체리	
박지영	2025-01-18	2025, 01, 18	
이수연	안녕하세요 세계		
최은지	N, o, t, i, o, n		
정하늘	이메일: example@test.com		
+ 새 페이지			

Notion 수식 ⓘ
split(≡ 문자열 , "-")
= 2025, 01, 18
결과 없음

▶ unique: 리스트에서 중복을 제거하는 함수

주어진 리스트에서 중복된 요소를 제거하고, 고유한 값들만을 포함하는 새로운 리스트를 출력하는 함수입니다. 데이터의 중복을 손쉽게 제거하여 정리할 수 있습니다.

- unique(list)
  - list: 중복을 제거할 대상 리스트입니다.
- unique([1, 2, 2, 3, 4, 4, 5])
  - 위 수식은 [1, 2, 2, 3, 4, 4, 5]에서 중복된 값을 제거하여 [1, 2, 3, 4, 5]를 출력합니다.

아래 예시는 [1, 2, 2, 3, 3] 리스트에서 unique 수식을 사용해 중복을 제거하고, [1, 2, 3]만 남긴 결과입니다.

Aa 이름	Q 리스트	Σ unique
김민수	1, 2, 2, 3, 3	1, 2, 3
박지영		
이수연		
최은지		
정하늘		

Notion 수식
unique(🔍 리스트)
= 1, 2, 3
결과 없음

▶ map: 리스트의 각 요소에 함수를 적용하는 함수

주어진 리스트의 각 요소에 특정 표현식을 적용하여 새로운 리스트를 생성하는 함수입니다. 리스트 내의 데이터를 일괄적으로 변환하거나 처리할 수 있습니다.

- map(list, pattern)
  - list: 함수를 적용할 대상 리스트입니다.
  - pattern: 리스트의 각 요소에 적용할 표현식으로, current 키워드를 사용하여 현재 요소를 참조합니다.

- map([1, 2, 3], current * 2)
  - 위 수식은 리스트 [1, 2, 3]의 각 요소에 2를 곱하여 [2, 4, 6]을 출력합니다.

map 수식은 불러온 리스트에 새로운 함수를 적용합니다. 이 말은, 나중에 배울 관계형에서 연결된 다른 데이터베이스의 리스트를 불러올 수도 있다는 말이 됩니다. 또한 현재 가지고 있는 리스트에서 다른 수식을 적용해 원하는 결과를 불러낼 수도 있습니다.

다른 수식들을 결합한 map 수식은 아래와 같습니다.

01 map 수식만 사용한 결과

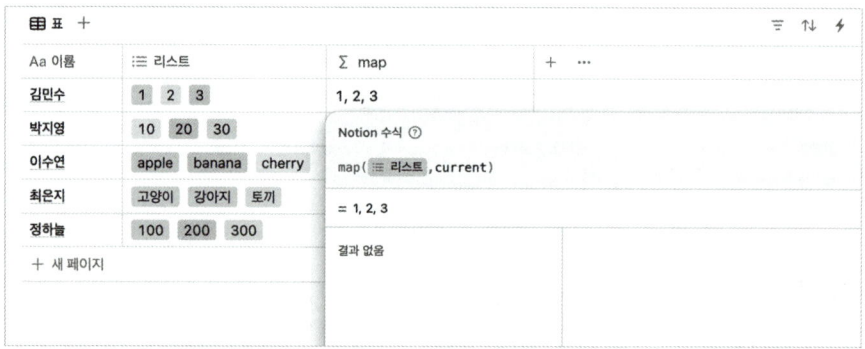

02 map 수식으로 불러온 리스트에 toNumber() 수식으로 숫자 속성을 부여

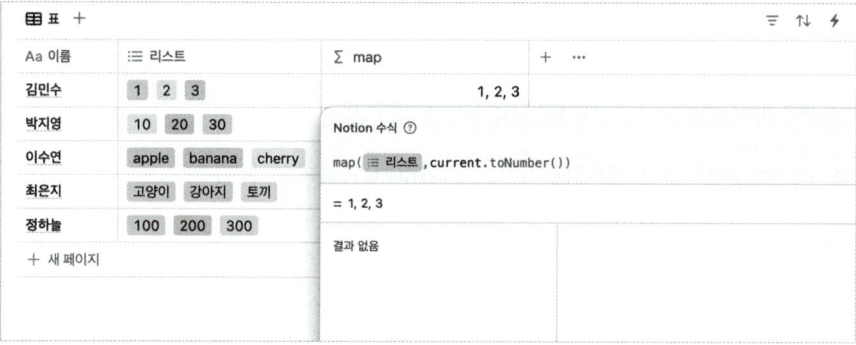

03 숫자 속성을 부여한 결과 값에 sum 수식을 추가하여 숫자들을 모두 합산

⊞ 표 +			≡ ↑↓ ⚡
Aa 이름	≡ 리스트	∑ map	+ ···
김민수	1 2 3	6	
박지영	10 20 30	60	
이수연	apple banana cherry	Notion 수식 ⓘ	
최은지	고양이 강아지 토끼	map(≡ 리스트 ,current.toNumber()).sum()	
정하늘	100 200 300	= 60	
+ 새 페이지		결과 없음	

이렇게 하면, 텍스트 형식이었던 [리스트] 속성의 글자들이 숫자 형식을 부여받고 모두 합산된 것을 볼 수 있습니다.

❶ 주의사항
- map 함수는 리스트의 각 요소를 순회하며 current 키워드를 통해 현재 요소를 참조합니다.
- pattern 내에서 current를 사용하여 다양한 함수나 연산을 적용할 수 있습니다.
- map 함수는 새로운 리스트를 출력하며, 원본 리스트는 변경되지 않습니다.

▶ flat: 중첩된 리스트를 단일 리스트로 변환하는 함수

중첩된 리스트를 하나의 단일 리스트로 변환하여 출력하는 함수입니다. 리스트 안에 포함된 여러 리스트를 하나로 합쳐서 관리할 수 있습니다.

- flat(list, list2, ...)
  - list: 중첩된 리스트를 포함하는 대상 리스트입니다.
- flat([[1, 2], [3, 4], [5]])
  - 위 수식은 [[1, 2], [3, 4], [5]]를 평탄화하여 [1, 2, 3, 4, 5]를 출력합니다.

아래 예시는 서로 다른 리스트 2개를 flat 수식을 통해 하나의 단일 리스트로 출력한 결과입니다. flat 수식을 이용해 리스트 여러개를 단일 리스트로 변경할 때에는 리스트 양 끝에 "[]"를 넣어주어야 리스트로 인식하여 결과를 출력할 수 있습니다.

Aa 이름	≔ 리스트	≔ 리스트2	∑ flat
김민수	1 2 3	100 200 apple	100, 200, apple, 1, 2, 3
박지영	10 20 30	100 300 cherry	100, 300, cherry, 10, 20, 30
이수연	apple banana cherry	banana 토끼	banana, 토끼, apple, banana, cherry
최은지	고양이 강아지 토끼	고양이	
정하늘	100 200 300	강아지	

Notion 수식 ⓘ
flat([≔ 리스트2 , ≔ 리스트])
= banana, 토끼, apple, banana, cherry
결과 없음

▶ id: 페이지 ID 출력하는 함수

데이터베이스 페이지의 Id를 출력하는 수식입니다. 페이지의 링크를 쉽게 생성하고 공유할 수 있습니다.

- **id()**
  - 빈 수식에 id()를 넣으면 해당 페이지의 id값을 출력할 수 있습니다.

Aa 이름	≔ 리스트	∑ id	
김민수	1 2 3	17f925235e34803a9ce1d5f77aa116f2	
박지영	10 20 30	17f925235e3480eea4bff069e31904b2	
이수연	apple banana cherry	17f925235e348052a72df4698c4a4f5e	
최은지	고양이 강아지 토끼		
정하늘	100 200 300		

Notion 수식 ⓘ
id()
= 17f925235e348052a72df4698c4a4f5e
결과 없음

▶ **깨알 tip** 동료들에게 페이지 내부 링크를 복사해서 전달하거나, 백링크 생성을 위해 페이지 링크를 복사할 때, id 수식을 활용하면 손쉽게 페이지 링크를 복사할 수 있습니다. id 수식을 이용해 내부 링크를 생성하기 위해서는 "https://notion.so/{workspace id} + id()"와 같이 입력하면 페이지 내부 링크를 쉽게 생성할 수 있습니다.

제 워크스페이스의 url은 sireal입니다. 아래와 같이 수식을 입력하면 페이지 내부 링크를 바로 생성할 수 있습니다.

Aa 이름	≔ 리스트	∑ id	+ ...
김민수	1 2 3	17f925235e34803a9ce1d5f77aa116f2	
박지영	10 20 30	17f925235e3480eea4bff069e31904b2	
이수연	apple banana cherry	17f925235e348052a72df4698c4a4f5e	
최은지	고양이 강아지 토끼		
정하늘	100 200 300		
+ 새 페이지			

Notion 수식 ⓘ

`"https://notion.so/sireal/"+id()`

= https://notion.so/sireal/17f925235e348052a72df4698c4a4f5e

속성
- Aa 이름 ↵
- ≔ 리스트
- ≡ 표현식 (expression)
- ≡ 결과 (map)
- ∑ map
- ∑ flat
- ≔ 리스트2

Aa 이름
제목 속성.

Aa 이름

Aa 이름.style("b")

Full Name.split(" ").at(0)

▶ let, lets: 변수 선언 및 활용 함수

수식 내에서 변수를 선언하고 활용할 수 있게 해 주는 함수입니다. 복잡한 수식의 가독성을 높이고 간결하게 작성할 수 있습니다.

- **let(variable, value, expression)**
  - **variable**: 선언할 변수의 이름입니다.
  - **value**: 변수에 할당할 값입니다.
  - **expression**: 선언된 변수를 활용하여 계산할 수식입니다.

lets(

  a, 1,

  b, 2,

  c, 3,

  a + b + c

)

이 수식은 a, b, c의 3개 변수를 각각 1, 2, 3으로 선언하고, 이들의 합인 6을 출력합니다. lets 함수를 사용하면 여러 변수를 한꺼번에 선언할 수 있습니다.

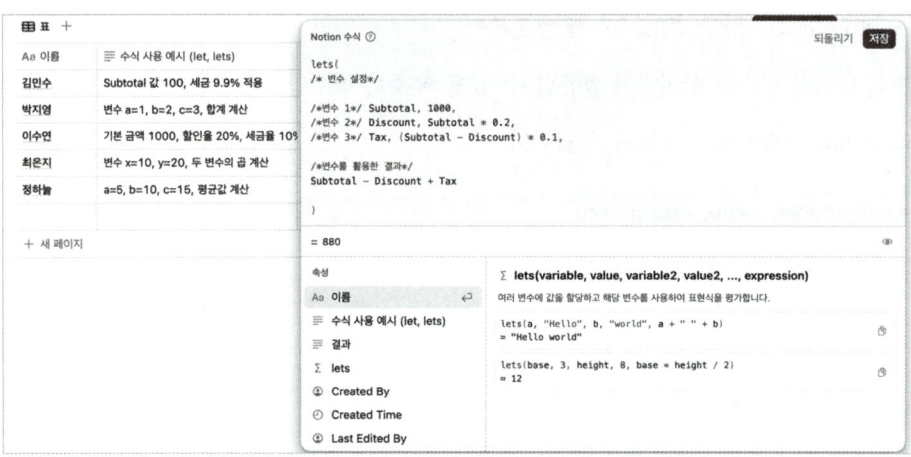

변수를 조금 더 이용한다면 아래와 같이 만들 수 있습니다. lets 수식을 통해 변수 3개를 선언하고, 해당 변수를 계산하는 방식입니다.

▶ 깨알 tip let은 변수를 1개만, lets는 변수를 여러 개 지정한다는 차이점뿐입니다. 따라서 변수를 1개만 정의하더라도 lets를 사용하는 습관을 들이시면 나도 모르게 변수가 추가되더라도 손쉽게 이용할 수 있습니다.

▶ 깨알 tip **주석 달기_** 노션 수식 내에서 /* 내용 */이라고 입력하고, 내용 부분에 주석을 달면, 수식에는 영향을 주지않고 주석을 달 수 있습니다. 수식을 설명할 때 사용하면 편리합니다.

Aa 이름	≡ 수식 사용 예시 (let, lets)
김민수	Subtotal 값 100, 세금 9.9% 적용
박지영	변수 a=1, b=2, c=3, 합계 계산
이수연	기본 금액 1000, 할인율 20%, 세금율 10%
최은지	변수 x=10, y=20, 두 변수의 곱 계산
정하늘	a=5, b=10, c=15, 평균값 계산

+ 새 페이지

Notion 수식 ⓘ   되돌리기 저장

```
lets(
/* 변수 설정*/

/*변수 1*/ Subtotal, 1000,
/*변수 2*/ Discount, Subtotal * 0.2,
/*변수 3*/ Tax, (Subtotal - Discount) * 0.1,

/*변수를 활용한 결과*/
Subtotal - Discount + Tax

)
```
= 880

속성
- Aa 이름 ↵
- ≡ 수식 사용 예시 (let, lets)
- ≡ 결과
- Σ lets
- ⓘ Created By
- ⓘ Created Time
- ⓘ Last Edited By

Σ **lets(variable, value, variable2, value2, ..., expression)**
여러 변수에 값을 할당하고 해당 변수를 사용하여 표현식을 평가합니다.

```
lets(a, "Hello", b, "world", a + " " + b)
= "Hello world"
```

```
lets(base, 3, height, 8, base * height / 2)
= 12
```

Notion 07 고급 같은 기본 기능, 관계형 데이터베이스와 롤업

Chapter 03에서 데이터베이스끼리 서로 연결하는 기능인 관계형 데이터베이스를 간단하게 살펴봤는데요, 관계형 데이터베이스에서는 연결된 데이터베이스의 특정 행들을 페이지 형태로 가져와서 유동적으로 활용한다는 것을 알았을 것입니다. 관계형 데이터베이스의 단짝 친구가 바로 롤업(Rollup)입니다. 롤업은 관계형으로 연결한 데이터베이스에서 특정 열을 선택해 실제 데이터 값이 보이도록 해 주기 때문이죠. 관계형 데이터베이스와 롤업 사용법을 자세히 알아보겠습니다.

▶ 서로 다른 데이터베이스 연결해 보기

관계형 데이터베이스는 데이터베이스들이 동일한 페이지에 없더라도 각 데이터베이스의 데이터를 활용할 수 있도록 연결합니다. 예를 들어 A 페이지에 A-1 데이터베이스가 있고, B 페이지에 B-1 데이터베이스가 있더라도, A 페이지에서 B-1 데이터베이스의 내용을 확인하고 수정할 수 있습니다. 실습으로 관계형 데이터베이스를 만들어보겠습니다.

01 관계형 데이터베이스의 시작은 새로운 속성을 추가하는 것입니다. [+ 속성 추가]를 클릭해 연결할 데이터베이스에서 속성을 추가한 후, 열 이름을 지정하고, 유형을 [관계형]으로 지정합니다.

02 곧바로 관계형 대상을 선택하는 데이터베이스 목록이 나타납니다. 연결할 데이터베이스를 선택하세요. 현재 목록에 없다면 데이터베이스 이름으로 검색할 수 있습니다.

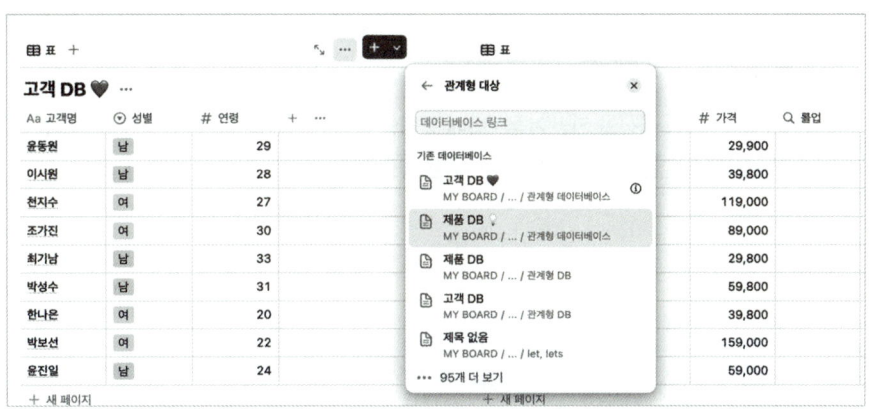

▶ 깨알 tip 관계형 데이터는 직전에 사용한 데이터베이스 목록을 먼저 불러오므로, 연결할 데이터베이스를 미리 잠깐 수정하면 편리합니다. 목록에 나타나지 않고, 사용 중인 데이터베이스가 많을 때는 원하는 데이터베이스를 빠르게 찾기 어려우므로 미리 데이터베이스 이름에 이모지를 넣는 등 쉽게 구분할 수 있게 데이터베이스 이름을 변경해 두는 것이 좋습니다.

03 원하는 데이터베이스를 선택하면 관계형 대상에 원하는 데이터베이스가 연결됐는지 확인하고, 제한과 양방향 관계형을 설정합니다.

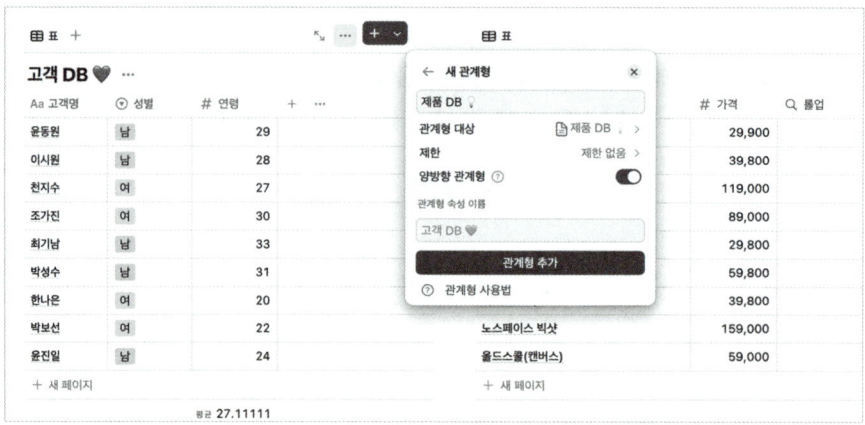

- **제한**: 하나의 속성에 몇 개의 관계형 데이터를 연결할 것인지 선택합니다. 선택과 다중 선택처럼 1개의 데이터만 연결할 것인지, 여러 개의 데이터를 연결할 것인지 선택합니다. 아직 해당 기능에 대해 헷갈린다면, '제한 없음'을 선택하면 됩니다.

- **양방형 관계형**: 연결한 두 데이터베이스의 관계형 속성을 모두 표시할 것인지, 일방적으로 연결만 할 것인지 선택합니다. 고객 DB에서 제품 DB의 데이터를 가져와야 하는데, 제품 DB에는 고객 DB의 정보를 보여주고 싶지 않을 때, 양방형 옵션을 켜지 않습니다. 헷갈린다면, 일단 옵션을 켜두시면 됩니다.

양방형 관계형 옵션을 켜면 제품 DB에 표시할 속성의 이름을 지정하는 난이 나옵니다. 입력하지 않으면 연결한 데이터베이스의 이름을 자동으로 입력해 줍니다.

04 두 개의 데이터베이스를 서로 연결했습니다. 이제 각 행에서 어떤 페이지 정보(행)를 가져올지 지정해야 합니다. 관계형 속성의 빈칸을 클릭하면 연결한 데이터베이스의 페이지(행)를 확인할 수 있습니다.

05 페이지 목록에서 현재 데이터에 연결할 페이지 이름을 클릭하면 연결한 페이지가 바로 위 섹션으로 올라갑니다. 다른 페이지 링크 중 하나를 선택하면 마찬가지로 위 섹션으로 이동하며 데이터가 연결됩니다. **[옥스포드 셔츠]**를 선택해서 연결했습니다.

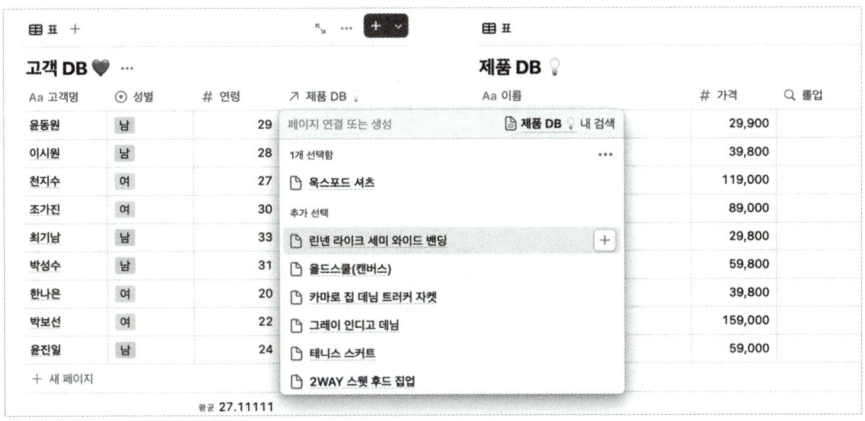

▶ 깨알 tip 하나의 행에 연결한 데이터베이스의 여러 페이지(행)를 선택해서 연결할 수도 있습니다.

06 빈 여백을 클릭해서 연결을 완료하면 관계형 속성 열에 페이지가 추가된 것을 확인할 수 있습니다. 나머지 행도 같은 방법으로 페이지를 연결합니다.

고객 DB 🖤				제품 DB 💡		
Aa 고객명	# 연령	↗ 제품 DB		Aa 이름	# 가격	↗ 고객 DB 🖤
윤동원	29	옥스포드 셔츠	세미 와이드 밴딩	옥스포드 셔츠	29,900	윤동원
이시원	28	그레이 인디고 데님	데님 트러커 자켓	그레이 인디고 데님	39,800	이시원
천지수	27	데님 트러커 자켓		데님 트러커 자켓	119,000	이시원
조가진	30	폴로 원피스	올드스쿨(캔버스)	스웻 후드 집업	89,000	박성수
최기남	33	폴로 원피스	그레이 인디고 데님	세미 와이드 밴딩	29,800	윤동원
박성수	31	스웻 후드 집업	세미 와이드 밴딩	폴로 원피스	59,800	조가진
한나은	20	노스페이스 빅샷	데님 트러커 자켓	테니스 스커트	39,800	박보선
박보선	22	테니스 스커트	스웻 후드 집업	노스페이스 빅샷	159,000	한나은
윤진일	24	테니스 스커트	올드스쿨(캔버스)	올드스쿨(캔버스)	59,000	조가진

평균 27.11111

07 이제 관계형 데이터베이스가 구축되었습니다. 앞서 작업한 데이터베이스가 아닌 연결한 데이터베이스가 있는 페이지로 이동해서 확인해 보면 자동으로 관계형 속성의 열이 추가된 것을 확인할 수 있습니다.

08 관계형 속성의 열에서 연결된 페이지를 클릭해서 다음과 같이 팝업 형태로 세부 내용을 확인할 수 있습니다. 연결할 페이지를 변경하려면 [−]를 클릭해서 연결을 해제하고 다시 선택하면 됩니다.

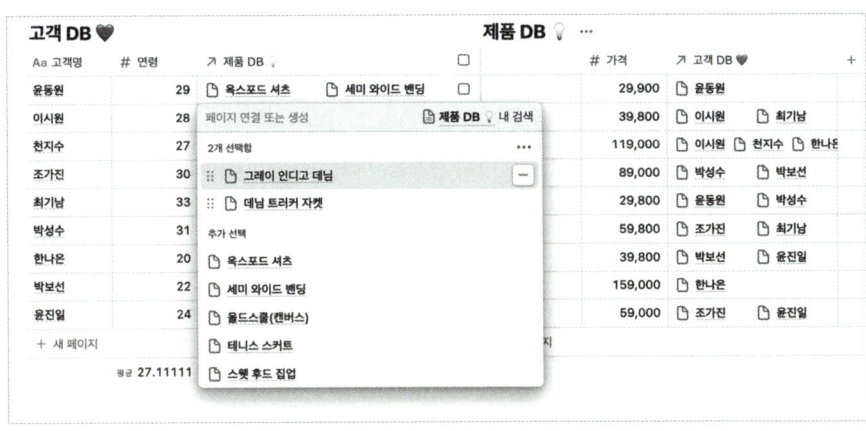

한 걸음 더
같은 데이터베이스를 관계형 속성으로 연결할 때

'고객 DB'이라는 이름의 데이터베이스에서 관계형 속성을 지정하고 연결할 데이터베이스(관계형 대상)를 선택할 때 현재 데이터베이스(여행 계획)를 선택하면 관계형 대상이 [이 데이터베이스]라고 나타납니다. 같은 데이터베이스 내에서 데이터를 서로 연결하는 옵션이죠.

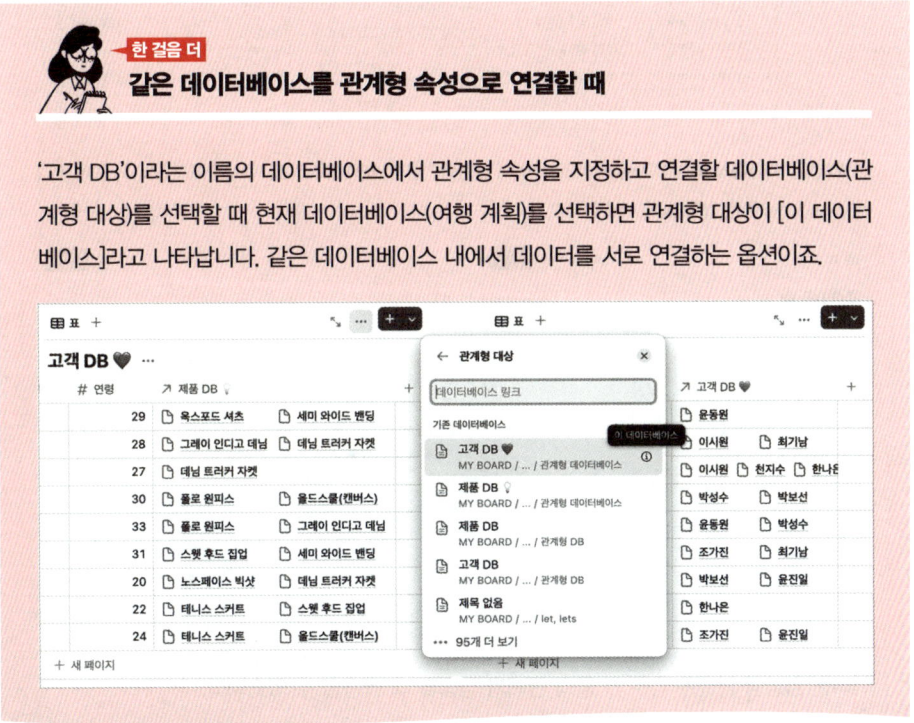

관계형 대상을 [이 데이터베이스]로 하면 동일한 데이터베이스 내에서 양방향으로 연결하게 됩니다. 다시 말해 일반적인 관계형 데이터베이스에서 각 데이터베이스에 있는 각각의 관계형 속성 열이 하나의 데이터베이스에 동시에 생겨 같은 데이터베이스 내에서 서로 데이터를 연결합니다.

아래 사례를 보면 관계형 속성을 추가한 후 [다른 관계형 방향] 옵션을 켜고 '고객 DB' 데이터베이스를 연결했더니 [고객 DB에 다시 관계됨]이라는 속성이 추가되었습니다.

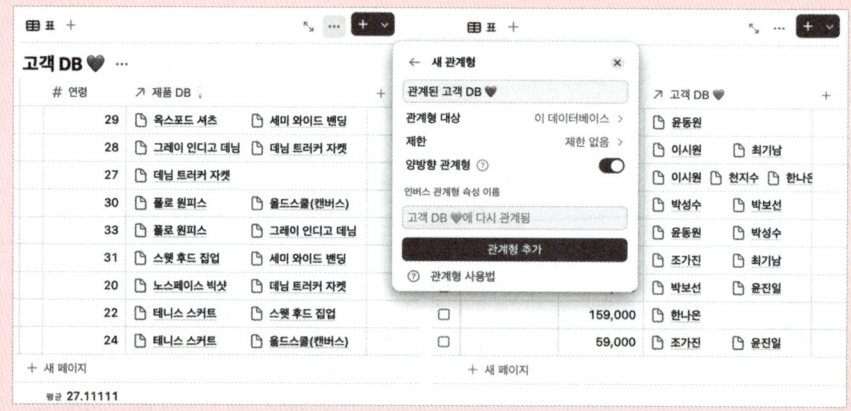

▶ 깨알 tip 화면에서 속성 추가된 게 바로 보이지 않는다면 [데이터베이스 설정 – 속성]에서 표에서 숨겨져 있는 속성의 눈 아이콘을 눌러 표시해 주세요.

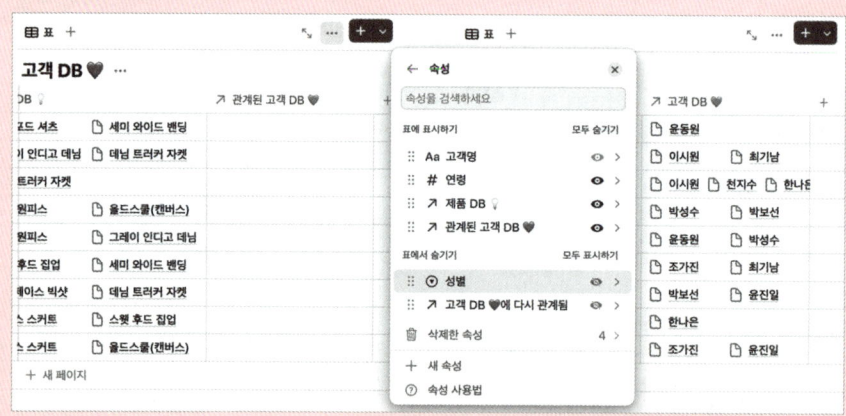

이러한 양방향 연결은 업무 간 종속 관계가 성립할 때 활용할 수 있습니다.

▶ 관계형 데이터에 다른 속성 추가하기

관계형 데이터를 추가했다면 관계형 데이터 페이지 오른쪽에 다른 속성 데이터를 확인할 수 있습니다. 관계형 페이지를 눌러 오른쪽 더 보기(…) 아이콘을 눌러보세요. 나타나는 팝업에서 눈 모양 아이콘을 클릭하면 연결된 관계형 데이터의 다른 속성값을 한 페이지에서 볼 수 있습니다.

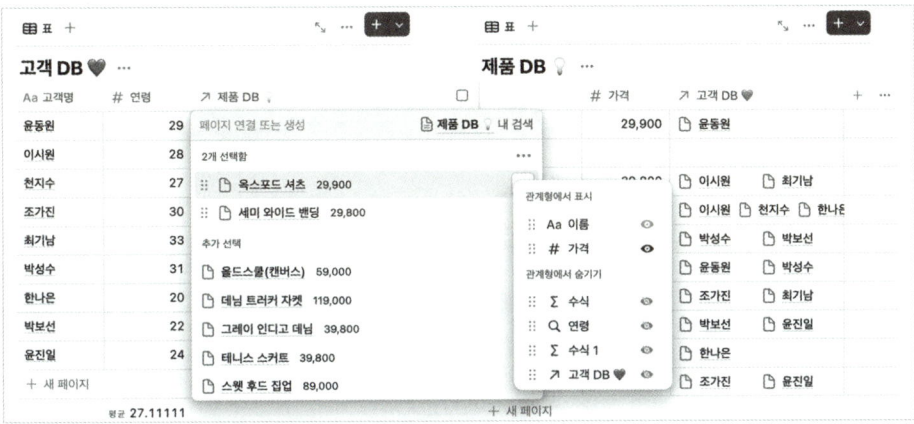

▶ 열 데이터를 구체적으로 확인하는 롤업 기능

누차 반복했듯이 롤업(Rollup) 기능은 관계형 데이터베이스에서 연결한 페이지의 열 정보를 구체적으로 표시하는 역할을 합니다. 단순히 데이터 값을 보여주는 것뿐만 아니라 간단한 계산 값을 확인할 수도 있습니다. 실습을 통해 롤업 기능을 자세히 살펴보겠습니다.

01 새로운 열(속성)을 추가한 후 속성을 [롤업]으로 지정합니다.

02 속성 편집 창에서 [관계형]을 연결한 데이터베이스 [제품 DB]로 선택합니다.

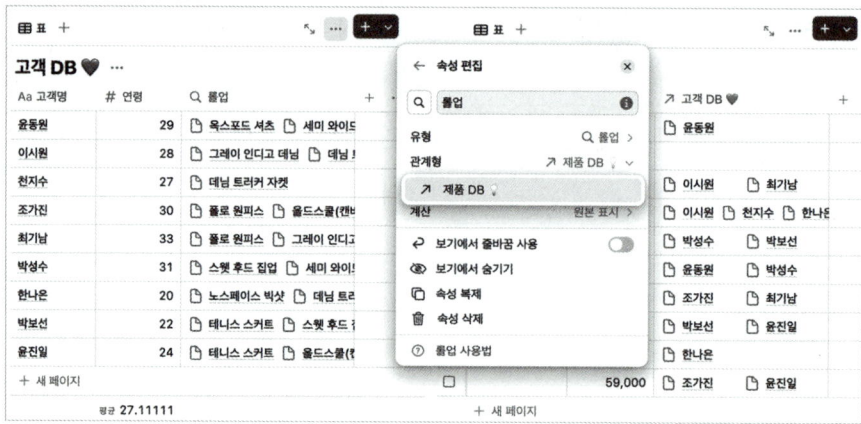

03 [속성]은 가져오고 싶은 데이터 [가격]을 선택합니다.

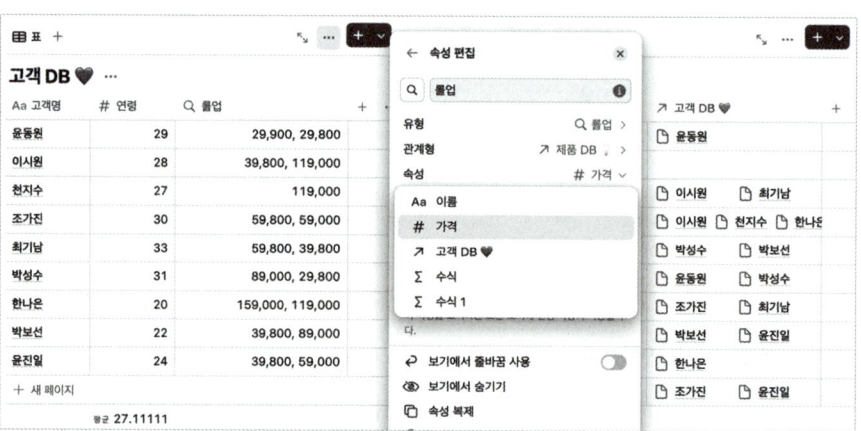

이렇게 끝내버리면 각 제품별 가격은 보이지만, 고객이 총 얼마의 금액을 내야 하는지 직관적으로 파악할 수 없습니다.

04 [계산 – 추가 옵션 – 합계]를 선택하면 고객이 구매한 제품의 가격을 합산하여, 고객이 내야 할 금액이 얼만지 직관적으로 파악할 수 있습니다.

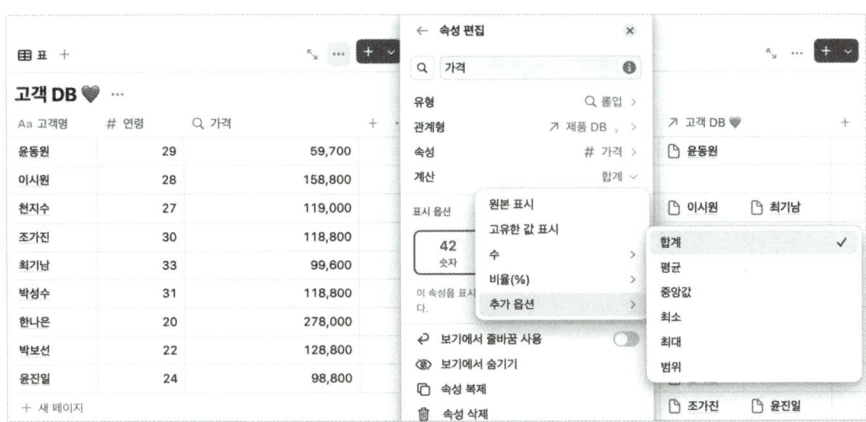

▶ 롤업 속성으로 가져온 데이터에 함수 적용해 보기

롤업 기능으로 가져온 데이터는 수식을 이용하여 추가 계산을 해 줄 수 있습니다. 불러온 데이터에 수식을 적용하는 방법을 실습해 보겠습니다.

01 위에서 배운 방식으로 [할인율] 롤업 속성을 추가해 가져왔습니다. 할인율 속성 오른쪽 [+] 버튼을 누르고 [수식] 속성을 추가해줍니다.

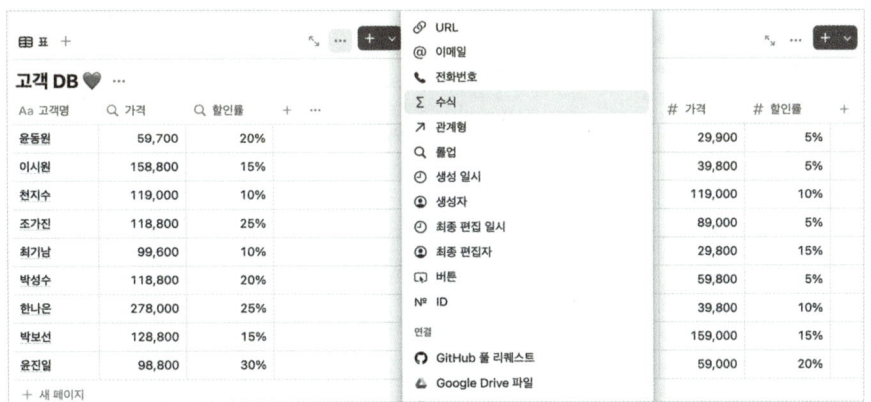

02 수식 편집을 누르고 가격 − (가격 * 할인율)을 입력해줍니다.

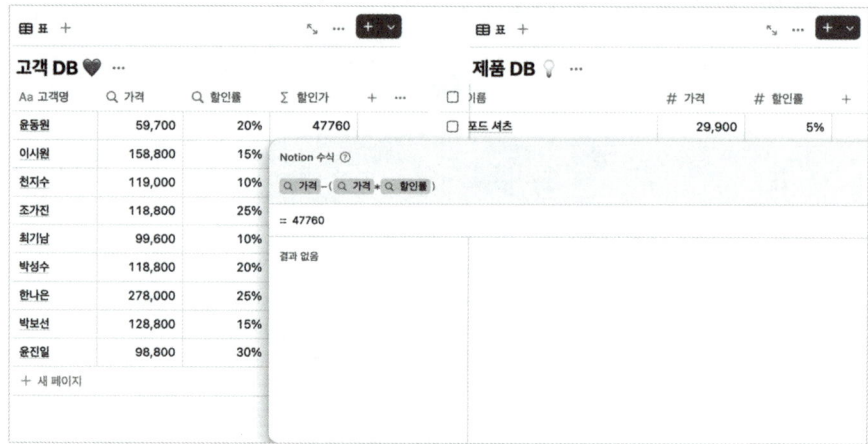

03 수식 속성의 [속성 편집]에 들어가서 이름을 [할인가]로 변경하고, 숫자 형식을 [쉼표가 포함된 숫자]로 변경하면 할인율이 적용된 할인가를 직관적으로 파악할 수 있습니다.

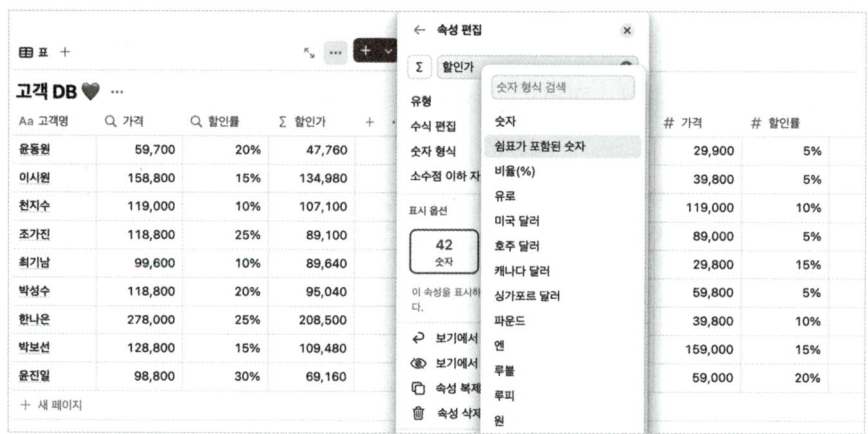

▶ 상태 속성, 롤업에서 활용하기

상태 속성을 만든 상태에서 관계형 데이터와 롤업을 이용해 데이터를 가져오면 상태 속성 내에 그룹의 통계 정보를 가져올 수 있습니다. 관계된 데이터 중 선택한 그룹의 개수가 몇 개인지 선택할 수 있습니다. 예를 들어 연결한 데이터 중 할 일 그룹에 있는 데이터는 몇 개인지, 완료 그룹에 있는 태그는 몇 개인지 자동으로 세어줍니다.

01 관계형 데이터를 연결한 후 [롤업] 속성을 생성합니다.

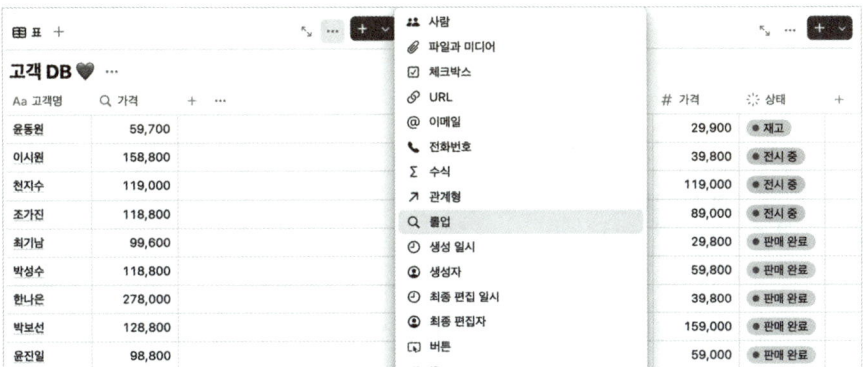

02 관계형을 연결한 데이터베이스로 선택하고, 속성을 [상태] 속성으로 선택한 후 계산을 클릭해 보면 [수]와 [비율(%)]이 생성되어 있습니다. 연결한 데이터 중 완료 그룹에 속한 데이터가 몇 개인지 파악하기 위해 [수 - 그룹별 개수 - Complete]를 선택합니다.

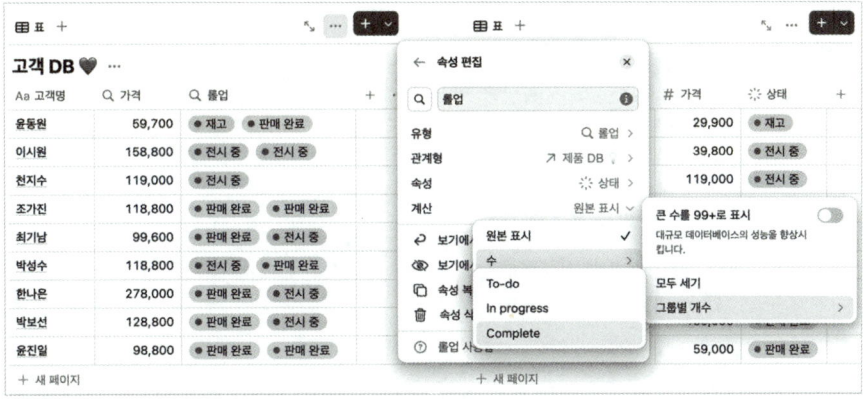

03 고객 DB에 '윤진일' 데이터를 보면 구매한 제품이 모두 [판매 완료]이기 때문에 구매한 2개의 제품이 모두 판매 완료되었다고 표시되어 있습니다.

한 걸음 더 — 그룹별 퍼센트로 진행률 보기

[비율(%) – 그룹별 퍼센트 – Complete]로 데이터를 설정하면 관계된 데이터 중 총 몇 퍼센트 완료되었는지 나타납니다. 이렇게 데이터를 설정하면 특정 프로젝트에 할 일을 연결시켜 이 프로젝트를 완료하기 위해 할 일이 몇 퍼센트 완료되었는지 진행률도 파악할 수 있습니다.

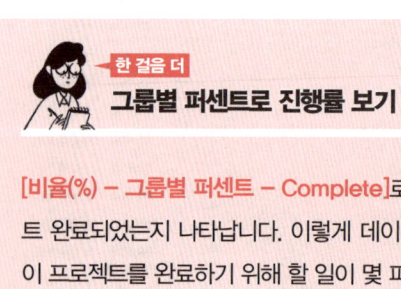

324 ■ Chapter 04 수식, 관계형 데이터베이스 그리고 롤업

Chapter 05

Notion으로 생산성 올리기

앞서 우리는 Notion의 기본 기능에 대해 알아보았습니다. 이제는 기본 기능을 더욱 효율적으로 활용할 수 있게 도와주는 다양한 기능과 방법에 대해 알아보겠습니다.

Notion 01 Notion의 제어판, 왼쪽 사이드바 활용하기

Notion 02 나에게 맞는 Notion 설정하기

Notion 03 사용자 맞춤으로 스마트한 활용 Notion AI

Notion 04 Notion 사용을 윤택하게 해 줄 꿀팁 모음

Notion 05 생산성을 높이는 일정 관리 Notion 캘린더

Notion 01 Notion의 제어판, 왼쪽 사이드바 활용하기

노션에 처음 들어오면 가장 눈에 띄는 것은 단연 왼쪽 사이드바입니다. 왼쪽 사이드바에서 노션의 모든 것을 시작하게 됩니다. 지금까지는 노션의 대표 기능들을 어느 정도 익혔으니, 이제는 노션을 더 잘 활용하기 위한 방법들을 설명해 드리겠습니다. 왼쪽 사이드바부터 순서대로 시작하겠습니다.

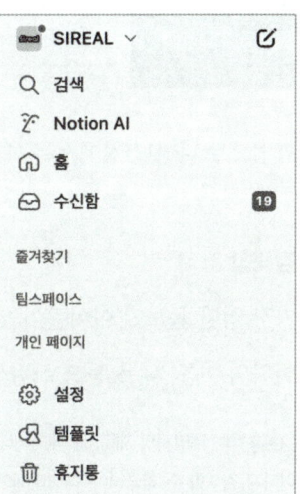

▶ 자료를 빠르게 찾는 빠른 검색 기능

노션의 워크스페이스 목록 바로 아래에는 [검색(Q)] 버튼이 있습니다. 검색 버튼을 통해 워크스페이스 내에 있는 모든 페이지를 찾을 수 있습니다. 검색 버튼을 눌러보면 현재 화면이 검게 변하면서 가운데 팝업이 나타납니다. 검색창의 단축키는 Ctrl + K 또는 Ctrl + P를 사용하여 쉽게 이용할 수 있습니다.

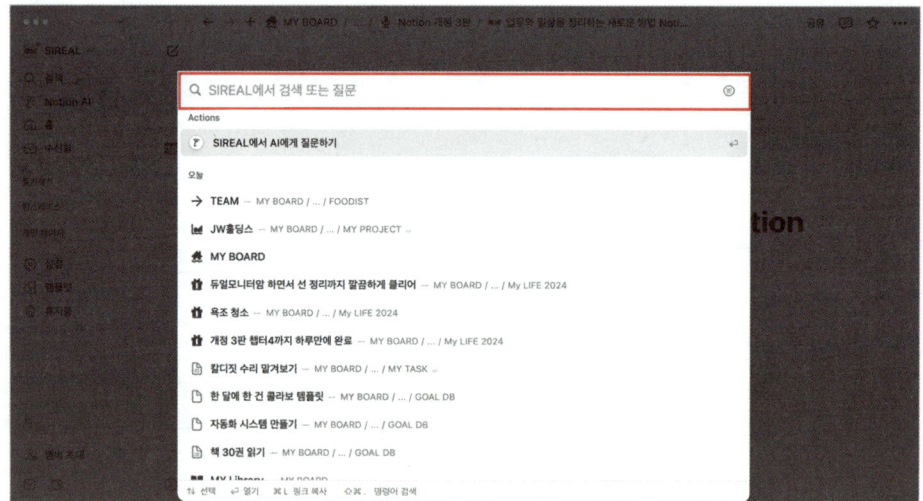

팝업으로 나타난 창에서는 네 가지 액션을 할 수 있습니다.

검색창

가장 상단 돋보기 아이콘이 있는 곳에서는 내가 원하는 키워드로 검색할 수 있습니다. 페이지의 이름, 내용 등으로 검색할 수 있습니다.

> ▶ 깨알 tip ▶ 페이지의 제목, 즉 데이터베이스에서는 데이터베이스 페이지 제목을 검색할 수 있지만 속성에 있는 값들은 여기서 검색할 수 없습니다. 데이터베이스의 이름이나 페이지 제목을 검색하여 해당 데이터베이스가 있는 페이지에 접근한 다음, 데이터베이스 검색을 통해 속성을 검색하면 됩니다.

필터

돋보기 아이콘 오른쪽에 보면 필터 아이콘이 있습니다. 이 필터 아이콘을 클릭하면 조금 더 자세한 검색이 가능합니다.

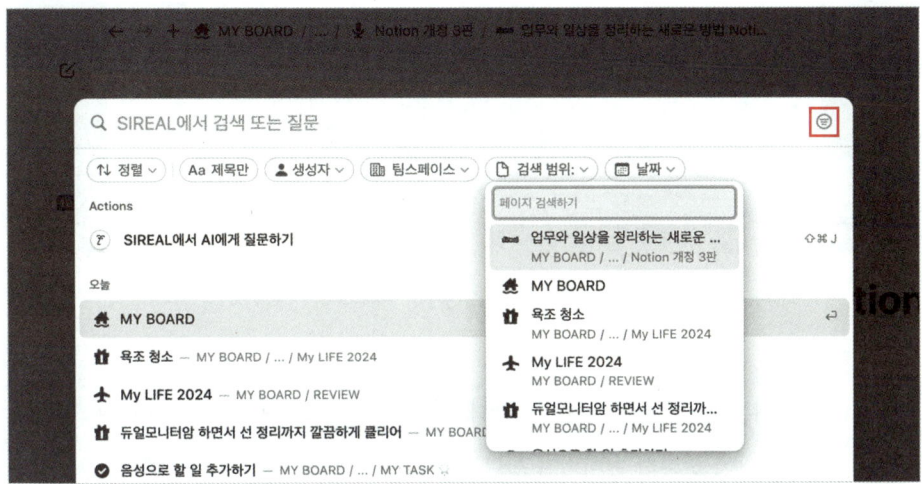

- **제목만**: 페이지 제목으로만 검색하는 옵션을 켭니다.
- **생성자**: 해당 페이지를 생성한 사람을 선택하고, 검색을 진행할 수 있습니다.
- **팀스페이스**: 특정 팀스페이스를 지정한 뒤, 해당 팀스페이스 내에서 검색할 수 있습니다.
- **검색 범위**: 특정 페이지를 지정한 뒤, 해당 페이지 내에서 검색할 수 있습니다.
- **날짜**: 생성일 또는 최종 편집일을 기준으로 선택하고, 해당 날짜 또는 기간을 설정하여, 설정한 기간 내에 생성했거나, 편집한 페이지를 검색할 수 있습니다.

Actions

Notion AI를 사용하면 검색 창에서도 Notion AI를 사용해 페이지를 조금 더 똑똑하게 검색할 수 있습니다. 단순히 Ctrl + K로 검색창을 열고, ChatGPT에서 프롬프트를 입력하듯이 내용을 입력하면 Notion AI를 이용할 수 있습니다. Notion AI에 대한 자세한 내용은 다음 단계에서 설명드리겠습니다.

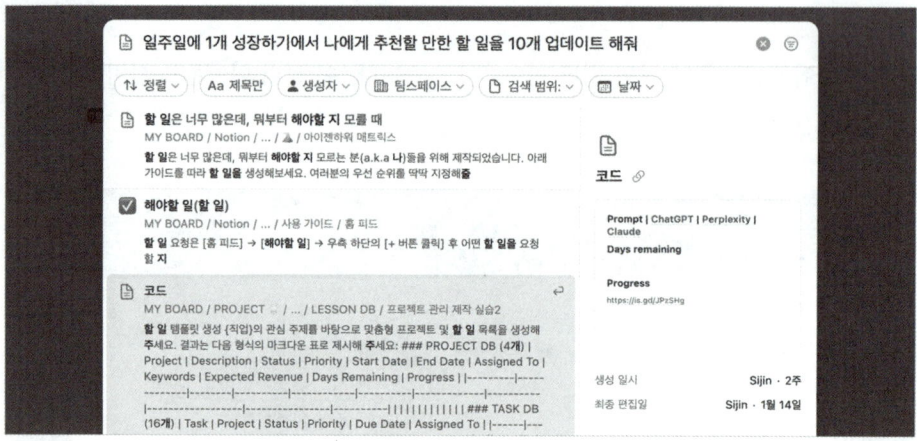

오늘

Actions 아래에는 '오늘'이라고 되어 있는데, 여기는 내가 최근에 접속한 페이지 리스트입니다. 가장 최근에 접속한 페이지가 상단에 올라오며, 페이지에 접근할 때마다 해당 페이지가 업데이트됩니다. 화면 전체에서 보거나, 중앙에서 보기, 사이드 보기 모두 리스트 업됩니다. 최근 내가 어떤 페이지에 접속했는지 보거나, 조금 전에 봤던 페이지에 다시 접근할 때 사용하기 편리합니다. 최근 리스트는 약 한 달 정도 보관됩니다.

Notion AI는 다음 파트에서 다룹니다.

▶ 대시보드 역할을 하는 나의 노션 첫 화면, 홈

홈 화면은 노션의 첫 화면으로 내가 필요한 데이터를 가져와서 한 화면에서 볼 수 있습니다. 사용자들이 많이 커스터마이징해서 사용하는 대시보드(Dashboard)와 같은 역할을 합니다. 최근 방문 페이지나, 내가 자주 보는 데이터베이스들을 가져오고 필터링하여 볼 수 있습니다.

홈 화면으로 노션 시작하기

홈 화면은 노션의 대시보드와 같은 역할을 하므로 노션을 켜자마자 처음에 등장하는 첫 화면으로 설정할 수 있습니다. 왼쪽 사이드바 하단에서 [설정 – 기본 설정 – 기본 페이지]에 들어와 보세요. 기본 페이지에서 시작화면을 홈, 마지막 방문 페이지, 사이드바 최상위 페이지, Notion AI로 변경할 수 있습니다. 홈을 선택하면 노션을 껐다가 켤 때마다 홈 화면이 처음 표시됩니다. 개인적으로 대시보드를 만드셨다면, [사이드바 최상위 페이지]를 선택한 후 해당 대시보드를 즐겨찾기 하면 노션을 켤 때마다 내가 만든 대시보드를 첫 화면으로 사용할 수 있습니다.

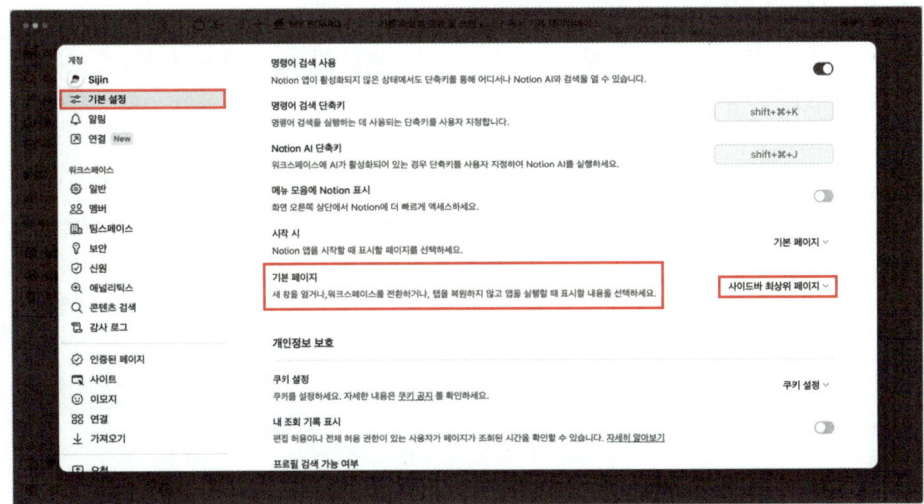

최근 방문

최근 방문 세션은 내가 워크스페이스에서 최근 방문한 페이지 목록을 보여줍니다. 섬네일 형식으로 나타나며, 페이지 커버, 페이지 제목, 생성자 아이콘, 방문 시간을 표시해 줍니다. 최근 방문 오른쪽 끝에 마우스를 대면 오른쪽으로 이동하는 화살표가 나타나고, 이를 클릭하면 최근 방문 페이지를 더 볼 수 있습니다. 최대 20개 페이지까지 표시됩니다.

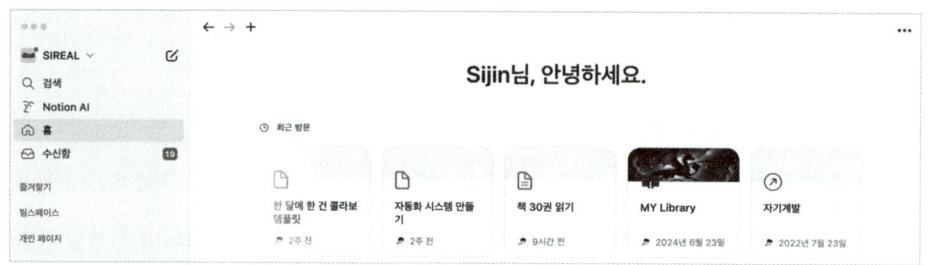

▶ 깨알 tip   최근 방문 페이지는 Ctrl + K 또는 Ctrl + P 를 눌러 검색 창을 띄우면 더 쉽게 볼 수 있습니다.

내 작업

작업 데이터베이스라고도 불리는 곳입니다. 노션 페이지 내에서 데이터베이스를 만든 다음, [**데이터베이스 속성 – 사용자 지정 – 작업**]을 추가하면 홈 화면에 있는 내 작업에 해당 데이터베이스가 추가됩니다. 내 할 일이 보이는 데이터베이스가 여러 개로 분산되어 있을 때 내 작업을 이용하면 내 할 일을 하나의 데이터베이스에서 모아 볼 수 있습니다.

▶ 깨알 tip   여러 데이터베이스에 있는 페이지를 하나의 데이터베이스에서 모아 보는 기능은 노션에 아직 없기 때문에 편리하지만, 내 작업에 있는 자료를 기반으로 차트 보기로 보는 등 데이터를 가공하여 볼 수는 없습니다.

홈 보기

내 작업 바로 아래에는 데이터베이스를 불러 올 수 있는 홈 보기가 존재합니다. 이 홈 보기에서는 노션에 퍼져 있는 데이터베이스 중 내가 지정한 데이터베이스 몇 개를 가져와 볼 수 있는 기능입니다. 위의 내 작업처럼 여러 데이터베이스의 페이지를 한 번에 볼 수는 없고, 링크된 데이터베이스 보기처럼 여러 데이터베이스의 보기를 가져와 보기를 바꿔가며 볼 수 있습니다.

01 화면에 보이는 [데이터베이스 선택]을 누릅니다.

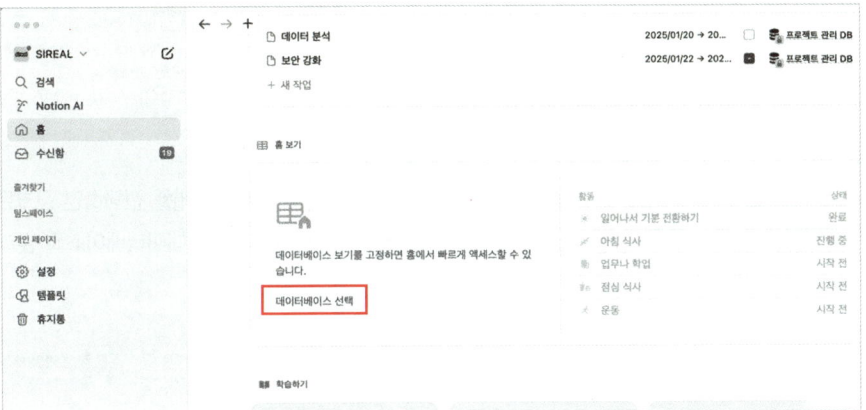

02 가지고 오고 싶은 데이터베이스를 선택합니다.

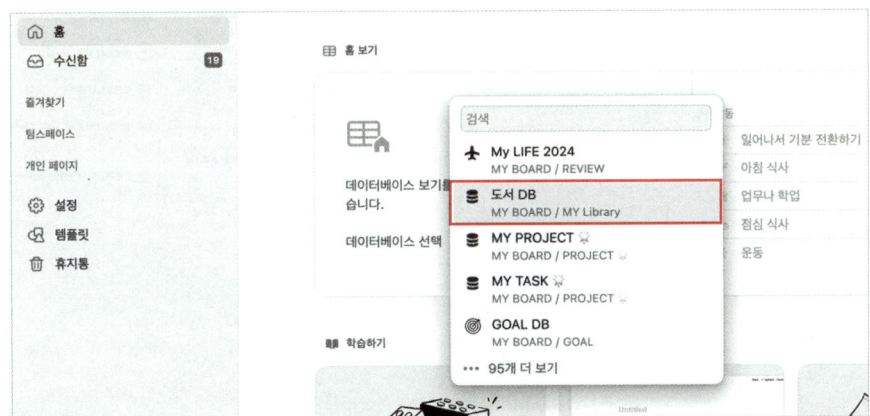

03 원하는 보기를 선택하거나, 데이터베이스에서 보기를 설정하는 것처럼, 레이아웃, 속성, 필터 등을 이용해 데이터베이스 화면을 설정합니다.

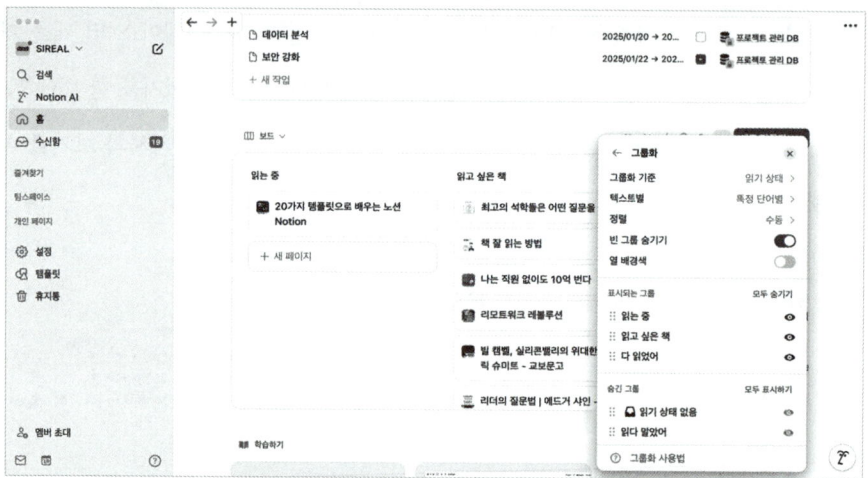

04 새로운 보기를 추가하고 싶을 때에는 보기 이름을 클릭하고 [새 보기]를 선택하면 링크된 데이터베이스 보기에서 다른 데이터베이스를 불러오는 것처럼 또 다른 데이터베이스를 불러올 수 있습니다.

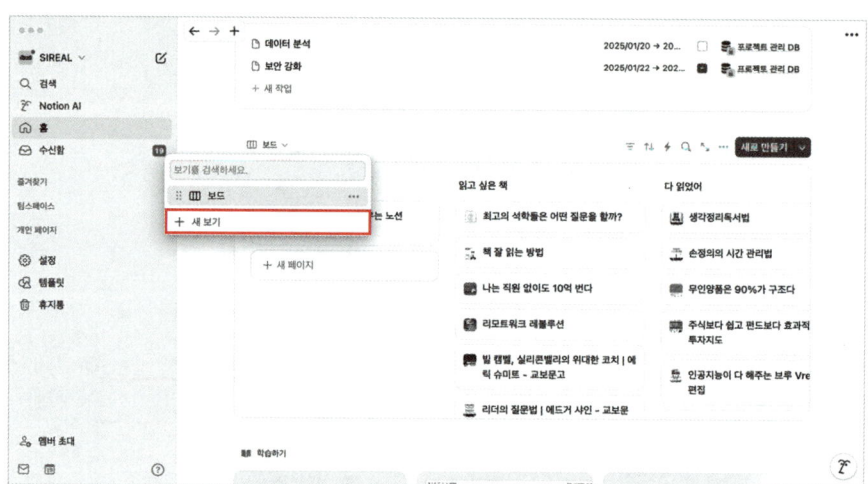

학습하기

노션 도움말과 연결되어 노션의 기초 기능을 학습할 수 있는 공간입니다. 처음에는 8개 정도 들어 있으며, 학습을 완료했다면 페이지에 마우스를 올려 제목 옆에 있는 [완료] 버튼을 눌러보세요. 학습하기 페이지에서 사라지는 것을 볼 수 있습니다.

추천 템플릿

노션에서 제공해 주는 템플릿 모음으로 노션에서 제작한 공식 템플릿들을 살펴볼 수 있습니다. 노션의 템플릿 상점인 마켓플레이스와 연결되어 노션이 제작한 템플릿뿐만 아니라 템플릿 크리에이터가 만든 20,000개 이상의 다양한 템플릿들을 둘러볼 수 있습니다.

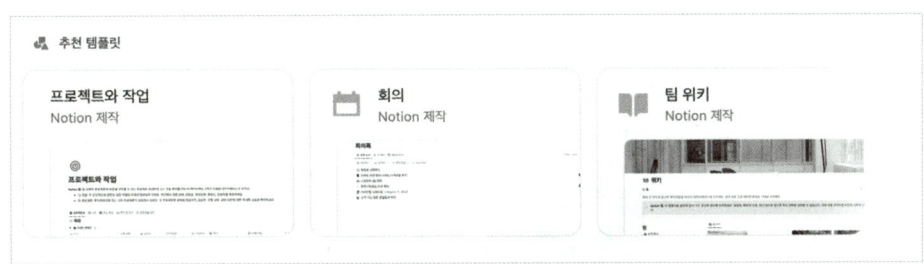

▶ 수신함, Notion의 모든 변경 사항을 빠르게 확인하는 알림 설정하기

노션에서 받는 모든 알림을 확인할 수 있는 공간입니다. 노션 자동화가 실행되었다는 알림을 받거나, 연결한 외부 서비스가 노션의 내용을 수정하거나, 다른 사람과 협업할 때 누군가가 나를 멘션하거나, 내가 쓴 글에 댓글을 남기는 등 노션에서 발행하는 알림을 모두 모아볼 수 있습니다.

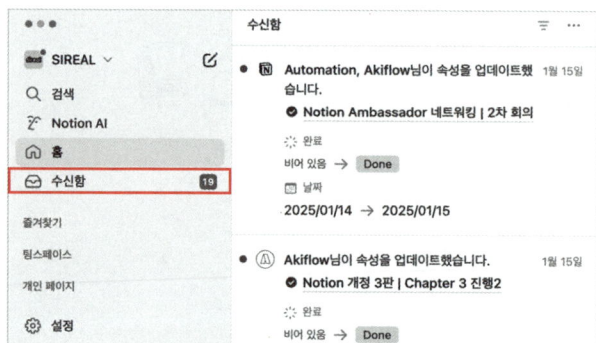

수신함 버튼을 열면 필터 아이콘과 설정 아이콘 2개의 버튼이 있습니다.

필터

수신함에 들어오는 알림들 중 원하는 알림만 필터링해서 볼 수 있습니다.

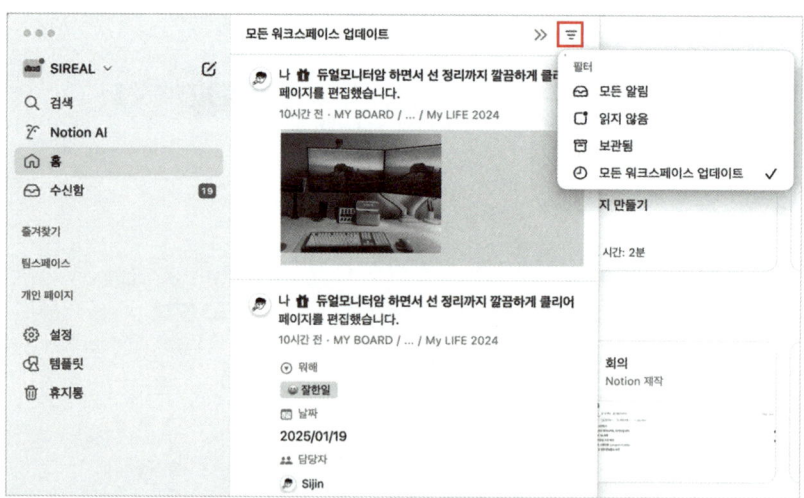

- **모든 알림**: 알림함에 있는 모든 알림을 표시합니다.

- **읽지 않음**: 알림함에 있는 알림 중 읽지 않은 알림, 알림 왼쪽에 파란색 동그라미가 있는 알림을 표시합니다.

- **보관됨**: 알림 중 필요한 알림은 보관할 수 있으며, 보관된 알림만 표시합니다.

- **모든 워크스페이스 업데이트**: 워크스페이스에서 생성, 편집, 삭제와 같은 알림을 표시합니다.

설정

필터 아이콘 오른쪽 [⋯] 버튼을 누르면 수신함을 비우거나, 보관하는 옵션이 나타납니다.

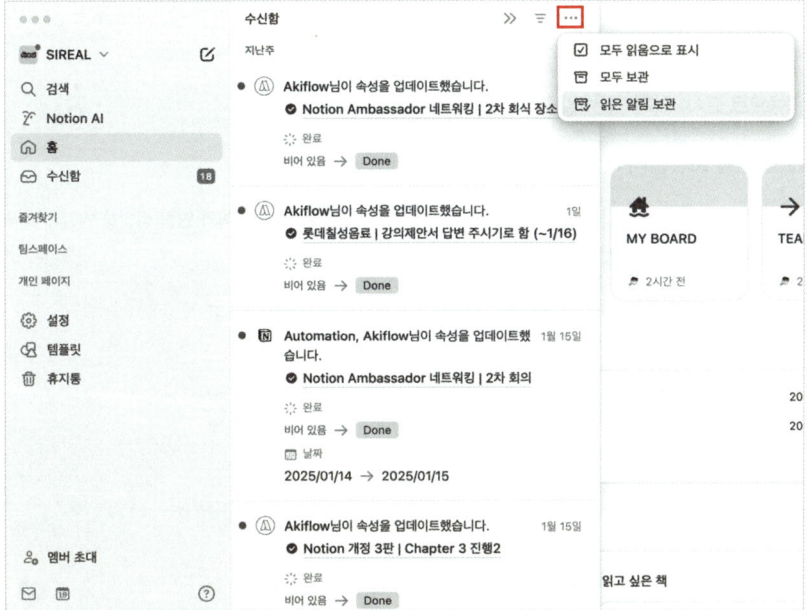

- **모두 읽음으로 표시**: 수신함에 읽지 않은 알림들을 모두 읽음으로 표시합니다.

- **모두 보관**: 현재 수신함에 있는 알림을 모두 보관합니다.

- **읽은 알림 보관**: 수신함에 있는 알림 중 읽은 알림만 보관합니다.

알림을 클릭하면 해당 알림이 발생한 페이지로 이동합니다. 알림에 마우스를 올리면 3개의 아이콘이 표시됩니다.

- **페이지 알림 설정 변경**: 해당 페이지의 알림 설정을 변경합니다. [모든 업데이트], [중요한 업데이트], [답글과 @멘션] 중 선택할 수 있습니다.
- **이 알림을 읽지 않음으로 표시**: 이미 읽은 알림을 읽지 않음으로 표시합니다.
- **이 알림을 읽음으로 표시**: 읽지 않은 알림을 읽음으로 표시합니다.
- **이 알림 보관**: 알림을 보관합니다.

▶ 깨알 tip 수신함에 들어오는 알림 방식을 변경하고 싶으신 분은 [설정 – 내 알림]에 들어와 알림 방법을 변경해 보세요. 모바일, 데스크톱, Slack, 이메일 등 다양한 방식으로 알림을 받을 수 있습니다.

▶ 섹션

수신함 아래로 내려오면 페이지들을 정리할 수 있는 섹션이 나타납니다. 섹션은 크게 4가지가 있습니다.

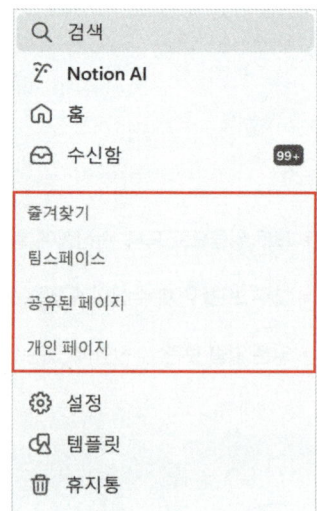

- **즐겨찾기**: 페이지 우측 상단 ☆을 눌러 즐겨찾기로 추가한 페이지들을 모아서 볼 수 있습니다.
- **팀스페이스**: 워크스페이스 내에서 데이터를 구분 짓기 위해 사용되며, 팀스페이스를 생성하면 볼 수 있습니다.
- **개인 페이지**: 노션의 기본 섹션으로, 개인 페이지 외에 다른 섹션이 없다면 보이지 않을 수도 있습니다. 섹션을 보고 싶다면, 즐겨찾기 페이지를 하나 추가하면 섹션을 구분해서 볼 수 있습니다.

- **공유된 페이지**: 워크스페이스 내에서 다른 사람의 개인 페이지를 나에게 공유해 주었을 때 내게 나타나는 페이지입니다. 일반적으로 다른 사람의 워크스페이스에 게스트로 초대되었을 때, 회사 워크스페이스에서 동료가 나를 특정 페이지에 초대했을 때 보여지는 섹션입니다.

▶ 깨알 tip **페이지 섹션 순서 변경하기_** 페이지의 섹션은 순서를 드래그 앤 드롭으로 변경할 수 있습니다. 섹션의 이름을 클릭하면 섹션이 접히는데, 이 상태에서 이름을 드래그해서 위 또는 아래로 이동시켜 보세요. 개인 페이지 섹션이 위로 올라가거나, 즐겨찾기가 아래로 가는 등 섹션의 순서를 변경할 수 있습니다.

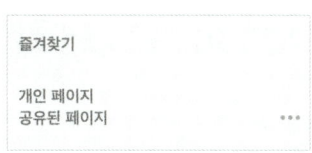

▶ 깨알 tip **팀스페이스_** 가끔 팀스페이스를 사용하고 싶다는 질문을 받습니다. 팀스페이스의 용도는 하나의 워크스페이스에서 정보의 권한을 구분할 때 사용합니다. 일반적인 회사에서는 부서를 구분할 때 이용합니다. 혼자 노션을 이용하신다면 팀스페이스를 이용할 필요 없습니다. 팀스페이스는 워크스페이스 내에 작은 스페이스이며, 스페이스별 권한 설정을 별도로 해야 하므로 워크스페이스의 설정은 공유할 수 있지만, 팀스페이스의 권한은 공유 중지되어 공유가 안 되는 문제가 발생할 수 있기 때문입니다. 여러 부서가 함께 노션을 이용하신다면 팀스페이스가 편리합니다.

▶ 깨알 tip **팀스페이스 생성하기_** 팀스페이스 섹션이 화면에 보이지 않는 분은 생성된 팀스페이스가 없기 때문입니다. **[설정 – 팀스페이스]** 에 들어가서 **[새 팀스페이스]** 버튼을 눌러 새롭게 팀스페이스를 생성해 주면 섹션이 표시됩니다.

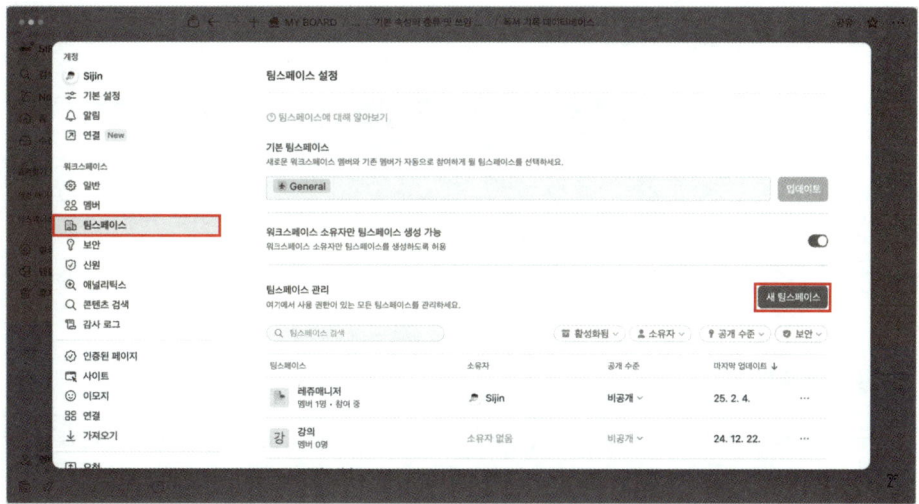

▶ 템플릿(마켓플레이스)

템플릿은 위에서 잠깐 설명한 것처럼 노션에서 제공해 주는 템플릿 모음을 볼 수 있습니다. 노션의 마켓플레이스와 연결되어 노션에서 공식 제작한 템플릿뿐만 아니라 템플릿 크리에이터가 만든 20,000개 이상의 템플릿을 모두 볼 수 있습니다. 둘러보기에서 마켓플레이스 전체를 둘러보거나, 업무, 라이프, 학교 등 자신의 목적에 맞게 키워드를 클릭하여 템플릿을 살펴볼 수 있습니다. 찾고 싶은 템플릿이 있다면 오른쪽 상단 검색창에서 원하는 키워드를 검색하여 템플릿을 찾아볼 수도 있습니다.

마켓플레이스에는 여러 템플릿이 있는데, 이는 무료/유료 템플릿이 모두 섞여 있으니 가격표를 잘 보셔야 합니다.

템플릿 다운로드

원하는 템플릿을 찾았다면 템플릿을 클릭하고 들어와 보세요. 템플릿을 바로 다운받지 않고, [미리보기] 버튼을 누르면 다운받기 전 우선 살펴볼 수 있습니다. [+추가]를 누르면 무료 템플릿인 경우 내 워크스페이스의 개인 페이지 섹션에 다운로드되어 템플릿을 사용할 수 있습니다.

템플릿 크리에이터

이 책과 시리얼의 유튜브를 통해 노션에 대해 많이 익히셨다면 직접 노션 템플릿을 만들어 다른 사람에게 공유하거나 판매할 수도 있습니다. 마켓플레이스 최하단에 내려오면 **[지금 Notion 크리에이터가 되어 보세요]**라는 곳에 **[시작하기]**라는 버튼이 있습니다. 이 버튼을 눌러 프로필을 등록하고 승인을 받으면 템플릿을 업로드할 수 있으며, 승인된 템플릿을 통해 다른 사람들에게 템플릿을 공유하거나, 판매하여 수익을 창출할 수 있습니다.

▶ **휴지통**

페이지를 삭제하면 이동하는 공간인 휴지통입니다. 휴지통에서 페이지를 검색하여 복원할 수도 있으며, 영구 삭제할 수도 있습니다. 최종 편집자, 검색 범위, 팀스페이스 등 검색범위를 선택해 내가 원하는 페이지를 쉽게 찾을 수 있습니다. 휴지통에 있는 데이터들은 30일이 지나면 자동으로 영구 삭제되니 참고하세요.

▶ **깨알 tip** 휴지통 삭제 일정 변경하기_휴지통에 들어간 데이터를 30일 이후 영구 삭제하지 않으려면 엔터프라이즈 요금제를 사용하면 됩니다. 엔터프라이즈 요금제를 사용 중인 워크스페이스 소유주는 휴지통에 들어간 데이터의 보관 기한을 설정할 수 있으며, 최대 10년까지 보관 기한을 연장할 수 있습니다. **[설정 – 보안과 데이터 – 데이터 보존]**에 들어와 기한을 변경해 보세요.

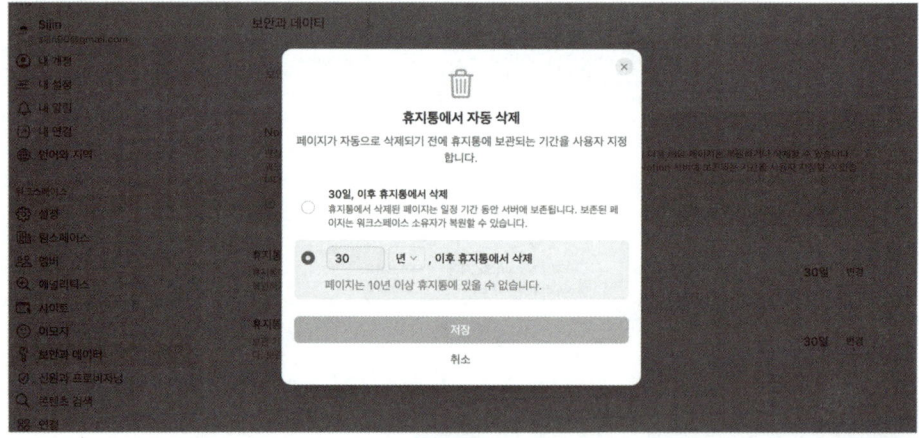

Notion 02 나에게 맞는 Notion 설정하기

노션을 사용하다 보면 '이건 뭐 하는 기능이지?'라는 의문이 생길 때가 있습니다. 모든 설정을 다 알 필요는 없기 때문에 노션을 사용하며 유용하거나 편리한 설정을 먼저 알아보겠습니다.

▶ 기본 설정 변경하기

한번 설정해 두면 가장 편리한 설정은 기본 설정에 있습니다. 사이드바 하단에 설정을 누른 후 **[기본 설정]**에 들어와 주세요.

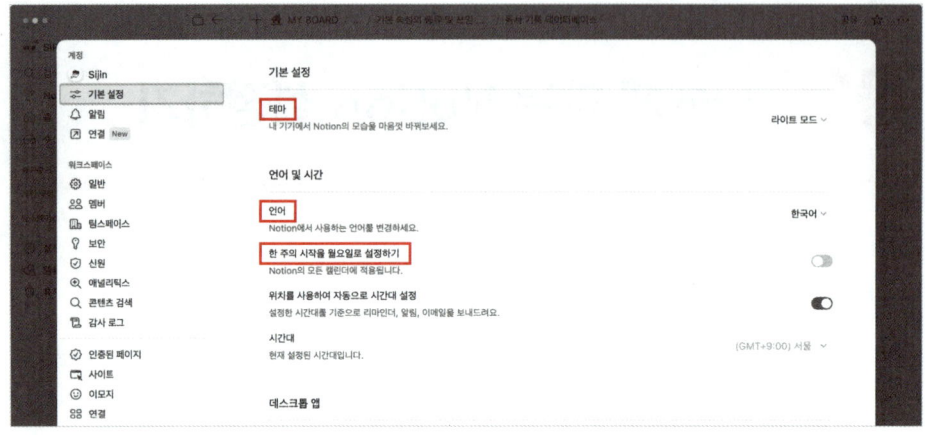

테마_ 노션의 모드를 변경하는 옵션입니다. 라이트 모드, 다크 모드가 있으며, 시스템 설정에 따라 같이 변하게 설정할 수도 있습니다. 테마 변경은 설정에 들어오지 않아도 단축키로 변경할 수도 있습니다. Ctrl + Shift + L 을 눌러보세요.

언어_ 노션은 PC 언어가 한글이면 자동으로 한국어로 표시됩니다. 그러나 간혹 언어를 변경해야 하는 상황을 대비해, 언어 변경 방법을 미리 익혀 둡시다(346쪽).

한 주의 시작을 월요일로 설정하기_ 캘린더에서 한 주의 시작은 기본 일요일로 설정되어 있습니다. 업무 방식에 따라 한 주의 시작을 월요일로 변경할 수 있습니다.

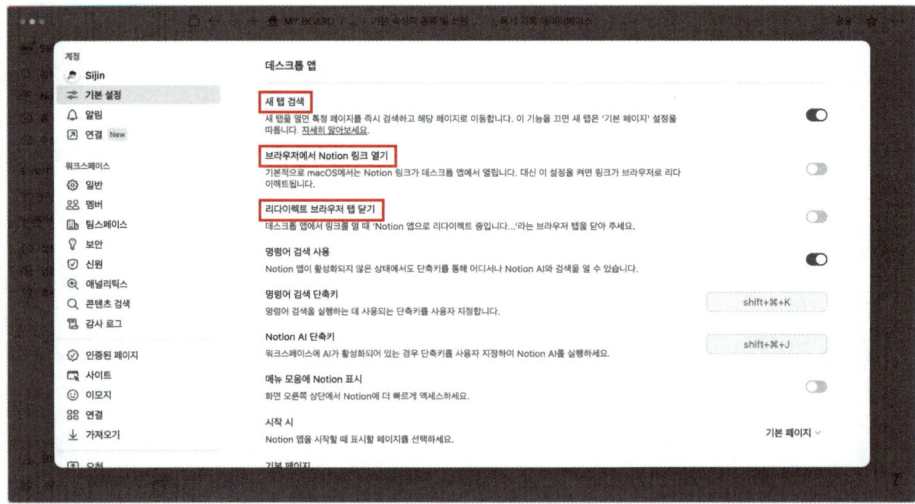

344 ■ **Chapter 05** Notion으로 생산성 올리기

새 탭 검색_ 노션 페이지에서 작업을 하다가 다른 페이지를 봐야 할 때도 있습니다. 이때 Ctrl + T를 누르면 새로운 탭이 열리는데, 새로운 탭을 열 때 기존에 설정해 둔 첫 화면, 즉 노션을 켰을 때 나타나는 첫 화면을 기본 값으로 설정할 것인지, 검색창을 열어 내가 원하는 페이지를 검색하게 할 것인지 묻는 것입니다. 새 탭을 여는 이유가 다른 페이지에 접근하기 위해서기 때문에 저는 새 탭 검색 기능을 켜고 새로운 탭을 켤 때마다 페이지를 검색해서 들어가고 있습니다.

브라우저에서 Notion 링크 열기_ 노션의 내부 링크를 복사한 다음 외부에 공유해 둔 후 해당 링크를 열 때 데스크톱 앱에서 열 것인지, 브라우저에서 열 것인지 물어봅니다. 단순하게 본인이 노션 데스크톱 앱에서 많이 사용하면 해당 옵션을 끄고, 브라우저를 이용해 노션을 많이 이용한다면 해당 옵션을 켜시면 됩니다. 노션은 인터넷의 사이트를 검색해서 작성해야 할 업무들도 많기 때문에 브라우저보다는 데스크톱 앱을 설치해서 사용하는 것을 추천합니다.

리다이렉트 브라우저 탭 닫기_ 다른 사람의 링크를 공유받을 때 꽤 유용한 기능입니다. 노션에서 페이지를 게시할 때는 게시 링크와 내부 링크가 별도로 생성됩니다. 그래서 내 노션 워크스페이스에 초대받지 않은 외부 사람에게 링크를 전달할 때는 게시 링크를 줘야 합니다. 그런데 페이지 게시는 해 두고, 내부 링크를 준다면 가끔 아래와 같은 페이지가 나타나서 불편할 때가 있습니다. 이럴 때에 옵션을 켜 둔다면 노션을 더욱 편리하게 이용할 수 있습니다.

▶ 언어 변경하기

노션은 한국어로 번역이 되어 있습니다. PC의 사용 언어가 한글이라면 한국어로 바로 사용 가능합니다. 하지만 PC는 영어인데, 노션은 한글로 사용하고 싶다거나, 외국에서 한국어를 쓸 때는 언어를 바꿀 줄 알아야 합니다. 특히, 아주 가끔이지만 언어가 갑자기 영어로 변경되는 오류가 나타날 수도 있습니다.

01 사이드바의 Settings에 들어와서 Language & region에 들어갑니다.

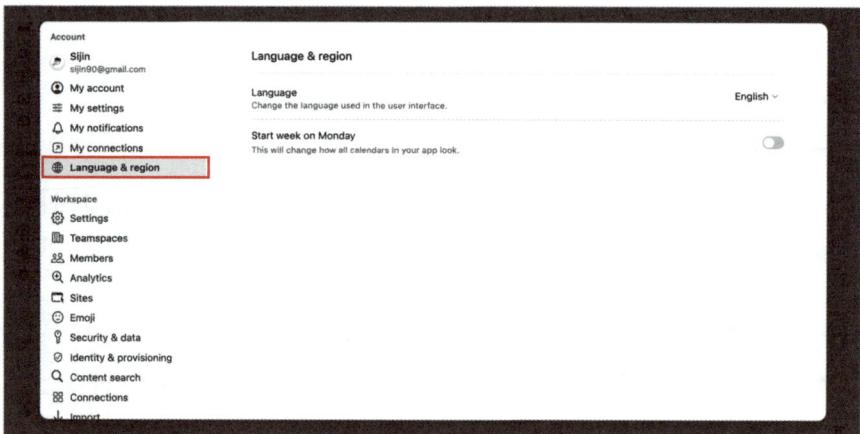

02 Language를 한국어로 변경해 줍니다.

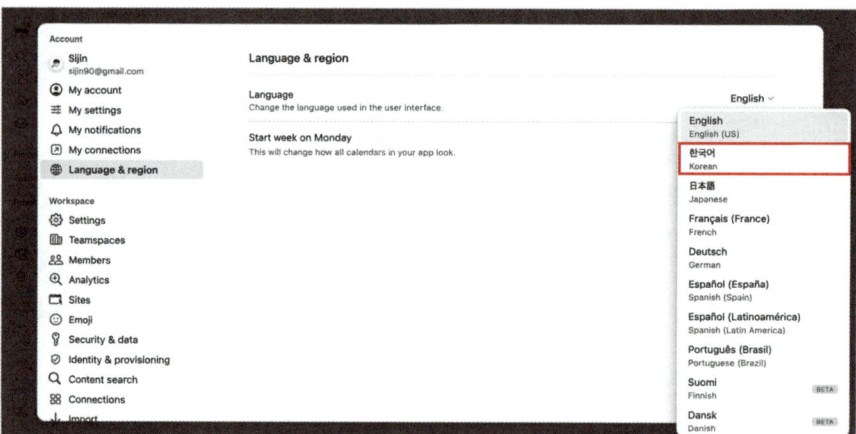

앞서 말씀드린 것처럼, 언어 설정이 한국어로 되어 있는데, 노션의 메뉴들이 영어로 되어 있다면 오류가 발생한 것이므로, 언어를 영어로 바꿨다가 다시 한국어로 설정하면 정상적으로 사용할 수 있습니다.

▶ 사이트 주소 변경하기

노션의 워크스페이스에는 고유의 주소를 설정할 수 있습니다. 제 워크스페이스의 주소는 https://sireal.notion.site이고, 여기서 'sireal'은 제 워크스페이스 주소입니다. 처음 노션 워크스페이스를 생성하면 이 주소가 난수로 표시됩니다. 예를 들어 https://nickel-maraca-cc5.notion.site와 같은 형식입니다.

"nickel-maraca-cc5"는 노션 워크스페이스를 처음 생성했을 때 랜덤으로 생성되는 것이며 이를 변경할 수 있습니다. 변경하지 않아도 노션 사용에 문제가 없지만, 노션 페이지를 다른 사람에게 공유할 때 조금이나마 브랜딩 요소를 갖출 수 있으며, 노션의 특정 페이지를 내 웹사이트처럼 지정하게 된다면 쉽게 접근할 수 있습니다.

URL 변경하기

01 사이드바에서 [설정 – 사이트]에 들어와주세요.

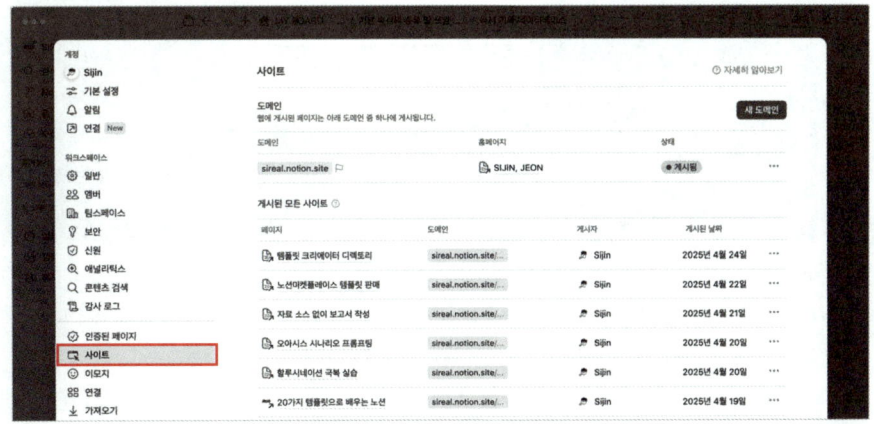

02 도메인에 보면 자신의 웹사이트 링크가 지정되어 있습니다. '게시됨'이라는 글자 우측에 [⋯]을 누르면 [업데이트] 버튼이 나타납니다.

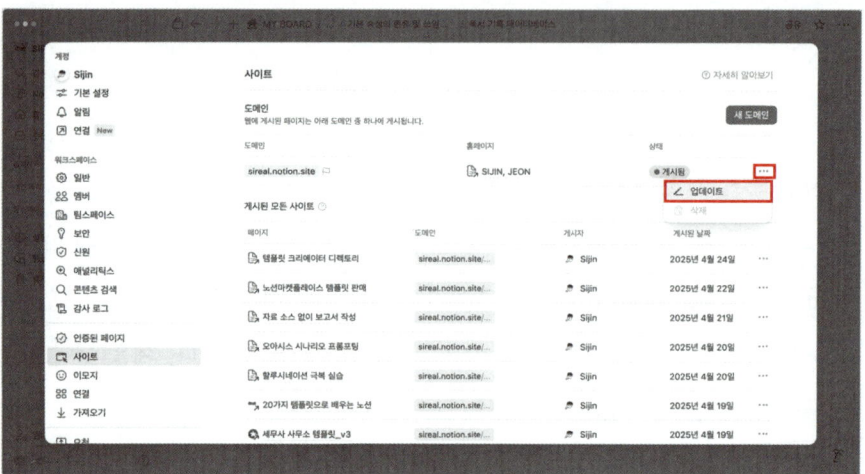

03 [업데이트] 버튼을 눌러 도메인을 변경할 수 있습니다. 도메인을 변경한 다음 [변경 사항 저장]을 클릭해 주세요.

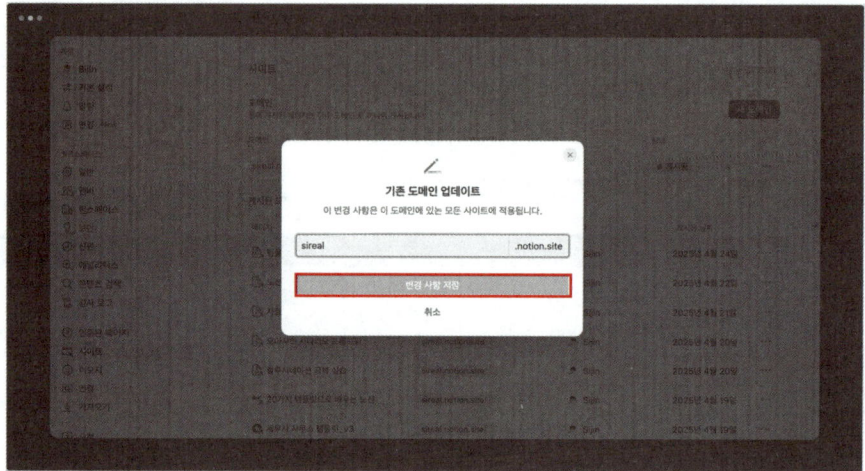

▶ 깨알 tip 도메인 설정_도메인은 웹사이트의 URL처럼 사용되기 때문에 가능하면 영어 소문자로만 작성하는 것을 추천합니다. 숫자나 특수문자를 이용할 수는 있지만, 위치에 따라 URL 접속이 안 될 수도 있기 때문입니다. 자신의 브랜드가 있다면 다른 사람들이 인식하기 쉽도록 도메인으로 이용하는 것도 좋습니다.

웹사이트 지정하기

도메인을 지정했다면 내 도메인의 특정 페이지를 개인 홈페이지처럼 이용할 수 있습니다.

노션에 웹사이트나 포트폴리오를 만들어 게시하면, 해당 링크를 통해 다른 사람들이 쉽게 접근할 수 있습니다. 그러나 노션에서 기본 제공하는 링크는 site/ 뒤에 9810으로 시작하는 난수가 포함되어 주소가 복잡하고 기억하기 어렵습니다. 따라서 사이트 주소를 지정해 보기 편리하게 변경해 보겠습니다.

https://milksireal.notion.site/9810c29c0fef461e8d4c96d6cd8ff2a9

01 사이드바에서 [설정 – 사이트]에 들어오면 도메인이 하나 있고, 그 옆에 홈페이지 영역에 있는 [페이지 선택]을 눌러보세요.

02 지금은 현재 보고 있는 페이지가 나타납니다. 해당 페이지를 클릭해 보세요. 페이지의 외부 링크를 복사해 붙여 넣거나, 페이지 이름을 검색하면 내가 원하는 페이지를 지정할 수 있습니다.

03 홈페이지를 지정한 다음 도메인에 있는 사이트 주소(milksireal.notion.site)로 접속하면 내가 지정한 페이지에 접속할 수 있습니다.

▶ URL 맞춤 설정

게시 링크에 있는 난수도 변경하고 싶다면, 플러스 요금제를 사용해 해당 난수를 특정 단어로 변경할 수 있습니다. 변경하고 싶은 페이지의 오른쪽 상단에 [**공유 - 게시**]를 누른 뒤, 게시된 페이지에서 난수 영역을 클릭하면 원하는 단어를 설정할 수 있습니다.

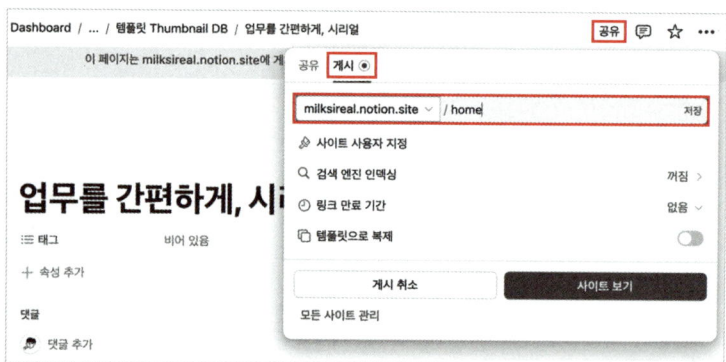

Notion 03 사용자 맞춤으로 스마트한 활용
Notion AI

AI 기술이 업무 생산성의 핵심이 된 시대에, Notion AI는 통합된 AI 툴킷으로서 검색, 글쓰기, 노트 작성 기능을 하나의 유연한 워크스페이스 안에서 제공합니다.

Notion AI는 OpenAI의 GPT-4와 Anthropic의 Claude 모델을 모두 활용하여 정교한 AI 기능을 제공합니다. 단순한 텍스트 생성을 넘어 워크스페이스의 맥락을 이해하고 프로젝트 구조를 파악하여 상황에 맞는 지능적인 지원을 제공합니다.

Notion AI의 가장 혁신적인 특징은 AI 커넥터 기능입니다. 현재 Slack, Google Drive, GitHub, Jira와 연동이 가능하며, Microsoft Teams, SharePoint, OneDrive, Gmail, Linear, Zendesk, Salesforce, Box 등의 추가 통합도 순차적으로 출시되고 있습니다. 이러한 연결을 통해 Notion AI는 노션 내부 정보뿐만 아니라 연결된 앱들의 데이터까지 통합 검색하여 답변을 생성할 수 있으며, 질문당 최대 10분의 시간을 절약하여 팀의 효율성과 생산성을 크게 향상합니다.

▶ Notion AI 요금제

Notion AI는 비즈니스 요금제와 엔터프라이즈 요금제부터 사용할 수 있습니다. 비즈니스 요금제는 월 36,000원이며, 연간 결제 시 할인 적용으로 월 30,000원에 이용할 수 있습니다.

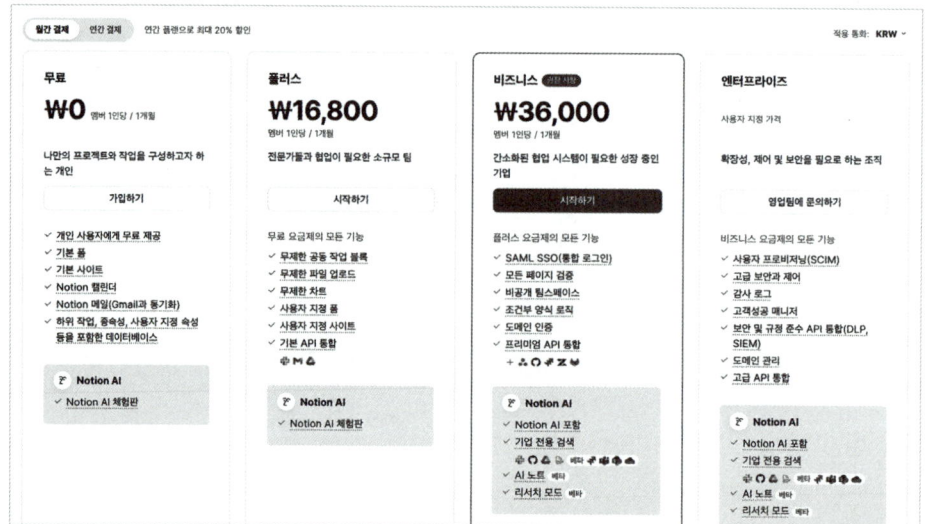

처음 가입하셨을 때에는 적은 횟수지만 Notion AI를 사용해 볼 수 있기 때문에 충분히 실험을 해 보는 것을 추천합니다.

▶ 다양한 방법으로 Notion AI 시작하기

Notion AI를 시작하는 방법은 여러 가지입니다. 간단하게 하나씩 살펴보겠습니다.

검색으로 이용하기

노션의 페이지 검색 창에서 Notion AI를 이용할 수 있습니다. 검색 단축키 Ctrl + K 또는 Ctrl + P를 이용해 검색창을 열고, 페이지 이름을 검색하듯이 궁금한 내용을 입력해 보세요. 그 후 아래에 있는 페이지 리스트를 선택하는 것이 아니라 작업에 있는 'AI로 모든 출처 검색하기'를 선택하시면 Notion AI를 사용할 수 있습니다.

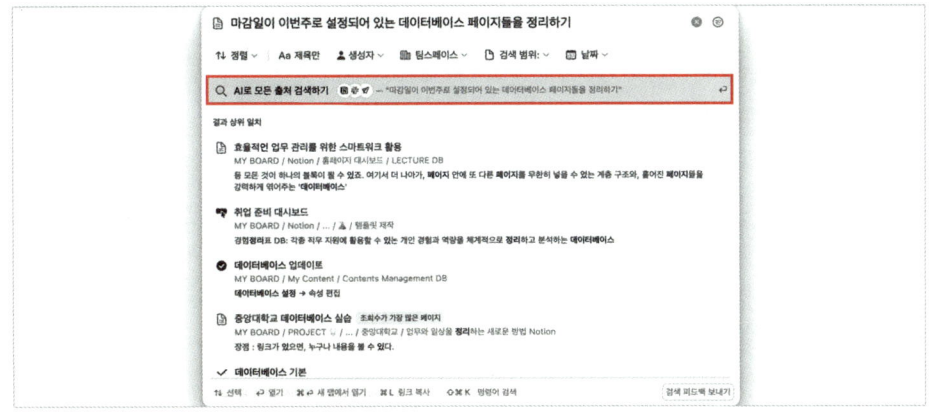

사이드바에 있는 Notion AI

왼쪽 사이드바에 있는 '홈'을 클릭하면 상단에 프롬프트를 입력할 수 있는 창이 나타납니다. 하단에는 최근 방문 페이지와 노션 캘린더와 연결하여 사용할 수 있는 예정된 이벤트 목록이 나타나죠.

프롬프트를 입력하는 창을 클릭하고 원하는 질문 또는 내용을 입력하면 Notion AI를 사용할 수 있습니다.

프롬프트를 입력한 다음 프롬프트창 하단에 '질문' 버튼 오른쪽 작은 화살표 아이콘을 클릭하면 Notion AI 또는 외부 LLM(Large Language Model)들을 선택할 수 있습니다. Notion AI는 워크스페이스에 들어 있는 정보를 기반으로 Notion AI를 활용할 수 있으며, '인기 모델과 바로 대화하세요' 아래에 있는 외부 LLM들은 노션 워크스페이스와 연결되어 있지 않은 채 사용됩니다.

외부 LLM은 내가 가진 정보와 함께 이용할 수 없지만 @ 기능을 이용해 페이지를 불러서 사용할 수는 있습니다.

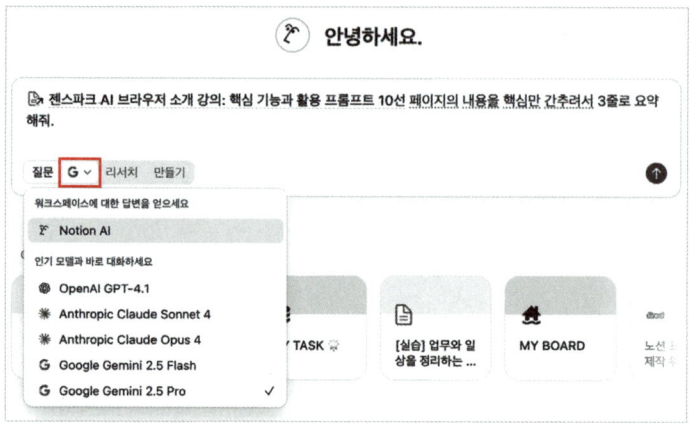

프롬프트창 하단에 '리서치'를 누르면 Deep Research 모드로 변경됩니다. 또한, 창 하단에 '모든 출처' 버튼 옆 화살표를 눌러 내가 가진 정보의 권한들을 설정하여 리서치 모드에 사용할 자료 출처들을 선택할 수 있습니다. 웹 검색은 물론, Notion, Slack, Mail, Google Drive, Teams 등 외부 서비스의 정보까지 통합하여 검색하고 리서치하기 때문에 상당히 수준 높은 자료를 얻을 수 있습니다.

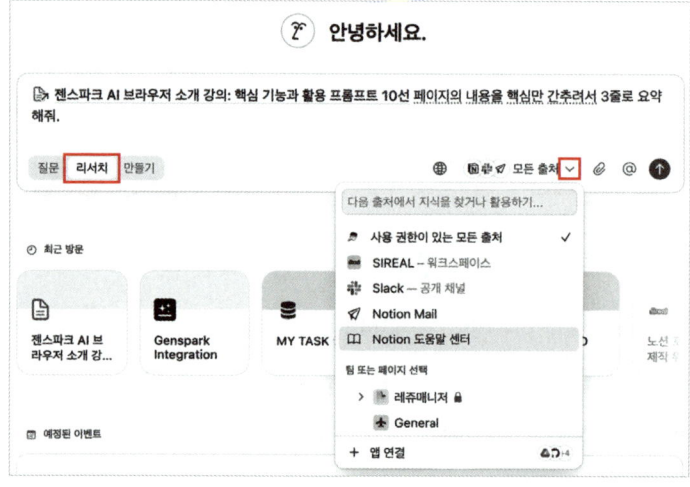

'만들기' 버튼을 누르면 프롬프트를 이용해 데이터베이스를 생성할 수 있습니다. 기존에는 속성을 일일이 생성하고 이름과 유형을 변경하고 예시 데이터와 보기를 생성해야 했지만, '만들기'에서 만들고 싶은 데이터베이스의 특징과 용도, 목적 등을 작성하면 자동으로 해당 내용에 맞는 데이터베이스를 생성해 줍니다.

생성된 데이터베이스에서 필요한 속성과 보기를 추가, 수정할 수 있으며, 하단에서 프롬프트로 데이터베이스를 수정할 수도 있습니다.

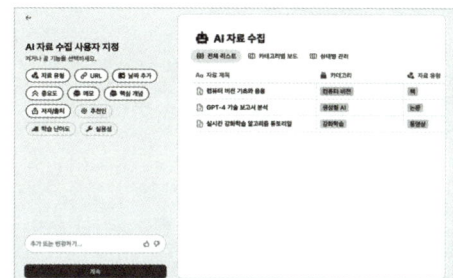

오른쪽 아래에 있는 Notion AI

화면 오른쪽 아래에 Notion AI의 아이콘이 있습니다. 이 아이콘은 사이드바에 있는 Notion AI를 팝업 형태로 열어서 사용할 수 있습니다. 검색 단축키 Ctrl + J 를 이용해도 바로 팝업이 열리며, 사이드바를 닫고 있어도 언제든 팝업을 클릭하면 Notion AI를 사용할 수 있습니다.

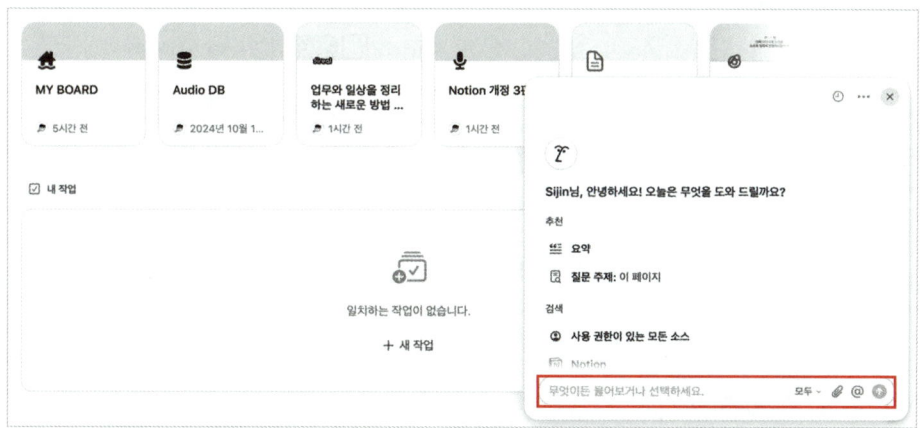

페이지 내에서 이용할 수 있는 Notion AI

페이지 내에서도 Notion AI를 사용할 수 있습니다. 빈 페이지에서는 화면 하단에 [AI에게 질문하기] 버튼을 누르면 시작할 수 있고, 이미 내용이 있는 상태에서는 빈 텍스트 블록을 생성한 뒤 단축키로 Space 를 누르면 Notion AI를 실행할 수 있습니다.

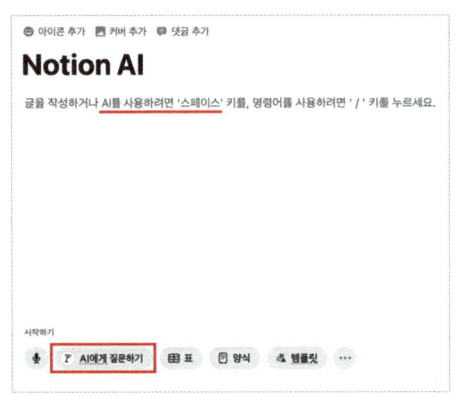
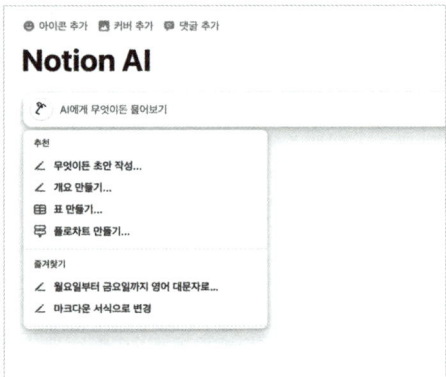

데이터베이스에서 이용할 수 있는 Notion AI

데이터베이스에도 Notion AI를 이용할 수 있습니다. 데이터베이스의 속성을 추가하면 속성 목록 상단에 'AI 자동 채우기' 섹션이 나타나고, 해당 속성을 추가하면 기능을 이용할 수 있습니다.

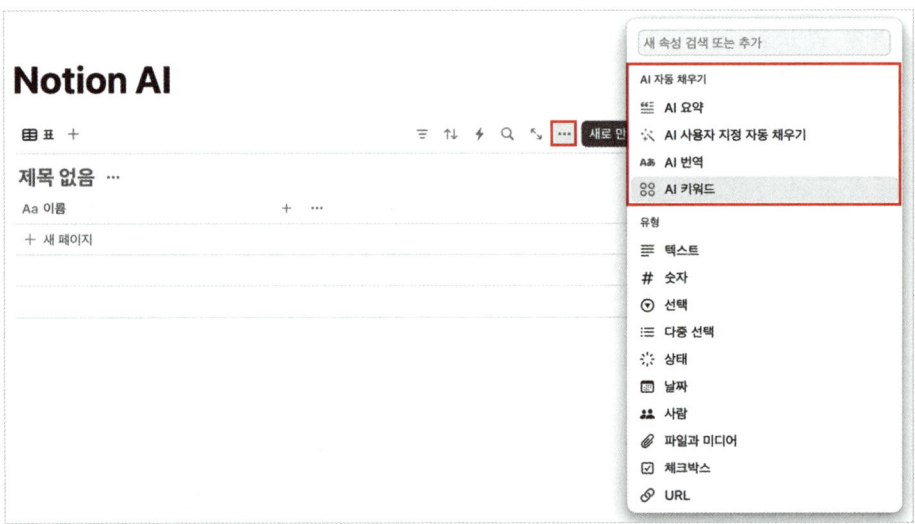

- **AI 요약**: 페이지의 내용과 속성을 읽고 해당 페이지의 내용을 요약해 줍니다.
- **AI 사용자 지정 자동 채우기**: 사용자가 프롬프트를 입력하여, 해당 프롬프트에 맞는 행동을 수행합니다.
- **AI 번역**: AI를 이용해 번역 기능을 이용할 수 있습니다.
- **AI 키워드**: 해당 페이지에 가장 적절한 키워드를 자동으로 추천해 줍니다.

▶ 페이지 내에서 Notion AI 활용하기

Notion AI를 사용하는 방법은 ChatGPT를 쓰는 것과 마찬가지로 프롬프트를 입력하면 됩니다. 하지만 추천해 주는 액션들이나, 노션만의 AI 쓰는 법을 이용하면 조금 더 효율적으로 Notion AI를 활용할 수 있습니다.

추천 메뉴

빈 화면에서 Space 를 누르면 프롬프트를 쓸 수 있게 나타납니다. 여기서 원하는 프롬프트를 바로 입력해 보세요. 추천 메뉴처럼 초안을 작성하거나, 개요, 표, 플로차트도 손쉽게 만들 수 있습니다. 마우스로 스크롤을 내리면 아이디어 브레인스토밍, 코드 작성에 도움받기, 질문하기, 이메일 초안 작성하기, 회의 어젠다 초안 작성하기 등 다양한 추천 프롬프트를 활용할 수 있습니다.

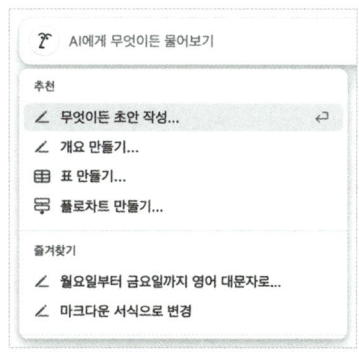

Notion AI 검색 범위 지정하기

검색창 오른쪽에 보면 '현재 페이지'라는 글자가 있는데, 이 버튼을 눌러보면 Notion AI의 검색 범위를 지정할 수 있습니다. 여기서 **[사용 권한이 있는 모든 출처]**를 누르면 내가 보고 있는 페이지에서 초안을 작성하기 위해 내 노션에 있는 모든 정보를 탐색하여 자료를 작성할 수 있습니다.

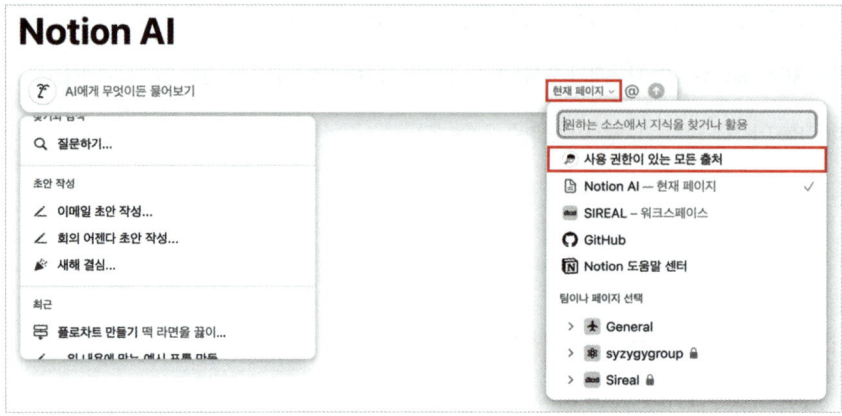

페이지 멘션하기

검색창 오른쪽에 @ 모양 아이콘은 사람, 페이지, 날짜를 불러내어 프롬프트를 입력할 수 있도록 해줍니다. 특히 특정 페이지를 불러내고, 해당 페이지에 맞는 프롬프트를 함께 작성하면 노션 페이지를 만들어주기도 하고, 템플릿처럼 양식을 작성해 주기도 합니다. 예를 들면 아래와 같습니다.

01 템플릿으로 사용할 페이지 예시는 아래와 같습니다.

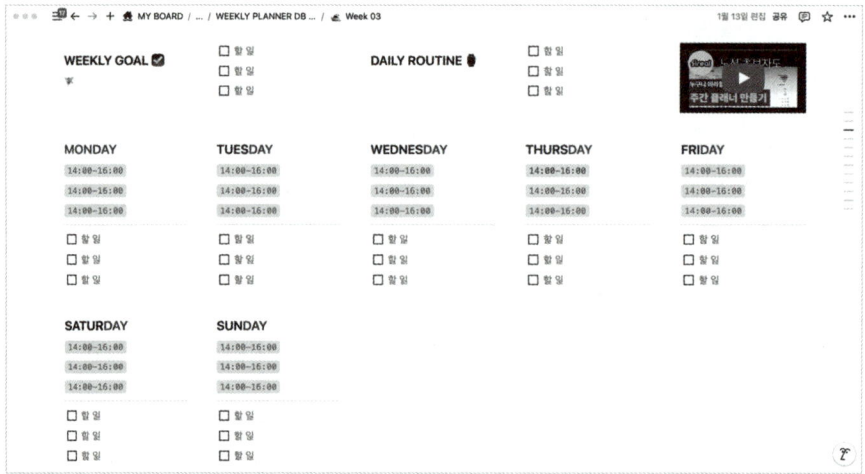

02 아래 이미지와 같이 페이지를 멘션하고 프롬프트를 작성했습니다.

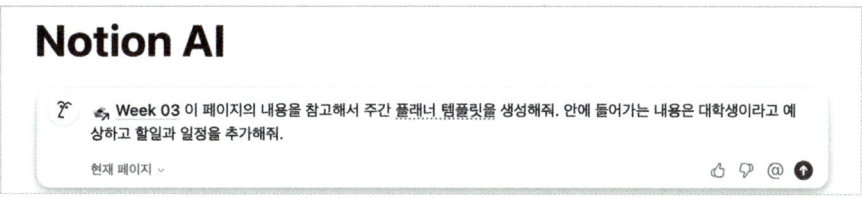

03 첨부한 페이지의 템플릿을 참고하여 아래와 같은 주간 플래너를 만들어주는 것을 볼 수 있습니다. 또한, 대학생이라고 생각하고 일정과 할 일을 넣어달라고 했더니, 일정과 할 일도 채워주었습니다.

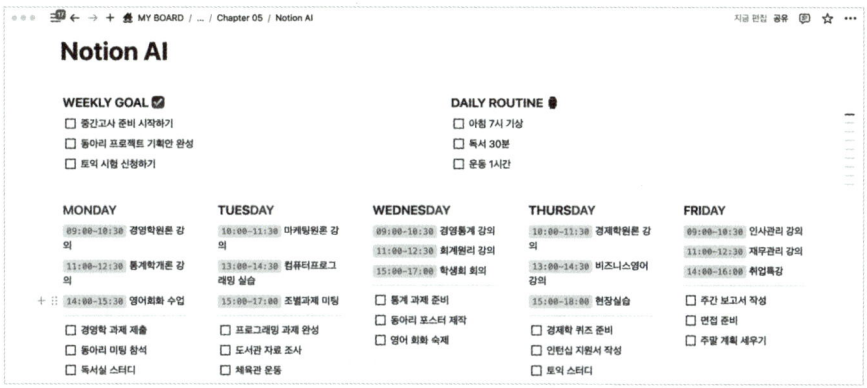

대화 이어서하기

Notion AI를 이용해 답변을 받고 나면 아래와 같이 생성 결과와 함께 수락, 삭제, 아래에 삽입, 다시 시도가 나타납니다.

- **수락**: 해당 검색 결과를 생성합니다.
- **삭제**: 검색 결과를 삭제합니다.
- **아래에 삽입**: 기존 내용이 있을 때, 해당 내용을 두고, 아래에 생성한 결과를 삽입합니다.
- **다시 시도**: 같은 프롬프트로 다시 생성을 시도합니다.

답변이 생성된 상태에서 프롬프트 창이 나타나면 다시 한번 필요한 내용에 대해 물어볼 수 있습니다.

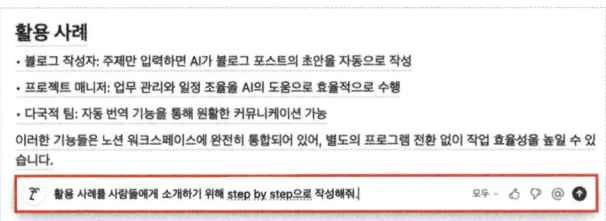

기본 블록 생성하기

Notion AI에서는 노션의 기본 블록들을 생성하고 명령할 수 있습니다. 생성된 명령어 중 기본 블록을 활용해 서식을 변경하고 싶다면 프롬프트를 작성해 보세요.

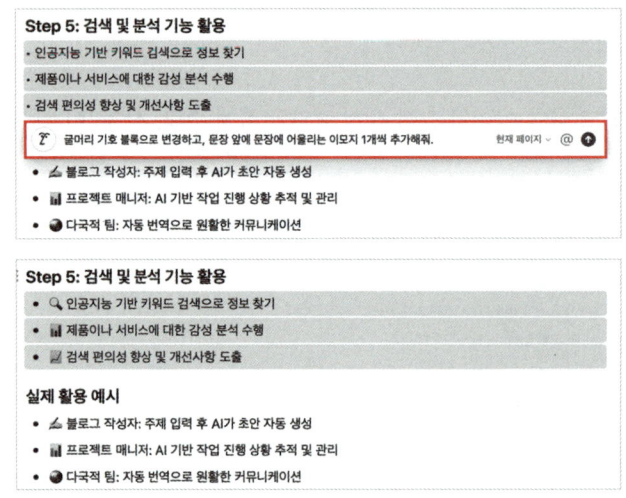

▲ 프롬프트 내용 반영 전과 후

기존에 있는 내용 활용하기

기존에 내용이 있다면, 해당 내용을 활용하여 Notion AI를 사용할 수 있습니다. ChatGPT에서 캔버스 모델과 유사합니다.

01 기존 내용에서 수정하고 싶은 내용을 선택합니다.

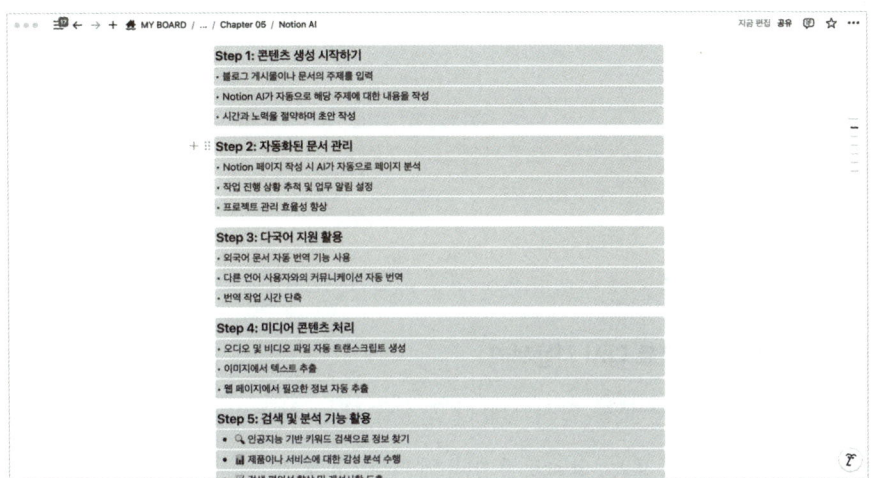

02 단축키로 Ctrl + J 를 누르면 프롬프트 입력창이 나타나고, 원하는 프롬프트를 입력합니다.

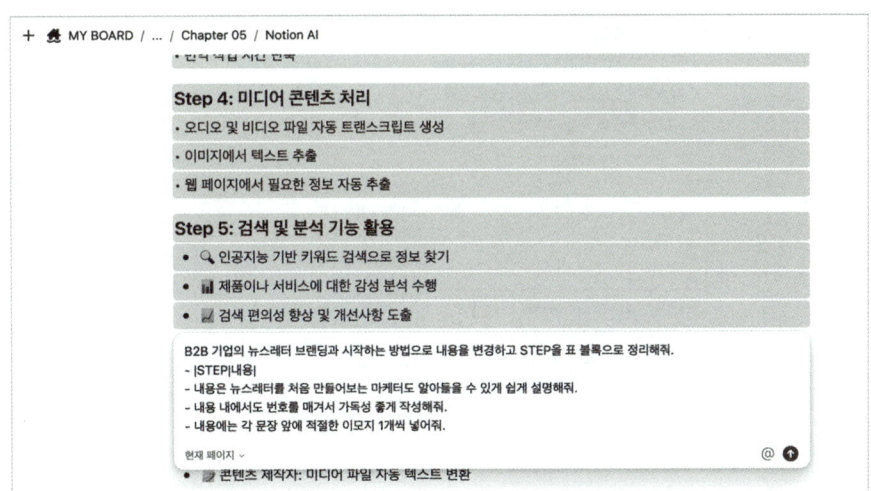

03 결과물이 생성된 다음 [아래에 삽입] 버튼을 누르면 기존에 있던 결과물을 지우지 않고 아래에 내용을 추가하여 비교해 볼 수 있습니다.

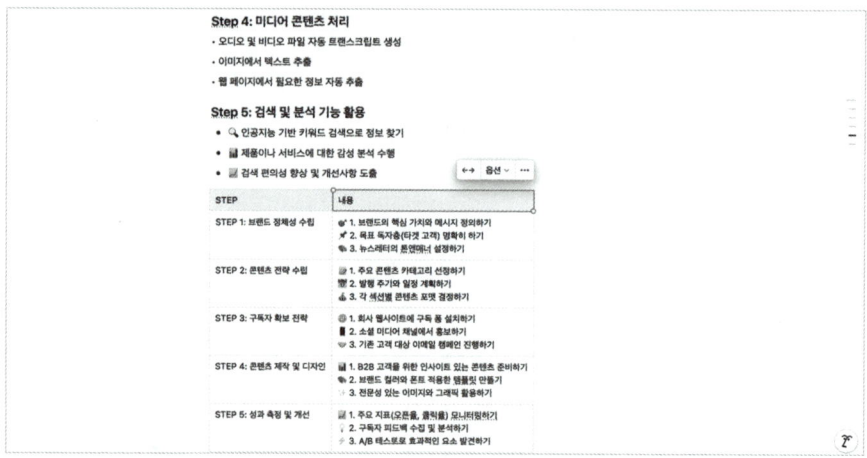

최근에 사용한 프롬프트 다시 사용하기

지난번에 썼던 프롬프트를 다시 사용하고 싶을 때는 최근 프롬프트 목록을 가져올 수 있습니다. Ctrl + J 또는 Space 를 이용해 Notion AI를 불러낸 다음 스크롤을 내리면 '최근'이라는 섹션에서 최근에 이용한 프롬프트 목록을 볼 수 있습니다.

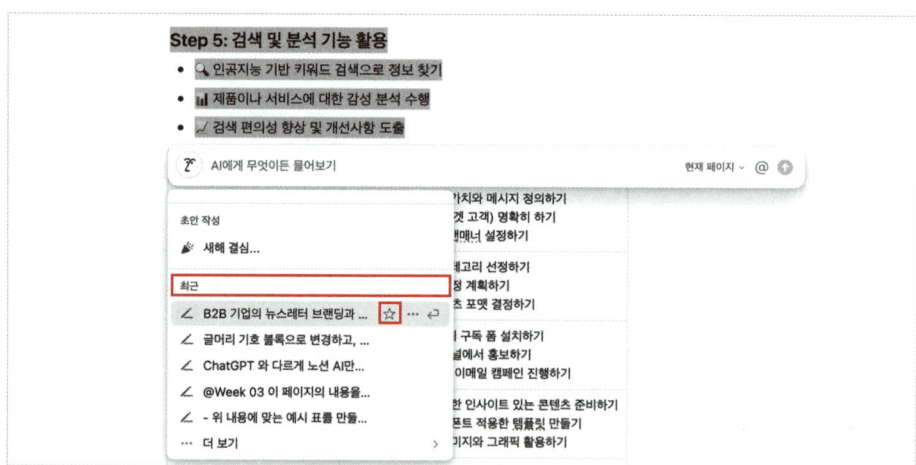

프롬프트에 마우스를 대면 추가 기능을 이용할 수 있습니다.

- ☆ : 프롬프트를 즐겨찾기로 추가해, 다음 번 Notion AI를 불러냈을 때 상단에서 손쉽게 불러올 수 있습니다.

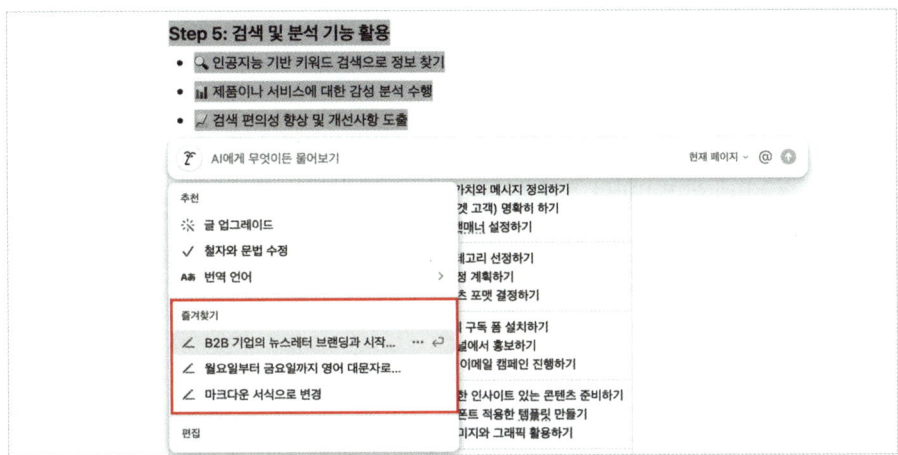

- ⋯ : 최근 사용했던 목록에서 제거할 수 있습니다.

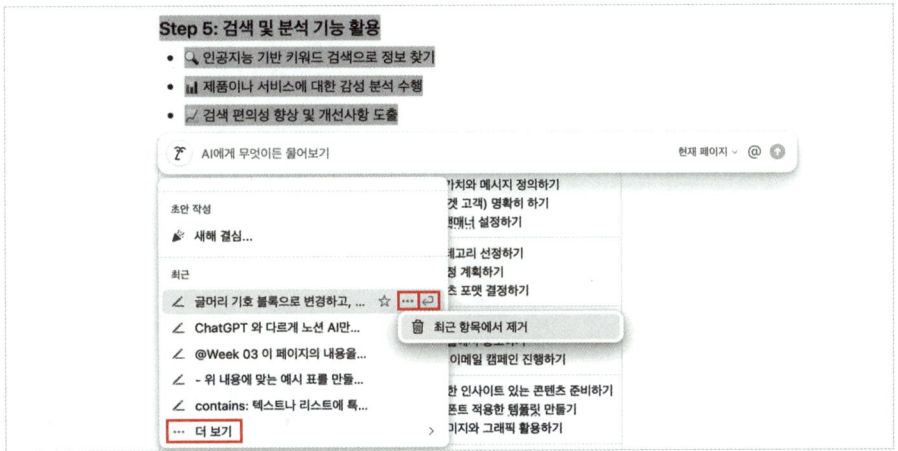

- ↵ : 해당 프롬프트를 바로 사용할 수 있습니다.

최근 목록 아래에 [더 보기]를 누르면 지금까지 사용했던 더 많은 프롬프트 목록을 살펴볼 수 있습니다.

▶ 아이콘으로 Notion AI 활용하기

오른쪽 하단에 있는 Notion AI 아이콘을 누르면 팝업이 나타나고, 여기서 프롬프트를 통해 새로운 정보를 생성, 수정, 취합할 수 있습니다.

페이지 생성하기

특정 정보가 아니라 새로운 문서 생성이 필요하다면 Notion AI를 통해 빠르게 초안을 작성해 보세요. 아래 이미지처럼 프롬프트를 입력하고 결과를 만들어 볼 수 있습니다.

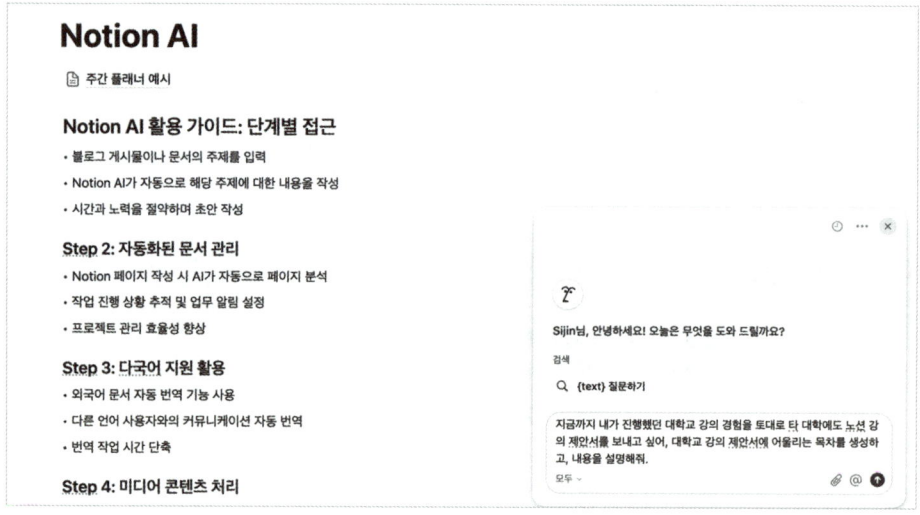

결과가 나오고 나면 다른 버튼들이 추가로 생성됩니다.

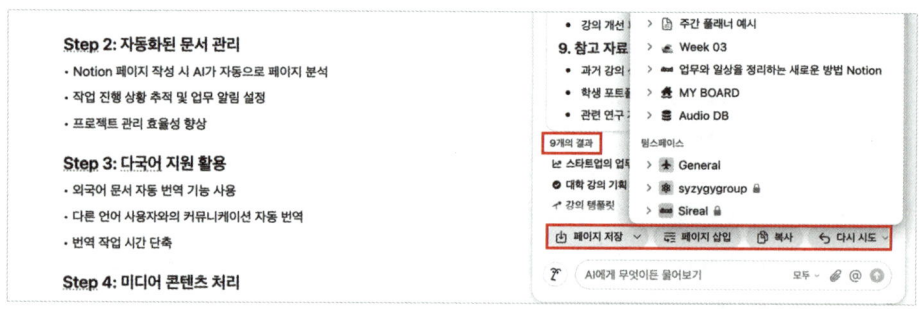

- **페이지 저장**: 생성한 내용을 새 페이지로 저장합니다. [페이지 저장] 오른쪽에 있는 화살표를 누르면 페이지를 저장할 위치를 설정할 수 있습니다.
- **페이지 삽입**: 현재 보고 있는 페이지에 내용을 삽입합니다.
- **복사**: 생성한 내용을 클립보드에 복사합니다.
- **다시 시도**: 프롬프트를 업데이트 하거나, 소스의 검색 범위를 재지정하여 다시 시도합니다.

아직 내용이 완성되지 않았다면, 추가로 프롬프트를 입력합니다.

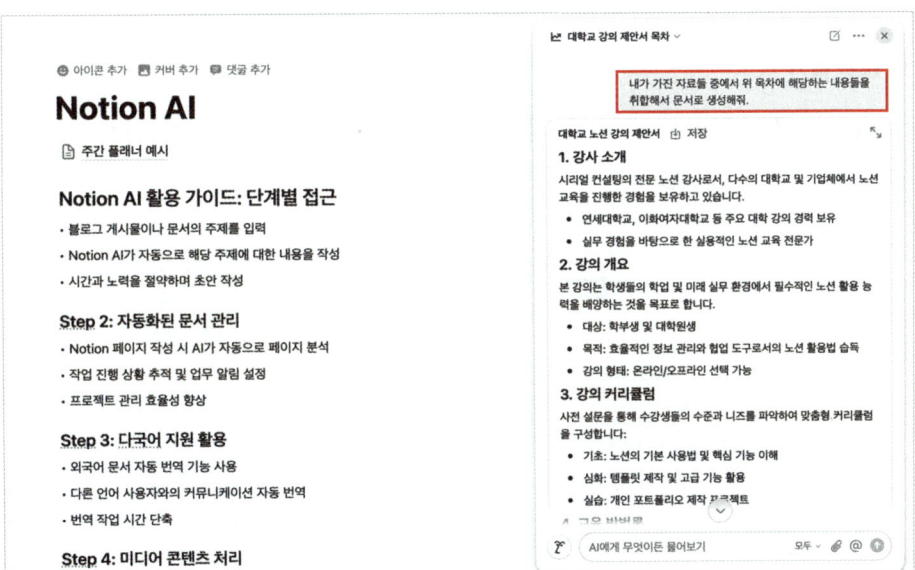

페이지 저장 위치를 지정하지 않은 채 [페이지 저장] 버튼을 누르면 개인 페이지 섹션에 페이지가 생성됩니다.

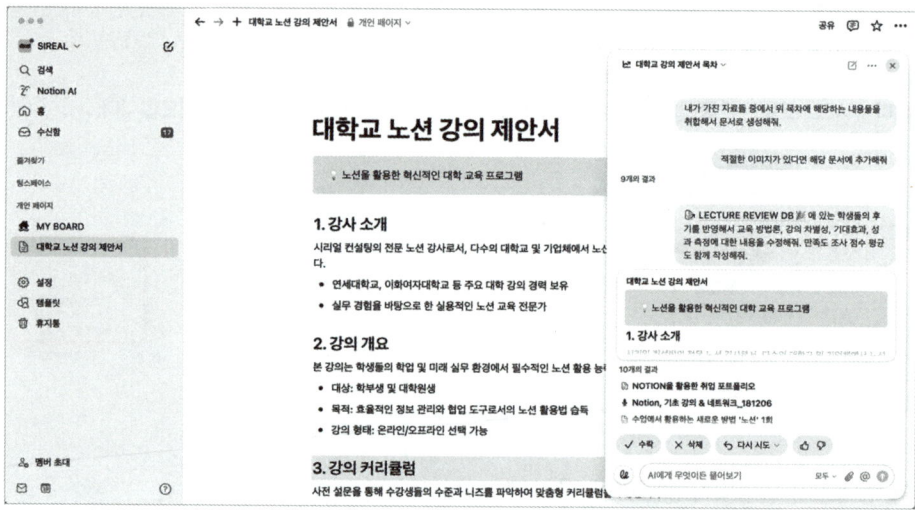

새 채팅 열기

Notion AI를 사용한 뒤에 새로운 채팅을 열기 위해서는 오른쪽 상단 아이콘을 눌러 [새 채팅]을 열 수 있습니다.

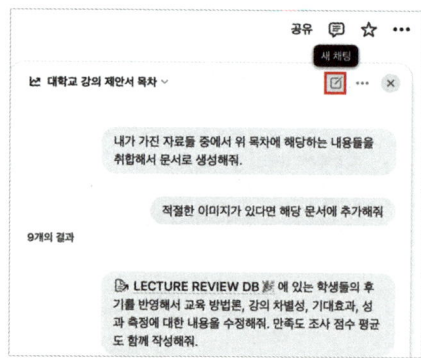

전체 화면을 열기

팝업으로 Notion AI를 사용하면 창의 크기가 작아 내용을 한눈에 파악하기 어렵습니다. [새 채팅] 아이콘 오른쪽의 [⋯] 아이콘을 눌러 [전체 화면으로 채팅 열기] 버튼을 눌러보세요. 팝업으로 만들어져 있던 채팅창이 전체 화면으로 바뀝니다.

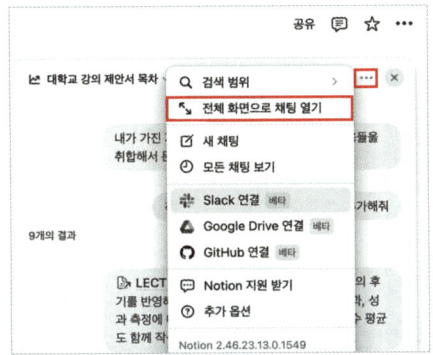

모든 채팅 보기

지금까지 Notion AI와 나누었던 채팅 목록을 보고 싶다면 [모든 채팅 보기]를 누르면 대화 내용을 볼 수 있습니다. 검색창에서 지난 채팅을 검색할 수도 있습니다.

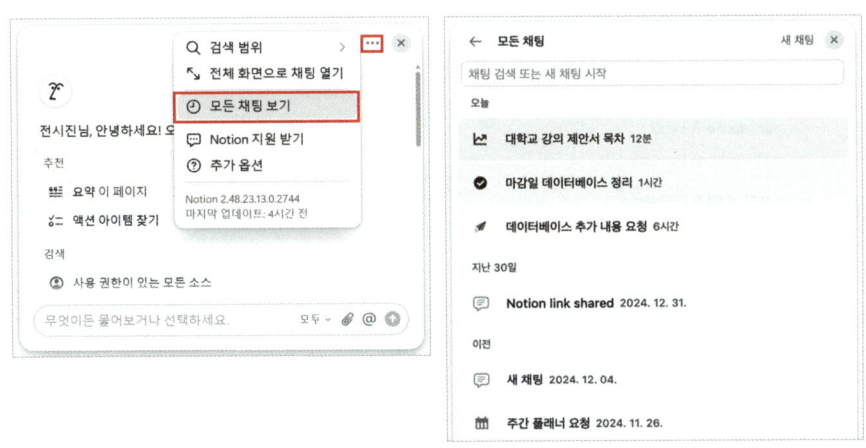

다른 서비스와 연동하여 사용하기

앞에서 잠깐 말씀드렸던 것처럼 Notion AI는 노션뿐만 아니라 구글 드라이브, 슬랙과 같은 외부 서비스와 연동하여 통합 검색을 할 수 있습니다.

01 [Notion AI 아이콘 – … – Slack 연결]을 선택하면 나타나는 안내 창에서 [연결]을 클릭합니다.

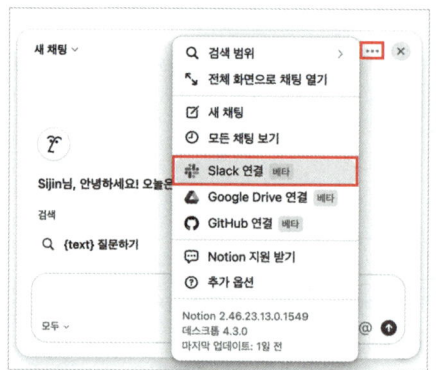
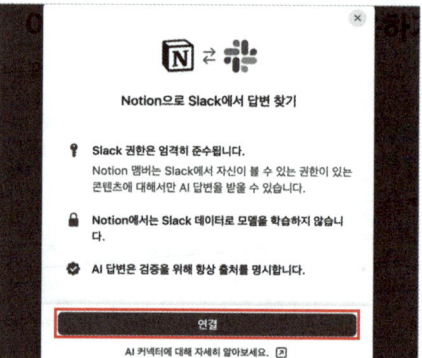

02 Slack 홈페이지에서 권한 요청 화면이 나타나면 [허용]을 클릭합니다. 다음으로 Notion 앱을 연다는 안내 팝업이 나타나면 [Notion 열기] 버튼을 눌러주세요.

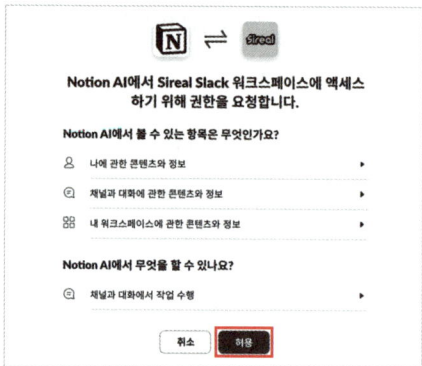
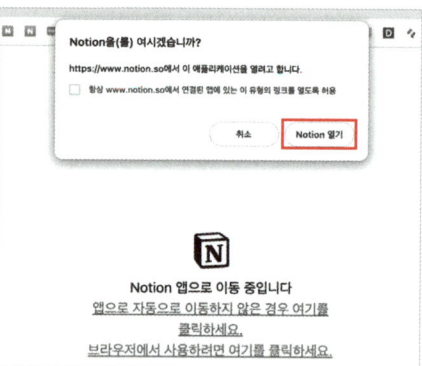

03 노션 애플리케이션에서 어떤 채널을 연결할지 선택한 후 **[연결]**을 클릭합니다.

❗ [이후 생성되는 공개 채널 추가]를 체크하면 새롭게 채널이 추가되어도 노션과 연동을 유지할 수 있습니다.

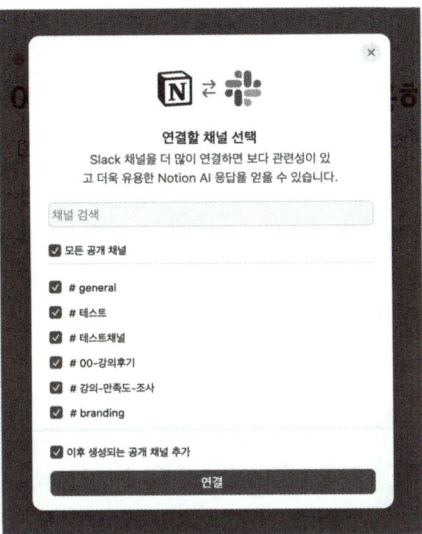

04 연결에 36시간이 소요된다는 알림이 나타나며, **[확인]**을 클릭합니다.

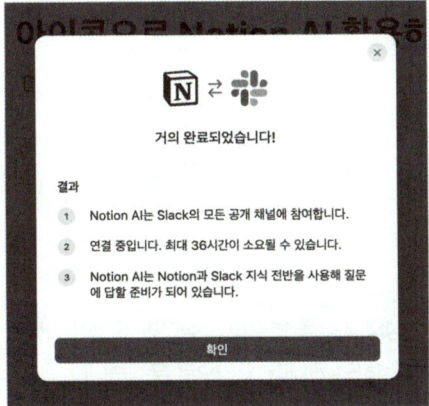

05 시간이 지나면 Slack의 대화 내용을 가져와 Notion AI에서 통합 검색을 이용할 수 있습니다.

▶ 데이터베이스에서 Notion AI 활용하기

데이터베이스에 들어 있는 정보를 활용해서 Notion AI를 사용할 수 있습니다. 데이터베이스 속성 데이터를 가져와서 가공하거나, 데이터베이스의 페이지 내용을 가져와서 요약 등을 할 수 있습니다.

AI 속성 만들어 사용하기

AI 요약

데이터베이스에서 속성을 추가할 때 AI 속성을 추가하면 편리하게 AI 속성을 이용할 수 있습니다.

01 데이터베이스를 생성한 다음 오른쪽 끝 속성 추가를 누릅니다. AI 자동 채우기 섹션에서 [AI 요약]을 눌러 속성을 추가해 줍니다.

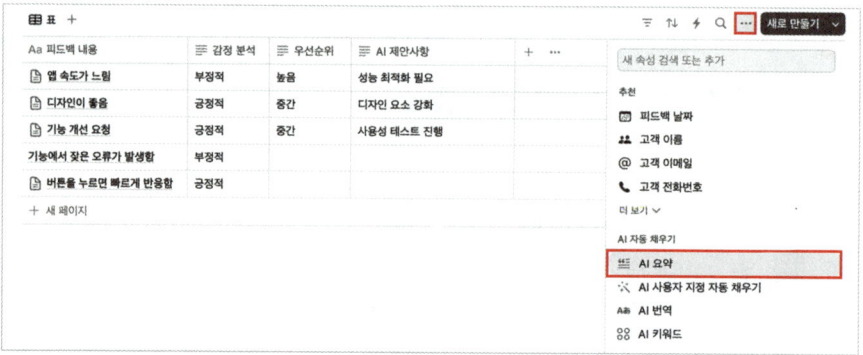

02 [채우기 기준]이 요약으로 되어 있는데, AI 속성의 기능을 변경하고 싶다면 요약이 아니라 번역, 주요 정보, 사용자 지정 자동 채우기 등으로 변경하면 됩니다. 요약으로 두겠습니다.

03 [페이지 편집 시 자동 업데이트]는 페이지의 다른 속성들을 수정할 때마다 몇 분 후 자동으로 업데이트를 해줍니다. [이 보기에서 사용해 보기]를 누르면 해당 보기에서 보여지는(필터링이 되어있다면 필터링되어 있는) 모든 페이지의 AI 요약을 업데이트해 줍니다.

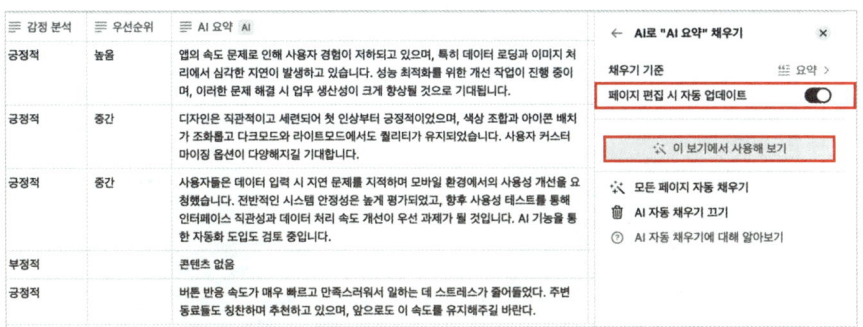

04 AI 속성의 기능을 수정하기 위해서는 [속성 이름 - 속성 편집 - AI 요약]을 클릭해 주세요.

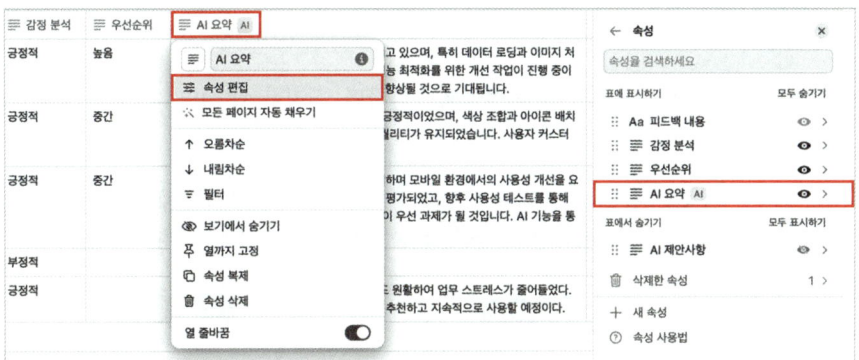

05 AI 요약에 들어온 다음 [AI 자동 채우기]에 들어가면 AI 속성의 기능들을 편집할 수 있습니다.

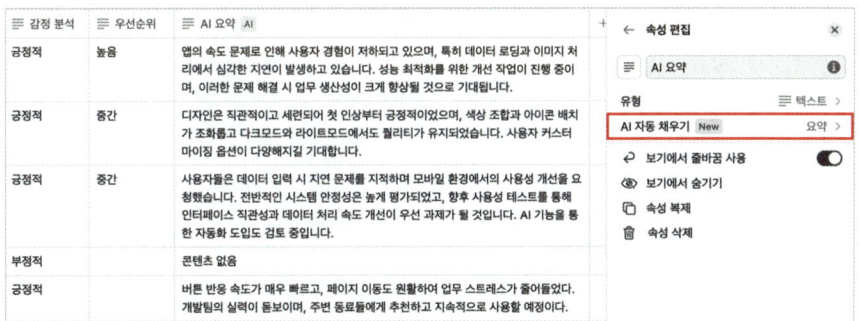

06 AI 기능을 편집한 다음에는 **[변경 사항 저장]**을 눌러 주세요. 그 후 자동 업데이트 여부를 결정하면 모든 설정이 완료됩니다.

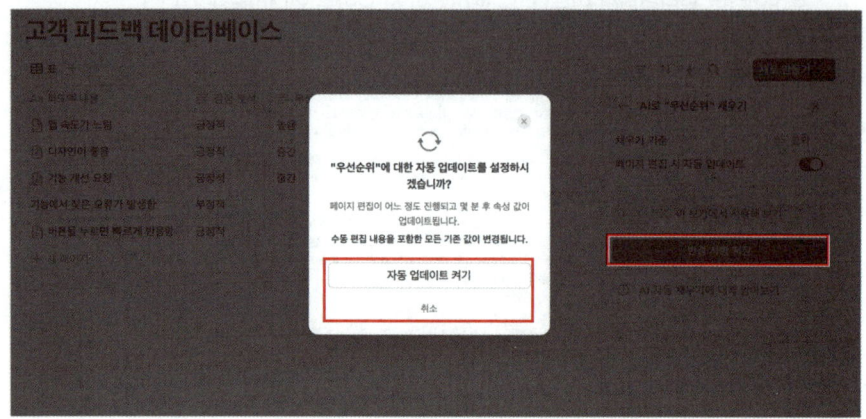

AI 번역

속성에 외국어를 사용하고, 언어를 번역해야 한다면, 편리한 AI 번역 기능을 이용해 보세요.

01 새로운 속성을 추가하고, **[AI 번역]** 속성을 추가합니다. **[번역 대상]**을 선택하고, 번역하고 싶은 속성을 선택합니다. 여러 속성을 선택할 수 있습니다. **[AI 요약]** 속성을 선택했습니다.

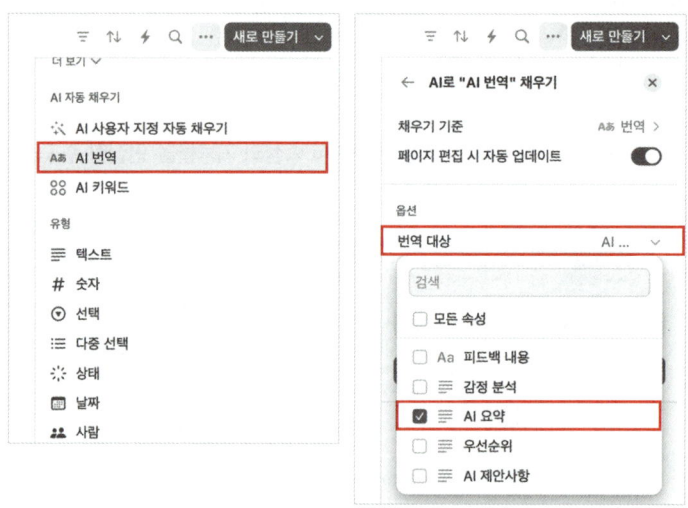

02 번역 대상 아래에 있는 **[번역 언어]**를 선택하고 번역하고 싶은 언어를 선택합니다. 영어, 한국어부터 베트남어까지 15개의 언어를 사용할 수 있습니다. 테스트를 위해 **[이 보기에서 사용해 보기]**를 클릭합니다. 각 요약이 영어로 번역된 것을 볼 수 있습니다.

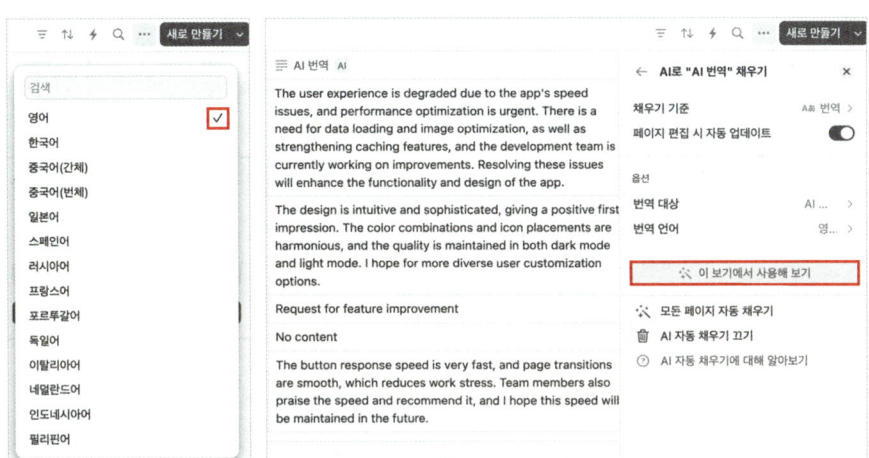

▶ 깨알 tip AI 요약이나 번역, 주요 정보의 결과가 마음에 들지 않는다면 **[채우기 기준 – 사용자 지정 자동 채우기]**를 사용해 보세요. 프롬프트를 이용해 사용자가 특정 속성을 지정하고, 해당 프롬프트로 결과를 받아볼 수 있습니다. **[이 보기에서 사용해 보기]**를 선택하면 아래 이미지와 같이 프롬프트를 반영하여 결과물을 생성해 줍니다.

이미 만들어진 속성에 AI 기능 부여하기

AI를 활용해 반복적이고 시간 소모적인 작업을 자동화하면 업무 효율을 크게 높일 수 있습니다. 예를 들어, 고객 피드백 정리나 학생 평가 같은 작업에서 AI가 적절한 문구를 자동으로 작성하도록 설정할 수 있습니다. 이를 통해 사용자는 단순 입력 작업에 드는 시간을 줄이고, 더 중요한 업무에 집중할 수 있습니다.

이미 만들어진 속성을 클릭한 후 [AI 자동 채우기 설정]을 클릭해 보세요. [채우기 기준]을 선택하면 AI 기능을 사용할 수 있습니다.

▶ 깨알 tip　AI 수동 업데이트_자동 업데이트를 켜기에는 속도가 느려질까 우려되고, AI 기능을 많이 사용하지 않아도 될 때에는 자동 업데이트를 끄고 수동 업데이트를 진행해 줘도 됩니다. AI 기능이 설정되어 있는 속성에 마우스를 올리면 마법봉 아이콘(✨)이 나타나고, 이 아이콘을 누르면 해당 속성만 AI 업데이트를 진행할 수 있습니다.

또는, 해당 속성의 모든 데이터를 한번에 업데이트하고 싶을 때에는 AI 기능을 설정한 다음 속성 이름을 눌러보세요. [모든 페이지 자동 채우기] 버튼을 누르면 보기에서 보이는 모든 페이지의 데이터에 AI 업데이트를 이용할 수 있습니다.

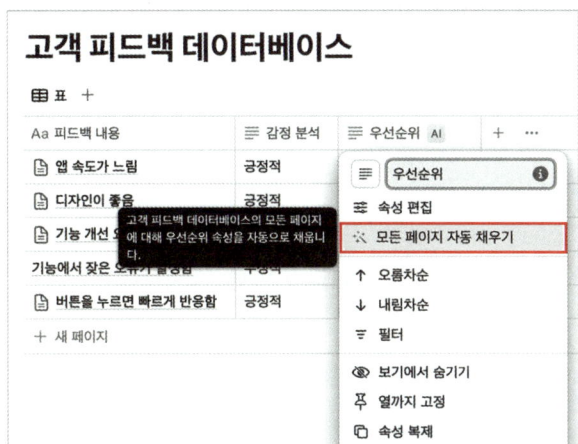

Notion 04   Notion 사용을 윤택하게 해 줄 꿀팁 모음

지금까지 노션의 기본 기능들을 대부분 익혔습니다. 이제는 노션을 사용할 때 편리한 기능들을 위주로 알아보겠습니다. 해당 기능들은 필수가 아니라 선택입니다. 알아두면 조금 더 편리할 뿐 반드시 알아야 할 기능은 아니기 때문에 부담 갖지 말고, 본인에게 필요한 기능부터 익혀보기를 바랍니다.

▶ 여러 탭에서 사용하기

노션을 사용할 때 서로 다른 페이지로 이동해야 하는 상황이 발생합니다. 브라우저를 이용하는 경우, 새로운 탭을 열어 쉽게 여러 페이지를 비교하거나 살펴볼 수 있습니다. 그러나 애플리케이션을 사용하는 경우, 이 기능을 바로 이해하기 어렵거나 찾기 쉽지 않을 수 있습니다. 다음에서 이를 해결하는 방법을 자세히 소개하겠습니다.

새 탭에서 열기

화면 상단 버튼으로 열기

노션 데스크톱 앱에서 새 탭을 여는 방법은 여러 가지가 있습니다. 노션 화면 왼쪽 상단을 살펴보면 화살표와 함께 + 버튼이 있습니다. 화살표는 페이지의 앞/뒤로 이동하는 버튼이고, [+] 버튼은 새 탭에서 페이지를 열어주는 버튼입니다.

[+] 버튼을 누르면 Notion 02에서 배운 설정 값에 따라 기본 페이지가 열리거나 검색 창이 열리게 됩니다. 저는 검색창으로 설정을 해 두었으므로, 검색 창이 열렸습니다. 여기서 원하는 페이지의 이름을 검색하거나, 최근에 열어본 페이지를 선택하면 새 탭에서 열립니다.

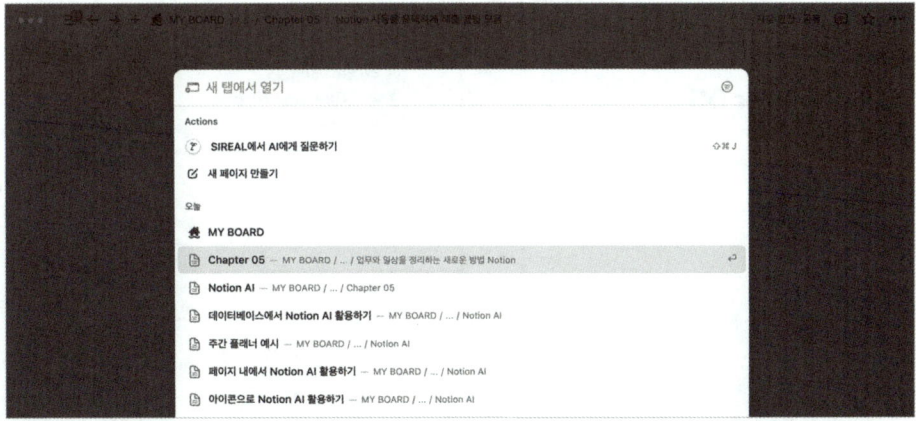

마우스 우클릭으로 열기

열고 싶은 페이지에서 마우스 우클릭을 하면 페이지를 아래와 같은 팝업이 나타납니다. 이 중 [새 탭에서 링크 열기]를 클릭하면 새로운 탭으로 열립니다.

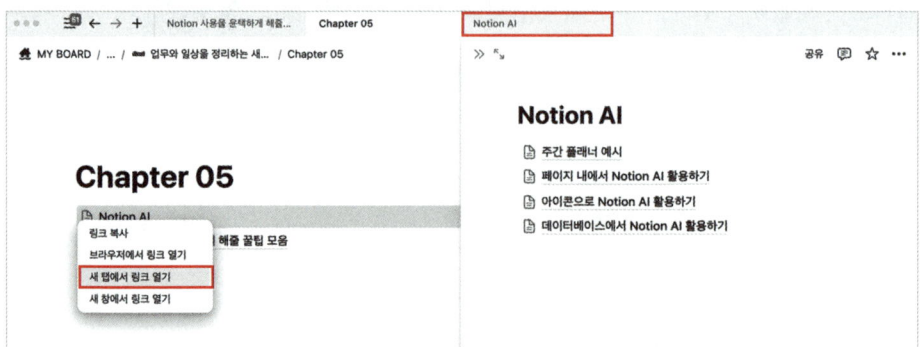

페이지 사이드 보기

데이터베이스 페이지가 아니라 일반 페이지를 클릭하면 반드시 전체 보기로 전환됩니다. 그래서 간단히 페이지의 내용을 참고하고 빠져나오기에는 오히려 불편합니다. [Alt] 키를 누른 채로 마우스 좌클릭으로 페이지를 클릭해 보세요. 일반 페이지도 사이드 보기로 열 수 있습니다.

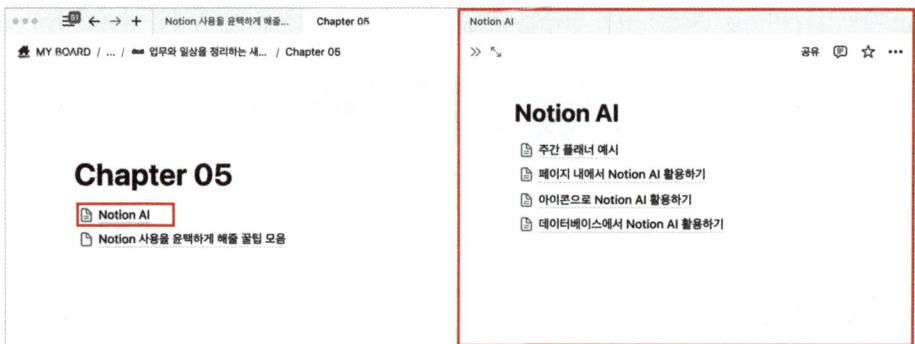

키보드와 마우스로 탭 띄우기

이미 열려 있는 페이지 중에서 해당 페이지를 새 탭으로 전환하고 싶다면, 키보드에 Ctrl 을 누르고 마우스 좌클릭을 해 보세요. 해당 페이지를 새 탭으로 전환할 수 있습니다.

단축키

- 단축키 Ctrl + T 를 누르면 새 탭을 열 수 있습니다.
- 단축키 Ctrl + Tab 를 누르면 탭 간 전환을 할 수 있습니다.

새 창에서 열기

노션의 페이지 중 서로 다른 페이지를 동시에 띄워놓고 확인해야 하는 일도 발생합니다. 이럴 때에는 새로운 창을 띄워 줘야 합니다. 앞에서 배우신 것처럼 열고 싶은 페이지에서 마우스 우클릭 후 **[새 창에서 링크 열기]**를 클릭하면 새로운 창에서 페이지를 열 수 있습니다.

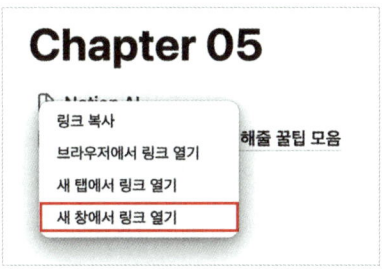

이후 창의 크기를 조절하여 서로 다른 페이지를 양쪽으로 동시에 볼 수 있습니다.

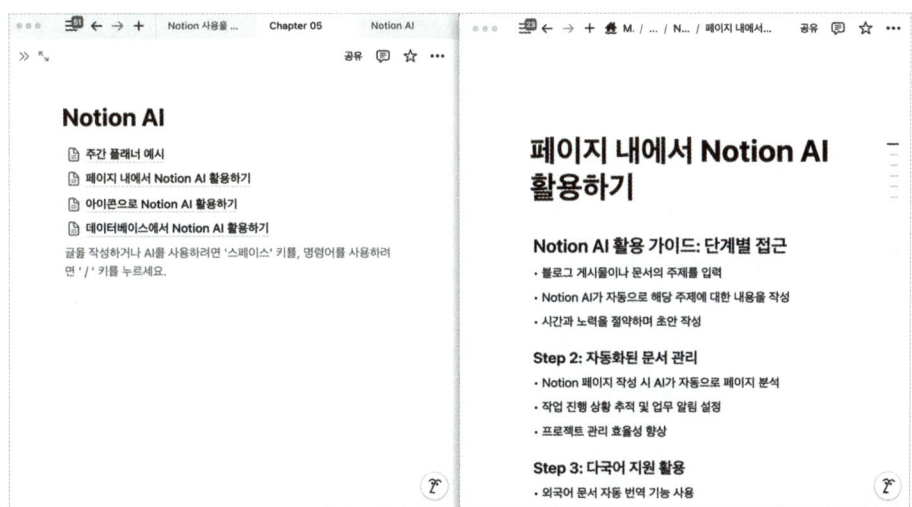

단축키로 열기

현재 보고 있는 페이지에서 단축키 Ctrl + Shift + N 을 눌러보세요. 새로운 창을 열 수 있습니다. 새로운 창을 열 때에는 설정에서 지정한 기본 페이지로 나타납니다.

▶ 업데이트와 페이지 애널리틱스

다른 사람들과 협업할 때 이 페이지에 사람들이 얼마나 관심이 있는지 궁금하지 않으셨나요? 업데이트와 애널리틱스를 이용하면 페이지의 편집 내용은 물론, 조회수, 조회한 사람, 편집자 등의 데이터를 볼 수 있습니다.

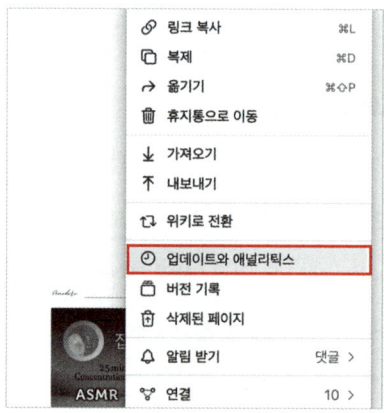

업데이트와 애널리틱스를 보고 싶은 페이지에서 우측 상단 [… – 업데이트와 애널리틱스]를 클릭합니다.

업데이트

해당 페이지의 업데이트 패널이 나타납니다. 해당 페이지에서 일어난 생성, 편집, 삭제, 권한 변경 등의 히스토리를 볼 수 있습니다.

애널리틱스

애널리틱스 탭을 누르면 이동할 수 있습니다. 애널리틱스 탭에서는 해당 페이지의 조회수, 조회한 사람, 생성자, 편집자 등을 볼 수 있습니다.

조회수 오른쪽 기간 버튼을 누르면 지난 7일부터 전체 시간까지 기간을 변경해서 조회수를 살펴볼 수 있습니다.

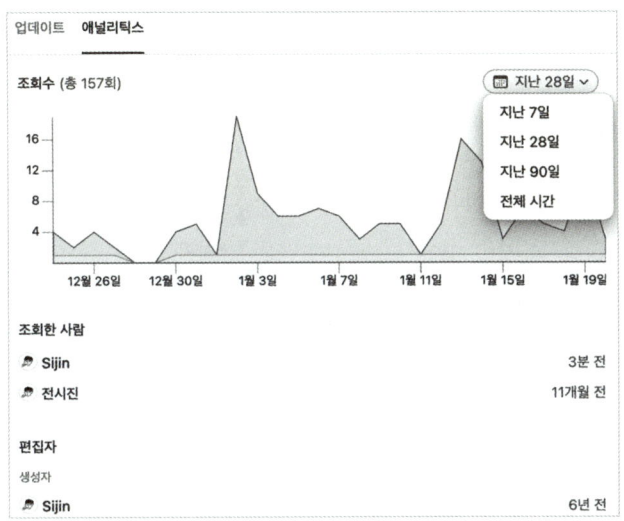

내 조회 기록

애널리틱스 탭 최하단에 **[설정]**을 누르면 내 조회 기록을 볼 수 있습니다. 내 조회 기록에서 오른쪽 **[기록]** 버튼을 누르고 해당 기록을 **[기록하지 않음]**으로 변경하면 이 페이지의 조회수에서 나는 제외됩니다.

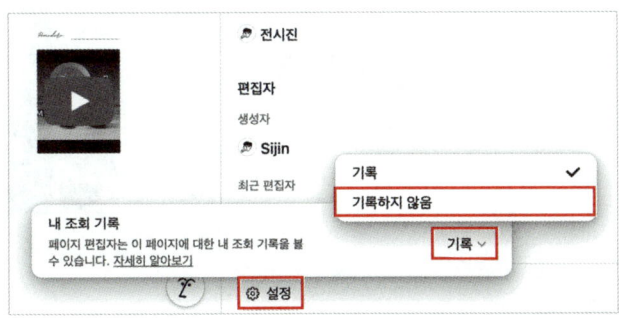

▶ 실수를 되돌리는 페이지 복구하기

노션을 사용하면서 가장 우려되는 점 중 하나가 페이지가 삭제됐을 때 복구하는 방법입니다. 만약 지우자마자 알아챘다면 Ctrl + Z 를 눌러 되돌리기를 사용할 수 있습니다. 그러나 나도 모르게 지우고 잊었다면 검색해도 나타나지 않습니다. 이럴 때는 버전 기록을 이용하여 페이지를 복구할 수 있습니다. 지워진 페이지뿐만 아니라 수정된 콘텐츠도 마찬가지입니다.

변경된 페이지 또는 지워진 페이지의 상위 페이지에 가서 우측 상단 [… – 버전 기록]을 누릅니다.

버전 기록을 누르면 해당 페이지의 버전 히스토리들을 시간대별로 볼 수 있습니다. 수정이 많았다면, 시간의 간격이 촘촘하게 있을 것이고, 수정이 적었다면 수정된 시간으로 저장되어 있을 것입니다. 이 중 원하는 시간을 클릭하고 팝업 하단에 [복원] 버튼을 누르면 선택한 버전으로 페이지를 되돌릴 수 있습니다.

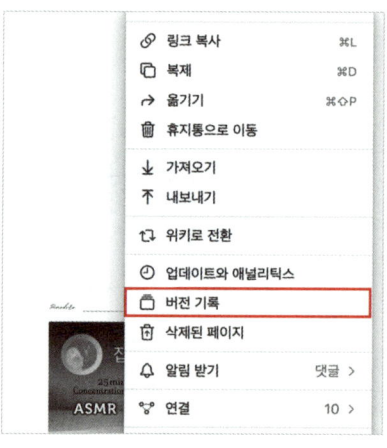

버전 기록의 저장 방식

버전 기록은 수동으로 특정 버전을 지정하여 저장할 수 없습니다. 수정된 내용에 따라 자동 저장되기 때문에 해당 버전의 기록을 기억하고 싶다면, 페이지를 간단하게 수정한 다음, 버전 기록 페이지에 입력되어 있는 일시를 메모해 두는 방식으로 관리하셔야 합니다.

버전 기록의 저장 기간

- **무료 요금제**: 7일
- **플러스 요금제**: 30일
- **비즈니스 요금제**: 90일
- **엔터프라이즈 요금제**: 무기한

▶ 새로운 프로젝트를 위한 새 워크스페이스 활용하기

노션을 사용하다 보면 개인적인 작업과 업무적인 작업을 명확히 분리하고 싶을 때, 새로운 워크스페이스를 생성하는 것이 필요할 수 있습니다. 앞서 언급했듯이, 개인적으로 사용한다면 하나의 워크스페이스에서 모든 작업을 관리하는 것이 충분할 수 있으며, 동료들과 협업하더라도 단기 프로젝트라면 기존 워크스페이스에 초대받아 활용하는 것이 더 효율적일 수 있습니다. 하지만 새로운 회사 설립, 정기적으로 관리자가 교체되는 동아리나 모임 같은 조직에서는 개인 워크스페이스에서 모든 것을 처리하려는 시도가 오히려 비효율을 초래할 가능성이 있습니다. 따라서 아래 두 가지 조건에 해당한다면, 새로운 워크스페이스를 생성하는 것을 권장합니다.

- 종료일을 정하지 않고 오랜 기간 진행할 때
- 관리자가 평생 내가 아니라 언젠가 추가/변경/삭제될 일이 있을 때

워크스페이스를 만드는 방법은 간단합니다. 워크스페이스 목록을 누르고, 계정 옆 [… – **워크스페이스 생성 또는 참여**]를 누르면 새롭게 워크스페이스를 생성할 수 있습니다.

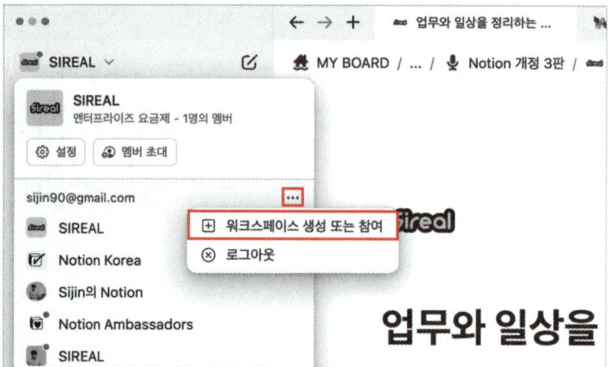

▶ 깨알 tip   교육 플러스 요금제를 사용하는 계정은 새로운 워크스페이스를 생성하더라도 해당 워크스페이스에 동일한 요금제를 적용할 수 있습니다. 즉, 교육 계정을 통해 여러 개의 워크스페이스를 만들어도 모든 워크스페이스에서 교육 플러스 요금제의 혜택을 누릴 수 있습니다. 이를 통해 다양한 프로젝트나 그룹 활동을 별도의 워크스페이스에서 체계적으로 관리할 수 있습니다.

▶ 인터넷에 있는 각종 정보를 스크랩하는 웹 클리핑

웹사이트의 내용을 노션에 스크랩하고 싶으신가요? 노션이 제공하는 웹 클리퍼를 활용하면 원하는 정보를 간편하게 저장하고 체계적으로 관리할 수 있습니다. 크롬 확장 프로그램을 설치하여 클릭 몇 번으로 정보를 정리해 보세요.

노션에서 제공하는 웹 클리퍼를 설치하면 손쉽게 내가 지정한 데이터베이스에 정보를 넣을 수 있습니다. 인터넷 주소창에 https://www.notion.com/ko/web-clipper를 입력해 보세요. 또는 구글에서 '노션 웹 클리퍼'라고 검색해서 접속하셔도 됩니다.

자주 사용하는 브라우저에 맞는 확장 프로그램을 설치해 주세요. 저는 Chrome용 확장 프로그램을 설치하겠습니다.

01 확장 프로그램을 설치한 다음 크롬 브라우저 우측 상단에서 노션 웹 클리퍼 아이콘을 클릭해 주세요. 처음이라면 로그인을 해야합니다. 본인의 노션 계정에 로그인까지 완료해 주세요.

02 노션 웹 클리퍼 버튼을 누르면 자동으로 페이지 타이틀을 불러옵니다. 그후 저장할 워크스페이스를 선택하고, 추가 대상을 눌러 저장할 데이터베이스 이름을 선택하면 웹 클리핑이 완료됩니다.

03 [페이지 저장] 버튼을 누른 후 나오는 [Notion에서 열기] 버튼을 누르면 브라우저에서 저장한 페이지를 바로 열어줍니다. 따라서 어떤 데이터베이스에 저장했는지 헷갈린다면 해당 버튼으로 위치를 쉽게 파악할 수 있습니다.

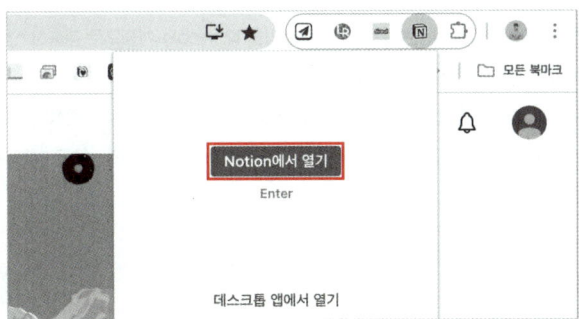

▶ 이메일과 비밀번호 변경하기

노션을 사용하면서 로그인 메일 주소를 변경하고 싶을 때가 있습니다. 자주 사용하는 이메일 주소가 바뀌었거나, 특정 도메인을 더 이상 사용할 수 없게 되었거나, 조직 계정을 사용할 수 없는 상황 등 다양한 이유가 있을 수 있습니다. 특히, 학부생이나 대학원생의 경우 졸업 후 대학교 계정을 더 이상 사용할 수 없게 되어 이메일을 변경해야 하는 상황도 자주 발생하곤 합니다.

이메일 주소 변경

[설정 – 계정]에 들어오시면 [이메일 변경] 버튼이 있습니다. 이 버튼을 누르시면 현재 사용 중인 이메일로 '인증 코드'가 발송되고, 해당 코드를 입력하면, 변경할 이메일 주소로 '인증 코드'를 전송합니다. 해당 인증 코드까지 입력하면 이메일 주소 변경이 완료됩니다.

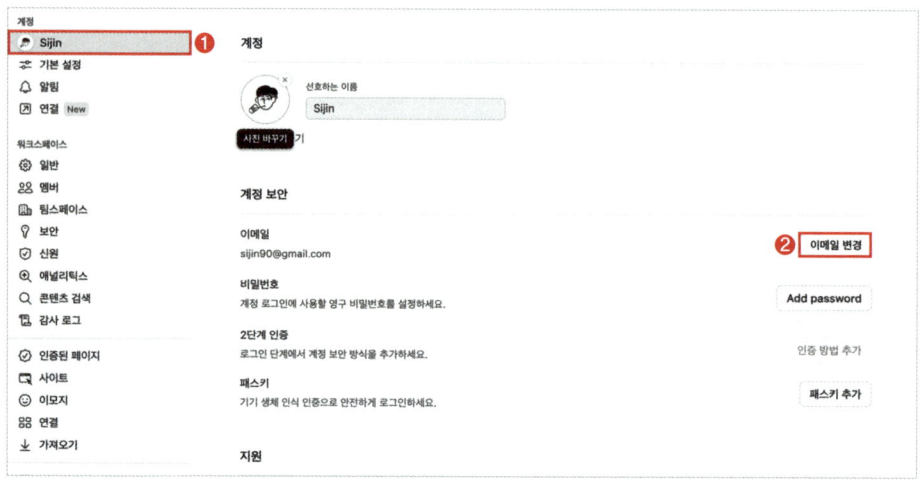

▶ 깨알 tip_ **애플로 로그인_** 애플 제품을 선호하는 분 중에는 노션에 처음 가입할 때 [Apple 계정으로 계속하기] 버튼을 눌러 시작하는 경우가 많습니다. 그러나 Apple 계정으로 가입할 경우 이메일 주소가 '@privaterelay.appleid.com' 형식으로 생성됩니다. 이는 복잡한 형식이 아니더라도 협업 시 이메일 주소를 전달하거나, 다른 PC에서 직접 입력해야 할 때 번거로울 수 있습니다. 따라서 Apple 계정으로 로그인하신 분들은 보다 간편하게 사용할 수 있는 구글 계정(또는 네이버, 카카오 계정 등)으로 변경하는 것을 권장합니다.

비밀번호 설정

[이메일 변경] 버튼 아래에서 비밀번호를 설정할 수 있습니다. 구글 로그인을 한다면 비밀번호를 사용할 필요가 없지만, 구글 로그인이 아니라 노션의 비밀번호를 별도로 설정하고 싶을 때 비밀번호를 설정하면 됩니다.

> ▶ 깨알 tip ▶ **비밀번호를 잊어버렸을 때_** 노션은 비밀번호를 찾는 옵션이 없으며, 비밀번호를 반드시 초기화해야만 합니다. 이때 비밀번호를 초기화하려면 해당 계정의 이메일로 전송되는 '인증 코드'를 입력해야 하므로, 반드시 접근할 수 있는 이메일 계정을 사용해야 합니다. 이를 염두에 두고 노션 계정을 관리하는 것이 중요합니다.

Notion 05 생산성을 높이는 일정 관리 Notion 캘린더

노션을 프로젝트나 할 일 관리 용도로 사용하다 보면 데이터베이스에 할 일과 일정이 점차 쌓이게 됩니다. 이때, 데이터베이스가 한두 개에 그치지 않고 여러 개로 늘어나기 마련입니다. 게다가 구글 캘린더에서 일정 관리를 병행하고 있다면, 노션의 통합적 활용에도 불구하고 일정과 할 일이 분리되어 불편함을 느낄 수 있습니다. 이러한 경우, 구글 캘린더의 일정과 노션 데이터베이스의 날짜를 연동하여 통합 관리할 수 있는 '노션 캘린더'를 활용해 보세요. 이를 통해 일정, 할 일, 프로젝트 진행 일정을 한 곳에서 효율적으로 관리할 수 있습니다.

▶ Notion 캘린더 설치하기

노션 캘린더는 노션 데이터베이스와 연동되지만 노션 내에서 사용하는 것이 아니라 노션과 별개인 앱을 설치해야 합니다. 노션에 접속하신 후 왼쪽 하단 캘린더 아이콘을 클릭해 보세요.

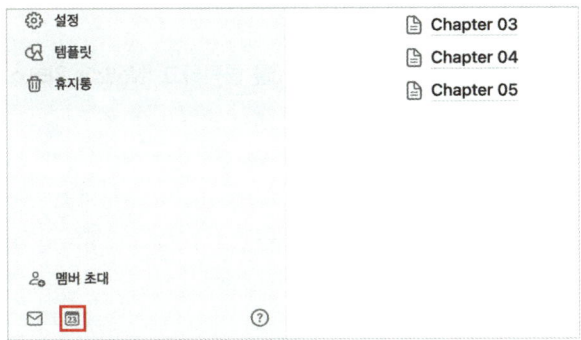

노션 캘린더가 PC에 설치되어 있다면, 노션 캘린더가 열리고, 그렇지 않다면 노션 캘린더를 설치할 수 있는 페이지가 열릴 것입니다. 또는 구글에서 '노션 캘린더'라고 검색하면 노션 캘린더를 다운로드받을 수 있는 사이트에 접속하실 수 있습니다.

▶ 계정 연동하기

노션 캘린더를 설치하신 다음 가장 먼저 해야 할 일은 계정 연동입니다. 캘린더 앱을 아직 한 번도 사용하지 않으셨다고 하더라도 딱 두 개, 노션 계정과 구글 계정은 연동해 두고 사용하는 것을 추천합니다.

노션 계정 연동하기

01 노션 캘린더의 설정 화면으로 들어갑니다. [API 통합 – Notion]을 클릭하고 [Notion 워크스페이스 추가 – 연결]을 클릭해 주세요.

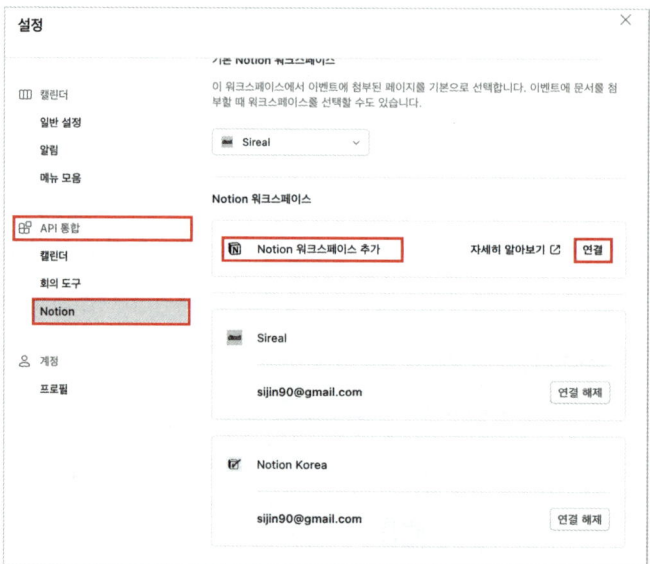

02 브라우저에서 창이 열리면서 노션 캘린더의 액세스 요청 화면이 열립니다. 여기서 오른쪽 상단에 내가 추가하고 싶은 워크스페이스가 맞는지 확인해 주세요. 내가 추가하고 싶은 워크스페이스가 아니라면 워크스페이스 이름을 눌러 다른 워크스페이스로 변경한 다음, 화면 하단 [액세스 허용]을 클릭해 주세요.

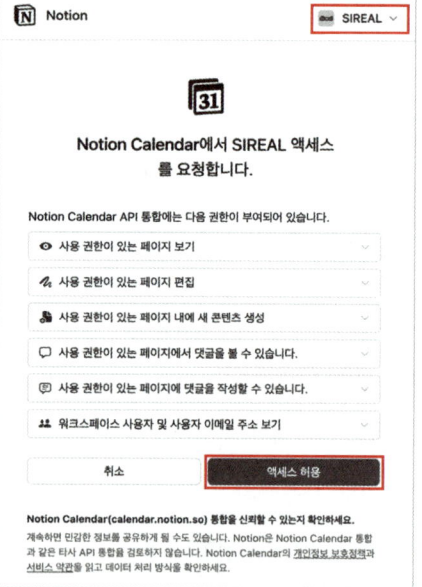

390 ■ **Chapter 05** Notion으로 생산성 올리기

03 Notion Calendar을(를) 여시겠습니까? 라는 팝업이 나타나고, [Notion Calendar 열기] 버튼을 클릭하면 노션 캘린더에서 노션과 연결이 완료됩니다.

구글 캘린더 연동하기

구글 캘린더를 사용하고 있다면 구글 캘린더도 연동해 주세요. 노션 캘린더의 가장 큰 장점인 구글의 일정과 노션 데이터베이스의 일정을 한눈에 볼 수 있습니다.

01 노션 캘린더의 [설정 – API 통합 – 캘린더]에 들어와 [Google 캘린더 계정] 추가 옆 [연결]을 클릭합니다.

02 Google 캘린더와 연락처에 액세스 팝업이 나타납니다. **[계속해서 Google 사용 권한으로 이동]** 버튼을 클릭하세요.

03 원하는 구글 계정을 선택해 로그인해 주세요.

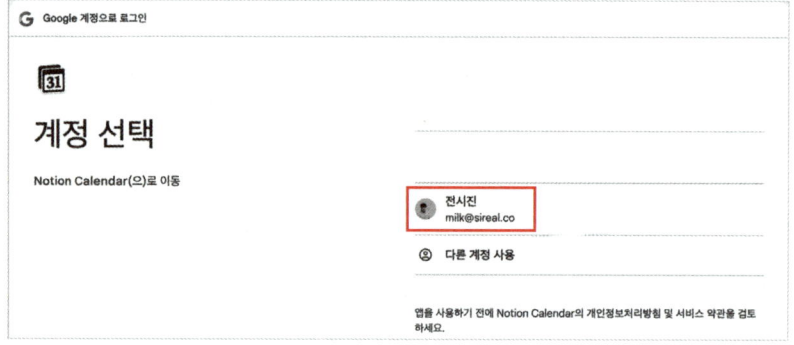

04 **[계속]** 버튼을 클릭합니다.

05 Notion Calendar에서 Google 계정에 대한 액세스를 요청합니다. 창이 나타납니다. Notion Calendar에서 액세스할 수 있는 항목을 선택하세요. 아래에 [모두 선택] 버튼을 누르고 화면 가장 하단에 [계속] 버튼을 클릭해 주세요.

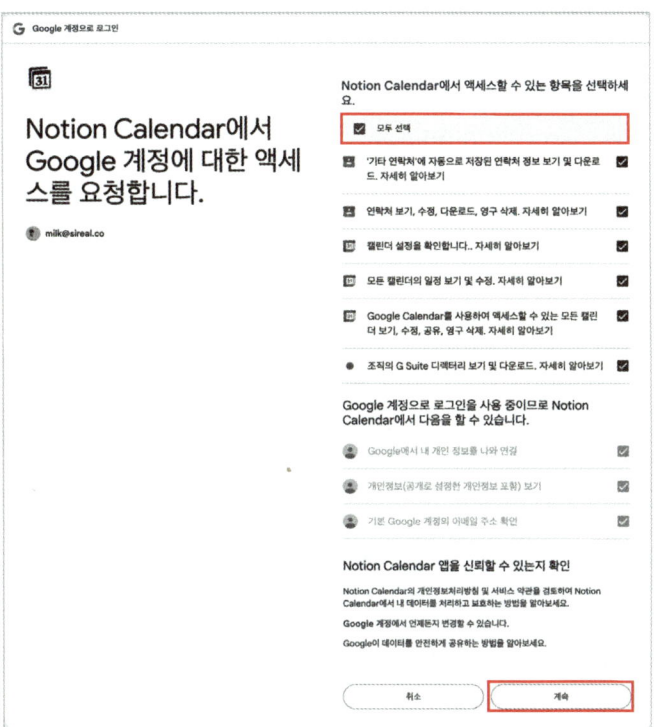

06 "Notion Calendar을(를) 여시겠습니까?"라는 팝업이 나타나고, [Notion Calendar 열기] 버튼을 누르면 노션 캘린더에서 노션과 연결이 완료됩니다.

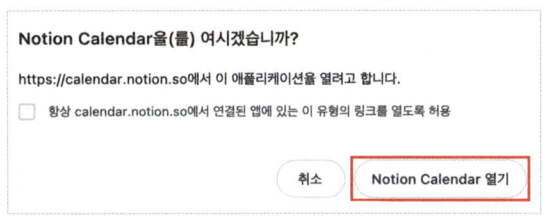

계정 연동이 완료되면 노션 캘린더의 왼쪽 사이드바에 다음과 같이 나타납니다. 상단의 이메일 주소는 구글 캘린더와 연동된 계정 목록이 있습니다. 캘린더 계정 추가 버튼을 누르면 구글 계정을 추가로 연결할 수 있습니다. 그 아래에 구분선이 있고, 구분선 아래에는 노션 워크스페이스가 연결되어 있습니다. 아래 이미지에 따르면 Sireal, Notion Korea 2개의 워크스페이스를 연결한 상태입니다.

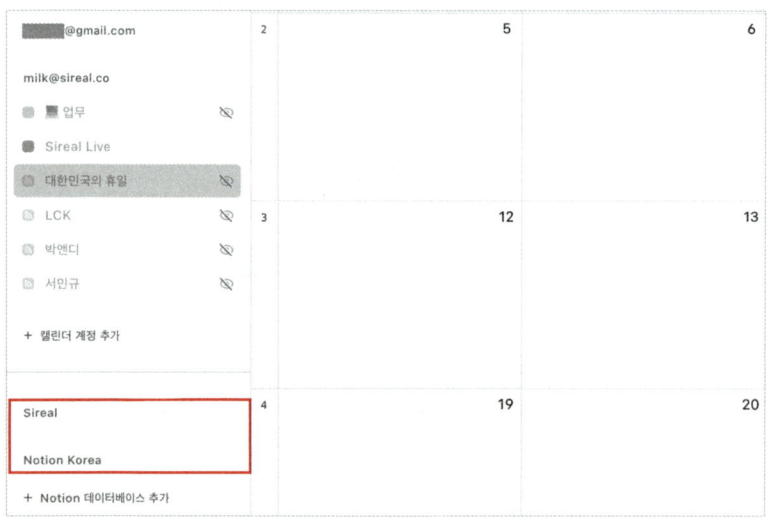

▶ Notion 데이터베이스 추가하기

노션 계정 연동을 완료했다면, 이제 노션 데이터베이스를 추가해 볼 단계입니다. 노션 데이터베이스를 추가하는 방법은 두 가지가 있습니다.

노션 캘린더에서 추가하기

노션 캘린더의 왼쪽 사이드바 하단에 [Notion 데이터베이스 추가]라는 버튼이 있습니다. 이 버튼을 누르면 연동된 워크스페이스 기준으로 노션 데이터베이스를 검색하여 원하는 데이터베이스를 추가할 수 있습니다.

01 아래 이미지처럼 [Notion 데이터베이스 추가]를 누르면 해당 워크스페이스에 있는 모든 데이터베이스가 나타나는데, 원하는 데이터베이스를 검색해서 선택해 주세요.

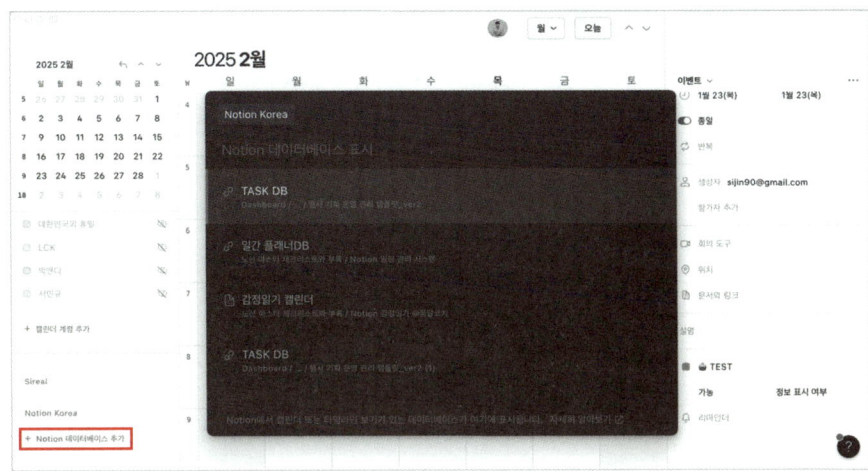

02 데이터베이스를 선택하면, 데이터베이스 내에 있는 보기를 선택하라는 창이 나타납니다. 원하는 보기까지 선택해 주세요.

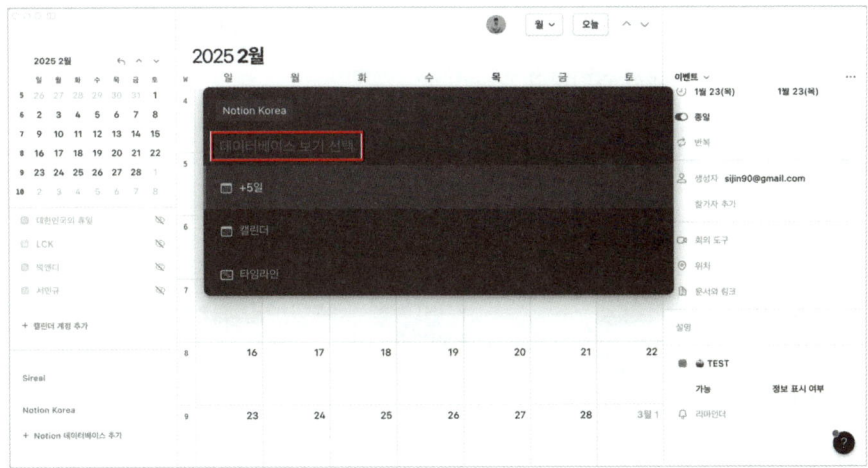

03 노션 데이터베이스에 있는 데이터를 불러 올 수 있습니다.

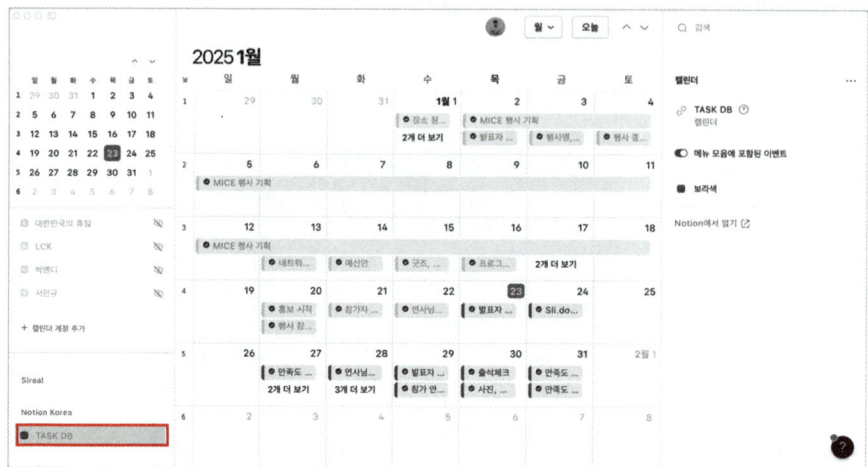

노션 데이터베이스에서 추가하기

노션 데이터베이스에서 노션 캘린더에 추가하는 방법은 간단합니다. 데이터베이스에 데이터를 입력해 둔 뒤 캘린더 보기를 만들어주세요. 그리고 [Notion 캘린더에서 열기] 버튼을 누르면 노션 캘린더에서 열립니다.

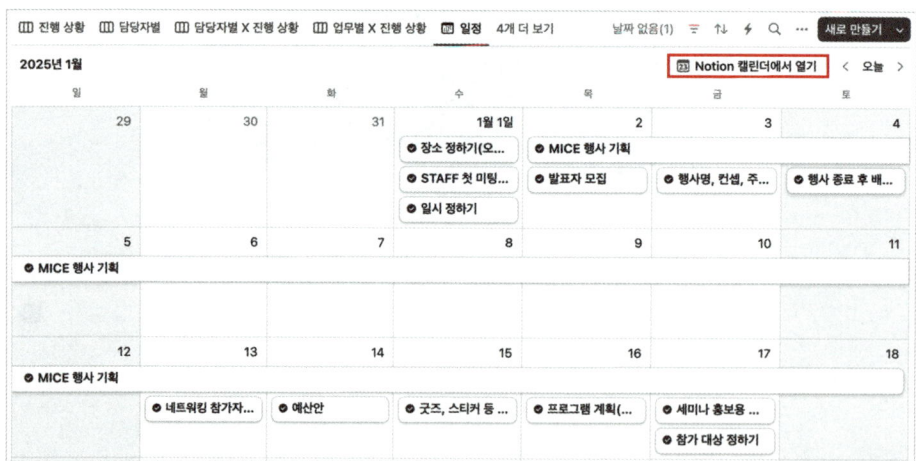

▶ 깨알 tip **내가 원하는 데이터만 넣기_** 노션 데이터베이스를 사용하다 보면, 하나의 데이터베이스에서 데이터가 여러 분류로 나뉘거나, 여러 사람에게 할당된 할 일을 동시에 관리하는 경우가 있습니다. 이럴 때, 나에게만 할당된 할 일이나 특정 태그가 포함된 작업만 캘린더로 보고 싶지 않으신가요?

노션 데이터베이스에서는 필터와 정렬 기능을 활용해 원하는 데이터를 선별하고, 이를 그대로 노션 캘린더에 적용할 수 있습니다. 원하는 캘린더 보기를 생성한 뒤 필터와 정렬을 설정한 후, [Notion 캘린더에서 열기] 버튼을 눌러보세요. 이렇게 하면 필요한 데이터만 깔끔하게 캘린더로 관리할 수 있습니다.

▶ 일정 생성하기

노션 캘린더를 설치하고 계정 연동까지 마쳤다면 이제 일정을 생성해 보겠습니다. 단축키 C를 누르거나, 일정을 생성하고 싶은 날짜를 더블 클릭하면 오른쪽 패널에 이벤트가 열립니다. 해당 이벤트에서 제목을 입력해 보세요. 시간을 같이 입력하고 싶다면 [종일]을 꺼주시면 됩니다. 마지막으로 어떤 캘린더에 추가할지 선택해 주세요.

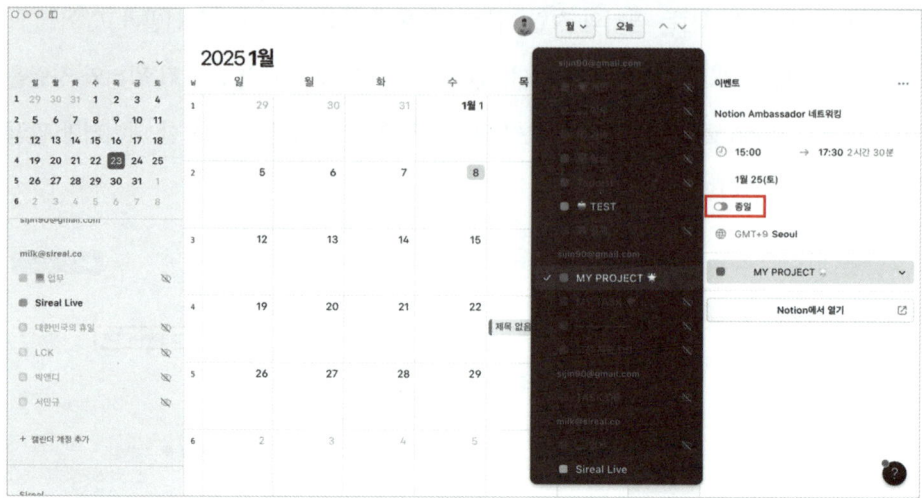

▶ 깨알 tip **단축키**_ 노션 캘린더에도 작업을 빠르게 처리할 수 있는 유용한 단축키가 있습니다. 여기 몇 가지 편리한 단축키를 소개해 드릴게요. 나머지 단축키는 전체 목록에서 필요에 따라 찾아 활용해 보세요! 알파벳 하나만 있는 단축키는 한/영 상태에 따라 작동이 안 될 수 있으니, 영어로 전환해 두고 사용하면 됩니다.

- 명령어 메뉴: `Ctrl` + `K`
- 이벤트 만들기: `C`
- 일 보기: `D` (Day)
- 주 보기: `W` (Week)
- 월 보기: `M` (Month)
- 오늘로 이동: `T` (Today)
- 단축키 목록: `?`

▶ 가능 여부 공유

다른 사람들과 일정을 조율할 때 서로의 바쁜 일정 때문에 여러 번 확인하고 되물어본 경험이 있으신가요? 또는 일정이 너무 많아 가능한 시간을 일일이 전달하기 어려운 경우도 있을 것입니다. 이런 상황에서는 가능 여부 공유(Share availability) 기능을 활용해 보세요. 이 기능은 내 캘린더와 연동되어 가능한 시간을 자동으로 추출해 주며, 상대방은 링크를 통해 내 캘린더에서 비어 있는 시간을 자유롭게 선택할 수 있습니다. 상대방은 자신의 일정과 비교하여 가장 적합한 시간을 정할 수 있어 조율이 훨씬 간편해집니다. 또한, 온라인 미팅의 경우 화상 회의 솔루션과 연동하면 회의 링크가 자동으로 생성되어 더욱 편리하게 사용할 수 있습니다.

단축키로 S 를 누르거나, 원하는 날짜를 더블 클릭한 다음 [이벤트] 버튼을 눌러보세요. 가능 여부 기능을 선택할 수 있습니다.

가능 여부 기능을 선택하면 공유 링크가 생성되며, 다음과 같은 설정을 할 수 있습니다.

- **만나고 싶은 시간**: 상대방이 선택할 수 있는 시간대를 설정합니다.
- **최소 시간**: 예약 가능한 최소 시간을 지정합니다.
- **링크 유효기간**: 링크의 사용 가능 기간을 설정합니다.
- **일회용 또는 지속 가능 여부**: 링크를 한 번만 사용할지, 만료되지 않는 링크로 설정할지 선택합니다.
- **캘린더 겹침 방지**: 공유된 캘린더 외에 추가로 확인할 캘린더를 선택하여 일정 중복을 방지할 수 있습니다.

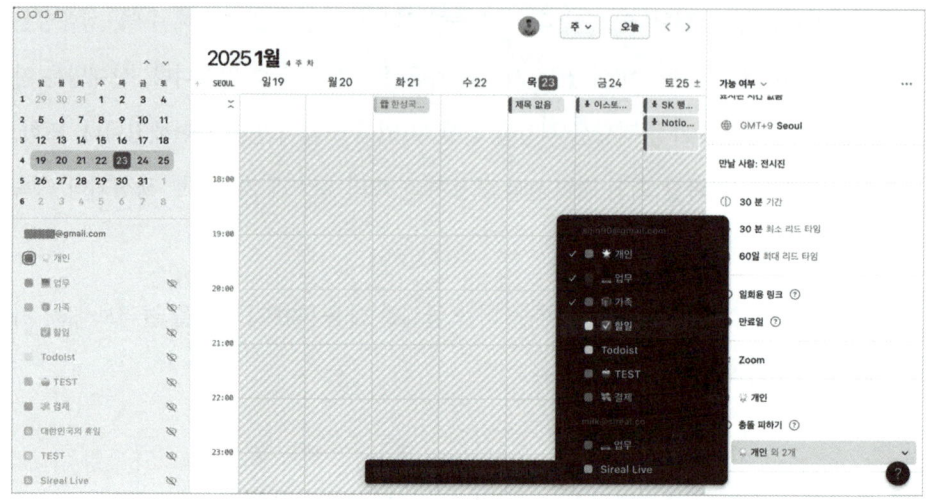

▶ 포커스/부재중 시간

가능 여부 공유 시간과 반대로, 포커스/부재중(FOCUS, Out of Office) 시간을 설정할 수도 있습니다. 이 기능은 구글 캘린더에서 초대장이 도착했을 때 자동으로 해당 시간을 피하도록 설정해 줍니다. 즉, 회의가 자동으로 잡히지 않도록 방지할 수 있어 효율적으로 시간을 관리할 수 있습니다.

이 기능은 다음과 같은 상황에서 유용합니다:

- 특정 업무에 집중해야 할 시간을 확보하고 싶을 때
- 업무 외 시간을 명확히 구분하고 휴식을 보장받고 싶을 때

포커스 또는 부재중 시간을 적절히 설정해 두면, 불필요한 일정 충돌을 피하고 중요한 시간대를 보호할 수 있습니다.

▶ **깨알 tip** 이 기능은 업무용 계정과 교육용 계정에서만 사용할 수 있습니다. 즉, 구글 워크스페이스를 유료로 사용하는 계정이나 학교에서 구글 워크스페이스를 지원해 주는 계정에서만 이용할 수 있습니다. 구글 원(Google One)을 유료로 사용하고 있는 개인 계정에서도 이 기능을 사용할 수 없습니다.

MEMO

Chapter 06

협업 툴로
Notion 활용하기

Notion은 개인 노트 도구로도 훌륭하지만 협업 도구로 사용할 때 그 진가를 발휘합니다.
그만큼 공유 기능은 Notion의 가장 강력한 기능 중 하나입니다.
팀원 간 원활한 협업을 할 수 있게 해 주는 도구인 것이지요.

Notion 01 외부 사용자와 협업을 위해 페이지 공유하기

Notion 02 내부 사용자와 협업하기

Notion 03 효과적인 협업을 위한 댓글, 멘션 사용하기

Notion 04 팀스페이스로 팀별 페이지 관리하기

Notion 05 자동화

Notion 01 외부 사용자와 협업을 위해 페이지 공유하기

노션을 쉽게 활용하는 방법 중 하나는 다른 사람이 만든 노션 페이지를 살펴보는 것입니다. 노션을 한 번도 사용해 보지 않은 사람도 편리한 공유 기능 덕분에 자연스럽게 접하게 되는 경우가 많습니다. 이번에는 내가 만든 페이지를 외부 사용자에게 공유하거나 함께 편집하는 방법에 대해 알아보겠습니다. 노션에서는 외부 사용자를 '게스트'라고 부릅니다.

▶ 누구나 페이지를 볼 수 있게 공유하기

사람들이 노션을 가장 쉽게 접하는 경우는 편집이 불가능한 상태로 공유된 페이지를 볼 때입니다. 보통 개인 홈페이지, 포트폴리오, 블로그 등의 형태로 가장 많이 활용되며, 그 외에도 이벤트 페이지나 소개 페이지 등 다양한 방식으로 접할 수 있습니다.

페이지를 공유하는 방법은 간단합니다. 내가 공유하고 싶은 페이지 오른쪽 상단 [공유 - 게시]를 누른 후 [게시] 버튼을 클릭합니다.

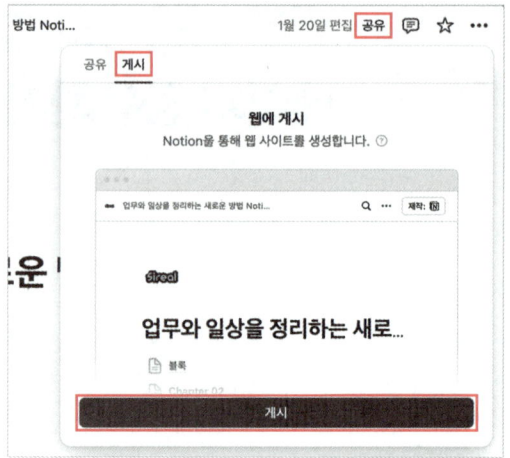

그 후 나타나는 링크의 우측 [링크 복사] 아이콘을 눌러 해당 링크를 클립보드에 복사하고, 이 링크를 전달하고 싶은 사람에게 전달하시면 공유가 완료됩니다.

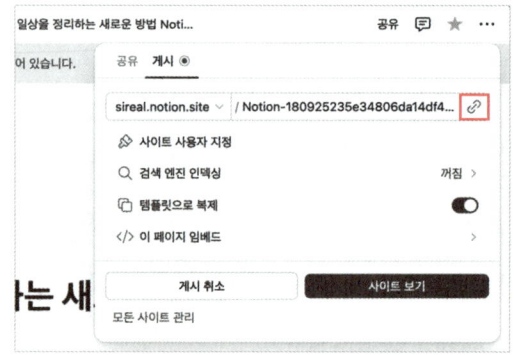

이렇게 링크를 생성하여 다른 사람에게 전달하면 이 링크를 가진 누구나 이 페이지의 내용을 볼 수 있습니다. 해당 페이지에 하위 페이지가 있다면 하위 페이지까지 모두 볼 수 있게 됩니다.

> ▶ 깨알tip **특정 하위 페이지를 비공개로 설정하는 방법_** 상위 페이지를 공개한 상태에서 특정 하위 페이지만 비공개로 유지하고 싶다면, 해당 페이지로 이동하여 [게시 취소]를 클릭해 보세요. 오른쪽 이미지와 같이 상위 페이지와의 사용 권한을 변경하고 공유 연결을 해제할 수 있습니다. [변경 후 연결 해제] 버튼을 누르면 공유된 상위 페이지에서도 해당 하위 페이지는 다른 사람에게 보이지 않게 됩니다.

▶ Notion 사이트

우리는 페이지를 다른 사람과 공유하는 행위를 하지만, 노션에서는 이를 '웹에 게시'라고 표현하며 [게시]라는 용어를 사용합니다. 노션 페이지를 게시할 때는 단순히 공유하는 것뿐만 아니라, 보다 세부적인 옵션을 설정할 수 있습니다.

페이지 주소 변경

노션의 페이지 주소를 공유하면 URL 길이가 상당히 길게 나옵니다. 난수가 생성되기 때문에, 사람이 일반적으로 쉽게 외울 수 없는 형태입니다. 이 난수가 보기 싫다면, 사이트 링크 주소를 변경할 수 있습니다. 게시를 누르고, 난수에 해당하는 영역을 클릭하여, 원하는 URL로 변경하고 [저장]을 클릭하면 주소를 변경할 수 있습니다.

검색 엔진 인덱싱

검색 엔진 인덱싱은 해당 페이지를 구글의 검색 엔진에 추가하는 기능입니다. 기본값은 **[꺼짐]**이지만, 해당 기능을 켜게 되면 구글의 검색 엔진에 해당 사이트를 등록하고, 시간이 지나고 특정 조건을 충족하면 노션 페이지가 구글에서 검색됩니다. 노션으로 홈페이지나 포트폴리오, 블로그 등 웹사이트를 만들었을 때 도움이 되는 기능입니다.

- **링크 제목**: 구글에서 검색될 때 가장 중요한 title입니다. 페이지 제목을 그대로 사용하셔도 되고, 변경하셔도 됩니다. 30~40자 이내로 추천드립니다.

- **설명**: 구글에서 검색 됐을 때 나오는 설명 영역입니다. 페이지 내용을 요약하여 140자 이내로 작성하시는 걸 추천드립니다.

링크 만료 기간

게시한 페이지를 특정 일자가 지나면 자동으로 게시를 취소하게 할 수 있습니다. 한 시간 뒤, 하루 뒤, 일주일 뒤가 있으며, 날짜를 선택할 수 있습니다. 날짜를 선택하면, 해당 날짜의 자정에 링크가 만료됩니다.

01 페이지를 게시합니다.

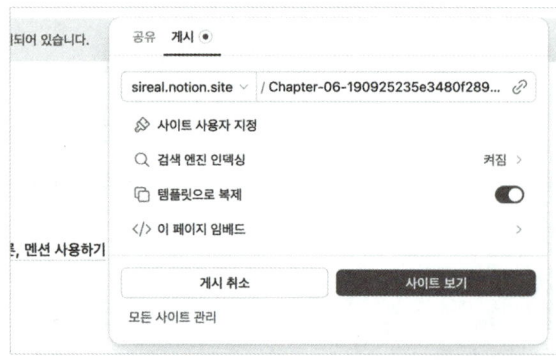

02 공유 탭에 들어와 [초대받은 사용자만]으로 되어 있는 옵션을 [링크가 있는 웹의 모든 사용자]로 변경합니다.

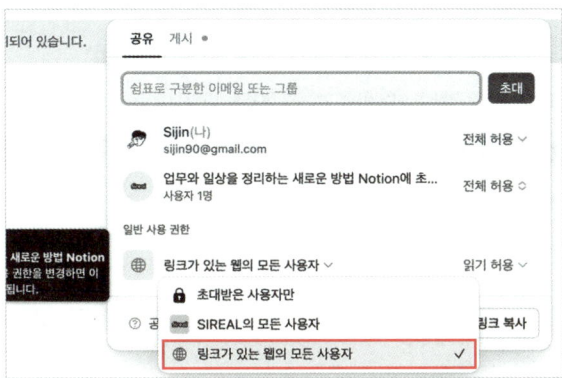

03 [읽기 허용]을 누르고, [링크 만료 시점]을 눌러 원하는 날짜를 선택합니다.

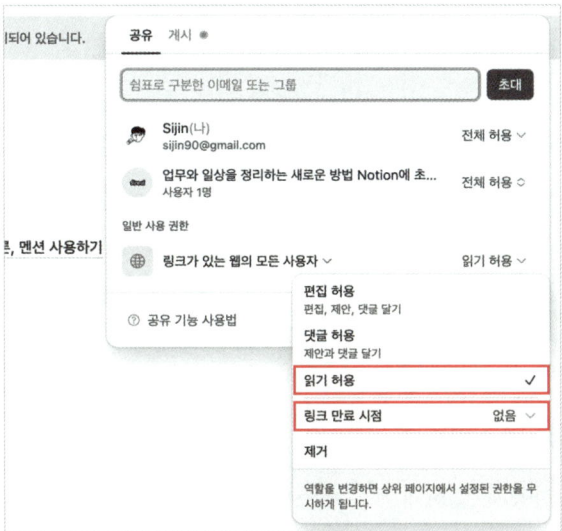

템플릿으로 복제

템플릿으로 복제는 해당 페이지의 링크를 가진 사람이 해당 페이지를 내 워크스페이스로 복제해 갈 수 있는 기능입니다. 노션 마켓플레이스에서처럼 다른 사람이 만든 노션 페이지를 쉽게 내 워크스페이스에 가져와서 사용할 수 있는 기능입니다.

특이하게도 페이지를 처음 게시하면 '템플릿으로 복제' 기능이 기본적으로 활성화되어 있습니다. 이는 설정 옵션에서도 수정할 수 없기 때문에, 게시한 페이지가 복제되어도 괜찮은지 여부를 미리 고려하고 주의해야 합니다.

▶ 깨알 tip **페이지 복제 비활성화_** 엔터프라이즈 요금제를 사용하면 페이지 복제를 비활성화할 수 있습니다.

사이트 사용자 지정

사이트 사용자 지정 옵션을 활용하면 노션 페이지를 보다 웹사이트처럼 꾸밀 수 있습니다. 기본적으로 페이지를 단순 공유할 수도 있지만, 이 옵션을 사용하면 노션 테마, 파비콘, Google 애널리틱스 등의 설정이 가능해 더욱 전문적인 웹사이트 형태로 구성할 수 있습니다.

미리보기 공유

페이지를 게시하면 [사이트 사용자 지정] 버튼이 보입니다. 해당 버튼을 눌러 사용자 설정에 진입합니다. [사이트 사용자 지정] 화면에 들어오면 오른쪽 패널에서 미리보기 공유를 변경할 수 있습니다.

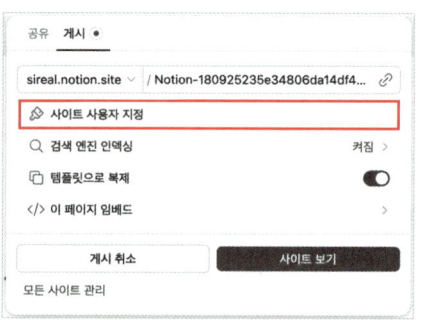

미리보기 공유 아래에 있는 이미지에 마우스를 올리면 [이미지 업로드]라는 버튼이 보이고, 해당 버튼을 누르면 미리보기로 공유되는 이미지를 변경할 수 있습니다.

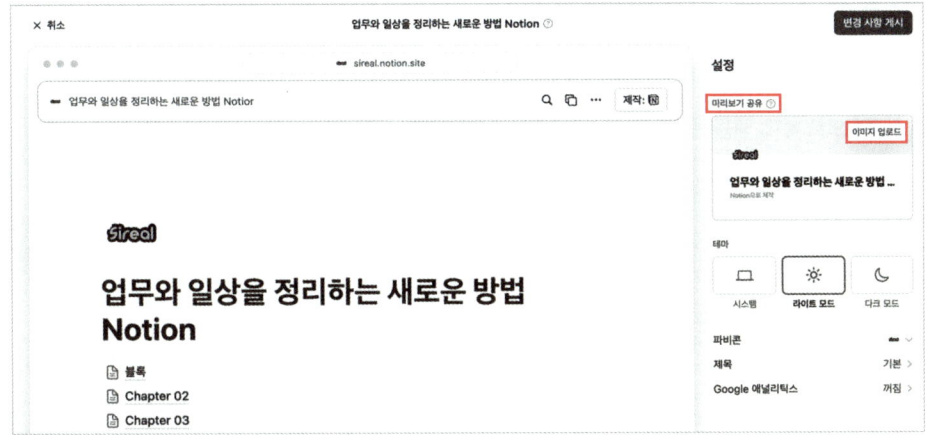

테마

그 아래에는 테마 설정 옵션이 있습니다. 이를 통해 노션 페이지를 라이트 모드 또는 다크 모드로 지정할 수 있으며, 사용자의 시스템 설정에 따라 자동 변경되도록 설정할 수도 있습니다. 페이지 디자인 시 특정 모드를 염두에 두었다면, 이에 맞춰 적절한 테마를 선택하는 것이 좋습니다.

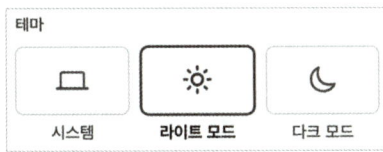

파비콘

파비콘은 브라우저 탭 앞에 뜨는 아이콘을 얘기합니다. 브라우저에서 탭을 열었을 때 가장 앞에 나오는 아이콘을 파비콘이라고 하며 32×32 px로 이미지를 업로드하면 됩니다.

제목

제목을 클릭하면 제목 창에서 보여지는 아이콘들을 설정할 수 있습니다.

- **이동 경로**: 하위 페이지가 있을 때 상위 페이지와 하위 페이지의 이동 경로를 보여줍니다.
- **검색**: 검색 아이콘을 숨길 수 있습니다.
- **템플릿으로 복제**: 템플릿으로 복제 기능을 끌 수 있습니다.
- **Notion 워터마크**: 제작: 노션이라는 아이콘을 숨길 수 있습니다.

페이지 추가

제목 아래에는 '페이지 추가' 옵션이 있습니다. 여기에 하위 페이지를 추가하면, 페이지 상단에서 쉽게 이동할 수 있는 메뉴바 형태로 표시됩니다. 단, 이 기능은 해당 페이지의 하위 페이지들만 추가할 수 있도록 제한되어 있습니다.

Google 애널리틱스

Google에서 제공하는 페이지 애널리틱스 기능을 추가하여 웹에 게시했을 때 페이지 인사이트를 얻을 수 있습니다. Google 애널리틱스의 측정 ID를 입력하면 됩니다.

모든 변경 사항을 확인한 후, 오른쪽 상단의 [변경 사항 게시] 버튼을 누르면 설정된 사이트 옵션이 저장되며 사이트가 게시됩니다.

▶ 깨알 tip **자체 도메인으로 노션 페이지 공유하기**_노션 웹 페이지에 브랜딩을 더 하고 싶다면 자체 도메인을 추가할 수도 있습니다. [설정 – 워크스페이스 – 사이트]에 들어와 오른쪽 상단 [새 도메인]을 눌러 자신의 도메인을 추가해 보세요. 해당 도메인으로 변경한 다음 노션 페이지를 공유할 수 있습니다.

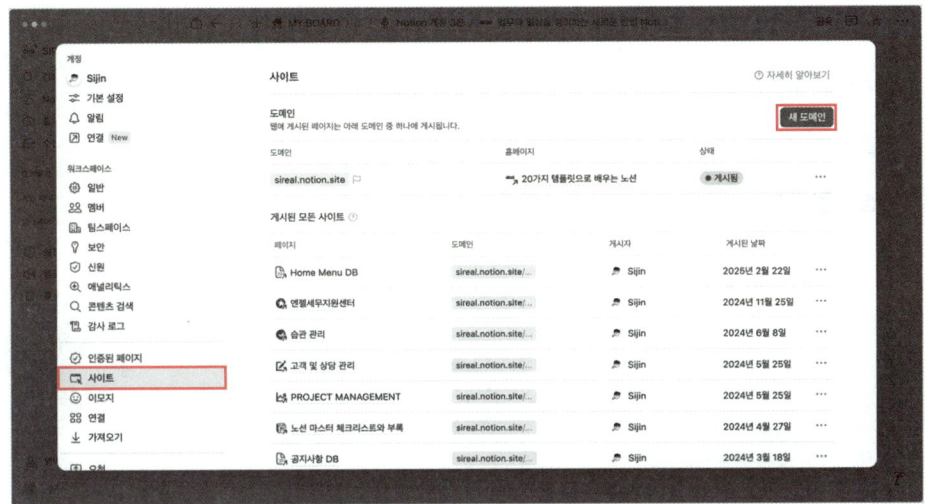

새 도메인을 이용할 경우 노션에 월 $10의 금액을 추가로 지불해야 합니다.

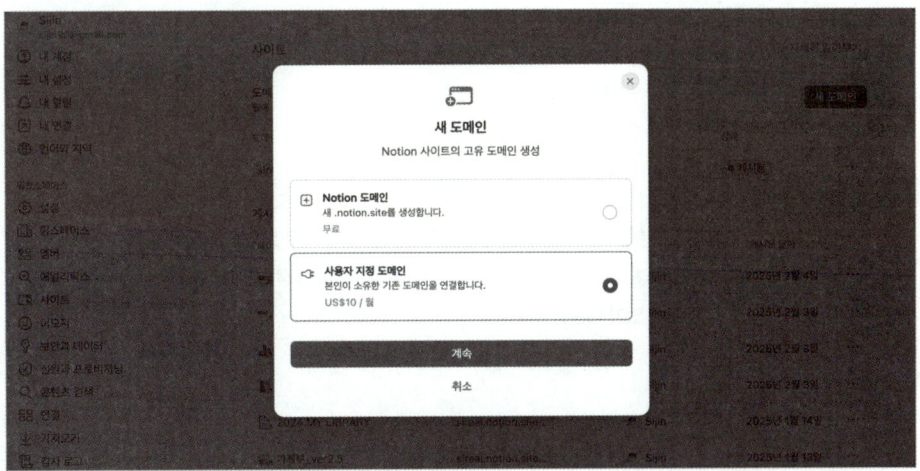

▶ 누구나 페이지를 볼 수 있고, 댓글, 편집할 수 있게 공유하기

게시를 통해 페이지를 공유했다면 페이지 링크를 가진 사람이 편집할 수 있게 권한을 설정할 수 있습니다.

게시 옆에 있는 [공유] 버튼을 눌러 들어오면 하단에 [링크가 있는 모든 사용자]의 권한을 설정할 수 있고, [읽기 허용] 버튼을 누르면 해당 링크의 권한을 수정할 수 있습니다.

- **읽기 허용**: 페이지 링크에 접속하여 내용을 읽을 수만 있습니다.
- **댓글 허용**: 페이지 상단, 페이지 내용에 댓글만 남길 수 있습니다.
- **편집 허용**: 페이지 내용을 수정, 변경, 삭제, 추가할 수 있습니다.

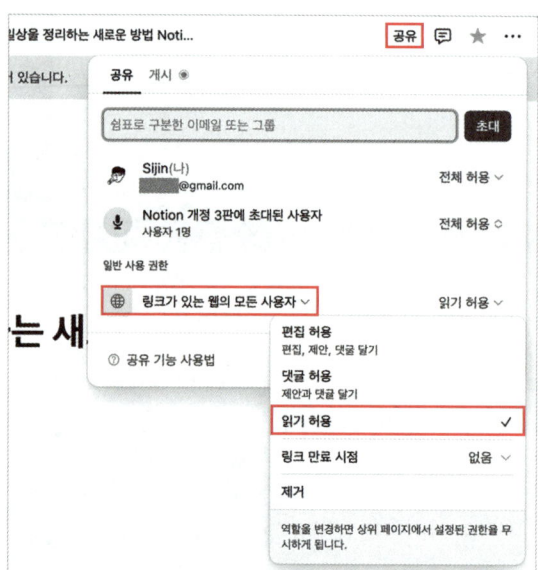

▶ 깨알 tip **편집 허용 권한은 신중히_** 링크가 있는 모든 사용자의 권한을 변경하기 때문에 권한 설정을 신중히 하셔야 합니다. 포트폴리오 페이지를 만들었는데, 해당 페이지를 '편집 허용' 권한으로 설정하면 내 포트폴리오를 보는 모든 사람이 내 페이지를 마음껏 수정할 수 있기 때문입니다.

▶ 보여주고 싶은 외부 사용자만 초대하기

불특정 다수가 내 노션 페이지를 보는 것이 부담스럽다면, 초대 기능을 활용하면 됩니다. 페이지를 공개하지 않고, 원하는 사용자만 초대하여 접근을 제한함으로써 보안을 한층 더 강화할 수 있습니다.

사용자를 초대할 때에는, 내가 초대하고 싶은 페이지 우측 상단 **[공유 – 공유]**를 눌러 **[쉼표로 구분한 이메일 또는 그룹]**에 초대하고 싶은 사람의 노션 계정을 입력하면 됩니다.

아래 이미지와 같이 노션에 이미 가입되어 있는 메일 주소라면 해당 계정의 프로필 명이 보이고, 가입되어 있지 않은 메일 주소라면 이메일 주소가 나와 해당 이메일을 클릭하면 됩니다.

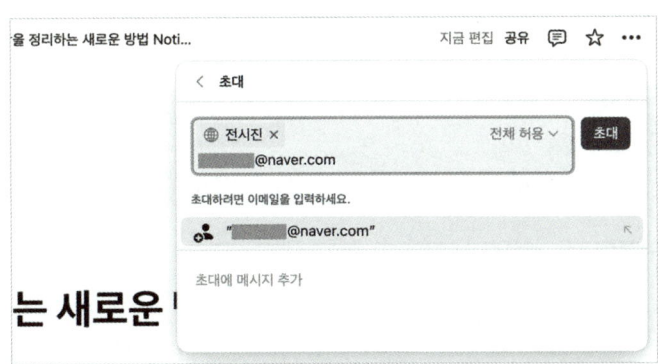

아래 이메일을 클릭하면 초대 목록에 리스트업되고, [전체 허용] 버튼을 눌러 어떤 권한으로 초대할 것인지 선택한 후 [초대]를 클릭하면 초대가 완료됩니다.

전체 허용은 해당 페이지를 편집할 수 있을 뿐만 아니라 다른 사람을 초대할 수 있는 권한도 가지고 있습니다. 내가 초대한 사람이 내가 모르는 다른 누군가를 초대해야 할 때에는 전체 허용 권한을 줘서 다른 사람을 초대하게 할 수 있습니다.

여기서 주의할 점은 전체 허용은 초대할 권한을 주지만, 삭제할 권한도 준다는 것입니다. 전체 허용으로 초대된 사람은 나를 삭제할 수도 있으니 주의해야 합니다.

▶ 깨알 tip **초대된 사람 권한 변경 및 삭제하기_** 초대한 사람과 협업이 종료되었다면 초대되어 있는 사람을 제거할 수도 있습니다. [공유 – 공유]에 들어와서 초대된 사용자 중 제거하고 싶은 사용자를 클릭하면 나타나는 [제거]를 클릭해 보세요. 초대된 사용자를 제거할 수 있습니다.

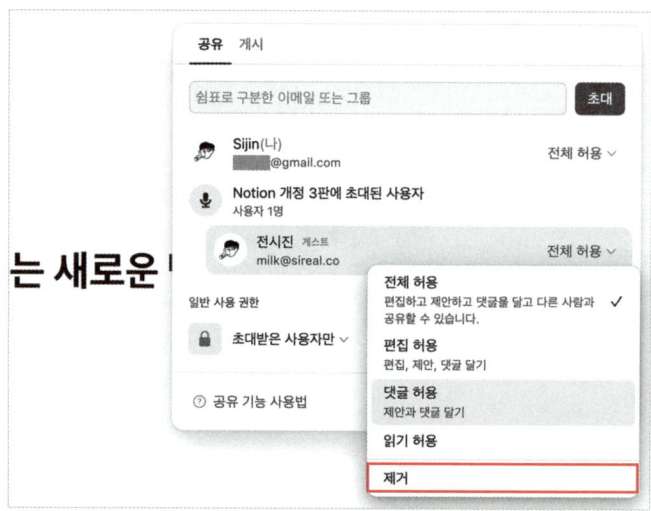

Notion 02 내부 사용자와 협업하기

노션을 본격적으로 이용할 때에는 내 동료들과 함께 이용해야 합니다. 게스트로 초대해 이용할 수 있지만 게스트는 권한 설정에서 자유롭지 못합니다. 이번에는 게스트가 아닌 멤버를 노션에 초대해 사용하는 방법에 대해 알아보겠습니다.

▶ 게스트를 멤버로 초대하기

특정 페이지에서 게스트를 초대하면 "게스트를 '멤버'로 업그레이드하시겠습니까?"라는 팝업이 나타납니다. 여기서 **[멤버로 업그레이드]**를 선택하면 게스트가 아닌 '멤버'가 되며, 이에 따라 워크스페이스 소유자는 해당 멤버 수만큼 추가 요금을 부담하게 됩니다. 멤버가 된다는 것은 단순히 손님으로 와서 밥만 먹고 떠나는 것이 아니라, 가족 구성원이 되는 것과 같다고 볼 수 있습니다. 따라서 게스트를 멤버로 초대할 때는 이러한 점을 고려하여 신중하게 결정해야 합니다.

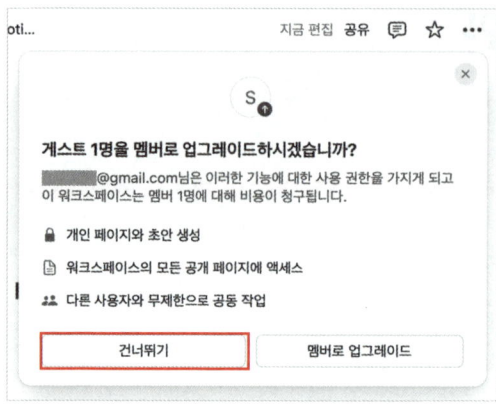

▶ 링크를 통해 멤버 초대하기

우리 회사에 노션을 본격적으로 도입하여 회사 동료들을 하나의 워크스페이스에 초대하고 싶다면 이 방법이 가장 편리합니다. 링크를 모든 동료들에게 링크를 전달하고, 해당 링크를 통해 접속한 사용자들은 멤버로 자동 등록이 됩니다.

[설정 – 워크스페이스 – 멤버]로 가면 '멤버 추가를 위한 초대 링크'라고 있습니다. 이 기능을 켠 다음 [링크 복사]를 눌러 해당 링크를 동료들에게 전달해 주면 됩니다. 이 링크를 통해 접속한 사용자는 워크스페이스의 멤버가 될 수 있습니다.

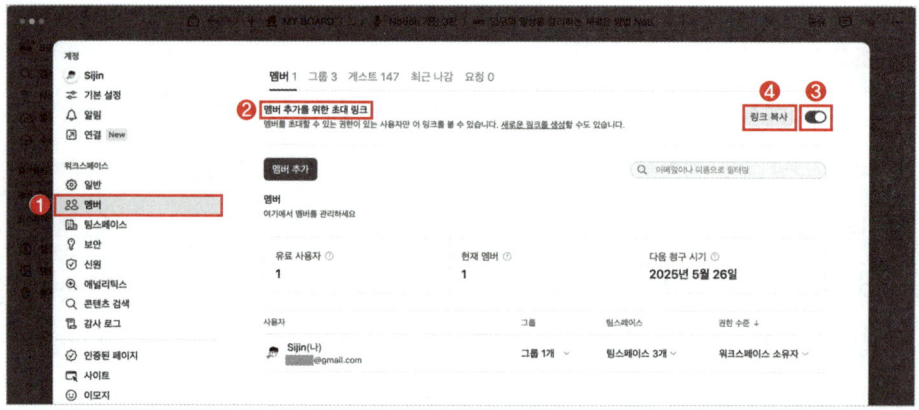

> 깨알 tip **우리 회사 도메인은 멤버로 초대_** 모든 동료들에게 링크를 보냈다고 하더라도, 해당 링크를 놓친 동료들이 있을 수 있습니다. 이럴 때에는 회사 도메인 주소로 노션에 가입을 하면 우리 워크스페이스에 언제든 멤버로 들어올 수 있도록 도메인을 허용해 둘 수 있습니다. [설정 – 워크스페이스 – 일반]에 가서 [허용된 이메일 도메인] 기능에 도메인을 추가해 보세요. 해당 도메인을 가진 메일 주소는 노션에 처음 회원가입을 할 때 접속할 수 있는 워크스페이스 목록이 나타나고, 해당 워크스페이스에 멤버로 들어올 수 있습니다.

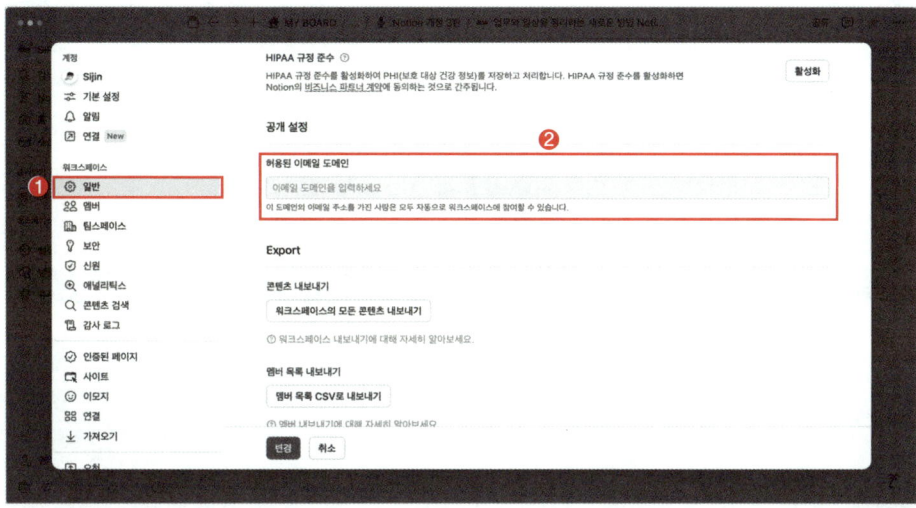

▶ 팀원 중 특정 사용자만 공유하기(그룹)

모든 페이지를 모든 동료에게 공개할 수 있다면 이상적이겠지만, 회사 업무 특성상 그렇지 않은 경우도 많습니다. 특정 페이지는 특정 인원에게만 공유해야 할 때도 생깁니다. 이때 멤버를 개별적으로 초대하고 권한을 설정할 수도 있지만, 특정 팀원들이 정해져 있다면 그들을 그룹으로 묶어 초대를 더욱 간편하게 처리할 수 있습니다.

[설정 – 워크스페이스 – 멤버 – 그룹]에 와서 [그룹 생성] 버튼을 클릭하세요. 그룹을 생성한 다음, 해당 그룹에 멤버를 추가하여 그룹별로 페이지 권한을 설정할 수 있습니다.

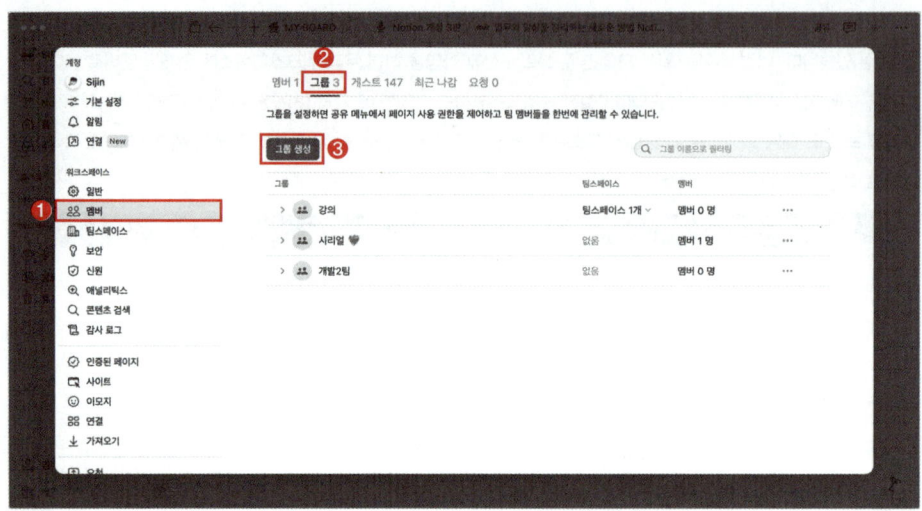

그룹 이름 앞에 토글을 눌러 멤버를 추가하면, 해당 그룹에 속한 사람들이 동일한 권한을 갖게 됩니다.

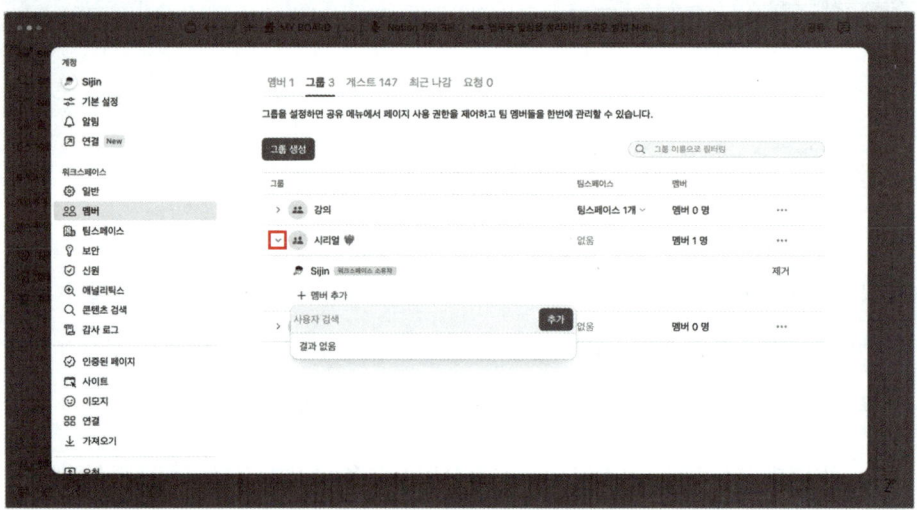

그룹으로 설정하면, 해당 그룹 전체에 멘션을 보낼 수도 있고, 페이지 권한 설정에서 그룹 자체를 추가할 수도 있습니다.

▶ 데이터베이스에서 협업하기(사람 속성)

페이지에 사람을 초대하면 해당 사용자들과 멘션을 주고받을 수 있습니다. 데이터베이스에서 '사람' 속성을 생성한 뒤, 해당 속성의 빈칸을 클릭하면 초대된 사용자 목록이 나타납니다. 여기에서 원하는 사람을 선택하거나 검색하여 추가하면, 해당 사용자에게 멘션을 보낼 수 있습니다.

Notion 03 효과적인 협업을 위한 댓글, 멘션 사용하기

사람을 초대하는 것만으로는 원활한 협업이 이루어지지 않습니다. 효과적인 협업을 위해서는 노션 페이지에서 상대방을 호출하고, 의견을 남기며, 피드백을 주고받는 기능이 필요합니다. 특히 특정 작업에 대한 논의가 필요할 때는 댓글을 달아 의견을 공유하고, 멘션 기능을 활용해 특정 사용자에게 직접 알림을 보낼 수 있습니다. 이를 통해 팀원 간의 커뮤니케이션이 원활해지고, 협업 과정에서 필요한 수정 사항이나 결정을 빠르게 조율할 수 있습니다. 이번에는 협업을 더욱 효율적으로 만드는 댓글과 멘션 기능에 대해 자세히 알아보겠습니다.

▶ 광범위한 의견을 제시할 때 사용하는 상단 댓글

페이지 전체에 의견을 제시하고 싶을 때에는 페이지 상단 댓글을 이용하면 됩니다. 페이지 제목에 마우스를 올리면 [댓글 추가]라는 아이콘이 나타나고, 해당 아이콘을 클릭하면 페이지 상단 댓글을 활성화할 수 있습니다.

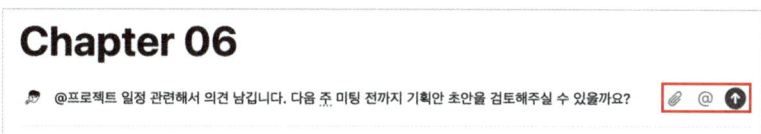

댓글을 작성한 후 오른쪽에 화살표가 위를 향하는 동그란 버튼을 클릭하면 댓글이 추가됩니다. 클립 아이콘을 누르면 파일을 첨부할 수 있고, @ 아이콘을 누르면 날짜, 사람, 페이지, 그룹을 멘션할 수 있습니다.

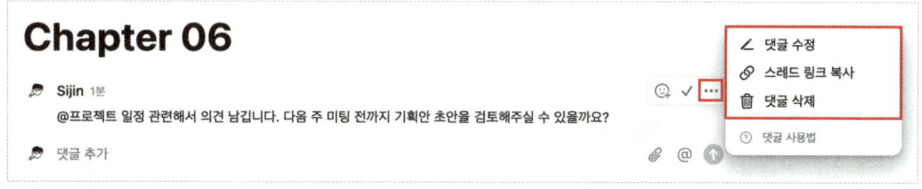

댓글에 리액션을 남기고 싶다면 댓글을 클릭하면 오른쪽에 나타나는 아이콘을 통해 할 수 있습니다. ✓아이콘을 누르면 [해결]을 눌러 페이지에서 보이지 않게 처리할 수 있습니다. ⋯ 아이콘을 눌러 댓글을 수정하거나, 댓글의 링크를 복사, 삭제할 수 있습니다.

@를 누르면 사람, 날짜 등을 멘션할 수 있습니다.

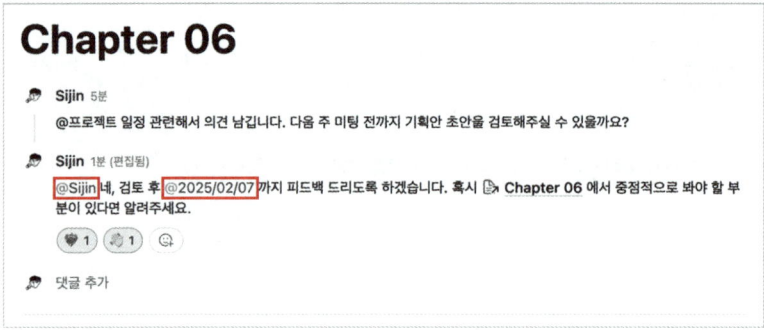

▶ 텍스트와 블록을 활용한 페이지 내부 댓글

페이지 상단 댓글은 페이지 상단에 댓글로 고정을 해 두어야 하지만 페이지 내에서 상세 댓글을 남길 수 있습니다. 페이지 내부 댓글은 텍스트 댓글과 블록 댓글로 나눠져 있습니다.

텍스트 댓글

텍스트 댓글은 텍스트를 선택했을 때 나타나는 팝업 창에서 댓글 아이콘을 클릭해 댓글을 남기는 것입니다.

원하는 텍스트를 선택하고 나타나는 팝업에서 [댓글] 아이콘을 누르면 댓글을 추가할 수 있습니다.

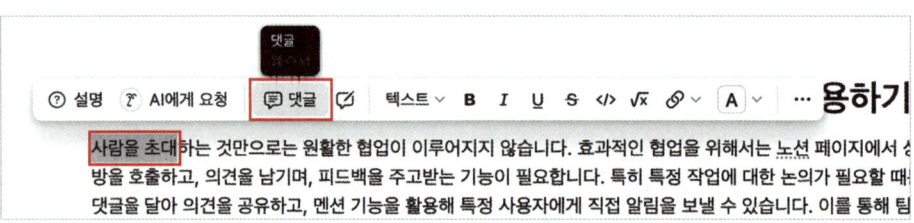

텍스트 댓글은 페이지 오른쪽 여백에 나타나며, 답글을 달 때에도 해당 댓글 바로 아래에 스레드처럼 남길 수 있습니다. 페이지 상단 댓글과 마찬가지로 첨부 파일과 멘션, 이모지를 사용할 수 있습니다.

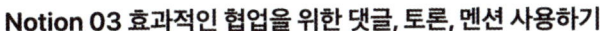
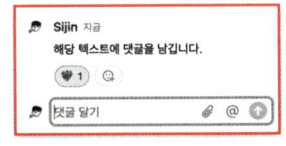

블록 댓글

블록 댓글은 블록의 메뉴 버튼을 눌렀을 때 나타나는 팝업창에서 [댓글]을 누르면 이용할 수 있습니다. 블록 전체에 댓글을 남기는 기능이며, 사용법은 위와 같습니다. 블록 댓글은 페이지를 제외한 기본 블록에 달 수 있습니다.

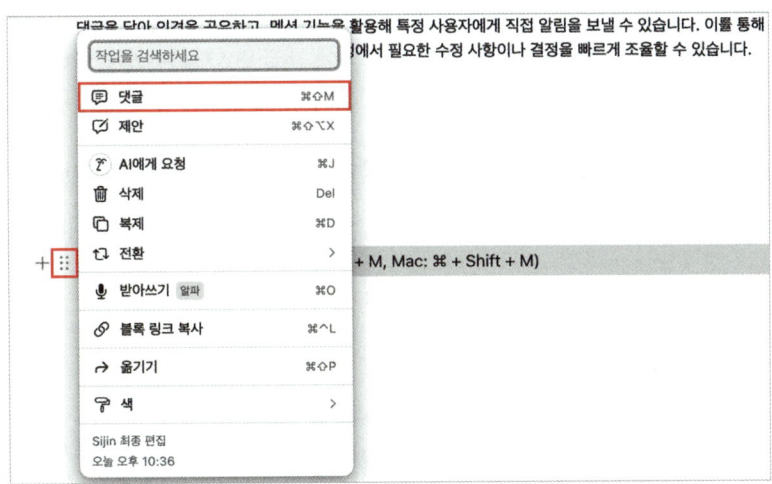

> **깨알 tip** **해결된 댓글 확인하기_** 댓글에서 [해결] 버튼을 누르면 해당 댓글이 페이지에서 사라집니다. 하지만 해결된 댓글도 필요할 때 다시 확인할 수 있습니다. 페이지 우측 상단의 댓글 아이콘을 클릭한 후 필터 옵션을 조절하면, 해결된 댓글까지 모두 조회할 수 있습니다. 이를 통해 협업 중 이전 논의 내용을 확인하거나, 필요할 때 다시 참조할 수 있습니다.

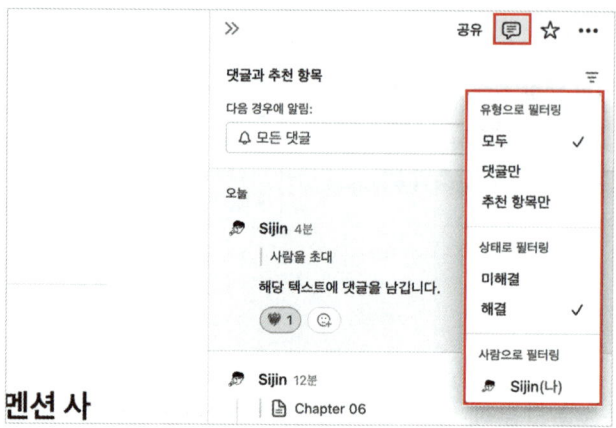

▶ 데이터베이스 속성 댓글

데이터베이스 속성에서도 제목 속성을 제외한 다른 속성에 댓글을 남길 수 있습니다. 데이터베이스에 데이터가 입력된 상태에서 특정 데이터 항목 위에 마우스를 올리면, 댓글 아이콘이 나타납니다. 이 아이콘을 클릭하면 해당 항목에 대한 댓글을 작성할 수 있으며, 이를 통해 팀원들과 세부적인 논의를 진행하거나 추가적인 정보를 공유할 수 있습니다.

▶ 문서 협업을 돕는 편집 제안

이제 누군가 문서를 수정했을 때 일일이 수정자를 찾아다닐 필요가 없습니다. 마치 워드에서 편집 제안 기능을 활용하는 것처럼, 노션에서도 편집 제안 기능이 도입되었습니다. 이를 통해 문서 변경 사항을 쉽게 추적하고, 필요한 경우 승인하거나 되돌릴 수 있어 협업이 더욱 효율적으로 이루어집니다.

오른쪽 상단 […]을 누르고 [편집 제안] 버튼을 누른 후 내용을 수정해 보세요. 수정, 삭제, 추가 등 편집 제안 기능을 활용할 수 있습니다.

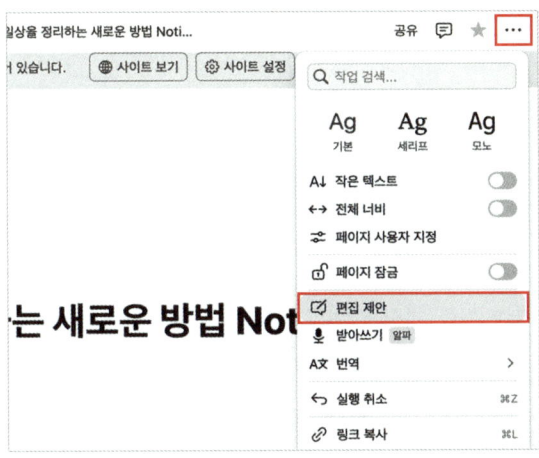

Notion 04 팀스페이스로 팀별 페이지 관리하기

회사에서 부서별로 업무가 나뉘는 것처럼, 노션에서도 워크스페이스 내에서 팀스페이스를 활용해 조직을 구분할 수 있습니다. 팀스페이스 기능을 이용하면 부서별, 프로젝트별, TF팀별로 권한을 다르게 설정하여 내부 자료를 체계적으로 관리할 수 있습니다. 이를 통해 필요한 정보만 특정 팀원들과 공유하고, 보안성을 강화하며, 효율적인 협업 환경을 구축할 수 있습니다.

▶ 깨알 tip **혼자 노션을 사용해도 팀스페이스를 쓰나요?**_ 팀스페이스 기능은 무료 사용자도 사용할 수 있지만, 혼자 워크스페이스를 사용하는 경우에는 추천하지 않습니다. 팀스페이스를 새로 생성하면 각 팀스페이스별로 권한과 보안 설정을 개별적으로 관리해야 하므로, 오히려 페이지 사용이 번거로워질 수 있기 때문입니다. 따라서 개인 사용자라면 팀스페이스를 활성화하지 않고 기본 워크스페이스를 그대로 활용하는 것이 더 편리합니다.

▶ **팀스페이스 추가 및 관리자 지정**

처음 노션에 들어오면 왼쪽 사이드바에는 팀스페이스 섹션이 없을 것입니다. 팀스페이스가 하나도 없기 때문인데, 설정에서 추가해 줄 수 있습니다. [설정 – 워크스페이스 – 팀스페이스]에 들어와 [새 팀스페이스] 버튼을 누르면 새로운 팀스페이스를 생성할 수 있습니다.

원하는 아이콘과 이름, 팀스페이스의 설명을 입력한 다음 사용 권한을 설정한 후 [**팀스페이스 만들기**]를 클릭하면 팀스페이스 생성이 완료됩니다. 사용 권한에는 기본, 공개, 참가 제한, 비공개가 있으며, 비공개는 비즈니스 요금제 이상부터 사용할 수 있습니다.

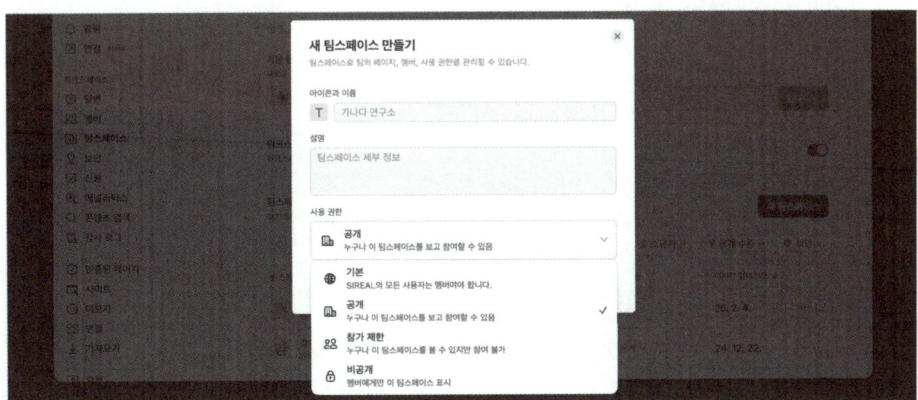

▶ 팀스페이스 설정 변경하기

팀스페이스가 생성되면 왼쪽 사이드바에 팀스페이스 섹션이 나타나면서 생성한 팀스페이스 목록을 볼 수 있습니다.

팀스페이스 이름 오른쪽 […] 버튼을 누르면 해당 팀스페이스에 멤버를 추가할 수 있으며, 팀스페이스 설정에 들어갈 수 있습니다.

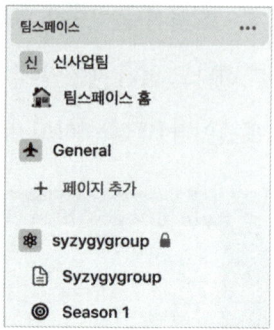

팀스페이스 설정에 들어오면 설정, 멤버, 보안 탭이 보입니다.

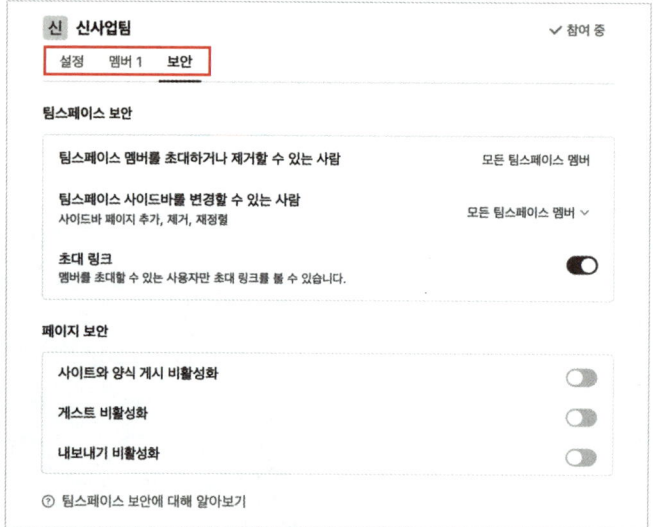

- **설정**: 팀스페이스의 아이콘, 이름, 설명을 변경할 수 있습니다. 또한, 팀스페이스의 멤버는 언제든 해당 팀스페이스에서 나갈 수 있으며, 팀스페이스의 소유주는 필요에 따라 팀스페이스를 보관 처리할 수도 있습니다. 이를 통해 팀스페이스를 보다 유연하게 관리하고, 필요에 따라 구조를 정리할 수 있습니다.

- **멤버**: 사용 권한을 변경하고, 팀스페이스 멤버 및 워크스페이스 내 다른 멤버들의 팀스페이스 접근 권한을 조정할 수 있습니다. 이를 통해 특정 멤버만 팀스페이스에 접근하도록 설정하거나, 필요에 따라 멤버를 추가하거나 제거할 수 있습니다. 이를 활용하면 보다 효율적이고 체계적인 권한 관리를 통해 보안을 강화할 수 있습니다.

- **보안**: 멤버 추가 및 제거할 수 있는 사람 설정, 사이드 변경 설정 등 보안과 관련된 사항을 변경할 수 있습니다. 또한, 해당 팀스페이스 내 페이지들의 게시, 게스트 초대, 내보내기 기능 등을 비활성화하여 보안을 더욱 강화할 수 있습니다. 이를 통해 팀 단위로 보다 안전한 협업 환경을 구축할 수 있습니다.

▶ 생성 중인 팀스페이스 확인 및 참가하기

팀스페이스 섹션 하단에 내려오면 [더 보기] 버튼이 있습니다. 이 버튼을 누르면 현재 생성되어 있는 팀스페이스 목록과 함께 내가 참여하고 있는 팀스페이스 목록을 볼 수 있습니다.

▶깨알tip **팀스페이스 표시 개수 줄이기** 생성된 팀스페이스가 너무 많아 관리가 어렵다면, 팀스페이스 섹션 우측의 […] 버튼을 클릭해 표시 개수를 조정해 보세요. 이를 통해 팀스페이스 목록을 줄이거나 늘려 원하는 개수만큼 표시할 수 있어, 보다 깔끔하게 정리된 화면을 유지할 수 있습니다.

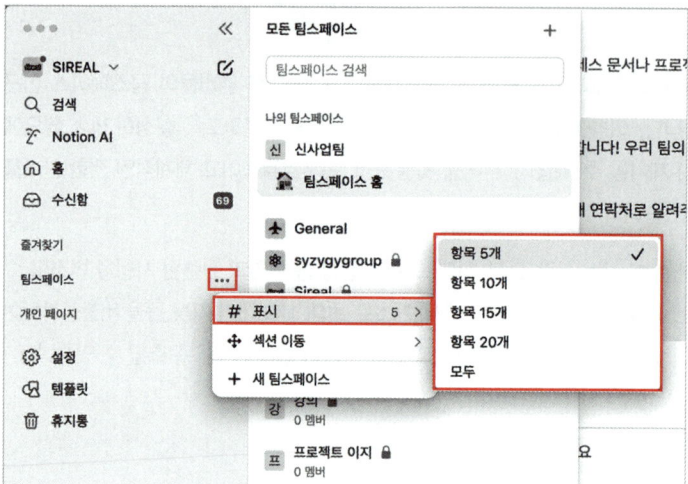

Notion 05 자동화

노션이 지속적으로 발전하면서 이제는 자동화 기능까지 활용할 수 있게 되었습니다. 버튼 클릭 시 사용자가 설정한 행동을 실행하는 반자동화 기능부터, 특정 상태값이 변경될 때 자동으로 지정된 액션을 수행하는 자동화 기능까지 다양한 옵션을 제공합니다. 이를 통해 반복적인 작업을 줄이고, 보다 효율적인 워크플로를 구축하며, 더욱 편리한 노션 사용 환경을 만들어갈 수 있습니다.

자동화를 배우면서 많은 사람들이 가장 어려워하는 부분은 "자동화가 편리하다는 건 알겠는데, 내 업무에 어떻게 적용할 수 있을까?"라는 점입니다. 자동화가 효율적이고 업무에 도움이 된다는 것은 이해하지만, 정작 자신의 업무에 어떤 방식으로 활용할 수 있을지 명확하지 않기 때문입니다.

이 문제를 해결하는 가장 좋은 방법은 다른 사람들의 자동화 사례를 최대한 많이 참고하고, 이를 바탕으로 직접 고민해 보는 것뿐입니다. 같은 업종이라도 필요로 하는 자동화 방식은 다를 수 있습니다. 예를 들어, 같은 학원을 운영하는 A 원장님과 B 원장님이라도 원하는 자동화 프로세스는 조금씩 다를 수 있습니다.

따라서 최대한 다양한 사례를 접한 후, 이를 내 업무에 적용하려면 어떻게 해야 할지 스스로 연구해 보는 과정이 필요합니다. 특히, 최소한 자동화의 발동 조건(트리거)과 결과(액션)는 알고 있어야 합니다. 그래야 그 사이의 자동화 시나리오를 전문가가 설계할 때 원하는 방향으로 조율할 수 있습니다. 결국, 자동화를 제대로 활용하려면 다양한 사례를 참고하고, 내 업무에 맞는 프로세스를 고민하는 과정이 필수적입니다.

▶ 반복적인 업무를 줄여주는 버튼 기능

버튼은 노션에서 가장 쉽게 접할 수 있는 자동화 기능 중 하나입니다. 하지만 버튼 클릭 자체가 완전한 자동화라기보다는, 사용자가 직접 트리거를 실행해야 한다는 점에서 '반자동화'에 더 가깝다고 볼 수 있습니다. 버튼을 활용하면 특정 작업을 간편하게 실행할 수 있어 반복적인 업무를 줄이는 데 유용합니다.

버튼의 발동 조건은 매우 단순합니다. 버튼을 클릭하는 순간 자동화가 실행되는 방식입니다. 쉽게 말해, "버튼을 클릭하면 원하는 작업을 실행해 줘"라는 개념으로 이해하면 됩니다. 이를 직접 사용해 보려면 빈 블록에서 "/버튼"을 입력하여 버튼 블록을 생성해 보세요.

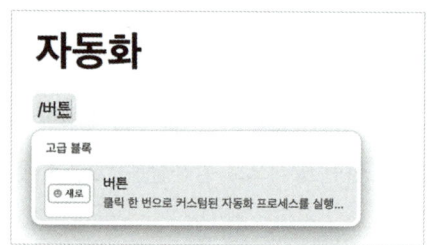

버튼을 생성하면 상단에서 버튼 아이콘과 이름을 지정할 수 있습니다. 발동 조건은 '버튼 클릭'으로 고정되어 있기 때문에 결과만 지정하면 됩니다.

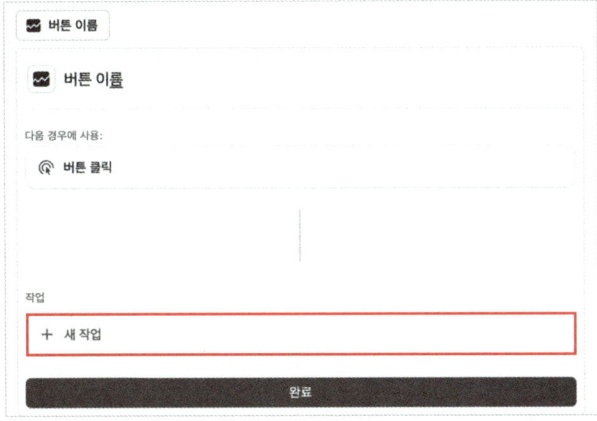

하단에 [새 작업] 버튼을 누르면 버튼 클릭의 결과를 설정할 수 있습니다.

- **블록 삽입**: 버튼의 위나 아래에 원하는 블록을 생성할 수 있습니다.
- **페이지 추가 위치**: 특정 데이터베이스에 새로운 페이지를 생성할 때 사용됩니다.
- **페이지 편집 위치**: 특정 데이터베이스에 생성되어 있는 페이지의 속성을 변경할 때 사용됩니다. 필터 기능을 이용하므로, 필터링 조건이 맞는 모든 블록들을 동시에 편집합니다.
- **알림 전송 위치**: 특정 사용자에게 노션 알림을 보냅니다. 클릭한 모든 사람에게 보낼 수도 있습니다.
- **메일 보내기**: Gmail을 활용해 이메일을 발송합니다. 클릭한 모든 사람을 대상으로 발송하기도 하고, 특정 사용자에게 보낼 수도 있습니다.
- **웹훅 보내기**: 사용자 지정 URL로 웹훅을 발송합니다. 키, 값을 지정하여 원하는 데이터를 발송할 수 있습니다.
- **확인 표시**: 확인 팝업을 띄웁니다.
- **페이지, 양식 또는 URL 열기**: 페이지 또는 양식, URL 등을 엽니다. 노션 설문 링크를 넣으면 버튼을 클릭할 때마다 노션 설문을 띄워 설문 제출하는 방식으로 사용할 수도 있습니다.
- **Slack 알림을 보낼 사람**: 누군가 버튼을 눌렀다고 Slack 알림을 보낼 수 있습니다.
- **변수 정의**: 변수를 지정할 수 있습니다.

몇 가지 사례를 통해 버튼을 어떻게 활용할 수 있는지 살펴보겠습니다.

매일 반복되는 할 일 생성하기

매일 또는 매주 정기적으로 해야 할 일이 있다면 매일 아침 버튼을 클릭해 체크리스트들을 생성하여 빠지지 않고 업무를 처리할 수 있습니다.

새 작업에 **[블록 삽입]**을 선택하고, 아래 이미지와 같이 체크박스 블록을 생성한 뒤 **[완료]**를 눌러보세요. 버튼 아래에 해당 체크리스트가 생성됩니다.

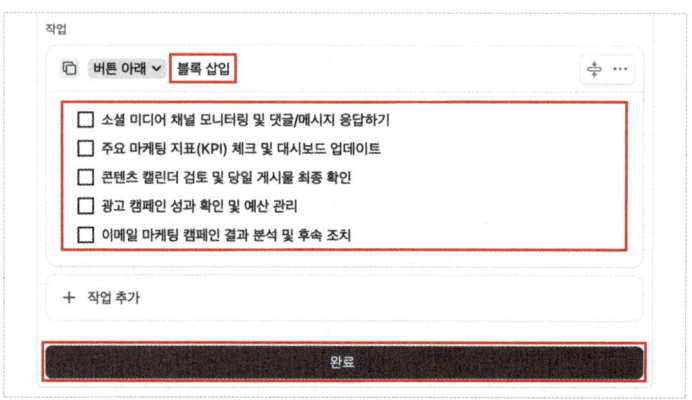

여러 액션 동시에 실행하기

버튼을 클릭하면 단순히 한 가지 작업만 수행하는 것이 아니라, 여러 작업을 동시에 실행할 수도 있습니다. 예를 들어, 프로젝트 진행 중 문제가 발생했을 때 버튼을 클릭하면 자동으로 다음과 같은 작업이 이루어질 수 있습니다.

- 문제 내용을 기록할 새로운 페이지 추가
- 해당 페이지의 중요도를 '긴급'으로 설정
- 프로젝트 담당자에게 알림 전송
- 문제가 발생한 프로젝트명을 자동 입력

이처럼 버튼 하나로 여러 가지 작업을 동시에 수행할 수 있어, 반복적인 업무를 줄이고 보다 효율적인 워크플로를 구축할 수 있습니다.

아래 시나리오에서 첫 번째 작업은 특정 데이터베이스에 페이지를 추가합니다. 이름은 페이지 추가 후 작성할 예정이기 때문에 빈칸, 생성자는 버튼을 '클릭한 모든 사람', 중요도는 '높음(High)'라고 설정합니다.

두 번째 작업은 빈칸인 이름의 내용을 입력해야 하기 때문에 페이지를 열어줍니다. [**페이지 추가됨**]이라는 옵션을 선택하고, 사이드 보기에서 열기를 선택하면 됩니다.

세 번째 작업은 해당 프로젝트의 담당자에게 노션 알림을 보냅니다. 알림을 보낼 때에는 추가된 페이지를 멘션하여, 해당 어떤 문제가 발생했는지 알림을 바로 보내줍니다.

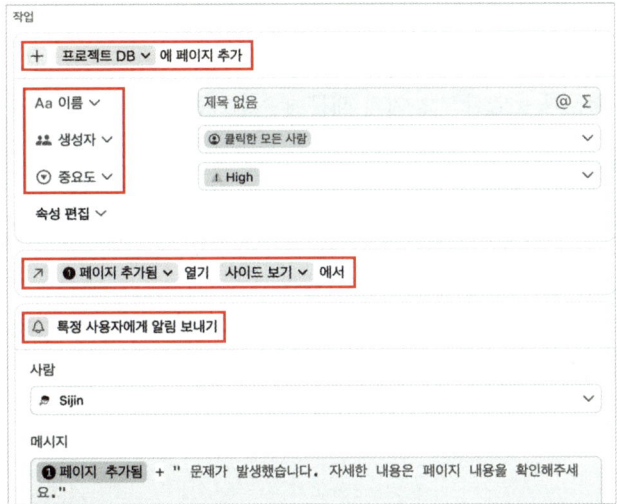

▶깨알 tip 이름을 아직 입력하지 않았는데 메시지가 가면 어떻게 해요?_ 버튼을 클릭하면 자동화에 의해 내용을 입력하지도 않았는데 알림 메시지가 바로 발송됩니다. 그러나, 메시지를 발송할 때 '페이지 추가됨'이라는 페이지 이름을 함께 넣었으므로, 내용을 변경하면 수신함에서는 변경된 내용으로 자동 변경됩니다.

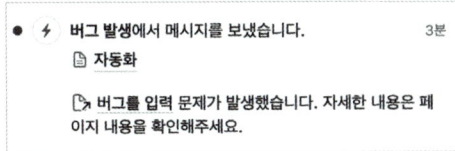

▶ 조건 기반으로 고도화된 데이터베이스 자동화

데이터베이스 자동화에는 두 가지 방식이 있습니다. 첫 번째는 버튼 속성을 활용한 자동화로, 버튼을 클릭하면 지정된 작업이 실행되는 방식입니다. 예를 들어, 버튼을 클릭하면 새로운 페이지가 생성되거나 특정 속성이 변경될 수 있습니다. 이 기능은 무료 사용자도 사용할 수 있습니다. 두 번째는 조건 기반 자동화로, 특정 조건이 충족되었을 때 자동으로 지정된 작업이 실행됩니다. 예를 들어, 데이터베이스의 상태값이 변경되면 담당자에게 알림을 보내거나, 특정 태그가 추가되었을 때 새로운 작업이 생성되는 방식입니다. 이 기능은 유료 요금제 사용자만 사용할 수 있으며, 보다 고도화된 자동화 기능을 활용하려면 유료 플랜이 필요합니다.

버튼 자동화는 앞에서 설명한 버튼과 동일한 기능이기 때문에 이번에는 데이터베이스 자동화에 대해서만 설명하겠습니다.

데이터베이스 자동화를 사용하기 위해서는 데이터베이스의 오른쪽 상단 **[새로 만들기]** 왼쪽 ⚡ 아이콘을 누르면 자동화를 설정할 수 있습니다.

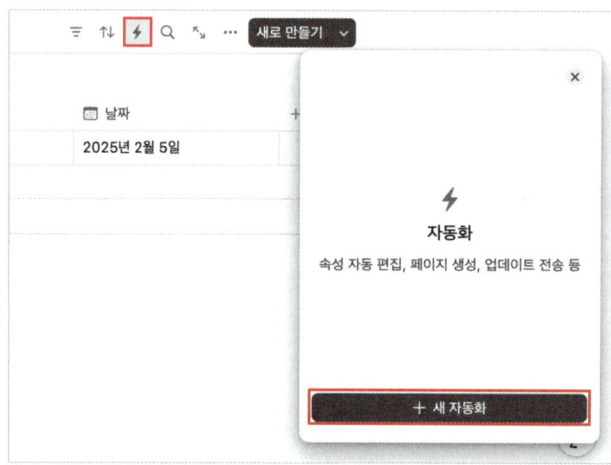

버튼 자동화는 사용자가 버튼을 클릭해야만 실행되는 반면, 데이터베이스 자동화는 특정 조건이 발생하면 자동으로 실행됩니다. 데이터베이스 자동화에서 자동 실행되는 조건은 크게 두 가지로 나뉩니다. 첫 번째는 새로운 페이지가 추가될 때이며, 두 번째는 속성값이 변경될 때입니다. 이를 활용하면 사용자가 직접 버튼을 누르지 않아도 특정 상황에서 자동으로 작업이 수행되도록 설정할 수 있습니다.

[새 자동화] 버튼을 클릭하면, 상단에서 자동화의 이름을 설정할 수 있으며, 해당 자동화를 적용할 데이터베이스 보기를 선택할 수도 있습니다. 또한, [새 조건]을 설정하면 자동화의 트리거를 지정할 수 있는데, 이는 새로운 페이지가 추가될 때 또는 특정 속성값이 변경될 때로 설정할 수 있습니다. 이를 통해 특정 조건이 발생했을 때 자동으로 작업이 실행되도록 구성할 수 있습니다.

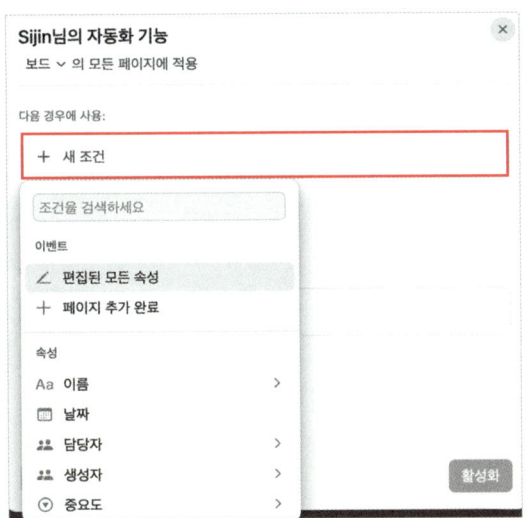

알림 자동화(노션 내 특정 사용자)

상태 값이 변경되었을 때 해당 페이지의 담당자에게 알림을 보내는 자동화를 만들어보겠습니다. 데이터베이스를 만드는 방법은 생략하겠습니다.

01 새 자동화 버튼을 누르고 [새 조건]을 클릭하여 [상태]를 클릭합니다.

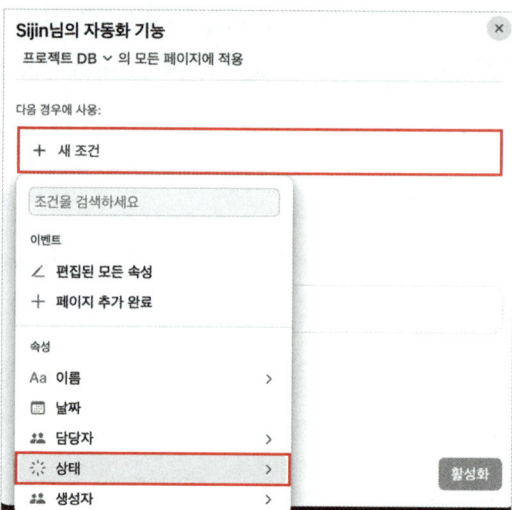

02 상태 속성의 설정 값 중 [진행 중], [완료]를 선택한 다음 [완료]를 클릭합니다.

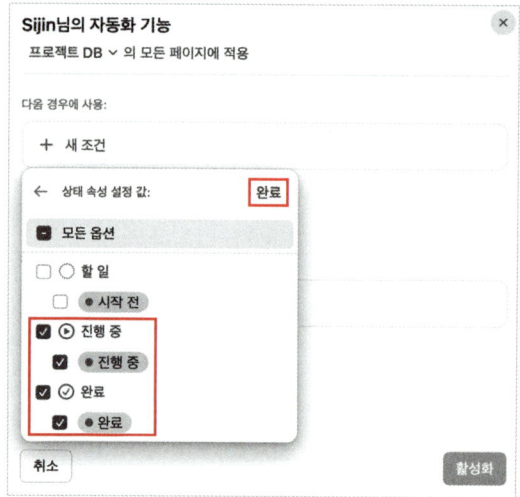

03 새 작업을 클릭한 다음 [알림 전송 위치]를 클릭합니다.

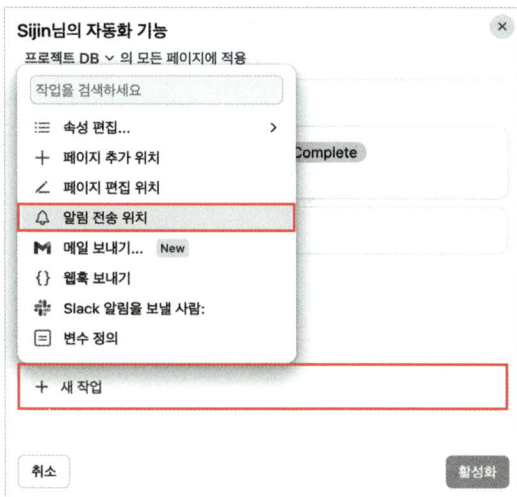

04 [받는 사람 선택]을 눌러 [사용자 속성]을 클릭합니다.

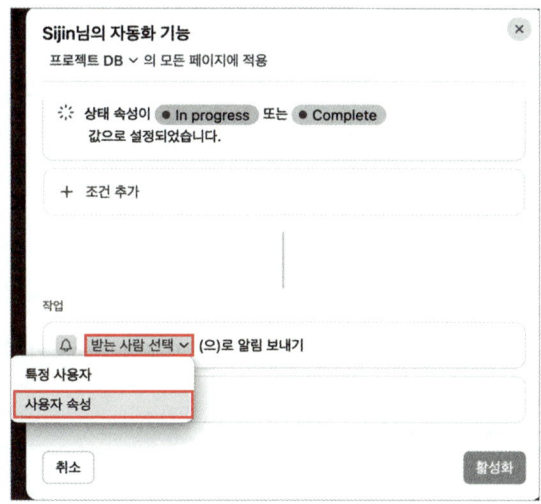

05 생성되어 있는 사람 속성 중 원하는 속성을 클릭하고 메시지란에 원하는 메시지를 입력합니다. 페이지의 이름을 변수로 사용하고 싶다면, 메시지 창 오른쪽 하단 수식 아이콘을 클릭하여 수식으로 작성합니다.

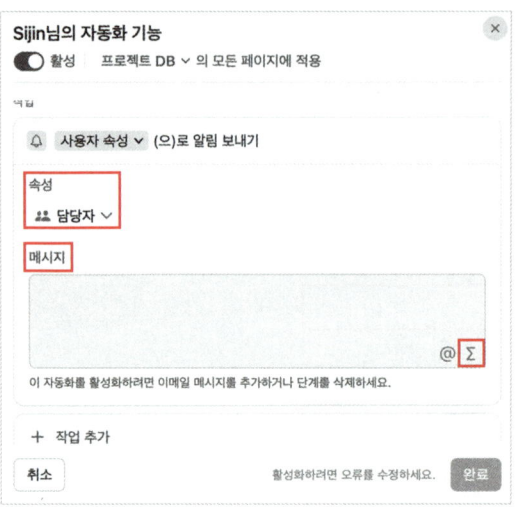

06 해당 데이터베이스에 생성되어 있는 속성들을 불러올 때에는 아래 이미지와 같이 수식에서 [페이지 실행]을 클릭한 다음 '.'을 누르면 현재 데이터베이스의 속성 목록을 볼 수 있습니다. 원하시는 속성을 선택하면 해당 속성의 값을 불러올 수 있습니다.

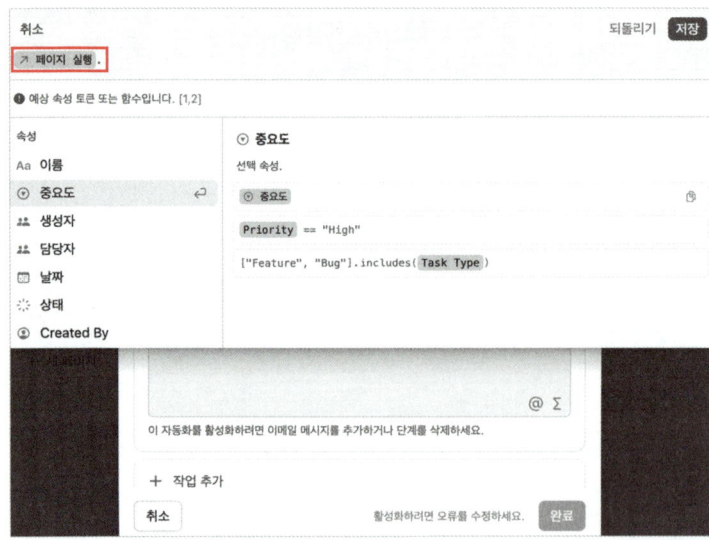

07 데이터의 값을 불러온 다음 일반 수식처럼 +를 붙인 후 큰따옴표("") 안에 원하는 메시지를 작성하면 맞춤형 메시지를 보낼 수 있습니다.

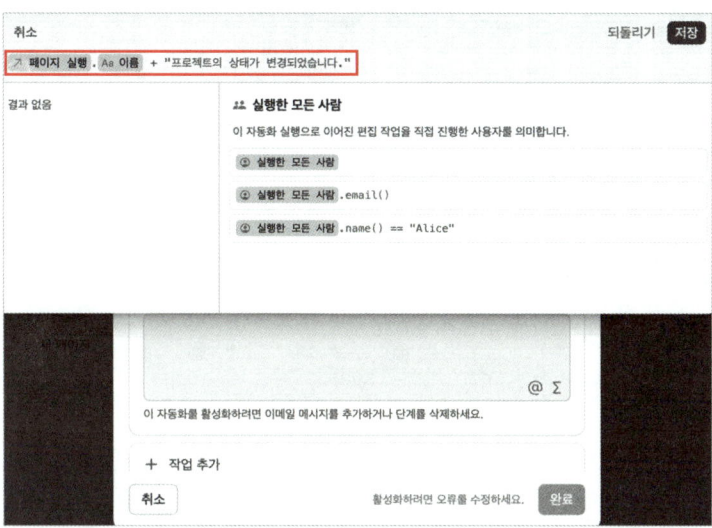

08 마지막으로 자동화 하단에 [완료]를 클릭하면 자동화 설정이 완료됩니다.

09 마지막으로 상탯값을 변경해 보면 아래 이미지와 같이 수신함에 알림이 오는 것을 확인해 볼 수 있습니다.

찾아보기

A
abs 269
add 265
AI 블록 111
AI에게 질문하기 058, 353
AI 자동 채우기 174
AI 활용하기 370
and 245
at 288

C
cbrt 271
ceil 269
concat 301
contains 249

D
date 276
dateAdd 280
dateBetween 282
dateEnd 284
dateRange 283
dateStart 284
dateSubtract 280
day 276
divide 267

E
e(함수) 274
email 264

empty 248
equal 250
Evernote 130
every 298
exp 272

F
filter 296
find 295
findIndex 295
first 292
flat 307
floor 269
format 261
formatDate 279
fromTimestamp 285

G
Google 029
Google 문서 138
Google 스프레드시트 126
Google Maps 블록 122

H
hour 276

I
id 308
ID 접두사 197
if 244

ifs 244
includes 294

J
join 302

L
last 292
length 252
let 309
lets 309
link 259
ln 272
log2 272
log10 272
lower 256

M
map 305
match 299
max 288
mean 291
median 290
Mermaid 110
min 288
minute 276
mod 268
month 276
multiply 267

N
name 263
not 248
Notion AI 351
now 278

O
or 245

P
padEnd 257
padStart 257
parseDate 285
PDF 127
pi 274
pow 268

R
repeat 257
replace 254
replaceAll 254
reverse 303
round 269

S
sign 274
slice 300
some 298
sort 303
split 304

sqrt 271
style 259
substring 253
subtract 266
sum 290

T
test 248
timestamp 285
today 278
toNumber 261

U
unequal 250
unique 305
unstyle 259
upper 256

Y
year 276

ㄱ
가져오기 129
간트 차트 162
개인 페이지 338
갤러리 보기 161
검색 328
계산 200
계정 생성하기 029
고급 블록 102

고급 속성 192
고급 필터 208
공유 405, 414
공유된 페이지 339
관계형 데이터베이스 192
구글 계정 029
구분선 082
그룹 생성 419
글머리 기호 목록 075
기울임꼴 084

ㄴ
날짜 속성 185
노션 마켓플레이스 141
노션 캘린더 388

ㄷ
다중 선택 속성 177
단 나누기 090
대시보드 091
댓글 422
데이터베이스 149, 328
데이터베이스 – 인라인 150
데이터베이스 자동화 438
데이터베이스 잠금 172
데이터베이스 템플릿 203
동기화 블록 106
디렉터리 구조 060

ㄹ
롤업 319
리스트 보기 160
링크된 데이터베이스 보기 164
링크된 데이터베이스 생성 164
링크 추가 084

ㅁ
멘션 113, 422
멤버 418
목차 블록 102
미디어 블록 096
밑줄 084

ㅂ
백링크 083
버전 기록 383
버튼 434
버튼 블록 105
버튼 속성 196
번호 매기기 목록 076
보기 155
보기 편집 156
보드 보기 159
보안 415, 431
복사 088
복원 342, 382
북마크 블록 099
블록 024, 072
비밀번호 설정 387

비영리 인증 048
빌트인 242

ㅅ
사람 속성 188
사이드바 327
상태 속성 181
새 페이지 056
생성 일시 194
생성자 194
서식 064
선택 속성 177
설치 026
속성 유형 168
수식 241
수식 샘플 104
수학 공식 085
수학 공식 블록 103
숫자 속성 175
스타트업 인증 048
슬래시 074
슬랙 368

ㅇ
아사나 135
아이콘 062
알림 설정 186, 336
애널리틱스 381
애플 계정 033
양식 블록 223

업데이트 337, 380
연산자 243
열 줄바꿈 171
요금제 043
워크스페이스 036, 383
웹 클리핑 384
이동 경로 블록 106
이메일 변경 386
이모지 116
인라인 블록 113
인용 080
일정 생성하기 397
임베드 블록 120

ㅈ
자동화 433
자연 상수 272
제곱근 271
제목 075
제목 토글 블록 108
즐겨찾기 099
진행률 324
진행 상태 180

ㅊ
차트 보기 163
체크리스트 436
체크박스 181
최종 편집 일시 195
최종 편집자 195

찾아보기 ■ 447

취소선 084

ㅋ

칸반보드 159
캘린더 보기 161
캘린더 연동 391
커버 063
코드로 표시 084
코드 블록 101
콜아웃 079
클라이언트 030

ㅌ

타임라인 보기 162
태그 177

텍스트 074
텍스트 색 085
텍스트 속성 174
템플릿 058, 340
템플릿 갤러리 018
템플릿 버튼 블록 203
토글 목록 078
트렐로 133
팀스페이스 428
팀원 초대 039

ㅍ

페이지 079
페이지 공유 405
페이지 링크 082

페이지 삭제 067
페이지 스타일 062
페이지 잠금 067
페이지 주소 변경 407
표 081
표 보기 159
표시 옵션 176
프로필 변경 040
필터 207

ㅎ

하위 페이지 056, 070
할 일 목록 077
휴지통 342

진솔한 서평을 올려 주세요!

이 책 또는 이미 읽은 제이펍의 책이 있다면, 장단점을 잘 보여 주는 솔직한 서평을 올려 주세요.
매월 최대 5건의 우수 서평을 선별하여 원하는 제이펍 도서를 1권씩 드립니다!

- **서평 이벤트 참여 방법**
  ❶ 제이펍 책을 읽고 자신의 블로그나 SNS, 각 인터넷 서점 리뷰란에 서평을 올린다.
  ❷ 서평이 작성된 URL과 함께 review@jpub.kr로 메일을 보내 응모한다.

- **서평 당선자 발표**
  매월 첫째 주 제이펍 홈페이지(www.jpub.kr)에 공지하고, 해당 당선자에게는 메일로 연락을 드립니다.
  단, 서평단에 선정되어 작성한 서평은 응모 대상에서 제외합니다.

독자 여러분의 응원과 채찍질을 받아 더 나은 책을 만들 수 있도록 도와주시기를 바랍니다.